| 2판 |

사회복지 윤리와 철학

심상용 저

Social Work Ethics and Philosophy (2nd ed.)

학지사

2판 머리말

초판을 발행한 지 4년이 지났다. 짧은 기간 동안 초판을 준비하면서 부족한 점이 있었고, 윤리강령 개정 등의 변화와 최근의 연구 및 실천의 성과를 반영할 필요가 있어 개정판을 준비하게 되었다.

개정판에서 보완된 내용은 다음과 같다. 우선 윤리학을 다룬 제1~2장의 내용을 충실하게 보완하면서도, 이해하기 쉽게 용어에 대한 설명과 표를 추가했다. 전문적인 윤리적 판단과 실천을 위해서는 윤리적 판단 역량을 갖추어야 하고, 이를 위해서는 윤리학에 정통해 응용윤리로서의 사회복지윤리의 기반을 구축해야 한다는 판단 때문이다. 또한 각 장마다 '생각해 볼 문제'를 10개가량 제시했다. 대면수업뿐만 아니라 원격교육에서도 창의적인 학습과 상호작용에 기반을 둔 토론이 가능해지고, 퀴즈, 보고서 작성 등 다양한 방식으로 활용되기를 기대한다. 나아가 각 장별로 최근의 변화와 성과를 반영하여 내용을 보완했다. 사회복지사 윤리강령에서는 2018년 개정된 미국사회복지사협회(NASW) 윤리강령의 개정 내용을 충실히 소개했고, 개정된 윤리강령을 국문으로 번역하여 부록에 실었다. 사회복지실천 분야와 윤리적 실천에서는 청소년복지 분야 및 학교사회복지 분야, 장애인복지 분야, 문화적 인식 및 다양성, 정보통신기술 사용을 추가했고, 미국사회복지사협회의 분야별 윤리기준을 대폭 반영했다. 윤리적 딜레마와 윤리적 의사결정에서는 딜레마 영역마다 이에 부합하는 사례를 제시하여 응용력을 제고할 수 있도록 했다. 윤리적 의사결정모델에서는 학부생용으로 개발된 최근의 ETHIC 모델과 ETHIC-A 모델을 소개하고 사례를 제시하여 적용할 수 있도록 안내했다.

미처 다루지 못한 내용도 있다. 우선, 사회복지인권에 대하여 다루지 못했다. 「사회복지사업법 시행규칙」이 개정되어 '사회복지와 인권'이 별도의 교과목으로 편성됨에 따라 독립적인 교과목으로 운영하는 편이 바람직하다는 판단 때문이다. 또한 사회복지 분야와 윤리적 실천에서는 그간의 학부와 석·박사 수업과 다양한 연구 성과를 토대로 각 실천 분야별 윤리적 이슈에 대해 심층적으로 다룰 생각도 했으나, 여러 사정상 부분적으로만 반영했다. 나아가 윤리적 딜레마와 윤리적 의사결정, 사례분석의 지침 등에서 한국사회복지사협회(KASW) 윤리강령도 다루려 했으나 우리나라 윤리강령이 다양한 영역에 대한 적용성이 부족하여 개정판에서도 반영하지 못했다. 향후 한국사회복지사협회 윤리강령이 개정되어 적용성이 확대된다면 이를 충실히 반영할 수 있도록 하겠다.

이 개정판을 준비하는 동안 학지사의 임직원들의 노고가 있었다. 이 지면을 빌려 김진환 학지사 사장님과 관계자 여러분에게 감사의 말씀을 드린다. 이 개정판의 부족한 점은 전적으로 저자의 책임이며, 앞으로도 완성도와 응용성을 높이도록 노력할 것을 약속드린다.

2020년 8월

저자

1판 머리말

한국의 사회복지는 해방과 한국전쟁을 겪으며 긴급구호 위주의 비전문적인 현물급여와 생활보장제도만으로 명맥을 유지해 왔던 게 현실이었다. 경제개발과 함께 한강의 기적이라 일컬어지는 고도성장을 지속했지만, 1980년대까지 우리나라 사회복지는 공공부조 위주의 공적 복지와 단편적인 잔여적 사회복지서비스만이 자리를 잡았을 뿐이었다. 이에 따라 경제성장의 속도와 급속히 팽창하는 경제규모를 따라잡지 못하는 복지지체 현상이 고착됐다.

이는 공공영역과 민간영역의 사회복지현장이 구축되지 못해 사회복지전달체계가 완비되지 못하는 현상과 밀접한 관련이 있다. 이에 사회복지계는 전문적인 직업영역의 미성숙, 학교교육과 실천현장의 괴리, 실천현장에서의 전문적인 지식과 경험 축적의 어려움 등을 겪을 수밖에 없었다. 따라서 취약한 한국의 사회복지전달체계는 어려운 여건에서 헌신적으로 복무하는 사회복지계 종사자들의 선의와 의지에 전적으로 의존할 수밖에 없는 게 현실이었다.

자유와 민주주의가 신장하고 급속한 산업화로 인한 사회적 모순이 증폭되자 사회문제 해결을 위한 공적 영역의 필요성이 대두하기 시작했다. 그 결과 주요 사회보험제도와 분야별 사회복지서비스제도가 확충되기 시작했다. 물론 한국의 사회복지는 아직 저부담 · 저복지의 궤적을 벗어나지는 못하고 있는 게 현실이다. 그러나 짧은 기간 내에 주요 제도와 서비스의 외양을 갖추었다는 점에서 향후 제도적 발전의 분기점을 맞고 있다고 해도 과언이 아니다.

사회복지제도의 확충은 주요 사회복지실천현장이 확보되는 결과로 귀결된다. 이에 따라 공공 및 민간영역에서 국민의 생활이나 삶의 질과 밀접한 분야의 사회복지전달체계가 갖추어지고 있다. 따라서 사회복지계는 이제 종사자의 선의와 의지에 전적으로 의존했던 미발전 상태에서 탈피해 전문직업적 정체성을 확립해 나가기에 이르렀다. 각종 법령에 의해 전문직업의 영역이 구축되고 있고, 사회복지계는 사회복지전달체계를 운영하는 핵심 주체로서 정체성을 구축해 나가고 있다.

이제 우리 사회복지계는 새로운 도전에 직면해 발전의 기로에 놓여 있다고 해도 과언이 아니다. 무엇보다 사회복지전문직으로서 내적 통일성을 확립하고 인간과 사회문제를 다루는 전문성과 직업적 정체성을 확고히 구축해야 하는 상황이다. 사회복지사 자격제도의 정비, 사회복지계의 전문적인 실천역량의 확립, 전문성과 현장의 요구를 반영하는 이론과 응용성을 겸비한 정교한 교육체계의 구축, 다양한 인간과 사회문제에 대한 전문화된 교육과 실천체계 확립 등은 당면한 과제다.

이와 함께 인간과 사회문제를 다루는 전문적인 직업으로서 사회가 위임한 공적 책무를 담당하기 위해 윤리적 실천의 적임능력을 갖추는 작업이 필수적이다. 지금까지는 사회복지계에 대한 윤리적 책무성의 요구가 그리 크지 않은 게 현실이었다. 그러나 사회복지계가 점차 공공 및 민간 사회복지전달체계에서 중추적인 역할을 맡게 되면서 그간 잠재해 있던 윤리적 실천에 대한 요구가 커지고 있다. 이제 사회복지계가 윤리적 책무성에 대한 사회적 요구에 부응해 고도의 윤리적 감수성을 지닌 전문적인 직업집단으로서 정체성을 분명히 확립해야 할 때가 된 것이다.

이 책은 사회복지계가 윤리적 감수성을 확립하고 고도의 윤리적인 실천을 지향하며 지적 자원을 제공하기 위한 목적에서 마련되었다. 그간 2000년대 전후부터 사회복지윤리에 관한 논의가 소개되어 활용되고 있지만, 윤리적 실천을 위한 지적 자원이 되기에는 여러 가지 면에서 부족한 점이 있었다고 생각한다. 무엇보다 응용윤리학이자 전문직 윤리로서의 사회복지윤리에 대한 이해를 위해서는 윤리학 일반에 대한 충분한 이해가 필수적이다. 그러나 기존의 저서들은 일선의 사회복지사에게 난해한 수준이거나, 아예 윤리학에 대한 논의를 생략하는 경우도 있었다. 사회복지윤리의 패러다임, 가치, 윤리적 원칙에 이르는 일련의 이론에 대해 체계적으로 정리한 경우는 많지 않았다. 윤리강령에 대해 종합적인 이해를 돕고 체계적으로 비평한 책도 흔치 않다. 무엇보다 윤리적 딜레마와 윤리적 의사결정에 대해 심층적으로 다루는 책이 많지 않아 실제 적용 가능성 면에서 제한이 있었다. 마지막으로, 윤리적 의사결정모델을 실제 사례에 적용해 응용의 기초를 제공하는 경우는 매우 적었다.

이 책은 나름대로 사회복지윤리에 대한 기존 저서들의 부족한 점을 보완해 이론적 측면과 실제 응용성 측면에서 균형을 갖추는 방식으로 지적 자원을 제공하고자 노력했다. 첫째, 도덕과 규범윤리학에 대한 체계적인 기술로 응용윤리의 적용에 필요한 필수적인 지적 자원을 제공하고자 했다. 둘째, 사회복지윤리의 패러다임, 가치, 윤리적 원칙에 이르는 이론을 체계적으로 정리해 소개하고 있다. 셋째, 윤리강령에 대해 종합적으로 이해할 수 있도록 일반론을 정리하고 윤리강령의 특징과 개선방향에 대해 체계적으로 비평했다. 넷째, 사회복지실천의 분야별 윤리적 이슈를 소개해 체계적인 이해를 돕도록 했다. 다섯째, 윤리적 딜레마와 윤리적 의사결정의 특징과 내용에 대해 심층적으로 다루었다. 여섯째, 주요 윤리적 의사결정모델을 소개하고, 그 장점과 한계를 집중적으로 정리했다. 일곱째, 응용성을 높이기 위해 윤리적 의사결정모델을 적용해 실제 사례를 분석하는 지침을 풍부하게 제공하기 위해 노력했다.

애초의 기획에 비해 이 책이 소기의 목적을 달성했는지 걱정이 앞서는 게 솔직한 심정이다. 이론적 측면과 실제 응용성 측면에서 균형을 맞추려고 노력했지만 아무래도 이론적 측면에 치우친 감이 있다. 어려운 윤리학의 내용을 쉽게 기술하려 했던 의도가 성공했는지도 걱정이다. 그럼에도 이 책은 사회복지교육과 실천현장에 필요한 요소들을 균형 있게 반영하려 했다는 점에서 의의가 있다. 아무쪼록 이 책이 사회복지계의 윤리적 실천에 기여하고 전문직 윤리로서의 사회복지윤리에 대한 이론적 논의의 진전에 밑거름이 되기를 기대한다.

2016년 3월

저자

차례

제2장 규범윤리학 … 37

제3장 사회복지윤리의 패러다임 … 67

제4장 사회복지의 가치 … 87

제 1 장

윤리학에 대한 이해

1. 철학의 개념과 분류
2. 도덕의 개념
3. 도덕과 유사개념의 비교
4. 윤리학의 개념
5. 윤리학의 분류와 연구영역

◆ 생각해 볼 문제

제 1 장 윤리학에 대한 이해

1. 철학의 개념과 분류

철학은 진리를 탐구하려는 인간의 정신적인 욕구를 이론적으로 정립한 학문이다. 원래 필로소피아[philosophio(독, 불), philosophy(영)]는 지혜를 사랑한다는 뜻으로, 인간존재와 세계에 대한 지식을 추구한다는 의미를 담고 있다. 이에 따라 철학의 일반적인 개념은 인간존재와 세계, 신, 자연 등 인간과 밀접한 주제에 대한 체계적인 고찰을 통해 진리를 탐구하는 학문이라 정의할 수 있다(박선목, 2002). 여기서 체계적인 고찰은 이성적인 사유를 바탕으로 연역, 귀납 등의 방법을 적용해 합리적으로 추론하는 것이고, 그 결과 얻어지는 진리는 가정되고 있는 명제들, 즉 전제들로부터 참인 명제를 획득한 결과다.

이 개념에 의하면 철학은 과학과 엄격히 구분된다. 개별과학은 실험, 관찰, 비교, 분석 등의 과학적 방법을 적용해 대상의 특성과 본질을 규명함으로써 법칙을 파악해 진리를 밝힌다. 반면, 철학은 비판과 회의 등의 체계적인 추론을 통해 의심하려야 의심할 수 없는 확실한 개념을 이끌어 내는 학문이다. 따라서 철학은 개별 학문 분야를 초월한 학문으로, 개별 과학을 포괄하고 각 개별 과학을 연결하는 가치의 학문이다.

일반적으로 철학은 **이론철학**과 **실천철학**으로 구분된다. 이론철학은 우주를 형성하는 궁극적인 존재와 내용에 대해 진리를 얻는 데 필요한 사유의 법칙을 중점적으로 다룬다. 이론철학은 **형이상학**(metaphysics), **논리학**(logic), **인식론**(epistemology)으로 나뉜다. 형이상학은 실재의 본질, 즉 우주의 생성과 존재에 대해, 논리학은 사유의 과정과 법칙에 대해, 인식론은 사유의 결과가 진리에 부합하는가에 대해 다룬다(김춘태, 이대희, 안영석, 2006).

실천철학에는 **윤리학**(ethics), **사회철학**, **교육철학**, **예술철학** 혹은 **미학**(aesthetics), 종교철학 등이 포함된다(박선목, 2002). 사회철학은 국가, 경제, 법 등 사회제도의 필요성과 의미에 대한 철학적 탐구다(김정오, 최봉철, 김현철, 신동룡, 양천수, 2012). 교육철학은 인간이 교육을 통해 동물적 존재가 아닌 사람다운 삶을 누릴 수 있으며 제한을 극복하는 신적인 지향을 가질 수 있는지를 다룬다. 예술철학 또는 근래의 미학은 정서적 삶의 궁극적 대상인 미의 의미와 경험에 대해 탐구하는데, 쾌감 혹은 불쾌감의 감정을 통해 미의 대상을 파악하고 미를 위한 행위인 창작활동과 취미활동을 통해 얻는 삶의 즐거움에 대해 다룬다(오병남, 2003). 종교철학은 절대자에 귀의하고 유한한 삶을 영생에 연결시키려는 소망에서 비롯되며, 창조주의 절대적 권능과 종교적 계율에 순응하는 종교적 가치에 대해 다룬다(박선목, 2002).

〈표 1-1〉 철학의 분류

구분	세부 영역
이론철학	형이상학, 논리학, 인식론
실천철학	윤리학, 사회철학, 교육철학, 예술철학 혹은 미학, 종교철학 등

2. 도덕의 개념

1) **도덕의 개념**과 **특징**, **도덕원리**의 속성

그리스어로 **윤리**인 에티카(ethika)는 풍습을 뜻하는 그리스어 에토스(ethos)에서 유래되었다. 아리스토텔레스(Aristoteles)가 **윤리학**을 '인격에 관한 학(science of character)'이라고 명명했듯이, 윤리적 활동(ethical activity)은 도덕적 현상을 이론적 · 합리적으로 규명하는 노력으로 보았다. 이런 측면에서 윤리는 도덕적 현상에 대한 다소 지적이고 학문적인 측면의 노력을 강조한 개념이라 할 수 있다. 반면, **도덕**(moral)은 습관과 예의를 뜻하는 모레스(mores)에서 유래되었다. 도덕은 각 개인이 자신의 행동을 살펴보는 기준이고, 도덕적 활동(moral activity)은 도덕적인 삶을 위한 개인적 혹은 사회적 개혁과 관계된 활동이다. 이처럼 윤리에 비해 도덕은 실천적인 규범성을 강조한 것으로 해석되기도 한다. 그러나 현실적으로 도덕과 윤리는 거의 구분 없이 사용되는 경향이 강하다(이대희, 2003).

우리는 일상생활에서 도덕과 **관습**, **문화**, **예의범절** 등의 개념을 구분 없이 사용하는 경향이 있다. 관습, 문화, 예의범절은 역사적으로 오랫동안 통용되어 바람직한 행위유형으로 수용되는 경향이 있다. 이처럼 관습, 문화, 예의범절은 한 사회나 집단 내에서 지극히 자연스럽게 받아들여지는 사회적 행위지침을 말한다. 관습적 도덕의 경우처럼, 관습, 문화, 예의범절에는 옳고 그름을 가르는 기준으로서의 가치판단적 속성이나 규범성을 내포하고 있는 경우도 있다(박선목, 2002). 그러나 우리가 적용하는 관습, 문화, 예의범절 등의 개념은 그 자체로서는 규범성을 반드시 전제하지 않고, 단지 특정 사회와 집단이 바람직하다고 여기는 행위기준을 제시하는 역할을 할 뿐이다. 서로 다른 사회나 문화권 간의 관습, 문화, 예의범절의 차이는 문화적 다원성의 차원에서 상호 인정된다. 관습, 문화, 예의범절은 오랜 시간을 두고 전파되고 확산되어 계수(繼受)되는 경우도 많아 특정한 문화권을 형성하기도 한다. 이처럼 관습, 문화, 예의범절 등은 일반적으로 도덕적 수월성을 전제하지 않아 규범적으로 중립적인 속성을 갖고 있다.

반면, 윤리학에서 사용하는 **도덕**의 개념은 통상적인 관습, 문화, 예의범절과는 사뭇 다른 함의를 갖고 있다. 윤리학에서의 도덕이란 사회적 존재로서의 인간이 사회생활을 영위하는 데 있어서 반드시 지켜야 하는 행동규범을 말한다. 거트(Gert, 1988)는 도덕이란 타인에게 영향을 끼치는 행위를 할 수 있는 합리적 인간들에게 적용되는 하나의 공적 체계로서 일반적으로 도덕적 규칙이라는 규범들을 핵심으로 한다고 정의한다(김기덕, 2002). 이에 따라 일반적으로 윤리학에서 사용하는 **도덕**개념의 특징은 다음과 같이 정리할 수 있다.

첫째, 강제성이다. 도덕은 사회질서를 유지하고 사회적 관계를 안정화시키고자 하는 실용적인 목적을 갖고 있기에 사회적 존재로서 인간이 사회적 관계를 형성하는 데 있어서 구속되고 준거하도록 강요되는 강제적인 행위규범의 역할을 한다. 둘째, 가치판단적 속성이다. 도덕적 판단은 사회구성원들의 도덕적 행위에 준거를 제공해야 하기 때문에 특정한 행위 혹은 행위유형에 대해 옳고 그름을 전제하는 일관된 가치판단적 속성을 갖고 있다. 셋째, 사회적 구속성이다. 사회는 구성원들의 도덕적 행위를 규제하기 위해 일정한 구속력을 행사하며, 가족 · 학교 · 지역사회에서의 사회화를 통한 도덕적 가치의 내면화, 수용과 위반에 대한 도덕적 인가와 제재의 통제기능을 통해 구성원들의 도덕적 순응을 유도한다. 인가의 예로는 효부상 등의 도덕적 상찬(賞讚)을 들 수 있고, 제재기제로는 혹독한 도덕적 비난 등 나쁜 평판이 있다.

〈표 1-2〉 도덕개념의 특징

도덕개념의 특징	내용
강제성	사회구성원들에게 구속되고 준거하도록 강요되는 강제적 행위규범
가치판단적 속성	사회적 행위에 대해 옳고 그름을 전제하는 일관된 가치판단적 속성
사회적 구속성	사회적 구속력 행사, 도덕적 가치 내면화(사회화), 도덕적 순응 유도(인가 · 제재)

포이만과 피저(Pojman & Fieser, 2017)는 도덕원리의 속성으로 다음의 다섯 가지를 제시했다. 첫째, 규정성(prescriptivity)이다. 도덕원리는 사회구성원들의 행위를 규제하는 속성을 갖는다(강제성, 가치판단성, 사회적 구속성을 포괄한 속성이다). 이를 통해 사회구성원들의 행위를 평가하고, 칭찬과 비난을 하고, 만족감이나 죄책감을 야기한다. 둘째, 보편화 가능성(universalizability)이다. 도덕원리는 유사한 상황에 있는 모든 사람에게 적용되어야만 하는 속성을 갖는다. 어떤 행위가 특정 개인에게 옳다면 유사한 상황에 있는 누구에게라도 옳은 것이 되어야 사회정의에 부합한다. 셋째, 우선성(overridingness)이다. 도덕원리는 한 사회에서 지배적인 권위를 가지며, 다른 모든 원리에 우선하는 속성을 갖는다. 사회구성원들이 중시하는 법 준수의 의무조차도 법이 도덕의 목적에 기여하기 때문에 정당화되는 것이다. 반면에 노예제 같은 부정의한 법제는 도덕원리에 위반되기 때문에 지속 가능성을 갖지 못하고 사회구성원들의 저항에 직면하게 되는 것이다. 넷째, 공지성(publicity)이다. 도덕원리는 사회구성원들의 행위를 통제하기 위해 공적 속성을 갖는다. 비밀리에 통용되는 도덕원리로 모든 사람의 행위를 규제하기란 사실상 불가능하다. 다섯째, 실천 가능성(practicability)이다. 도덕원리는 일반적인 사회구성원들이 과도한 심리적 부담 없이 실행에 옮길 수 있는 속성을 갖는다. 도덕원리가 과도한 도덕적 이타주의를 요구한다면, 도덕적 실천에 대한 상당한 긴장감을 낳아 도덕적 자포자기와 도덕적 죄의식을 야기하면서도, 대다수 사회구성원의 실천을 규제하지 못해 도덕체계가 무력화되는 비효율을 초래할 것이다.

〈표 1-3〉 도덕원리의 속성

도덕원리의 속성	내용
규정성	사회구성원들의 행위를 규제하는 속성
보편화 가능성	유사한 상황의 모든 사람에게 적용되는 속성
우선성	지배적인 사회적 권위를 갖고 다른 원리들에 우선하는 속성
공지성	사회구성원들의 행위를 통제하기 위한 공적 속성
실천 가능성	사회구성원들이 과도한 심리적 부담 없이 실행에 옮길 수 있는 속성

2) 인간행위의 도덕적 분류

그렇다면 인간의 행위 중 어떤 행위가 도덕적 판단의 대상이 되는지 구분할 필요가 있다. 만일 인간의 모든 행위가 도덕적 행위라면 우리는 24시간 거의 쉴 틈 없이 지금의 행위가 도덕에 부합하는지 여부를 판단해야 하는 무휴식(no-rest)의 상황에 처하게 되기 때문이다. 그러나 현실적으로 평범한 사람들의 일상적인 행위가 모두 혹은 거의 대부분 도덕적인 판단을 요하는 행위에 속하지는 않는다. 인간의 행위는 **도덕적 행위**와 **도덕 중립적 행위**로 구분할 수 있다. 도덕 중립적 행위란 도덕적 판단의 대상이 되지 않는 비도덕적 속성을 가진 행위를 말한다. 인간의 행위 중 사회적으로 영향이 거의 없는 일상적인 행위가 여기에 속하며, 도덕적 속성을 갖지 못하는 많은 관습, 문화, 예의범절과 관련된 행위도 도덕 중립적 행위에 해당한다고 볼 수 있다.

도덕적 행위는 크게 **의무적인**(obligatory) **행위**와 **초과의무적인**(supererogatory) **행위**로 구분된다. 의무적인 행위란 도덕적 판단의 대상에 속하는 행위로서 마땅히 준수해야 하는 행위를 말한다. 의무적인 행위는 사회구성원으로서의 인간이 반드시 준수하도록 강제되는 행위로서 본래적으로 규범적이고 가치판단적인 도덕적 속성을 내포하고 있다(박선목, 2002). 반면, 초과의무적인 행위는 사회적으로 칭찬받고 높게 평가받기 때문에 어느 정도 도덕적인 속성을 갖고 있다고 볼 수 있지만 사회구성원 모두의 이행을 강제할 수 없는 행위를 말한다. 예를 들면, 우리가 언론보도를 통해 접할 수 있는 의사상자(義死傷者, 직무 외의 행위로서, 남의 생명, 신체, 재산이 위협받는 급박한 상황을 구제하다가 사망하거나 다친 사람)들의 영웅적인 행위를 들 수 있는데, 사회는 도덕적인 칭송, 나아가 초과의무적인 행위로 인해 겪는 어려움에 대해 물질적 · 비물질적 보상을 제공하기도 한다.

하지만 초과의무적인 행위는 도덕적 실천에 대한 상당한 긴장감을 낳을 뿐 실천 가능성이 낮기 때문에 사회구성원 모두가 준수해야 하는 보편적인 도덕적 원칙이 되기에는 한계가 있다. 이 때문에 롤스(Rawls, 1971)는 사회적 의무의 관점에서는 초과의무적인 행위가 아닌 의무적인 행위가 우선된다고 보아 의무적인 행위를 기준으로 사회의 도덕적 질서를 구축해야 한다고 강조했다.

인간의 행위는 **의무적인 행위**와 **임의적인 행위**로 구분할 수도 있다(〈표 1-4〉 참조). 의무적인 행위(A)는 앞서 말한 대로 사회구성원 모두가 반드시 준수해야 하며, 본래적으로 도덕적인 속성을 가진 행위를 말한다. 임의적인 행위는 도덕적인 의무와 무관한 행위로서, 사회구성원 모두에게 의무로 강제할 수 없어 보편적인 도덕적 원칙이 되기 어려운 **초과의무적 행위**와 본성상 비도덕적인 속성을 갖고 있는 **도덕 중립적 행위**로 구성된다.

〈표 1-4〉 인간행위의 분류

인간행위의 분류	내용
의무적인 행위(A)	도덕적 판단의 대상에 속하는 행위로서 마땅히 준수해야 하는 행위
임의적인 행위 - 초과의무적 행위(B) - 도덕 중립적 행위(C)	도덕적인 의무와 무관한 행위 도덕적인 속성을 갖고 있지만 사회적 이행을 강제할 수는 없는 행위 도덕적 판단의 대상이 되지 않는 비도덕적 속성의 행위

그런데 도덕적 행위와 관련된 인간의 행위의 범주구분은 고정적이거나 절대적인 것은 아니다(Singer, 2011). 도덕적 행위의 구분은 역사적 상황에 따라 상대적이고 가변적이라는 점을 고려할 필요가 있다.

부모와 자녀 간의 부양의 의무나 양육의 의무는 동서고금을 막론하고 상호 간의 의무적인 행위로 간주되어 의무의 불이행은 혹독한 도덕적 비난의 대상이 되어 왔다. 그러나 결혼과 출산의 경우 과거에는 당연한 도덕적 의무로서 의무적인 행위로 판단되었지만, 개인의 행복추구권이 존중되는 오늘날에는 개인의 자유선택에 따르는 비도덕적인 행위로서 도덕 중립적 행위로 변화해 왔다고 볼 수 있다. 또한 생활의 곤궁함과 의학기술의 저발달로 다산다사(多産多死)형의 인구구조를 가질 수밖에 없었던 과거에는 다자녀 출산은 자연스럽게 여겨져 의무적인 행위이거나 적어도 도덕 중립적 행위로 간주되었다. 반면, 심각한 저출산 현상이 고착되어 있는 오늘날에는 많은 자녀를 출산하지 않는 풍조 때문에 다자녀 출산은 사회적으로 보기 드문 초과의무적인 행위로 생각되는 경향이 있다.

3. 도덕과 유사개념의 비교

1) 도덕과 **관습, 문화, 예의범절**

도덕과 혼동하기 쉬운 개념으로는 먼저 (앞서 살펴본) **관습**, **문화**, **예의범절**이 있다. 관습, 문화, 예의범절은 특정 사회와 집단이 바람직하다고 여기는 행위기준을 제시하는 역할을 하기 때문에 도덕과 유사한 측면이 있다. 특히 이 중 예의범절은 특정 사회가 구성원들의 구체적인 사회적 행위양식을 규율한다는 면에서 도덕과 혼동하기 쉽다. 그러나 예의범절은 도덕적으로 옳은 행동이 무엇인지를 결정하는 것이 아니라 예의바른 행동이 무엇인지를 결정한다. 이에 따라 예의범절은 한 사회의 관습이나 문화적 특수성을 반영하는 구체적인 행위기준이지만 도덕처럼 반드시 가치판단적 속성을 갖는다고는 볼 수 없다. 따라서 일반적으로 도덕적 수월성(秀越性, 도덕적으로 더 우월한 정도)을 전제하지 않아 규범적으로 도덕 중립적인 속성을 갖고 있다. 이처럼 예의범절은 본질상 사회생활을 원만히 영위하는 중요한 기제이지만 도덕적인 사회생활의 본질과는 크게 관련이 없다. 예의범절은 사회적 교류를 원만하게 해 주는 수단적 성격이 강하기 때문이다(Pojman & Fieser, 2017).

이를테면, 우리는 어떻게 옷을 입고, 서로 인사를 하고, 식사를 하고, 잔치를 벌이고, 장례를 치르고, 감사와 고마움을 표현하고, 사회적 교류를 어떻게 하는가에 대해 사회적 관습과 문화에 따라 특유의 예의범절이 있다. 사람들이 서로 인사를 나눌 때 악수를 할 것인가, 고개를 숙일 것인가, 절을 할 것인가, 포옹을 할 것인가, 볼에 키스를 할 것인가는 특정 사회의 관습과 문화에 따라 달라진다는 것이다. 따라서 우리는 사회마다 각기 다른 관습과 문화를 갖고 있기 때문에 한 사회의 예의범절이 인간존중의 범위 안에서 운영되는 한 다른 사회의 예의범절에 대해 도덕적 비난을 제기하기란 적절치 않다. [그런데 한 사회의 지배적인 예의범절을 어길 때 도덕적 비난을 받는 경우가 종종 있다. 만일 인간존중의 범위를 벗어나 지배적인 예의범절을 폄훼(貶毁), 즉 깎아내려 헐뜯으려는 목적을 갖고 있다면 무례로 비치고, 다른 문화와 관습에 대한 모독이자 사회적 다양성에 대한 문화적 인식 부족에 따른 도덕적 비난까지 피할 수 없는 경우가 많다.]

2) 도덕과 **종교**

종교는 개인생활의 규범에 머무르지 않고 사회정화에 기여하기 때문에 사회질서의 유지를 존재 근거로 삼는 **도덕**과 유사한 측면이 있다. 그러나 종교는 개인의 신앙을 기초로 절대자에게 귀의하기 위한 규범으로 현실을 초월해 내세를 향하는 신앙적 계율이다(박선목, 2002). 이에 따라 종교는 영혼의 구원을 위해 신자에게 교리와 계율을 제시하고 신앙생활을 강조한다. 스펜서(Spencer)가 "사람은 삶이 무서워서 사회를 만들고 죽음이 두려워서 종교를 만들었다."고 말했듯이, 종교는 내세를 위한 구도의 길을 강조한다(홍성찬, 2009).

이에 따라 종교는 존립의 기반 면에서 독특한 특징을 갖고 있다. 구체적으로 살펴보면 가치판단의 기준, 보편적인 적용 가능성, 강제성 면에서 도덕과는 상당한 차이가 있다.

- 가치판단의 기준: 신에 대한 의무를 강조하는 종교는 종교적 교리를 구체화한 신앙공동체의 규율을 통해 가치판단의 기준을 제시하지만, 도덕은 (앞서 살펴본 대로) 현실세계에서 생활하는 사회구성원들이 준거해야 하는 사회생활의 기준을 제시하고자 한다.
- 보편적인 적용 가능성: 종교는 특정 종교의 신앙인을 상대로 적용되는 특수성을 갖기 때문에 타 종교에 대해 배타적인 성향을 갖고 있어 적용범위가 협소하지만, 도덕은 사회구성원 누구에게나 예외 없이 공통적이고 일률적으로 적용된다는 면에서 보편적인 적용 가능성을 특징으로 한다.
- 강제성: 종교는 본원적으로 영적인 세계의 규범으로서 내세에서의 영혼의 구원을 주요 보상기제로 삼고 있어 신앙공동체의 규율 이탈에 대한 세속적인 강제력 면에서는 제한적이지만, 도덕의 원활한 기능을 위해서는 (앞서 살펴본 대로) 현실세계에서의 도덕적 유인과 제재기제를 통해 반드시 사회구성원들의 실제적인 순응을 유도해야 한다.

3) 도덕과 **법률**

한편, 도덕은 서로 분리된 별개의 사회규범이 아니라 밀접한 관련이 있는 유사개념으로 인정되어 왔다. 고대법과 로마시대에서는 **법률**과 도덕은 결합된 하나의 사회규범을 이루고 있었으나, 사회의 공동생활이 복잡 다양화되고 전문화됨에 따라 근대국가의 성문법제도에서는 도덕에서 법률이 분화되어 구별이 뚜렷해졌다(홍성찬, 2009).

도덕과 법률의 현실적인 차이는 여러 측면에서 확인할 수 있다. ① 행위의 동기에 대한 적용 여부다. 법은 인간의 드러난 행위에 대해서만 적용하지만, 도덕은 행위 이전의 인간의 내면적인 정신적 의사에 대해서도 규율하는 특징이 있다. 이를테면, 법률은 합법적인 행위에 대해서는 그 행위의 동기를 묻지 않지만 도덕은 의무의 이행과 동기의 일치를 요구할 정도로 인간의 도덕적 의무 이행과 그 동기의 일치를 요구한다. ② 자율적인 의무 이행 여부다. 근대 사회계약이론이 말하는 것처럼 법률은 일반적으로 국가와 국민 간에 시민적 권리와 국민으로서의 의무이행을 교환하는 양면성이 있지만, 도덕은 사회 구성원으로서 지켜야 할 의무의 이행을 일면적으로 요구한다. 법률이 타율에 기초한 외부적인 규제라면 도덕은 개인의 양심에 바탕을 둔 자율적인 의무의 이행을 중시하는 것이다. ③ 강제력의 차이다. 강제력 면에서 법률은 국가의 강제력에 의해 규제를 시행할 수 있지만 도덕은 국가권력에 의해 물리적으로 강제되기보다는 인간의 양심에 따른 인격적 · 심리적 강제를 가한다. 이처럼 법률과 도덕의 궁극적인 구분은 강제력의 차이에 있기 때문에 각각 권력적 규범과 비권력적 규범으로 이해되기도 한다. ④ 근본적인 영향력의 차이다. 도덕은 반도덕적인 실정법의 존재에 대해 그 존립근거로서의 도덕성과의 일치 여부를 판단할 수 있기 때문에 인간의 사회생활을 규율하는 영향력 면에서 법률보다 근본적인 위치에 있다고 볼 수 있다. 우리는 과거에도 그렇고 지금까지도 노예제도, 인권침해적인 형벌제도, 인종차별, 성차별 등 반도덕적인 법률을 운영해 왔지만 인본주의와 인권을 중시하는 도덕은 이들 반도덕적 법률에 대해 도덕적 정당성을 인정하지 않는다.

현실적으로 도덕과 법률은 서로 분리될 수 없을 정도로 불가분의 관계에 있는 것으로 여겨져 왔다. 그러나 통상적인 견해와는 달리 도덕과 법률은 반드시 일치하거나 중복되지 않는 경우도 있다(김정오 외, 2012). 도덕과 법률, 즉 도덕적 판단과 법률적 규정의 불일치 혹은 상충은 사회복지와 관련된 의사결정에 있어서 중대한 **윤리적 딜레마**를 발생시키는 원천이기도 한다. 파슨스(Parsons, 2001)에 의하면 도덕과 법률의 관계에는 여섯 가지 유형이 있다. 즉, ① 도덕적(윤리적)이면서 합법적인 경우, ② 반도덕적(비윤리적)이면서 불법적인 경우, ③ 도덕적(윤리적)이면서 법률과 무관한 경우, ④ 반도덕적(비윤리적)이면서 법률과 무관한 경우, ⑤ 도덕적(윤리적)이지만 불법적인 경우, ⑥ 반도덕적(비윤리적)이지만 합법적인 경우가 그것이다.

①과 ②의 경우에는 도덕적 판단과 법률적 규정이 일치하기 때문에 통상적인 경우에 해당한다. 대표적으로 부모와 자녀 간의 부양 및 양육의 도덕적 의무는 사회질서의 근간인 가족유대의 가치를 보호하기 위한 「민법」상의 가족 간 신의성실의 원칙과 부합하는데, '신의성실의 원칙'이란 공동생활의 원활한 운영을 위해 구성원들 간에 권리측면의 권한남용과 의무측면의 의무불이행을 방지하고자 하는 취지를 갖고 있다. ③의 도덕적(윤리적)이면서 법률과 무관한 경우로 파슨스는 사회복지조직이 무료로 사회복지서비스를 제공하는 예를 들고 있다. ④의 반도덕적(비윤리적)이면서 법률과 무관한 경우로는 사회복지사가 클라이언트에게 정신적인 안도감을 주기 위한 방편으로 의존성을 조장하는 예를 든다. ⑤와 ⑥의 경우가 본격적으로 윤리적 딜레마를 발생시키는 상황으로 볼 수 있다. (제8장에서 살펴보겠지만) 법원이 법률에 의한 재판절차에 따라 사회복지사에게 클라이언트와의 관계에서 취득한 비밀정보의 공개를 요구하는 경우 클라이언트의 비밀보장의 의무와 법률준수 간의 상충이 발생한다. 이때 비밀정보 공개를 거부하면 도덕적(윤리적)이지만 실정법을 어기는 불법적인 행위가 될 것이고, 법률에 따라 비밀정보를 공개하면 클라이언트의 비밀보장의 의무를 위반해 반도덕적(비윤리적)이지만 합법적인 경우가 될 것이다.

〈표 1-5〉 법률과 도덕의 관계 예시

	도덕적(윤리적)	반도덕적(비윤리적)
합법적	① 부양 및 양육의 의무 이행	⑥ 비밀보장 의무와 법률준수 간의 상충
불법적	⑤ 비밀보장 의무와 법률준수 간의 상충	② 부양 및 양육의 의무 위반
법률과 무관	③ 사회복지조직의 무료 서비스 제공	④ 정신적 안도감 위해 의존성 조장 행위

4. 윤리학의 개념

1) 윤리학의 **개념**과 **지위**

(지금까지 살펴본) 철학과 도덕에 대한 기본적인 이해를 바탕으로 윤리학의 개념에 대해 살펴본다. 동서고금을 막론하고 **윤리학**의 개념에 대해 많은 학자가 고찰해 왔다. 동양에서는 윤리학에 대해 사람의 인성을 근거로 한 인륜의 이치와 법칙의 규명이라 개념

지었다. 공자(孔子)는 인(仁)을 **윤리학**의 근본 원리로 삼았다. 하늘이 사람에게 명령한 이치로서 사람이 마땅히 실천해야 할 행위의 으뜸가는 원리라 보았다. 우리나라에서는 윤리학은 자연과 자신 그리고 다른 사람과의 관계에서 규정된다. 자연의 원천인 하늘을 공경하고 자신의 근거인 조상을 숭배하며 자신과 함께 살고 있는 사람들을 사랑하는 것이 윤리학의 근본원리인 것이다. 물론 공경과 숭배 및 사랑을 하는 주체가 자신이기 때문에 우선 자신을 수양해 올바른 사람이 되어야 한다. 무어(Moore)는 윤리학을 옳음, 즉 선이란 무엇인가를 밝히는 것이라고 규정했다. 하르트만(Hartmann)은 어떤 행위가 가치 있는 행위인가에 대한 규명을 윤리학의 근본 내용으로 삼았다(박선목, 2002).

이들은 공통적으로 윤리학에 대해 옳음(올바르고 착하여 도덕적 기준에 맞음)을 행하고 악을 물리치게 하는 선과 악에 대한 이론이고, 선한 것을 어떻게 실천할 것인가에 관한 연구라고 보았다. 나아가 윤리학은 이성이 명령하는 내면적 욕구를 스스로 실천하게 하는 것이고, 이 내용들을 구체적으로 제시하는 것이 과제인 것이다. 종합하면, 윤리학은 철학의 한 분과학문으로서 도덕 및 도덕적 현상에 대한 철학적 연구라고 개념 규정할 수 있다. 이와 유사하게, 시지윅(Sidgwick, 1907)은 "옳음 혹은 당위에 관한 과학 혹은 연구", 펠트만(Feldman, 1978)은 "도덕에 관한 철학적 연구", 프랑케나(Frankena, 1973)는 "도덕 혹은 도덕성 및 도덕적 문제, 그리고 도덕적 판단에 대한 철학적 사고", 싱어(Singer, 1994)는 "우리가 어떻게 행동해야 하는가를 추론하는 체계적인 연구", 애링턴(Arrington, 1998)은 "도덕성에 대한 철학적 탐구", 포이만과 피저(Pojman & Fieser, 2017)는 "우리가 어떻게 살아야 하는지, 선이란 무엇인지를 다루는 철학의 한 분과"라고 각각 개념 짓고 있다.

이와 같이 윤리학을 도덕 및 도덕적 현상에 대한 철학적 연구라고 할 때, 이는 윤리학이 (앞서 살펴본 것처럼) **이론철학**과의 관계에서 **실천철학**의 영역에 속하고, 도덕, 즉 인간 행위의 원리나 규범을 대상으로 하는 철학의 한 분야라는 점에서 **도덕철학**을 지칭한다고 볼 수 있다(박선목, 2002). 이처럼 도덕철학으로서의 윤리학은 실천철학의 한 분야로서 독립적인 지위를 차지하고 있다.

2) **윤리학**, **동물윤리학**과 **신명윤리학**

윤리학은 인간과 인간이 구성하고 운영하는 사회로서의 세계를 연구대상으로 삼는다. 반면, **동물윤리학**이나 **신명(神命, divine command)윤리학**과 관련된 내용은 인간의 도덕적 측면과 관련된 경우에 한해 간접적으로 논의될 뿐이다(김기덕 2002).

벤담(Bentham, 1948)과 싱어(1971) 등 **동물윤리**학자들은 고통과 쾌락, 즉 감응력(感應力, sensitivity)을 가진 주체는 윤리학적 고려의 대상이 되어야 하기 때문에 윤리학은 인간을 넘어 동물까지 윤리적 고려의 대상으로 삼아야 한다는 강력한 주장을 폈다. 동물윤리학은 최근 동물실험, 동물학대, 나아가 동물농장(animal farm) 등 식용을 위한 열악한 동물사육환경 등의 문제 때문에 관심을 끌고 있다. 윤리적 판단의 대상에 동물을 포함시킬 것인가는 쉽게 합의될 수 있는 문제는 아니다. 하지만 윤리학이 이와 같은 동물윤리학의 이슈들에 대해 고통과 쾌락의 주체인 동물의 처지에서 윤리학적인 논의를 하지는 않더라도 최소한 동물과 관련된 인간의 인간성 타락이나 지나친 사적 이익추구의 관점에서 논의할 수 있다(Gruen, 1993). 굳이 칸트(Kant)의 의견을 거론하지 않더라도, 우리가 익히 알다시피 동물을 잔인하게 대하는 사람은 인간도 거칠게 대할 개연성이 높기도 하다.

신명윤리학은 인간이 아니라 신을 인식의 중심 대상으로 삼기 때문에 통상적인 윤리학과는 상당한 거리가 있다(Quinn, 1978). 신명윤리학에 바탕을 둔 종교적 도덕은 집단적 불관용을 낳는데, 조직화된 종교는 배타적 본성으로 인해 견해를 달리하는 외부 사람들에게 종교의 이름으로 도덕적 분노를 포현하기도 한다(중세의 십자군전쟁과 이단심판, 종교개혁 시기의 신교와 구교 간의 종교전쟁, 인도에서 힌두교도와 무슬림의 대학살, 2001년 미국 세계무역센터에 대한 테러공격 등이 예이다). 나아가 종교적 도덕은 정교분리를 위협해 주류종교에서 이탈한 사람들에 대한 독단적이고 불관용적인 처우를 야기하기도 한다(Pojman & Fieser, 2017). 윤리학에서는 신명윤리학의 관점보다는 종교적 현상을 인간을 중심으로 다룰 수 있는데, 이를테면 말세론이나 건전한 가족 및 사회제도의 존속을 위협해 미풍양속을 해치는 반사회적인 종교의 득세는 인간의 존엄성이나 사회적 공동체성의 황폐화의 부산물이라는 차원에서 윤리학의 관심 대상이 될 수 있다.

5. 윤리학의 분류와 연구영역

기본적으로 윤리학은 **이론윤리학**과 **응용윤리학**으로 구분된다. 전통적으로 윤리학은 이론윤리학을 중심으로 발달되어 왔다. 이론윤리학은 윤리학의 근본적인 질문인 도덕의 이론적 기초에 대해 탐구하는 분야다(여기에서는 윤리학을 이론윤리학, **메타윤리학**, 응용윤리학으로 구분하지 않고, 편의상 메타윤리학을 이론윤리학에 포함시켰다. 왜냐하면 메타윤리학은 윤리학 자체에 대한 학문적 연구여서 사실상 이론윤리학의 한 영역으로 보아도 무방하기 때문이다).

이론윤리학의 연구영역과 관련해, 윤리학이 제기하는 근본적인 문제에는 다음과 같은 것들이 있다(이대희, 2003). 이 화두들은 이론윤리학과 관련된 대부분의 연구적 질문을 포괄하고 있다고 해도 과언이 아니다.

① 인간행위의 **도덕적 의무**란 무엇이며, 어떻게 성립되는가? ② 쾌락은 인생에서 어떤 의미가 있는가? ③ **의무**와 **쾌락** 중 어느 쪽이 더 중요한가? ④ 쾌락은 행복을 구성하는 핵심적인 내용인가? ⑤ 우리에게는 나의 이익과 함께 남의 이익까지 추구해야 할 의무가 있는가? ⑥ **결정론**과 **자유의지** 중 어떤 것이 더 중요하며, 자유의지에 따른 도덕적 책임을 물을 수 있는 근거는 무엇인가? ⑦ 우리는 인간행위의 **동기**에 대해 주목해야 하는가? ⑧ 선악(good/bad), 옳고 그름(right/wrong), 의무(duty), 양심(conscience) 등 윤리적 용어들은 어떤 의미가 있는가?

이 여덟 가지 질문은 전형적인 윤리학의 주제들을 이 책의 취지에 맞게 재구성한 것이다. ①부터 ⑦까지의 주제는 규범윤리학의 주제들이고, ⑧은 메타윤리학의 주제다.

(자세한 내용은 다음 장에서 설명하겠지만) 이론윤리학 중 인간행위의 옳고 그름에 대한 가치판단의 기준을 제시하는 일은 **규범윤리학**의 핵심 과제다. 실용성을 중시하는 근대 규범윤리학은 개별 인간의 도덕적 행위의 옳고 그름을 판단할 때 측정하기 불가능한 내면적인 동기가 아닌 표출된 행위를 기준으로 삼고자 했다. 이에 따라 근대 규범윤리학은 **의무론**과 **목적론**을 중심으로 구축되어 왔다.

①의 질문처럼 의무론적 윤리이론(deontological ethical theory)은 개별 인간의 표출된 행위를 중시한다. 반면, ②의 목적론적 윤리이론(teleological ethical theory)은 행위 그 자체를 중시하지 않고 행위의 결과가 더 많은 쾌락을 가져오는 경우 옳은 것으로 본다. 따라서 ③처럼 의무론과 목적론의 논쟁은 인간행위 자체의 도덕적 의무와 행위의 결과가 초래하는 쾌락 중 어느 것을 중시할 것인가를 핵심으로 하고 있다. ④는 목적론의 경우 어떤 행위가 초래하는 결과의 선악, 즉 행복을 판단하는 기준으로 쾌락을 가장 중요한 기준으로 삼을 수 있는가 아니면 다른 대체적이거나 보완적인 기준을 마련할 수 있는가의 문제다. ⑤는 목적론에 있어서도 행복, 즉 쾌락의 정도를 적용하는 대상으로 도덕적 행위의 주체만을 고려할 것인가 아니면 관련된 공중, 즉 공동체의 이익을 반영할 것인가의 윤리적 이기주의와 윤리적 보편주의의 문제다.

(앞서 언급한 대로) 근대윤리학은 개별 인간의 표출된 행위를 중심으로 옳고 그름에 대

한 도덕적 판단을 내리는 실용성을 기초로 하고 있다. 그러나 표출된 개별 행위 중심의 접근은 사회질서의 유지와 사회적 결속을 확립하는 공적 체계로서 도덕의 본원적 성격을 훼손시킨다는 비판으로부터 자유로울 수 없다. ⑥과 ⑦은 인간행위의 공동체적 배경과 내면적 동기를 중시하는 **공동체주의** 혹은 **미덕 중심 윤리이론**(virtue-based ethical theory)의 문제제기를 반영하고 있다. ⑥은 강압을 배제한 자유의사에 따른 결정을 내렸다면 도덕적 행위의 책임은 온전히 개인에게 귀속된다는 이른바 자유의지에 따른 **연성결정론**이 인간행위의 환경적 제약, 즉 공동체적 속성을 소홀히 하고 있다는 점을 지적한다(이에 대해서는 제5장에서 다룬다). ⑦은 표출된 행위뿐 아니라 인간행위의 동기까지 주목해야 하는 도덕적 관점의 중요성과 사회구성원들의 도덕적 순응을 유도하기 위한 내면적인 도덕적 일체성 확립의 필요성에 주목한다.

⑧은 **메타윤리학**의 화두를 제시하고 있다. 윤리학 자체에 대한 윤리학적 연구인 메타윤리학은 도덕적 명제나 가치판단이 어떻게 성립하는지, 만일 성립한다면 그 정당성이 어떻게 보장되는지에 대해 언어를 통해 그 진위를 논증하려는 것이다(박선목, 2002). 즉, 규범으로서의 선악에 대한 논증보다는 도덕적 판단의 진위를 물을 수 있는 기준을 세우는 것이 임무다. 메타윤리학은 영미의 분석론자들에 의해 20세기 중반에 확립된 경향이다(Frankena, 1973). 메타윤리학은 윤리적 회의론을 극복하기 위한 동기에서 비롯되었지만, 결과적으로 윤리학이 철학 분야로 성립한다는 주장, 성립할 수 없다는 주장, 그리고 해석에 따라 성립할 수 있다는 유보적인 주장 등으로 분화된다고 한다.

응용윤리학은 **실천윤리학**이라고 불리기도 한다. 응용윤리학은 특정한 도덕적 문제들에 대해 특수한 의미를 갖는 철학적 이론을 전개해 그러한 문제들에 대처하고자 하는 시도다(이대희, 2003). 응용윤리학 차원의 실제 분야에 대한 탐구는 아리스토텔레스와 플라톤(Platon) 이래 많은 윤리학자가 시도해 왔다. 특히 실사구시적인 분위기가 팽배했던 르네상스시대 이래 18~19세기에는 흄(Hume)과 밀(Mill) 등이 응용윤리학에 관심을 기울이기도 했다. 그러나 20세기에 들어와 대부분의 윤리학자들은 현실적인 문제보다는 이론윤리학에 치중했고, 특히 규범윤리학보다는 메타윤리학에 대해 관심을 기울였다. 이론윤리학 중에서도 도덕적 판단 자체보다는 도덕적 판단의 의미에 대한 탐구에 치중하는 메타윤리학에 대한 관심은 현실문제와 직결된 규범윤리학에 대한 관심의 상대적인 부족을 낳았고, 규범윤리학의 적용성이 중시되는 응용윤리학은 더욱 소홀히 취급되는 경향이 있었다(Rachels, 1971).

1960년대 후반 이후 기성의 권위에 대한 회의가 팽배해지면서 윤리학 분야에서도 지나친 이론적 경향에 대한 비판적 성찰이 제기되었다. 이에 윤리학자들은 시민불복종운동, 인종차별, 전쟁과 평화문제 등에 대한 이론적 규명을 시도하게 되었고, 1970년대 이후부터는 **응용윤리학** 혹은 **실천윤리학**을 중심으로 현실문제에 대한 활발한 논의와 연구가 진행되었다. 그 결과의 하나로 의료윤리, 법조윤리 등 특정 직업이나 활동 분야에 대해서도 전문직 윤리에 대한 논의가 발전했다(Reamer, 2000). 이처럼 사회복지윤리는 실천 지향적 · 학문적 · 윤리적 노력의 일환으로, 응용윤리학 혹은 실천윤리학이 발전하게 된 결과 전문직 윤리의 한 영역으로 본격적으로 검토되었다는 점을 알 수 있다.

이상의 논의를 통해 이론윤리학의 지식은 현실문제의 해명에 상당한 도움을 줄 수 있다는 점을 이해할 수 있다. (앞서 언급한 대로) 미국 사회에서는 1960년대 이래 많은 윤리학자가 응용윤리학의 논의에 참여해 왔다. 평등, 정의, 전쟁, 시민불복종, 생명과 죽음, 자율과 간섭, 환경과 직업 등의 논의를 통해 응용윤리학의 잠재적 가능성을 다시 확인하고 있다(김춘태 외, 2006). 물론 그 전제는 이론윤리학에 대한 탄탄한 기초를 정립하는 일일 것이다. 이 책이 지향하는 바 역시 윤리학에 대한 이해, 규범윤리학 등 이론윤리학의 기초적인 이론에 대한 정립을 바탕으로 사회복지 분야에 적용되는 응용윤리학적 논의를 풍부하게 하는 단초를 제공하는 일이다.

생각해 볼 문제

1. 도덕개념의 세 가지 특징은 무엇이며, 세 가지 특징이 왜 필수적인지 따져 보시오.

2. 도덕원리의 다섯 가지 속성에 대해 각각 도덕규칙에 기여하는 바가 무엇인지 검토해 보시오.

3. 우리의 행위의 예를 들어 의무적인 행위, 임의적인 행위(초과의무적 행위, 도덕 중립적 행위) 중 어디에 속하는지 분류해 보시오.

4. 도덕적 행위와 관련된 인간행위의 범주 구분이 역사적 상황에 따라 변화해 온 예를 찾아 검토해 보시오.

5 | 관습, 문화, 예의범절이 도덕적 속성을 갖지 않는 경우를 한 사회 내의 변화와 다양성과 문화권 간 다양성의 예를 들어 검토해 보시오.

6 | 종교와 도덕의 차이에 대해 검토해 보시오.

7 | 법률과 도덕의 유사점과 차이점에 대해 검토해 보시오.

8 | 법률과 도덕의 관계 유형에 대해 예를 들어 검토해 보시오.

9 | 윤리학의 개념에 기초해 동물윤리학, 신명윤리학과 세속적 윤리학의 관계에 대해 검토해 보시오.

10 | 이론윤리학과 응용윤리학의 연구영역이 무엇인지 검토해 보시오.

제 2 장

규범윤리학

1. 규범윤리학의 개념 및 연구대상
2. 의무론적 윤리이론
3. 목적론적 윤리이론
4. 미덕 중심 윤리이론

◆ 생각해 볼 문제

제 2 장 규범윤리학

1. 규범윤리학의 개념 및 연구대상

규범윤리학은 **규범**과 **윤리학**의 합성어다. (제1장에서 살펴본 것처럼) 윤리학의 개념은 "도덕 및 도덕적 현상에 대한 철학적 연구"다. 한편, 규범이란 사회적 질서의 유지를 위해 이성적인 존재로서의 인간의 사회생활을 통제하는 규칙으로, 가치판단적 속성과 강제성을 갖고 있다. 즉, 윤리학적 측면에서의 규범은 사회생활을 영위하기 위한 당위이자 도덕적 의무의 측면이 강하다(박선목, 2002).

규범윤리학은 도덕적인 규범을 이성적인 인간의 사회생활의 길잡이로 설정한다. 따라서 규범윤리학은 모든 인간에게 적용되는 규범적인 도덕의 체계를 제시하고 이를 정당화할 수 있는 합리적인 근거를 탐구하는 학문이라고 개념 지을 수 있다(김춘태, 이대희, 안영석, 2006). 즉, 특정 상황에서 어떤 행위가 옳고 어떤 행위가 그른가를 제시하는 것이 규범윤리학의 목적이다(Rachels, 1971; Rachels & Rachels, 2010). 이를 위해 규범윤리학의 과제는 도덕과 관련되어 있는 현실적인 인간의 행위를 평가해 모든 사람이 따라야 할 도덕적인 행동의 보편적인 원리를 합리적인 근거와 함께 제시하는 것이다.

규범윤리학자들은 인간의 사회생활에 대해 도덕적 의무와 책임을 제기하는 객관적인 도덕적 진리, 즉 해야 할 것과 하지 않아야 할 것을 지시하는 객관적인 기준이 있다고 믿는다. 그들은 '옳은 것은 무엇인가' '좋은 것은 무엇인가' '우리는 무엇을 해야 하는가' '우리는 어떻게 살아야 할 것인가'와 같이 실천적이고 규범적인 문제에 관심을 갖는다(김춘태 외, 2006).

규범윤리학은 **이론규범윤리학**과 **응용규범윤리학**으로 구분할 수 있다(황경식, 1983). 모든 인간에게 적용되는 규범적인 도덕의 체계를 제시하고 이를 정당화할 수 있는 합리적인 근거를 탐구하는 규범윤리학의 목적을 달성하기 위해 이론규범윤리학은 주로 도덕의 이론적 측면을 연구대상으로 삼는다. 이론규범윤리학이 주로 다루는 주제는 도덕의 성격 규정 문제, 의무론과 목적론 간의 논쟁 문제, 행위 중심 윤리이론(의무론과 목적론)과 공동체주의와의 논쟁 문제, 자유의지와 결정론의 문제(이에 대해서는 제5장에서 다룬다) 등이다. 이 책의 제1장과 제2장의 내용은 이론규범윤리학의 연구대상 영역에 속한다고 할 수 있다.

응용규범윤리학은 이론규범윤리학을 바탕으로 도덕과 관련되어 있는 현실 문세를 연구대상으로 삼아 모든 사람이 따라야 할 도덕적인 행동의 보편적인 원리를 제시한다는 면에서, 실천적인 지향성이 매우 강하다고 볼 수 있다. 응용규범윤리학은 다시 **사회윤리학**과 **실천윤리학**으로 구분되기도 한다. 사회윤리학은 시민권, 정의, 불평등처럼 사회의 기본구조나 사회제도 등 상대적으로 거시적인 현실 문제를 다룬다. 반면, 실천윤리학은 임신중절, 동성애, 자살 등 구체적인 현실 문제와 함께 직업윤리 등 미시적인 분야를 다룬다. 이처럼 우리가 다루는 사회복지윤리는, 전문직 직업윤리로서 이론규범윤리학을 바탕으로 탐구되는 응용규범윤리학 중 실천윤리학의 연구대상에 속한다고 볼 수 있다.

2. 의무론적 윤리이론

1) **의무론**의 접근방법

봉건적 지배에 대항해 개인성을 재발견한 계몽주의시대 이래, 합리주의에 바탕을 둔 근대의 개인주의는 공동체 대신 개인을 일차적인 관심의 대상으로 바꾸어 놓았다(박호성, 2009). 개인은 자율적으로 자신들의 이해를 추구해 나갈 따름이고 외부, 즉 국가와 사회로부터의 제재를 거부한다. 근대의 규범윤리학은 **사회계약설**에 기초해 합리적인 개인들의 자유로서 선택행위를 전제로 도덕이론을 구축하려 했다. 따라서 근대의 규범윤리학은 개인의 도덕적 선택과 행위를 규율하려는 목적을 갖고 있고, 개인의 선택행위의 책임은 궁극적으로 행위 주체인 개인에게 귀속된다는 점을 전제로 한다.

대표적으로 근대 **의무론**적 윤리이론(deontological ethical theory)의 시초인 칸트는 **정언명령**(定言命令, categorical imperative)을 통해, 이성적인 개인들이 자율적으로 확립하는 도덕적 원칙이 사회의 보편적인 도덕적 원칙이 되는 이상적인 상태를 구상했다. 이성적인 의지(rational will)인 **선의지**(good will)의 구현을 궁극적인 지향점으로 설정했다. 잘 알려진 대로, 그는 이를 "네 의지의 준칙(Maxim)이 항상 동시에 보편적인 입법의 원리로서 타당하도록 행동하라."고 표현했다(Kant, 1959; O'neill, 1993).

의무론적의 deontological은 그리스어 데온(deon, 의무)에서 유래한 말이다(Davis, 1993). 의무론적 윤리이론은 모든 사람이 반드시 지켜야 하는 보편적 의무를 행위의 규범으로 삼고자 한다. 또한 어떤 당위(當爲)가 보편적인 도덕원칙으로 성립되기 위해서는 행위의 결과와 관계없이 그 행위 자체의 본래적 속성이 도덕적이어야 한다고 주장한다(Frankena, 1973). 이처럼 의무론은 올바름이 결과의 바람직함에 우선해야 한다고 보아 비결과주의적이고, 따라서 타인의 이익이나 공평에 미칠 결과주의적인 영향을 전제하지도 않는다. 의무론은 결과가 아닌 행위 자체의 본래적 속성을 절대적 가치로 본다는 점에서 도덕적 행위의 보편 적용성을 검증할 수 있다고 보는 것이다(Carter, 2001).

〈표 2-1〉 의무론 개요

구분	내용
의무론의 목적	사람들이 반드시 지켜야 하는 보편적 의무를 행위의 규범으로 제시
의무론의 주장	보편적인 도덕원칙으로 성립되기 위해서는 행위의 결과와 관계없이 그 행위 자체가 도덕적이어야 함.

목적론에 비해 의무론의 접근방법을 지지하는 논거는 다음과 같다. 첫째, 도덕의 존재이유는 보편화 가능성이기 때문에, 의무론과는 달리 상황과 조건에 따라 규범성이 가변적인 결과주의를 채택하면 일관된 도덕규칙으로서의 도덕의 본질적인 목표를 달성할 수 없다(Arrington, 1998). 도덕규범은 그 결과와 관계없이 본래적으로 도덕적 속성을 가져야 보편적인 적용 가능성을 획득할 수 있고, 따라서 결과주의는 도덕적 속성을 내재하지 않기 때문에 의무론과 목적론이 상충될 경우 당연히 의무론적인 도덕규칙을 채택해야 한다는 것이다(O'neill, 1993).

(뒤에서 살펴보겠지만) 칸트는 이성적인 행위자의 자율적인 선택행위인 자율성의 원칙에 의해 보편화의 가능성을 통과하는 도덕규칙을 추구하면서 의무로서의 도덕의 본질적인 속성은 인간을 수단이 아닌 목적 자체로 처우하는 것임을 강조했다(Kant, 1959). 자선의 의무의 경우 결과주의의 관점에서는 바람직한 행위일 수 있다. 그러나 자선의 의무는 인간을 목적으로서 대하는 도덕적 의무와는 관계가 없고, 심지어 도움을 제공하는 자의 동정심이나 자신의 이익을 증진시키는 자기애의 욕구의 발로일 수 있다. 따라서 자선의 의무는 결과주의 측면에서는 바람직할지 몰라도 그 자체로 인간을 목적으로서 대하는

도덕적 의무라고 수용할 수는 없다는 것이다.

둘째, 개인의 자율성을 구현하기 위해서는 본래적 속성으로서 규범성을 내포한 도덕적 의무를 기축(基軸)으로 도덕적 규칙을 구축해야 한다(Arrington, 1998). **사회계약설**에 바탕을 두고 있는 근대 규범윤리학은 이성적인 개인의 자율적인 선택을 존중해야 한다. 그런데 상황에 따라 유동적이고 불확정적인 도덕규범인 결과주의를 채택하면, 이성적인 개인일지라도 결과의 예측 가능성의 제약 때문에 일관성 있게 자율적 결정을 내리기란 불가능하다. 이 때문에 **결과주의**를 채택하면 결국 국가가 개인의 자유의지와 관계없이 인위적으로 도덕규칙을 수립해 구성원들에게 수용을 강제하게 된다.

칸트는 자율성의 원칙에 의해 판단하는 이성적인 개개인이 모두 입법자처럼 되어야 한다고 주장한다. 개인이 외부로부터 강요된 규칙에 따라 행위를 한다면 자율성은 토대를 상실한다고 보는 것이다(Kant, 1959). 특히 결과주의에 입각한 바람직한 대안이란 그 자체로는 본래적으로 도덕적 속성을 갖고 있지 않고, 수단적 의미에 불과하다. 따라서 본래적으로 도덕적 속성을 갖고 있지 않은 수단적 의미이자 결과주의의 지침을 기준으로 도덕규칙을 수립한다면, 자유의지에 따라 보편적인 도덕규칙을 체득하는 자율성의 원칙을 위배하게 되어 도덕의 본질적 목표를 구현할 수 없다. 예를 들어, 재능개발이나 자선의 의무는 결과주의 면에서는 바람직할지 몰라도, 생명존중이나 약속준수와 같은 **완전한 의무**와는 달리 **불완전한 의무**에 불과하다. 왜냐하면 완전한 의무는 일체의 예외나 모순이 허용되지 않는 엄격성을 특징으로 하지만 재능개발이나 자선의 정도는 얼마든지 재량의 여지가 있는 성질을 가지고 있어 의무의 엄격한 이행을 강제해야 하는 도덕규칙으로 내세울 수 없기 때문이다.

〈표 2-2〉 의무론의 논거

핵심 주장	근거
보편화 가능성 구현을 위해 도덕규범은 결과와 관계없이 본래적으로 도덕적 속성을 가져야 함.	상황과 조건에 따라 규범성이 가변적인 결과주의를 채택하면 일관된 도덕규칙으로서의 도덕의 본질적인 목표를 달성할 수 없기 때문임.
개인의 자율성 구현을 위해 규범성을 내포한 도덕적 의무를 기축으로 도덕적 규칙을 구축해야 함.	상황에 따라 유동적이고 불확정적인 도덕규범인 결과주의를 채택하면 결과의 예측 가능성의 제약 때문에 자율적 결정을 내리기 힘들기 때문임.

2) **의무론**의 내용

(1) 행위의무론의 한계

의무론이 먼저 결정해야 할 점은 우리가 어떤 행위의 옳고 그름을 판단할 때 개별 행위의 독특성을 인정할 것인가 아니면 특정 행위를 포함하는 규칙에 입각해 판단할 것인가다. 이에 대해 행위의무론적 윤리이론(act-deontological ethical theory)은 개별 행위들은 모두 독특하기 때문에 매 사례에서의 도덕적 판단은 개별적으로 이루어져야 한다고 주장한다. 반면, 규칙의무론적 윤리이론(rule-deontological ethical theory)은 개별 행위가 속한 어떤 규칙이 존재하기 때문에 우리는 개별 사례에 적용되는 의무적 규칙을 기준으로 판단해야 한다고 주장한다(맹용길, 1996).

예를 들어, 거짓을 말할 것인가 아니면 진실을 말할 것인가의 선택 상황을 가정해 보자. **행위의무론**은 어떤 의무적 규칙을 전제하지 않고 순전히 해당 상황의 독특성을 반영해 매 순간 스스로 판단해야 한다고 주장한다. 반면 **규칙의무론**을 적용하면, 거짓을 말할 것인가 아니면 진실을 말할 것인가의 선택 상황은 진실을 말할 의무에 속하는 수많은 행위 중의 하나이자 사례이므로 우리는 진실을 말할 의무라는 의무적 규칙을 적용해 판단하자는 것이다.

행위의무론은 옳고 그름을 판단하는 방법으로 **직관주의**(直觀主義, intuitionism)와 **결단주의**(決斷主義, decisionism)를 선호한다. 베르그송(Bergsong)으로 대표되는 고전적 직관주의는 이성적인 인간이라면 추론 등 사유(思惟)과정 없이도 대상을 직접적으로 파악할 수 있다고 본다(박선목, 2002). 따라서 도덕의 객관성은 인정하지만 도덕은 자명(自明)한 것이기 때문에 직관적으로 인식할 수 있다고 본다.

한편, 도덕의 객관성을 부인하는 주관주의에 속하는 **실존주의**는 판단에 있어서 추론 등의 사유보다는 개인의 결단을 선호한다. 실존주의자인 사르트르(Sartre)는 '존재는 본질에 앞서기에 원래 무(無)에서 태어난 사람이 자신에 대한 본질을 규정하고 자신에 대한 적극성을 부여하는 것이 실존이고, 자유는 모든 사람의 실존방식이기 때문에 자유로운 선택, 즉 결단을 통해 불안을 해소하는 것이 실존의 참모습'이라고 했다.

그러나 행위의무론은 객관적인 도덕규칙을 수립하는 기준이 되기에는 한계가 있다. 즉, ① 행위의무론의 인식론적 토대인 직관주의와 결단주의는 공히 추론 등의 철학적 사유를 결여하고 있어 논증(論證)이 불가능하고 도덕규칙으로서의 객관화가 어려운 한계를 갖고 있다. 직관주의는 철학적 사유와 논증을 불가능하게 하는 사고구조이고, 결단주의는 본질적으로 객관화가 불가능한 주관주의의 한계를 갖고 있기 때문이다(박선목, 2002). ② 헤어(Hare, 1952)에 따르면, 우리는 행동에 대한 지침으로서 도덕규칙을 선호하고 실제로도 보편화 가능성(universalizability)이 있는 도덕규칙에 입각해 행동한다. 우리의 도덕적 사고가 합리적이라고 믿는 이유는 특정한 도덕규칙을 적용해 도덕적 판단을 보편화할 수 있기 때문이다(김춘태 외, 2006). ③ 행위의무론을 적용하면 보편적인 도덕규칙을 확립하기가 불가능해 사회구성원들에게 일관된 도덕적 행위지침을 제공하는 공적 체계를 마련할 수 없다. 따라서 근대 규범윤리학이 지향하는 도덕의 실용적 목표를 달성할 수 없다. 행위의무론은 독특한 개별 상황에서 직관과 결단에 의해 개별적으로 선택할 것을 주문하고 있을 뿐이어서 객관적인 도덕규칙을 수립할 수 없는 한계를 갖고 있기 때문이다(Frankena, 1973; Pojman, 2002).

(2) 규칙의무론

(지금까지 정리한 대로) 행위의무론은 보편적인 도덕규칙을 수립하는 인식의 기초가 되기에는 명백하게 한계가 있다. 따라서 현존하는 의무론은 **규칙의무론**을 적용한 논리체계를 갖고 있다고 볼 수 있다. 규칙의무론자로는 규칙절대주의와 인식론으로서 규칙합리주의를 표방한 칸트와 규칙상대주의와 인식론으로서 규칙직관주의를 주장하는 로스(Ross)가 대표적으로 언급된다.

근대 의무론적 윤리이론의 시초인 칸트는 도덕의 절대적인 가치는 인간을 수단이 아닌 목적으로 간주한다는 데 있다고 강조한다. 그는 목적으로서의 인간의 도덕적 가치를 구현하기 위해 이성적인 개인들이 자율적으로 형성하는 도덕적 원칙이 사회의 보편적인 도덕적 원칙으로 정립되는 이상적인 상태를 꿈꾸었다. 이처럼 칸트의 이론은 **보편성의 원칙**(규칙의무론의 절차), **자율성의 원칙**(규칙의무론의 조건), **목적성의 원칙**(규칙의무론의 내용)으로 구성되어 있다(Kant, 1959).

첫째, 칸트는 **보편성의 원칙**을 통해 이성적인 개인들이 자율적으로 형성하는 원칙이 사회의 보편적인 도덕적 원칙으로 확립되는 규칙의무론의 절차를 제시하고 있다. 그는 이성적인 인간들의 의식 속에 내재해 있는 이성적인 의지인 **선의지**[선(善)한 행동을 하려는 의지]를 인간의 도덕적 활동의 원천으로 간주한다. 선의지는 자기 자신에 대한 의무의식이자 스스로 행하는 도덕적 판단력인 양심(良心), 즉 도덕의식과 유사한 개념이다. 칸트는 무조건적으로 선한 것은 오직 선의지뿐이라며 인간의 다른 의지는 완전하지 않다고 본다(Kant, 1959). 재능과 용기는 잘못 사용되면 나쁜 결과를 초래할 수 있고, 심지어 행복도 행복의 소유자를 거만하고 자만에 빠지게 만들 수도 있다고 지적한다. 이는 개인들의 선에 대한 의지가 부족하기 때문으로 선의지를 바탕으로 재능, 용기, 행복을 통제한다면 도덕적 판단이 가능하다고 본다(Arrington, 1998).

칸트는 선의지를 갖춘 이성적인 개인들이 자율적으로 형성하는 도덕적 절차인 정언명령을 통해 사회의 보편적인 도덕적 원칙이 확립될 수 있다고 보았다. 칸트의 **정언명령**이란 선의지를 바탕으로 하는 개인의 도덕적 원칙이 사회의 도덕규칙과 일치하게 되어 보편적인 도덕이 확립되는 절차다. 이를 "네 의지의 준칙이 항상 동시에 보편적인 입법의 원리로서 타당하도록 행동하라."라고 표현한다(Kant, 1959). 그는 정언명령의 타당성을 시험하기 위해 자살, 이기심, 태만, 거짓 약속을 예로 들었다(김춘태 외, 2006). 예를 들어, 갚을 약속을 지킬 의도가 전혀 없으면서 돈을 빌리려는 유혹에 빠질 경우가 있다. 그러나 선의지를 바탕으로 한 정언명령에 의하면 거짓 약속이라는 나의 준칙은 보편적인 도덕이 될 수 없을 것이다. 왜냐하면 모든 사람이 약속을 믿지 못하게 되어 약속의 준수라는 사회적인 도덕적 의무가 무력화될 것이기 때문이다.

둘째, 칸트는 **자율성의 원칙**을 보편성의 원칙이 작동되는 조건으로 보아, 이성적인 개인들의 자유로운 행위인 자율성의 원칙이 확립되어야 정언명령의 절차에 따른 보편성의 원칙이 적용될 수 있다고 판단했다. (앞서 얘기한 대로) 칸트는 근대 사회계약설에 바탕을 두고 있기 때문에 외부로부터 강요된 규칙에 따라 행위를 한다면 인간의 자율성은 토대를 상실한다고 강조했다. "네 의지의 준칙이 항상 동시에 보편적인 입법의 원리로서 타당하도록 행동하라."는 언명(言明)은 자율성의 원칙에 의해 판단하는 이성적인 개개인이 모두 입법자처럼 되어야 한다는 주장이다(Kant, 1959). 칸트는 무엇이 옳고 그른가에 대해 판단할 때 다른 어느 누구의 말도 들을 필요가 없고 개인 스스로 결정할 수 있다고 강조한다. 사회란 목적의 왕국으로서 선의지와 정언명령의 공통 법칙을 따르는 이성적이고 자율적인 존재들이 도덕적 원칙을 구현하려는 공통의 목적하에 체계적이고 민주적으로 결합한 결과일 뿐이다(Arrington, 1998; Schneewind, 1992).

칸트는 이성적인 인간이 자율성의 원칙에 따라 정언명령을 적용해 보편적인 도덕적 원칙을 인식할 수 있는 근거를 인간 이성에 바탕을 둔 인식론으로서의 규칙합리주의에서 찾았다. 그는 인간은 이성을 사용해 대상에 대해 인식할 수 있다고 보아 인식론으로서 **합리주의**(이성주의)를 주장했다(Arrington, 1998). 합리주의(이성주의)란 존재의 객관성을 인정하고 이성적인 사유를 통해 그 본질을 파악할 수 있다는 인식론을 말한다. 칸트는 우리는 경험을 통해 대상의 현상(현상계 또는 감각계)에 대한 지식을 얻고 이성을 통한 사유의 결과 본질, 즉 물자체(본체계 또는 예지계)를 파악할 수 있다고 보았다(Kant, 1929). 칸트의 합리주의 인식론은 도덕에 대한 논의에서는 **규칙합리주의**라고 명명(命名)할 수 있다. 이성적인 인간은 도덕적 현상에 대해 인지한 뒤 정언명령이라는 이성을 통한 사유과정을 거쳐 도덕적 원칙, 즉 도덕법칙을 파악할 수 있게 된다고 보기 때문이다. 그는 이에 대해 "도덕적 의무는 법칙에서 생겨난 행위의 필연성이다."라고 표현한다(Kant, 1959).

셋째, 지금까지 논의한 자율성의 원칙의 조건과 보편성의 원칙의 절차에 따라 칸트가 수립하고자 하는 도덕체계는 인간을 수단이 아닌 궁극적인 목적으로 처우한다는 **목적성의 원칙**을 도덕적 내용으로 삼고 있다. 인간의 존엄성을 특히 강조하는 그는 모든 이성적인 존재 자체가 절대적인 가치를 지닌 도덕적 행위의 목적이며, 인간은 다른 목적을 위한 수단이 되어서는 안 된다고 주장한다. 칸트는 이를 "너 자신이나 다른 모든 사람을 단지 수단으로서가 아니라 목적으로서 대우하도록 행동하라."라고 표현한다(Kant, 1959). 그는 보편적인 도덕적 원칙의 절차인 정언명령을 통과한 도덕규칙은 인간을 목적으로 처우하는 내용을 담고 있어야 하고, 이는 본래적으로 도덕적 속성을 갖고 있는 완전한 의무라고 명명했다. 칸트는 대표적인 완전한 의무로 약속준수의 의무와 생명존중의 의무를 꼽았다. 이를테면, 거짓 약속은 나의 어려움을 피하고 이득을 취한 것이지만 타인을 존중한다면 약속을 지켜야 한다는 것이다(Arrington, 1998).

〈표 2-3〉 칸트의 3대 원칙

원칙	내용
보편성의 원칙(절차)	이성적인 개인들이 자율적으로 형성하는 원칙이 사회의 보편적인 도덕적 원칙으로 확립되는 절차 제시(정언명령)
자율성의 원칙(조건)	보편성의 원칙이 적용되려면 도덕적 행위는 이성적인 개인들의 자유로운 행위라는 조건 충족 필요(개개인이 입법자)
목적성의 원칙(내용)	도덕체계는 인간을 수단이 아닌 궁극적인 목적으로 처우해야 한다는 도덕적 내용에 대한 규정(완전한 의무)

그러나 칸트는 도덕적이건 비도덕적이건 어떤 목적을 달성하기 위한 수단임을 확인하는 절차인 **가언명령**(hypothetical imperative)을 통과한 내용은 본래적으로 도덕적 속성을 갖고 있지 않기 때문에 불완전한 의무라고 보았다. 가언명령의 절차는 어떤 행위가 특정한 목적 달성을 위한 수단인지를 판단하는 절차이므로 사실상 결과주의 측면의 접근이

라고 이해된다(이대희, 2003). 그런데 결과주의 측면에서는 바람직한 행위일지라도 그 행위 자체가 인간을 목적으로 처우하는 본래적 속성을 갖고 있지 않다면 이를 완전한 의무라고 볼 수는 없다는 것이다. 앞서 설명한 **자선의 의무**의 경우 인간을 목적으로서 대하는 도덕적 의무와는 관계가 없고, 심지어 도움을 제공하는 자의 동정심이나 자신의 이익을 증진시키는 자기애의 욕구의 발로일 수 있다. 따라서 자선의 의무는 결과주의 측면에서는 바람직할지 몰라도, 그 자체로 인간을 목적으로서 대하는 완전한 도덕적 의무라고 수용할 수는 없다는 것이다. 또 재능개발의 의무도 결과주의 면에서는 바람직할지 몰라도, 본래적으로 인간을 목적으로 처우하는 도덕적 속성을 갖고 있지는 않다(Arrington, 1998).

여기서 주목할 점은, 칸트는 보편성의 원칙, 자율성의 원칙, 목적성의 원칙을 통해 확립된 도덕규칙으로서의 완전한 의무인 도덕적 의무의 경우, 어떤 경우에도 예외가 허용되지 않기 때문에 필연적으로 이행해야 한다는 **규칙절대주의**를 표방하고 있다는 점이다. 인간을 목적으로서 처우하는 도덕적 의무는 본래적으로 도덕적 속성을 내재하고 있기 때문에 예외가 허용되어서는 안 된다. 나아가 정언명령을 통해 확립된 도덕법칙을 행위의 원리로 삼는 도덕적 개인들은 사회의 도덕규칙을 반드시 존중해야 한다. 그는 "예외의 허용은 보편성의 원리의 파괴"라며, 도덕적 의무의 불이행은 도덕적 원칙을 구현하려는 공통의 목적하에 체계적이고 민주적으로 결합된 목적 왕국의 신의성실의 사회계약 원리에 위배되어 보편적인 도덕법칙의 혼란으로 귀결될 것을 우려했다(Kant, 1959). 예를 들어, 칸트는 거짓말은 약속준수의 의무에 위배되기 때문에 절대로 거짓말을 해서는 안 된다고 주장한다. 친구가 살해의 위협을 피해 내 집에 피신해 있더라도 강도에게 거짓말을 해서는 안 된다는 것이다. 그는 내가 진실을 말하는 동안 친구가 다른 곳으로 피신할 수 있고 다른 이웃이 친구를 구하러 올 수 있지 않는가라고 말한다.

로스는 규칙의무론자이면서도 규칙절대주의가 아니라 **규칙상대주의**를 주장한다는 점에서 칸트와 차이가 있다(Ross, 1930). 로스는 칸트와는 달리 두 가지 의무가 서로 충돌할 가능성을 인정하고, 각각 옳은 두 가지 행위가 양립할 수 없는 경우에 어느 쪽을 택할 것인가를 고려하고 있다. 그는 도덕적 의무를 **기초의무**(prima facie duty)와 **실질의무**(actual duty)로 구분했다. 기초의무란 그 자체로 옳은 행위로서 도덕적 의무를 통칭한다. 그가 기초의무를 칸트처럼 절대적 의무라고 하지 않는 이유는 바로 도덕적 의무 간의 상충을 염두에 두기 때문이다(김춘태 외, 2006). 이처럼 기초의무는 항상 이행되리라는 보장이 없기 때문에 일종의 조건부 의무라고도 볼 수 있다. 그는 기초의무의 예로서 약속준수의 의무(the duty of promise keeping), 충실(신의성실)의 의무(the duty of fidelity), 호의에 대한 감사의 의무(the duty of gratitude for favors), 자선의 의무(the duty of beneficience), 정의의 의무(the duty of justice), 자기수양의 의무(the duty of self-improvement), 악행배제의 의무(the duty of nonmaleficence)를 들었다(Dancy, 1993a). 실질의무란 특정한 상황에서 상충하는 기초의무들 중 실천의 지침으로 채택되는 의무로서 현실적으로 적절한 의무를 말한다.

그런데 로스는 인식의 원리로서 **규칙직관주의**를 표방한다(Dancy, 1993b). 직관이란 이성적 사유와 대비되는 말로 이성을 통하지 않고 감각기관을 통해 대상을 직접 파악하는 인식방법을 말한다. 로스는 선(善)이란 이성적인 사유를 통한 분석이 불가능한 궁극적인 관념이기 때문에 우리는 구체적인 현실에서 직관을 통해 옳고 그름을 판단할 수밖에 없다고 본다(Dancy, 1993a). 이처럼 그가 제시하는 기초의무는 성숙한 인간이라면 직접 경험을 통해 파악할 수 있는 것들이고, 정언명령 같은 이성적 사유를 거친 보편적인 도덕규칙이라고 보기는 힘들다. 실질의무를 선택하는 방법에 있어서도 로스는 각기 독특한 실제 상황에 맞게 직관에 입각해 판단할 것을 제안한다(Ross, 1930). 기초의무는 경험을 통해 도출된 직관의 산물이지 보편적인 도덕적 원리에서 도출되지 않았기 때문에, 각기 독특한 개별 상황에서까지 보편적으로 적용될 수 있는 기초의무들 간의 순위 매김, 즉 객관적인 서열화는 불가능하다고 보기 때문이다(Dancy, 1993a).

의무론은 몇 가지 점에서 다음과 같은 비판을 받아 왔다.

첫째, 무엇보다 칸트의 **규칙절대주의**는 일체의 예외를 허용하지 않기 때문에 목적성의 원칙이 반영되는 도덕적 의무라도 상충이 발생하는 경우 적용성이 부족하다는 비판에 직면해 왔다(O'neill, 1993). 이를테면, 칸트가 든 예는 약속준수의 의무와 친구 간의 신의성실의 의무인 서로 도울 의무가 상충되는 경우이지만 그는 의무들 간의 상충이 발생하는 경우를 전혀 상정하지 않은 것으로 보인다. 이 때문에 비판자들은 칸트의 이론에서는 의무 간의 상충을 해결할 조정방법을 전혀 발견할 수 없다고 한계를 지적한다.

둘째, 칸트 윤리학의 핵심적인 내용인 인간을 수단이 아닌 목적으로 처우한다는 **목적성의 원칙**이 현실적으로 항상 지켜질 수 있는가에 대해 회의적인 시각도 있다. 일반적으로는 지켜질 수 있지만 도저히 지켜질 수 없는 특수한 경우도 있다는 것이다(김춘태 외, 2006). 이를테면, 장기분배의 경우 한정된 자원 때문에 욕구나 평등이 분배원리가 되기에 불가능한 경우가 많다. 결국 한정된 자원을 효율적으로 배분하려는 목적에 맞게 분배함으로써 가언명령에 따라 수단적인 불완전한 의무를 이행할 수밖에 없게 된다.

셋째, 목적론자들은 인간을 목적으로 처우하는 도덕적 의무만이 이성적인 인간의 도덕적 행위의 유일한 **동기**라는 칸트의 논리에 대해 의문을 제기한다(Arrington, 1998). 칸트는 바람직한 결과를 산출하는 행위를 가언명령에 의한 불완전한 의무라고 보아, 도덕의 본래적 속성을 결여하고 있다고 보았다. 그러나 목적론자들은 인간을 목적으로 처우하는 목적성의 원칙을 우리의 도덕적 행위의 동기로 인정하지만, 유용성(utility)을 추구하려는 동기와 그에 따른 목적도 있다는 점을 인정해야 한다고 주장한다.

넷째, 규칙상대주의를 주장해 칸트의 규칙절대주의의 한계를 극복하려 시도한 로스에 대해서도 인식론적인 면에서 한계가 지적된다(Dancy, 1993a). 그는 객관적인 도덕원리의 확립이 불가능한 **규칙직관주의**에 바탕을 두고 있기 때문이다. 그가 제시하는 기초의무들은 단지 경험적 인식의 산물일 뿐이라고 말하고 있고, 기초의무 간의 상충이 발생할 때에도 개별 상황에 맞게 직관에 따라 결정하라고 할 뿐 기초의무 간의 서열화 등 상충을 조정하고 해결할 보편적인 도덕규칙을 제시하지 않았다.

3. 목적론적 윤리이론

1) **목적론**의 접근방법

의무론과 함께 근대의 규범윤리학의 주축을 이루는 **목적론**적 윤리이론(teleological ethical theory) 역시 합리적인 개인들의 자유로운 선택행위를 전제로 도덕이론을 구축하려 했다. 따라서 목적론적 윤리이론은 개인의 도덕적 선택과 행위를 규율하려는 목적을 갖고 있고 개인의 선택행위의 책임은 궁극적으로 행위 주체인 개인에게 귀속된다는 점을 전제로 한다.

목적론적 윤리이론을 대표하는 **공리주의**(utilitarianism)의 창시자 벤담은 기성의 권위나 공동체의 의지와 가치를 중시하지 않았으며, 나아가 공리주의의 원칙에 반하는 진부한 관행, 제도, 특권 등의 파괴를 주장했다(Goodin, 1993). 벤담은 사회구성원 다수의 이익을 추구할 뿐 각 개인들의 이익의 총합을 넘어서는 어떤 공동체도 없다고 본다. 공동체의 이익이란 그 구성원들의 이익의 총합이기에 오직 개인들만이 존재할 뿐 공동체 자체는 허구라는 것이다. 이런 전제하에, 사유재산과 계약의 자유를 보장하는 자유주의사회에서는 개인들에게 최대한의 유용성을 가져다주는 대안, 즉 **최대다수의 최대행복**(the greatest happiness of the greatest number)의 대안을 선택할 것을 주장해, 인간의 도덕적 행위에 대한 판단기준으로 **결과주의**의 입장을 채택했다(Bentham, 1948).

목적론적의 teleological은 그리스어 텔로스(telos, 목적)에서 유래된 말이다(Davis, 1993). 목적론적 윤리이론은 **비도덕적 가치**인 **유용성**을 극대화시키는 바람직한 행위를 도덕적이라고 정의해, 결과주의의 입장을 인간의 도덕적 행위의 기준으로 채택한다. 다양한 가치를 지닌 선택의 대안들을 고려하되 실제 선택의 결과 예상되는 유용성에 입각하여 판단하는 결과주의의 평가방법을 선호한다. 특히 비도덕적 가치인 결과의 유용성을 기준으로 인간행위의 타당성을 판단해 실제적인 이익에 근거한 선택을 지향하므로 실용주의를 선호하는 근대의 합리성이 요구하는 표준적인 견해와 일치할 수 있다(Pettit, 1993).

〈표 2-4〉 목적론 개요

구분	내용
목적론의 목적	결과주의의 입장을 인간의 도덕적 행위의 기준으로 제시
목적론의 주장	비도덕적 가치인 결과의 유용성을 기준으로 인간행위의 타당성을 판단해야 실제적인 이익에 근거한 선택이 가능

특히 도덕적 판단의 기준으로 비도덕적 가치인 결과의 유용성을 선택하는 이유는 다음과 같이 설명된다. 만일, 어떤 도덕적 가치를 지닌 원칙이 선택의 기준이 된다면, 이 도덕적 원칙이 유용성을 증진시키는 데 도움이 되는지 여부를 또다시 입증해야 하는 무익한 순환논증의 늪에 빠질 수밖에 없다(Bentham, 1948). 벤담이 제시한 예에 따르면, 약속의 의무 이행이 옳음을 양심의 명령에서 찾는다면 이 양심은 신의 명령을 수용한 결과임을 입증해야 하고, 왜 양심이 약속의 의무가 신의 명령이라고 말하는지에 대해서도 입증해야 한다. 반면 경제적 번영, 개인위생, 핵시설 안전처럼 비도덕적 가치이면서 유용성의 함의를 가진 기준을 채택하면 유용성을 증진시키는 대안을 도덕규범으로 선택할 수 있기 때문에, 이와 같은 번거로운 과정을 거치지 않아도 된다(Pettit, 1993).

의무론에 비해 목적론의 접근방법을 지지하는 논거는 다음과 같다.

첫째, 도덕적 엄격성을 요하는 의무론을 중심으로 도덕규칙을 수립한다면 사회구성원들의 수많은 도덕적 행위를 규율하려는 도덕의 실용적인 목표를 제대로 구현할 수 없다. 도덕적 엄격성을 추구하는 의무론적 도덕규칙은 목적론처럼 상황에 따른 재량의 여지를 허용하지 않으려 하기 때문에 의무로서 허용되는 도덕적 행위에 대해 매우 좁은 경계와 방향성을 규정한다(Davis, 1993). 따라서 **유용성** 증진 여부에는 영향을 끼치나 의무론적인 도덕규칙에는 속하지 않는 수많은 선택행위가 존재할 수 있기 때문에, 의무론만으로는 개인의 도덕적 선택과 행위를 규율하려는 근대 규범윤리학의 실용적인 목적을 구현하기 어려워진다.

(앞서 살펴보았듯이) **결과주의**로 인한 인간의 자율성 상실을 우려한 칸트는 완전한 도덕적 의무를 상정했다. 그는 인간을 목적 자체로 처우하는 동기를 가진 행위만을 보편화의 가능성을 가진 도덕적 의무로 인정했다(Arrington, 1998). 특히 결과주의에 입각해 유용성을 증진시키는 대안은 그 자체로는 본래적으로 도덕적 속성을 갖고 있지 않다고 규정했다(Kant, 1959). 이와 같이 유용성 증진이라는 결과주의에 입각한 판단과 선택의 대안에 대해, 칸트는 도덕적 가치를 내재하고 있지 않고 재량의 여지가 많아 불완전한 의무에 불과하다고 보았다. 그런데 복잡한 현대사회에서 우리는 인간을 목적 자체로 처우하는지 여부에 관한 가치와는 무관하게 유용성 증진에는 영향을 끼치는 많은 선택의 상황에 처한다.

둘째, 의무론적인 논증만으로는 옳고 그름에 대한 도덕적인 가치판단의 차이를 극복하는 사회적 합의가 곤란하기 때문에, 이성적인 개인들이 동의하는 보편적인 도덕규칙을 확립하는 데에는 목적론적인 접근이 유용하다. 목적론자들은 만일 도덕적 선택행위가 초래하는 결과에 대한 계산이 가능하다면 어떤 행위를 해야 하는가에 대해 더 이상의 질문은 등장하지 않을 것으로 단언한다(Arrington, 1998). 반면, 결과주의의 접근을 배제한다면 옳고 그름에 대한 사회적 논의와 판단의 기준을 확립하기란 쉽지 않다. 특히 각자 자신들의 당파적 이익 실현을 위해 수사적(rhetoric)인 주장을 경쟁적으로 논변(論辯)하는 정치적인 영역에서는 합리적인 추론을 통한 보편적인 결론 도출이 더욱 어려울 것이다.

벤담(1948) 등 목적론자들은 어떤 행위의 결과에 대해 전혀 고려하지 않은 채 행위 자체의 본래적 속성에 대한 관념적 추론에만 의존해 도덕적 판단을 내리면, 충분한 도덕적 정당화가 부족하다고 본다. **유용성**을 기준으로 한 **결과주의**의 판단을 배제한 채 행위 자체의 본래적 속성에만 근거해 도덕적 기준을 제시하면, 실제로는 유용성을 중시하는 우리가 아무런 가치도 느끼지 못하게 되고 결과적으로 도덕적 행위에도 영향을 끼치지 못해 도덕규칙으로서의 실용성도 부족하게 된다. 게다가 합리적인 판단기준인 행위의 결과에 대한 고려가 없다면 현실적으로 도덕적 전제주의나 도덕적 무정부주의의 혼란을 초래할 수도 있다고 본다(Arrington, 1998). 소수의 강자가 자신들의 주장을 도덕적인 기준으로 제시해 개인들의 자율성을 침해하거나 각자 자신들의 주장을 펴지만 어떤 보편적인 결론도 도출하지 못할 우려가 있기 때문이다.

〈표 2-5〉 목적론의 논거

핵심 주장	근거
의무론으로는 수많은 도덕적 행위를 규율하려는 도덕의 실용적 목표 구현 불가	복잡한 현대사회는 목적성의 원칙과는 무관하게 유용성 증진에 영향을 끼치는 많은 선택의 상황에 처하기 때문임.
의무론만으로는 사회적 합의가 곤란하고 도덕적 전제주의나 도덕적 무정부주의의 혼란 초래	도덕적 선택행위가 초래하는 결과에 대한 계산이 가능하다면 이성적인 개인들이 동의하는 보편적인 도덕규칙을 합리적으로 수립할 수 있음.

2) **목적론**의 내용

(1) 윤리적 이기주의의 한계

목적론에 입각한 선택은 행위결과의 유용성을 적용하는 범위가 행위자 개인인가 아니면 그 행위에 의해 영향을 받는 관련 공중(public), 즉 사회인가에 따라 달라질 수밖에 없다. **윤리적 이기주의**(ethical egoism)는 행위자 자신의 이익만을 고려해야 한다고 주장한다. 반면, **윤리적 보편주의**(ethical universalism)는 사회적으로 더 많은 유용성을 가져다주는 대안을 선택해야 한다고 본다.

윤리적 이기주의는 인간의 본성에 대한 심리학적 이기주의에 바탕으로 두고 있다(Arrington, 1998). 홉스(Hobbes, 1994)는 모든 자발적인 행위의 목표는 자신의 이익이라고 말한 바 있다. 나아가 홉스주의자(Hobbesian)들은 이타적인 행동도 심리적 이기주의의 연장선상에서 해석한다(Kavka, 1986). 타인을 돕는다면 이는 그 행위에 따른 보상과 처벌, 즉 심리적 강화(reinforcement)의 학습효과 때문일 수 있는데, 이런 경우에는 인과적 이기주의라고 볼 수 있다. 또 이타적 행위 자체가 행위주체 욕구의 발로이므로 내용적 이기주의에 해당한다.

홉스는 합리적 이기주의자로서 이성적 인간이라면 자신의 이익을 증진시키기 위해 보편적인(universal) 윤리적 이기주의자로 행동할 것이라고 생각했다(Arrington, 1998). 사회계

약에 의해 운영되는 사회에서는 자기 자신의 이익증진을 위한 행동이 이성적인 인간의 본래적 의무로 부여되어 있다고 본다. 자기이익의 추구는 사회계약의 기본 질서이므로 이성적인 인간이라면 보편적인 윤리적 이기주의자로 행동해야 합리적이고, 그 결과는 사회 전체의 이익이 증진된다는 것이다(Hobbes, 1994).

물론 **계몽된(enlightened) 윤리적 이기주의자**인 홉스는 **보편적인 윤리적 이기주의자**는 순간적인 이익이 아니라 전반적이고 장기적인 자기이익을 추구해야 한다고 본다(Kavka, 1986). 이성적인 개인들은 자연 상태의 고립적인(individual) 윤리적 이기주의가 낳을 만인에 대한 만인의 투쟁 상태에서 벗어나고자 무제한적인 자유를 일부 포기하고 사회계약을 맺어, 통치 질서인 리바이어던(Liviathan)을 수립하고 보편적인 윤리적 이기주의자로 참여한다고 본다(Hobbes, 1994). 그 결과 이성적인 개인들은 무제한적인 자유를 제한해 상호 간의 생명보호를 위한 안전의 도덕적 의무를 부여받는다. 또한 사회는 자기이익을 추구하는 개인들 간의 계약의 준수를 도덕적 의무로 부과한다.

윤리적 이기주의가 도덕의 기초가 될 수 있는지에 대해서는 회의적인 시선이 지배적이다(Baier, 1993; Gauthier, 1969). 첫째, 계약의 준수 여부를 통제하는 기능만으로는 자기이익을 추구하는 개인들 간의 이해관계를 조정하는 공적 체계로서 도덕의 본질적인 목표를 달성할 수 없다는 주장이다(Sidgwick, 1907). 이해관계의 조정을 위해서는 나의 이익을 감소시키거나 나의 최선의 이익을 양보해야 하는데, 윤리적 이기주의로는 이를 정당화하는 근거를 마련할 수 없다는 것이다.

둘째, 윤리적 이기주의자로 행동해야 합리적이고 사회 전체의 이익이 증진된다는 가정에 대해서도 비판적이다. 애덤 스미스(Adam Smith)는 시장경제체제에서 생산, 고용, 판매 등 기업가의 이윤추구의 자유를 보장하면 공동체의 이익이 증진된다고 보았다. 그러나 그의 '**보이지 않는 손**(invisible hand)'은 가상에 불과할 뿐 현실에서는 적용하기 힘들다(Polanyi, 1964). 이해관계의 충돌을 방지하는 공적 통제가 없다면, 자기이익의 추구는 모두에게 이익이 되지 않고 누군가는 해악을 입는 결과를 초래한다.

셋째, 윤리적 이기주의의 바탕인 심리학적 이기주의에 대해서도 인간본성과 행동양식에 대한 일면적인 이해의 소산(所産)이라는 비판이 있다. 우리는 주변에서 자신의 이익보다는 가족, 공동체의 이익을 우선시하는 이타적인 행위를 드물지 않게 볼 수 있다. 나아가 초과의무적인 행위조차 인과적 이기주의나 내용적 이기주의라고 규정한다면 이는 과잉일반화에 다름 아니다. 만일 자신의 욕구충족을 위해 이타적 행위를 한다면 이는 더 이상 **심리적 이기주의**가 아니라 **심리적 이타주의**(altruism)라 불러야 마땅하기 때문이다.

(2) 윤리적 보편주의로서의 공리주의

목적론에서 행위결과의 유용성을 적용하는 범위로는 윤리적 이기주의보다는 윤리적 보편주의가 적용성이 높다고 판단된다. 이제 남은 문제는 유용성의 기준으로 **쾌락주의**(hedonism)와 **비쾌락주의** 중 어느 것을 적용할 것인가 하는 것이다.

무어(Moore, 1959)가 **이상적 공리주의**(ideal utilitarianism)라고 이름 붙인 비쾌락주의는 자유, 우애, 권력, 지식, 자아실현 등 쾌락 이외의 이상과 미학적 요소를 유용성의 기준으로 삼고자 한다. 그러나 비쾌락주의는 사회구성원의 실제적인 도덕적 행위에 대한 판단의 지침으로서는 적용성이 떨어져 윤리학적으로 결과주의 차원의 적용기준이 되기에는 현실적합성이 부족하다. 결론적으로 비쾌락주의보다는 쾌락주의가 적용성이 높다고 알려져 있다(Goodin, 1993).

쾌락주의를 바탕으로 벤담이 창시한 **공리주의**는 **유용성(공리, 功利)의 원리**(the principle of utility)와 **최대다수의 최대행복**의 원리(the principle of the greatest happiness of the greatest number)를 주요 원리로 삼고 있다. 벤담은 자연의 질서 속에서 인간을 포함한 생명에 대한 설명을 찾으려는 영국의 자연주의(naturalism)의 영향을 받았다(이대희, 2003). 이에 벤담은 **쾌락**(pleasure)을 추구하고 고통을 피하는 것이 인간의 본성적 경향이라는 **심리적 쾌락주의**를 수용한다. 이에 대해 그는 "자연은 인류를 두 군주, 즉 쾌락과 고통의 지배하에 두었다."고 표현했다(Bentham, 1948).

이를 바탕으로 벤담은 윤리적 쾌락주의를 수용해 쾌락의 증진과 고통의 감소를 도덕적 행위의 판단기준으로 삼아야 한다는 **유용성의 원리**를 첫 번째 원리로 제안했다. 그는 "유용성의 원리는 쾌락과 고통이 우리를 지배한다는 점을 인정하고, 쾌락과 고통을 전체 도덕체계의 기초로 삼아야 한다."고 주장한다(Bentham, 1948). 여기서 **공리**(功利, 공적 공, 이로울 이)란 유용성의 다른 말로, 명분이나 이념보다는 실제적인 이익을 중시한다는 의미를 담고 있다. 또한 쾌락이란 즐거운 마음 상태를 말하는데, 감성적 만족과 욕망의 충족에서 오는 유쾌한 감정, 정신적인 즐거움 등을 포괄한다(박선목, 2002).

벤담은 단순한 쾌락과 고통의 종류에 대해 다음과 같이 제시했다. **단순한 쾌락**에는 감각의 쾌락, 부유함의 쾌락, 능숙함의 쾌락, 친목의 쾌락, 명성의 쾌락, 권력의 쾌락, 경건함의 쾌락, 자비심의 쾌락, 악의의 쾌락, 기억의 쾌락, 상상의 쾌락, 기대의 쾌락, 연상에 의한 쾌락, 안심의 쾌락 등이 있다. **단순한 고통**에는 결핍의 고통, 감각의 고통, 서투름의 고통, 반목의 고통, 악명의 고통, 경건함의 고통, 자비심의 고통, 악의의 고통, 기억의 고통, 상상의 고통, 기대의 고통, 연상의 고통 등이 있다.

벤담은 **쾌락계산법**(hedonistic calculus)을 통해 **양적 쾌락주의**를 주창했다. 쾌락계산법은 쾌락의 강도(intensity, 쾌락이 얼마나 강렬한 것인가), 지속성(durability, 얼마나 오랫동안 지속되는가), 확실성(certainty, 기대되는 쾌락은 경험적으로 어느 정도 확실히 획득될 수 있는가), 근접성(propinquity, 쾌락은 얼마나 쉽게 획득될 수 있는가), 다산성(fecundity, 얼마나 많은 쾌락이 획득될 것인가), 순수성(purity, 쾌락은 고통과 얼마나 무관한가), 범위(extent, 얼마나 많은 사람과 쾌락을 공유할 수 있는가)의 일곱 가지 공식으로 구성되어 있다(Bentham, 1948). 그는 이 쾌락계산법이 이상적일 뿐 계산의 복잡성 때문에 적용이 어렵다는 점을 인정했지만 사회적으로 중요한 결정에는 이를 적용할 필요가 있다고 제안했다(Arrington, 1998). 또 실제 우리는 정형화된 쾌락계산법을 모두 적용하지는 않지만, 모든 쾌락을 합하고 모든 고통을 계산한 뒤 고통보다 쾌락의 양이 크다면 그 행위를 올바르다고 판단하는 경향이 있다고 주장했다(Bentham, 1948).

벤담주의자(Benthamite)들은 쾌락을 육체적이고 감각적인 측면에 한정하고 정신적이고 지성적인 측면을 무시했다며 '돼지철학(pig philosophy)'이라는 비난을 들어야 했다. 이에 대해, 벤담의 제자인 밀은 양적 쾌락주의의 한계를 극복하고자 **질적 쾌락주의**를 주창했다(Mill, 1957). 밀은 양적 쾌락주의와 쾌락의 계산 가능성을 희생하면서, 육체적이고 감각적인 쾌락보다는 자유, 능력과 감정, 안전감, 인격 등을 제공해 주는 정신적이고 지성적인 측면의 쾌락이 질적으로 더 우월하고 선호된다고 주장했다. 그는 "배부른 돼지보다 배고픈 소크라테스가 낫다."는 말로 공리주의가 돼지철학이 아님을 입증하려 했다(Arrington, 1998).

밀의 질적 공리주의는 도덕적 실천의 방향에 대해 몇 가지 제안을 담고 있다(Arrington, 1998). 그는 정신적이고 지성적인 측면의 쾌락을 충족시키기 위해서는 사회제도와 교육수준을 개선해 공평성에 기초한 사회진보를 이루는 데 우선순위를 두어야 한다고 보았다. 또 공리주의적 효용성 측면에서 자비와 자선은 **불완전한 의무**라고 보고 정의의 관념을 질적으로 우월한 재화 혹은 필수재 중 가장 중요한 항목으로 간주해, 시민적 권리는 **완전한 의무**라고 규정했다. 권리의 항목으로는 도덕적 권리의 보호, 자격의 보장, 의무와 권리의 계약이행에 대한 신뢰의 준수, 노약자 · 장애인 · 환자를 포함한 모든 구성원에 대한 공평한 처우, 기회 평등의 보장 등을 제시했다(Mill, 1957). 또한 다수의 횡포로 인해 초래될 수 있는 일부 구성원들의 해악을 방지하고 자유를 보장하기 위해, 정치적 · 법적 · 도덕적 영향력 행사를 옹호하기도 했다(Mill, 1956).

공리주의의 두 번째 원리는 **윤리적 보편주의**를 표방하는 최대다수의 최대행복의 원리다. 사실 공리주의는 의무론자(Rawls, 1971)와 공동체주의자(Sandel, 1996)로부터 윤리적 이기주의에 불과하다는 숱한 비판을 받아 왔다. 그러나 벤담은 쾌락계산법 제7항의 범위를 통해 특정 행위로 인해 영향을 받는 모든 사람의 쾌락과 고통의 총량을 계산에 포함시킬 것을 주장했다(Arrington, 1998). 에이어(Ayer, 1946)에 따르면 이 조항은 선행의 원리를 동기로 한 것으로, 이기적인 쾌락주의가 아니라 타인의 이익을 고려하라는 언명(言明)에 해당한다(김춘태 외, 2006). 또한 밀은 이타주의를 질적 쾌락의 하나로 추가했다. 그는 "옳은 행위의 공리주의적 기준은 행위자 자신뿐 아니라 관련된 사람 모두의 쾌락"이라고 주장했다(Mill, 1957).

〈표 2-6〉 벤담과 밀의 2대 원리

원칙	내용
유용성의 원리	쾌락의 증진과 고통의 감소를 도덕적 행위의 판단기준으로 삼아야 한다는 양적 쾌락주의 주장(Bentham)
	정신적이고 지성적인 측면의 쾌락이 질적으로 더 우월하고 선호된다는 질적 쾌락주의 주장(Mill)
최대다수의 최대행복의 원리	특정 행위로 인해 영향을 받는 모든 사람의 쾌락과 고통의 총량을 계산에 포함시킬 것을 주장(Bentham)
	이타주의를 질적 쾌락의 하나로 추가해 공리주의적 판단의 기준으로 제시(Mill)

공리주의와 관련해 남은 논점은 **행위공리주의**(act-utilitarianism)와 **규칙공리주의**(rule-utilitarianism) 중 어느 것을 선택할 것인가다. 행위공리주의는 개별적인 행위의 독특성을 중시해, 각 행위와 관련된 사람들의 이익을 고려해 가장 쾌락을 증진시키는 대안을 선택해야 한다고 본다. 반면에 규칙공리주의는 개별 행위를 규율하는 규칙을 적용해야 한다고 주장해, 특정 상황에서의 개별 행위와 관련된 사람들의 이익이 아니라 규칙을 적용받는 구성원들의 장기적이고 집합적인 선택을 전제로 자신뿐만 아니라 모든 사람이 장기적으로 규칙을 지킬 때 사회적으로 가장 이익을 증진시키는 대안을 선택하자고 주장한다(Arrington, 1998).

행위공리주의는 규칙이 공공선을 증진시키는 일반화된 지침이기 때문에 개별 행위의 유용성을 계산하기 어려운 경우에 규칙이 도덕적 판단에 도움이 된다는 점을 인정한다. 그러나 규칙이 개별 행위의 독특성을 완벽하게 반영하리라는 보장은 없기 때문에 예외

허용이 공공의 이익을 증진시키는 명백한 방안임에도 규칙을 강요한다면 비합리적이라고 비판한다. 반면에 규칙공리주의는 규칙을 배제한 채 개별 행위를 대상으로 관련된 사람들의 이익을 측정하기란 몹시 어렵다는 점을 지적한다. 또 개별 행위 차원에서는 예외적인 선택이 관련된 사람들에게 이익이 될지 모르지만, 예외의 허용은 사회적인 차원에서는 도덕의 무력화로 이어져 장기적으로는 사회적 손실을 초래한다고 본다(Arrington, 1998; Pettit, 1993).

〈표 2-7〉 행위공리주의와 규칙공리주의의 주장 

구분	내용
행위공리주의	개별적인 행위의 독특성을 중시하고, 각 행위와 관련된 사람들의 이익을 고려해 가장 쾌락을 증진시키는 대안 선택을 주장
규칙공리주의	개별 행위를 규율하는 규칙을 적용해 모든 사람이 장기적으로 규칙을 지킬 때 사회적으로 가장 이익을 증진시키는 대안 선택을 주장

이에 대해, 해리스(Harris)는 행위공리주의와 규칙공리주의를 적용해 판단하는 절차를 제시하고 있는데, 이를 간편하게 정리하면 다음과 같다(Harris, 1986). 규칙공리주의 적용은 다섯 단계의 절차로 이루어진다. ① 해당 행위를 규제하는 규칙을 확인한다. ② 규칙에 의해 영향을 받게 될 사람을 확인한다. ③ 각 규칙을 적용했을 때 영향을 받게 되는 사람에게 장기적으로 예상되는 영향에 대해 확인한다. ④ 규칙 중 가장 많은 유용성을 산출하는 규칙을 대안으로 채택한다. ⑤ 두 규칙이 동등한 유용성을 산출하거나 규칙을 적용한 유용성 비교가 불가능한 경우 행위공리주의를 적용한다.

행위공리주의의 적용은 다음의 네 단계의 절차로 이루어진다. ① 해당 행위와 그 행위에 대해 고려할 수 있는 해결방안들을 기술한다. ② 해당 행위에 의해 영향을 받게 될 사람들을 확인한다. ③ 각 해결방안을 적용했을 때 영향을 받는 사람들에게 예상되는 영향에 대해 확인한다. ④ 해결방안들 중 가장 많은 유용성을 산출하는 방안을 대안으로 채택한다(이효선, 2003).

(지금까지 살펴본 것처럼) 현대사회에서 공리주의는 상당히 설득력 있는 윤리학적 대안으로 받아들여져 왔다(de Lazari-Radek & Singer, 2017). 비도덕적 가치인 결과의 유용성, 즉 쾌락을 기준으로 인간 행위의 타당성을 판단하는 방식은 근대 합리성이 요구하는 표준적인 견해와 일치해 상식적이고, 비도덕적 가치인 유용성이나 쾌락은 매우 탄력적이어서 적용성도 높다(Pettit, 1993). 또한 범위 내의 개인들 간의 비개인성(impersonality)에

초점을 두는 윤리적 보편주의를 표방해 자유방임주의의 한계를 극복하고, 공적 체계로서 도덕의 본질적인 목표를 달성하는 데에도 기여할 수 있다(Goodin, 1993).

그러나 현실적으로 공리주의는 많은 논쟁의 대상이 되어 왔다. 첫째, 의무론자들은 공리주의의 바탕인 **결과주의**에 입각한 도덕적 판단으로는 도덕의 본질적인 목표를 달성할 수 없고, 개인의 자율성도 침해한다고 본다. 결과주의는 상황과 조건에 따라 규범성이 가변적이기 때문에 일관된 도덕규칙을 수립할 수 없어 도덕적 속성을 내재하고 있지 않다고 본다(O'neill, 1993). 또한 개인은 결과의 예측 가능성에 제약이 많기 때문에 결국 국가가 수립한 도덕규칙에 개인이 종속되는 결과가 초래된다고 주장한다(Arrington, 1998).

둘째, 공리주의의 제2원칙인 **최대다수의 최대행복**에서 최대다수에 주목할 것인가 아니면 최대행복에 주목할 것인가의 개념의 불확실성을 지적한다. 현대 공리주의는 최대다수의 최대행복의 원칙에 대해 **총량(good-aggregate) 공리주의**와 **인적(locus-aggregative) 공리주의**로 구분하는 경향이 있다(Goodin, 1993). 전자는 사회적 유용성의 총량을 중시하지만, 벤담과 밀이 주장한 후자는 쾌락과 고통이 적용되는 개인을 중시하기 때문에 반드시 동일한 결론을 낳지는 않는다.

셋째, 일부 정신병리학자들은 인간은 쾌락을 목적으로 행동하기보다는, 쾌락은 의미 있는 생활을 추구한 결과 얻어지는 부수적인 결과라는 주장을 편다(이대희, 2003). 즉, 쾌락은 결과주의에 입각한 도덕적 선택의 유일한 비도덕적 기준일 수 없고, 쾌락 이외에도 다양한 비도덕적 가치를 고려할 수 있다는 것이다. 이는 쾌락 그 자체를 추구해서는 원하는 바를 얻을 수 없다는 것으로 '**쾌락의 역설**(hedonistic paradox)'이라 불린다(Goodin, 1993).

넷째, 벤담의 **양적 공리주의**는 사회정의의 관점에서 비판의 대상이 되어 왔다(Goodin, 1993). 최대다수의 최대행복의 원칙은 유용성과 적용범위의 총량만을 계산하기 때문에 분배문제에 대해 무관심하고, 다수의 이익을 위해 소수가 치명적인 해악을 당할 위험을 방지할 수 없고, 사회적 약자에 대해 특별한 고려를 할 수 없다는 것이다. 따라서 **최소한 해악의 원칙**(the least harm principle) 혹은 **고통 최소화의 원칙**(minimization of suffering principle) 같은 보완책, 즉 **부(否, negative)의 공리주의**에 관한 논의가 필요하다고 본다(Donagan, 1977; Popper, 1966; Reamer, 2013; Smart & Williams, 1973). 그러나 밀은 질적 쾌락주의를 주창하면서 자유, 능력과 감정, 안전감, 인격 등을 우월하고 선호되는 쾌락으로 제시했다. 그는 **질적 쾌락주의**의 관점에서 사회정의를 위한 시민적 권리를 완전한 의무로 주장했다(Mill, 1957). 나아가 다수에 의한 소수의 희생에 의해 발생할 수 있는 해악의 방지를 질적으로 중시되는 쾌락으로 간주했다(Mill, 1956).

4. 미덕 중심 윤리이론

1) 현대의 **공동체주의**

(제1장에서 논의한 대로) 근대에 들어 윤리학은 **응용윤리학**보다는 **이론윤리학**에 주로 치중했고, 이론윤리학 중에서도 규범윤리학보다는 **메타윤리학**에 주안을 두는 경향이 있었다. 특히 영미의 분석론자를 중심으로 메타윤리학이 지배적인 연구경향으로 자리 잡으면서 현실세계의 도덕 규범성을 규명하는, 이론적 기반이 되는 규범윤리학에 대한 관심의 상대적인 부족을 낳았고, 이에 따라 규범윤리학의 적용성이 중시되는 응용윤리학은 더욱 소홀히 취급되는 경향이 있었다.

그러나 1960년대 이후 윤리학 분야가 현실과의 접목이 부족한 채 지나치게 이론화되는 데 대한 비판적 성찰의 결과 응용윤리학에 대한 관심이 제고되는 국면이 조성되어 왔다. 그런데 근래의 현실적인 도덕적 문제에 대한 관심에서 촉발된 **응용규범윤리학**의 발전에 힘입어, 응용규범윤리학의 기반을 제공하는 도덕이론으로서의 **이론규범윤리학**이 새로운 조명을 받고 있다. 근대 규범윤리학의 토대인 개별 인간, 즉 개인의 행위를 중심으로 구축된 도덕의 규범성 가정의 논리적 타당성과 현실적합성 문제가 새롭게 부각되고 있다. (앞서 설명한 대로) 근대 규범윤리학은 **사회계약설**을 바탕으로 철저하게 개별 인간의 표출된 행위를 중심으로 옳고 그름에 대한 도덕적 판단을 내리는, 실용성을 기초로 하고 있기 때문이다.

사회계약설은 근대 규범윤리학의 토대를 제공한다. 사회계약설은 국가나 사회적 공동체는 개인들의 이익과 분리된 기성의 권위에 의해서가 아니라 사적 이익을 추구하는 개인들이 자신들의 권리를 위임하는 합리적인 선택의 결과로 구성되었다고 본다(Kymlicka, 1993).

자유주의의 창시자로서 사회계약설을 주창한 로크(Locke)는 합리적인 개인들 간의 사회계약을 통해 새로운 조정자로서의 사회를 구성할 필요가 있다고 보았다. 이 사회는 개인들의 사적 이익을 초월한 어떤 공동체적 이익도 전제하지 않고, 국가나 공동체는 사적 이익을 추구하는 합리적인 개인들 간에 평화로운 상태를 유지하기 위해 자신의 역할을 질서유지로 제한해야 한다는 것이다.

한편, 루소(Rousseau)는 국가나 공동체를 기성의 권위로 인정하기보다는 합리적인 개인들이 자신의 잠재력을 최대한 발휘하기 위해 자발적으로 참여하는 구성적인 요소로 간주했다. 개인들의 공동체 활동 참여는 양도할 수 없고, 사적 이익과 분리될 수 없는, 주권을 행사하기 위한 취지의 발로인 것이다.

그러나 표출된 개별 행위를 중심으로 접근하는 근대 **규범윤리학**은 개인의 도덕적 행위의 책임을 온전히 개별 행위 주체에게만 귀속시키기 때문에 사회적 존재로서의 인간 행위의 속성을 무시한다는 지적을 받아 왔다. 이처럼 근대 규범윤리학은 개인 중심의 도덕적 판단의 단위를 전제하기 때문에 사회질서의 유지와 사회적 결속을 확립하는 공적 체계로서 도덕의 본원적 성격을 훼손시킨다는 비판으로부터 자유로울 수 없다. 규범윤리학이 인간행위와 사회문제에 대한 도덕적 규범성의 확립을 목표로 삼고 있다고 할 때, 근대 규범윤리학이 전제하고 있는 도덕적 판단의 단위로서 개인 중심성에 대한 비판은 근원적인 문제제기에 속한다.

현대의 **공동체주의자**들은 사회계약론에 의거한 근대의 개인주의적 인간관에 대해 허구에 불과하다고 주장한다(Sandel, 1996; Walzer, 1983). 이들은, 개인들이 이미 소속된 사회의 공동체적 배경에 의해 크게 영향을 받기 때문에 공동체의 문화적 맥락이 개인적 가치와 행동을 형성한다는 **연고적(緣故的) 자아**(embedded self)관을 주장한다. 따라서 칸트나 벤담이 가정하는 것처럼 공동체는 개개인의 사적 이익을 보호하기 위해 고안된 사회계약의 산물이자 허구적 고안물에 머물지 않는다는 것이다. 반대로 공동체에 내재하는 특유의 공동체적 가치는 개별 구성원들의 이익으로 환원되지 않는 객관적인 실재이며, 귀속적 공동성과 특수한 문화를 바탕으로 구성원들에게 특정한 가치와 믿음을 부여한다.

현대 공동체주의와 유사한 맥락에서, 과거 고대사회에도 사회규범은 공동체의 질서유지를 최고의 가치로 삼았다. 아리스토텔레스는 "모든 국가는 공동체이며, 모든 공동체는 선(善)을 목표로 성립된다."고 말했다. 공동체의 유지와 존속을 위해 개인적 이해관계를 조정할 필요성을 강조하면서 친애(親愛, ethos)를 중심으로 사회적 연대를 구축할 것을 주문했다(박호성, 2009). 도덕과 법률이 미분화되어 있던 고대사회에서조차 공동체의 결속에 기여하는 법도덕 체계의 구축을 관건으로 보았던 것이다.

나아가 공동체 사회의 법도덕 체계의 본래적 속성은 사회정의와 공동선 유지이므로 도덕적 규범성을 내포한, 우주의 이치인 '**자연법**(natural law)'에 근거해 사회를 운영해야 한다고 주장했다(Buckle, 1993). 자연법이란 우주에는 본래적 이치가 존재해 생태계의 먹이사슬처럼 모든 사물과 현상은 고유의 목적과 이유를 갖는다는 것이다. 자연법 이론에 따르면 만물의 영장으로서의 인간은 이와 같은 우주의 이치를 깨닫고 이에 순응하는 도덕규칙을 정립해 운영해야 한다고 본다. 이처럼 공동체 사회의 자연법 이론은 현실세계의 개별 인간의 사적 이익보다는 사회정의와 사회의 공동선 유지를 도덕의 기본 가치이자 내재적 도덕성의 근원으로 보았던 것이다(Fuller, 1969).

〈표 2-8〉 공동체주의의 행위 중심 규범윤리학(의무론, 목적론) 비판

구분	내용
행위 중심성의 한계	도덕적 행위의 책임을 온전히 개별 행위 주체에게만 귀속시키기 때문에 사회적 존재로서의 인간행위의 속성을 무시한다는 지적
사회적 역할 결여	사회질서의 유지와 사회적 결속을 확립하는 공적 체계로서의 도덕의 본원적 성격을 훼손시킨다는 비판

2) **미덕 중심 윤리이론**의 내용

현대의 **미덕 중심 윤리이론**(virtue-based ethical theory)은 도덕이 공동체 속에서 생활하는 사회적 존재로서의 인간을 고려해야 사회구성원들의 도덕적인 삶을 내면화시킬 수 있다고 본다. **미덕**(virtue) 혹은 **덕성** 중심의 도덕적 전통을 내면화하면 원자화된 개인들의 표출된 행위를 중심으로 사회구성원들의 도덕적 생활을 규율하려는 근대 규범윤리학의 한계를 극복하고 인간행위의 동기까지 고려할 수 있다고 주장한다(MacIntyre, 1981; Taylor, 1979). 가족, 사회생활, 지역 및 국가와 관련된 활동 등 공동체에서 장려되는 미덕 혹은 덕성을 내면화해 공동체적 가치에 복무하는 바람직한 인간상을 확립할 필요가 있다는 것이다. 미덕 혹은 덕성이란 공동체의 가치 성취를 위해 공동체 내에서 장려되는 특유의 지향에 다름 아니기 때문이다.

현대 미덕 중심 윤리이론을 처음 제기한 앤스컴(Anscombe, 1958)은 근대 규범윤리학이 확립된 이래 역사적으로 중시되어 왔던 미덕은 설 자리를 잃었다고 개탄한다. 그녀는 근대 규범윤리학이 애써 무시하려 해도 공동체에 내재되어 있어 사회구성원들에게 장려되는 미덕 혹은 덕성은 어느 사회나 존재한다고 주장한다. 우리가 일반적으로 사용하는 인성 혹은 품성은 윤리학적인 의미로 미덕 혹은 덕성으로 이해될 수 있다.

이처럼 미덕 중심 윤리이론이 근대 규범윤리학을 비판하는 근원에는 사회적 존재로서의 인간의 공동체적 맥락을 무시하고 비현실적으로 개인을 도덕적 행위의 책임단위로 설정하는 오류를 바탕으로 하고 있다는 지적이 자리 잡고 있다(Pence, 1993). 그 결과 인간행동의 내면과 **동기**에 대한 관심이 부재해 구성원들의 도덕적인 삶의 길잡이 역할을 하지 못하고, 사회적 공공선 증진에 기여해야 하는 도덕의 가치를 훼손하게 된다. 이렇듯 미덕 중심 윤리이론은 개별 행위 중심의 근대 규범윤리학에 대한 근본적인 도전이라는 측면에서 많은 시사점을 갖고 있다.

종합적으로, 미덕 중심 윤리이론은 의무론과 목적론 중심의 근대 규범윤리학과는 도덕의 지향점과 궁극적인 목적을 달리하고 있다(Arrington, 1998). 근대 규범윤리학은 행위 중심의 윤리체계로서 도덕적 행위의 책임단위를 개인으로 설정하고, 도덕적 행위의 규범성을 규명해 올바른 행위지침을 수립하고자 한다. 반면, 미덕 중심 윤리이론은 공동체의 맥락(context) 속에 존재하는 인간의 특성을 고려해, 공동체에서 장려되는 미덕 혹은 덕성을 구성원들에게 내면화시켜 도덕적인 삶을 영위하게 하고, 이를 통해 사회적 공공선을 증진시키려는 도덕의 본원적인 목표를 달성하고자 한다.

미덕 중심 윤리이론은 국가와 공동체가 바람직하다고 장려하는 유형의 인성 혹은 품성을 규정하고 '어떠한 **미덕** 혹은 **덕성**을 형성하면서 살아가야 하는가'를 밝히고자 한다. 도덕의 궁극적인 목적은 의무로서의 행위, 행위의 결과가 초래하는 이익 같은 표출적인 측면보다는 인간행동의 내면과 동기에 대한 관심을 부활시켜 사회구성원들이 미덕 혹은 덕성으로 충만한 삶을 살도록 길잡이 역할을 하는 데 있기 때문이다.

미덕 중심 윤리이론은 도덕적 행위 자체가 아니라 도덕적 행위를 하는 행위자의 성품에 주의를 기울여 행위 중심(act-centered)이 아니라 **행위자 중심(agent-centered) 접근**을 추구한다. 아리스토텔레스에 의하면 유덕한 행위자(virtuous agent)란 공동체가 장려하는 미덕 혹은 성품을 보유하고 자신이 처한 특정 상황에서 합당한 행위를 하는 이상적인 존재를 말한다. 미덕 중심 윤리이론은 '**유덕한 행위자**가 행할 법한 행동을 하라'는 주장을 핵심적인 도덕적 과제로 제시한다(노영란, 2009; 장동익, 2017). 나아가 최고의 유덕한 행위자(hyper-virtuous agent)를 도덕적 존재의 이상향으로 제시하는데, 이는 공동체가 지향하는 이상인 성품을 내면화하여 초과의무적 행위를 이행하는, 경탄할 만한(admirable) 성품을 가진 **탁월한 존재**(excellent being)를 지칭한다(Slote, 1992).

〈표 2-9〉 미덕 중심 윤리이론 개요

구분	내용
미덕 중심 윤리이론의 목적	공동체에서 장려되는 미덕 혹은 덕성을 내면화시킨 도덕적인 삶을 살게 해 도덕의 본원적인 목표인 사회적 공공선을 증진시키고자 함
미덕 중심 윤리이론의 주장	도덕은 '어떠한 미덕 혹은 덕성을 형성하면서 살아가야 하는가'를 밝혀 내면과 동기에서 발현된 도덕적 삶의 길잡이를 제공해야 함

미덕 중심 윤리이론은 공동체가 장려하는 **미덕**을 체계적으로 제시하기 위해 노력해 왔다(장동익, 2017). 슬로트(Slote, 1992)는 다음 세 가지 유형의 미덕을 유형화했다.

- 타인과의 관계에서 나타나는 덕: 정의, 친절, 신의성실, 관대함
- 자기를 배려하는 측면의 덕: 사려 있음(계산적임), 총명함, 주의 깊음, 침착함, 인내
- 혼합적 성격의 덕: 자제, 용기, 실천지(實踐智, phronesis, 실천지혜)

핀코프스(Pincoffs, 1986)는 도구적 덕과 비도구적 덕으로 미덕을 구분했다.

- 도구적 덕: 개인에 대한 도구적 덕(지구력, 용기, 기민함, 주의 깊음, 재치 있음, 사려 깊음, 활력, 냉정함), 집단에 대한 도구적 덕(협동력, 실천지, 지도력)
- 비도구적 덕: 미적인 덕(고상한 덕, 매력적인 덕), 개선적인 덕(조정과 중개의 덕, 기질적 덕, 형식적 덕), 도덕적인 덕(의무로서의 덕, 비의무로서의 덕)

현재 미덕 중심 윤리이론에 대한 전형적인 비판은 현실적으로 **미덕** 혹은 **덕성**을 중심으로 도덕체계를 구축할 수 있는가에 있다(Bentham, 1948). 미덕 혹은 덕성이란 우리가 도덕적인 삶을 살 수 있게 하는 근원이지만 현실적인 도덕체계의 차원에서 볼 때에는 도덕적으로 올바른 실천을 유도하는 도구적인 측면이 강하다는 것이다. 즉, 우리가 도덕적으로 올바른 실천을 하기 위해서는 바람직한 미덕 혹은 덕성을 갖도록 장려되지만 현실적으로 도덕적 선악에 대한 판단은 표출된 행위를 기준으로 할 수밖에 없지 않는가라는 문제제기다(Kant, 1959). 이와 같은 비판은 미덕 중심 윤리이론을 기축으로 현실적인 도덕체계를 수립할 수 있다는 가능성을 제시할 때 극복될 수 있다.

이와 같은 비판에 대해, 미덕 중심 윤리이론은 행위 중심 규범윤리학으로는 복잡 다양

한 현대의 문제점을 극복할 수 없기 때문에 미덕 중심 윤리이론으로 새로운 도덕체계를 구축해야 하는 절박한 상황임을 강조한다. '옳은 행위란 무엇인가'에 천착하는 행위 중심 규범윤리학만으로는 약육강식의 정글의 법칙이 지배할 뿐 인간성을 상실한 삭막한 현실을 개선할 수 없기 때문이다. 따라서 '어떤 종류의 사람이 되어야 하는가'라는 윤리적 물음에 주목하는 미덕 중심 윤리이론을 중심으로 대안적인 도덕체계를 수립할 필요가 있다.

미덕 중심 윤리이론은 **행위에 의거한 방식**과 **이상적인 모델에 의거한 방식**을 중심으로 대안적인 도덕체계를 모색하고 있다(장동익, 2017). ① 행위에 의거한 방식은 '덕 윤리의 옳은 행위 정식(right action in virtue ethics)'으로서 그 상황에서 어떤 행위가 유덕한 행위자가 행할 법한 행위인가를 판단해 행위하는 방식이다(Housthouse, 1991). 여기서 적용되는 외적인 기준은 다양한 상황에서 유덕한 행위자가 행할 법한 행위가 무엇인지를 아는 것이고, 내적인 기준은 다양한 상황에서 유덕한 행위자가 행위할 때 갖는 동기와 성품을 아는 것이다. ② 이상적 모델에 의거한 방식은 **사용설명서 모델**, **모범자 모델**, **발전 모델**로 구분된다(Annas, 2004). 사용설명서 모델은 우리가 해야만 하는 행위가 무엇인지 말해 주는 결정 절차와 같은 행위지침을 제시하자는 것이다. 모범자 모델은 최고의 유덕한 행위자처럼 완벽하게 유덕한 행위자의 행위를 기준으로 올바른 행위를 설명하는 방식이다. 발전 모델은 윤리적 초보자가 배움과 실천의 성찰적 학습을 통해 유덕한 행위자로 성숙해 나가도록 안내하려는 취지를 갖고 있다.

현재 미덕 중심 윤리이론은 두 가지의 과제를 갖고 있다고 생각된다. 첫째, 미덕 중심 윤리이론이 바탕을 두고 있는 공동체주의는 전체주의로 변질될 수 있는 극단적 공동체주의가 아닌 열린 공동체로서 온건하고 대안적인 성격의 공동체주의를 지향할 수 있도록 고려될 필요가 있다. 이미 아리스토텔레스 시대의 공동체주의도 구성원들의 개성과 이익을 고려하는 가운데 개인과 공동체 간의 조화와 균형을 추구했다는 점을 고려한다면, 공동체주의가 왜곡된 전체주의의 존립을 정당화하는 도구로 전락하지 않아야 한다(Pettit, 1998; Skinner, 1983). 이를 위해서는 기성의 권위에 대한 비판적 관점을 견지해 민주주의, 인권, 정의, 평화, 불평등의 교정 등 공화주의적 가치가 공동체의 미덕 혹은 덕성 속에 반영되어 개인과 공동체의 조화가 가능해져야 한다.

둘째, 기성의 권위나 질서에 대한 비판적 성찰을 바탕으로 바람직한 **미덕** 혹은 **덕성**을 제시하고 도덕적 행위에 대한 대안적인 도덕체계를 확립할 필요가 있다. 예를 들어, 현모양처관(賢母良妻觀)의 기성 인성 혹은 품성을 무비판적으로 수용해 윤리학적 의미의 미덕 혹은 덕성으로 내면화하면 성별 분업과 역할분담에 기초한 기성의 가부장적인 권위와 질서를 수용하는 결과가 된다. 반대로 바람직한 미덕 혹은 덕성이 확립된다면 사회 구성원들에게 올바른 인성 혹은 품성을 확립시켜 구성원들에게 대안적인 도덕적 행위의 지침을 제시할 수 있다. 이는 공동선의 구현으로 이어질 수 있다(Arrington, 1998). 나아가 아직까지는 추상적인 수준에 머물고 있는 미덕 중심 윤리이론의 함의를 이론적 · 실천적으로 구체화하고 확장하는 계기가 될 것이다.

생각해 볼 문제

1 | 의무론의 목적과 주장은 무엇이며, 이를 지지하는 근거와는 어떤 논리적 연관성이 있는지 검토해 보시오.

2 | 의무론에 대한 네 가지 비판은 무엇이며, 각각의 비판이 갖는 의의와 타당성은 어떠한지 검토해 보시오.

3 | 행위의무론이 객관적인 도덕규칙을 수립하는 데 한계가 있는 이유가 무엇인지 검토해 보시오,

4 | 칸트(Kant) 의무론의 3대 원칙에 입각해, 정언명령의 작용을 통해 목적성의 원칙이 적용되는 완전한 의무의 예와 가언명령이 적용되는 불완전한 의무의 예를 검증해 보시오.

5 | 칸트(Kant)가 집단광기에 휩싸여 있던 시대에 제국주의에 반대하였듯이 그의 윤리학이 인간존중과 인본주의에 충실한 이론이라고 평가받는 이유에 대해 검토해 보시오.

6 | 목적론의 목적과 주장은 무엇이며, 이를 지지하는 근거와는 어떤 논리적 연관성이 있는지 검토해 보시오.

7 | 목적론에 대한 네 가지 비판은 무엇이며, 각각의 비판이 갖는 의의와 타당성은 어떠한지 검토해 보시오.

8 | 윤리적 이기주의의 한계는 무엇이며, 많은 사람의 오해와는 달리 공리주의가 윤리적 이기주의에 해당하지 않는 근거가 무엇인지 검토해 보시오.

9 | 벤담(Bentham)과 밀(Mill)의 유용성의 원리와 최대다수의 최대행복의 원리는 무엇이며, 도덕규칙으로서의 현실적합성이 어떠한지 검토해 보시오.

10 | 행위공리주의와 규칙공리주의를 지지하는 근거는 무엇인지에 대해 현실적인 예(위급한 상황에서 교통법규를 지킬 수 없는 경우 등)를 들어 검토해 보시오.

11 | 공동체주의의 행위 중심 규범윤리학(의무론, 목적론) 비판의 타당성이 무엇인지 검토해 보시오.

12 | 미덕 중심 윤리이론의 목적과 주장은 무엇이며, 행위 중심이 아니라 행위자 중심의 접근을 추구하는 데 대해 그 타당성은 무엇인지 검토해 보시오.

13 | 미덕 중심 윤리이론이 모색하는 두 가지 방향의 대안적인 도덕체계가 어떻게 적용될 수 있을지 검토해 보시오.

14 | 미덕 중심 윤리이론의 타당성과 과제에 대해 검토해 보시오.

제 3 장

사회복지윤리의 패러다임

1. 사회복지윤리에서 패러다임의 역할
2. 사회복지윤리의 전통적 패러다임
3. 전문직 패러다임
4. 사회복지윤리의 새로운 패러다임

◆ 생각해 볼 문제

제 3 장 사회복지윤리의 패러다임

1. 사회복지윤리에서 패러다임의 역할

패러다임(paradigm)의 사전적인 의미는 한 시대 사람들의 견해나 사고를 지배하고 있는 총체적인 인식의 틀이나 개념의 집합체로, 관점, 이념 등과 구분 없이 사용되는 경우가 많다. 패러다임은 그리스어 파라데이그마(paradeigma)에서 유래한 것으로, 사례, 예제, 실례, 본보기라는 뜻을 담고 있다. 원래는 으뜸꼴, 표준꼴이라는 언어학적 의미로, 하나의 으뜸꼴, 표준꼴에서 다양한 파생형이 나온다는 점을 알려 주는 용어다. 이에 대해 쿤(Kuhn, 1962)은 패러다임을 과학철학 분야에 적용해, 한 시대를 지배하는 과학적 인식, 이론, 관습, 사고, 관념, 가치관 등이 결합된 총체적인 인식의 틀 또는 개념의 집합체로 정의한 바 있다. 패러다임과 이론의 관계를 중요시하는 쿤은 과학적 이론은 특정 패러다임을 바탕으로 하고 있다는 점에 주목하면서, 패러다임은 과학적 이론, 즉 구체적인 규칙이나 가정에 우선한다고 보았다. 나아가 새로운 패러다임의 제시를 통해 과학적 이론의 시대 변화를 선도한다는 점을 강조한다.

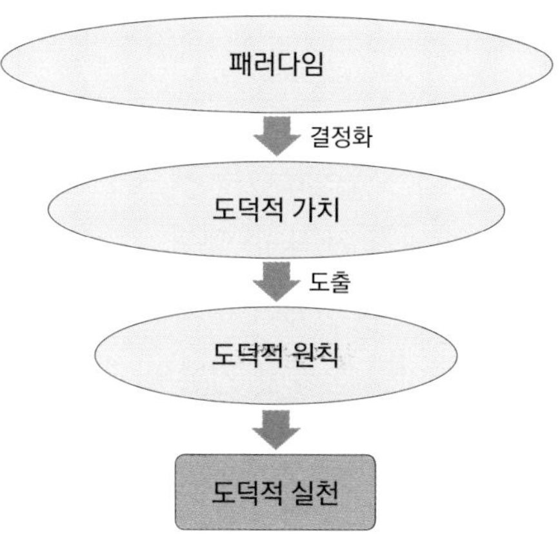

[그림 3-1] 패러다임, 도덕적 가치, 도덕적 원칙의 관계

패러다임에 대한 논의를 사회복지윤리 분야에 적용하면, 사회복지윤리의 패러다임이란 한 시대를 지배하는 사회복지실천의 가치지향성에 관한 총체적인 사고의 틀이라고 말할 수 있다. 사회복지실천은 도덕적 선택의 기준으로서 특정한 **가치**(value)를 포함하고 있는 가치지향적 실천으로 알려져 있다(Levy, 1976b). 이와 같은 가치로부터 도덕적 선택의 기준이자 실천지침인 **도덕적 원칙**이 도출된다고 본다. 그런데 특정한 가치는 바로 한 시대를 지배하는 사회복지윤리의 패러다임에서 도출된 것이다. 결국 사회복지실천의 도덕적 행위에 있어서 도덕적 선택의 기준이자 실천지침인 도덕적 원칙은 사회복지실천에 관한 특정한 가치에서 도출되었고, 이 가치는 한 시대를 지배하는 사회복지윤리의 패러다임을 반영해 이를 도덕적인 판단에서의 선호의 기준으로 결정화(crystallization)한 것이라고 할 수 있다.

이를테면, 사회복지윤리의 패러다임으로서 **임상실용주의**(clinical pragmatism)가 지배적이라면, 임상실용주의를 반영하는 윤리적 실천의 선호 기준인 핵심적인 가치는 사회복지사와 클라이언트 간의 관계를 규정하는 **서비스의 가치**로 결정화될 수 있다. 서비스의 가치로부터 도덕적 원칙으로서 **선행의 원칙**(the principle of benevolence)이 도출된다. 선행의 원칙이란 도움을 필요로 하는 사람을 돕는 사회복지실천의 원조의무를 말한다. 이 선행의 원칙은 사회복지사의 구체적인 도덕적 행위에 있어서 선택의 기준이자 윤리적 실천지침이 된다. 이를테면, 온정적 개입을 우선시하는 선행의 원칙을 따르는 경우, 의사결정능력이 부족하거나 의사결정이 어려운 상황에 놓인 클라이언트에 대해 사회복지사는 클라이언트의 자기의사결정을 더 존중해 문제점만 탐색하는 **숙고형**(reflective model)보다 대안을 임의로 제안하는 **제안형**(suggestive model), 클라이언트에게 구체적인 해결방안을 제시하는 **지시형**(prescriptive model), 나아가 클라이언트를 제치고 의사결정을 대신하는 **결정형**(determinative model)의 개입을 선호할 수 있다(Rothman, Smith, Nakashima, Paterson, & Mustin, 1996).

지금까지의 논의를 종합하면, 사회복지윤리의 패러다임에 대한 이해는 사회복지윤리에 대한 논의에 있어서 중요한 함의를 가질 수 있다. ① 특정한 도덕적 가치는 사회복지윤리의 지배적인 패러다임을 반영하고 이를 결정화한 것이기 때문에 우리가 바람직하다고 수용하고 있는 도덕적 원칙과 이를 도출한 기반인 가치가 지배적인 패러다임을 반영하고 있음을 이해할 수 있게 된다. ② 사회복지에 대한 특정한 관점이자 이념인 현존하는 지배적인 사회복지윤리 패러다임의 정체성을 확인해 그것의 정당성을 검토하고 비판적으로 성찰할 수 있게 된다. ③ 사회복지실천의 변화는 사회복지윤리의 지배적인 패러다

다임을 개혁해 대안적인 패러다임을 확립하는 노력에서 시작되기 때문에 신구(新舊) 패러다임 간의 각축을 통한 사회복지실천의 변화 방향을 이해하고 대처하는 원동력을 제공한다.

사회복지윤리의 패러다임을 제시한 대표적인 연구자들은 리머(Reamer), 돌고프, 로웬버그와 해링턴(Dolgoff, Loewenberg & Harrington)이다. 리머는 시기에 따라 사회복지실천의 기본적 가치와 윤리에 대해 여섯 가지 두드러진 패러다임이 나타났다고 말한다(Reamer, 2013). 그는 간섭적 온정주의의 지향(paternalistic orientation), 사회정의의 지향(social justice orientation), 종교적 지향(religious orientation), 임상적 지향(clinical orientation), 방어적 지향(defensive orientation), 비도덕적 지향(amoralistic orientation)을 제시한다. 돌고프, 로웬버그와 해링턴은 현존하는 사회복지 윤리적 실천의 지배적인 패러다임에 대해 임상실용주의, 자아실현론(self-realization), 상황윤리론(situational ethics), 종교윤리론(religious ethics), 새로운 윤리적 기준과 접근들(new ethical norms and approaches)로 제시했다. 새로운 윤리적 기준과 접근들에서는 여권주의(feminism), 공동체주의(communitarianism), 신민주주의이론(new democratic theory)을 소개하고 있다(Dolgoff, Loewenberg, & Harrington, 2009).

여기에서는 굴드(Gould, 1992)의 시대분류의 기준에 따라 사회복지윤리의 패러다임에 대해 **전통적인 패러다임**, **전문직 패러다임**, **새로운 패러다임**으로 구분하도록 한다. 전통적인 패러다임은 사회복지실천의 초기부터 지배적인 패러다임으로 자리 잡고 있던 경향을 말한다. 전통적인 패러다임에는 **간섭적 온정주의**, **사회정의의 관점**, **종교적 접근**을 포함시킨다. 전문직 패러다임은 사회복지전문직이 구축된 이래 현재까지 지배적인 패러다임으로 영향력을 행사하고 있는 경향을 말한다. 여기서는 **임상실용주의**, **방어적 경향**, **비도덕적 경향**을 소개한다. 새로운 패러다임은 현재의 전문적 패러다임에 대한 비판적인 성찰의 결과 새로운 대안으로 제시되고 있는 경향이다. 새로운 패러다임으로는 **여권주의**, **공동체주의**, **신민주주의**를 소개한다.

2. 사회복지윤리의 전통적 패러다임

사회복지윤리의 전통적 패러다임은 사회복지가 미국 사회에 처음 등장할 때부터 지배적인 위치를 점하고 있던 패러다임을 말한다(김기덕, 2002). 이 입장들은 현재에도 다양한 사회복지윤리에 관한 패러다임의 기반을 형성하고 있다. 특히 현재의 지배적인 전문직 윤리관이 간섭적 온정주의의 영향을 받았다면, 사회정의의 관점은 전문직 윤리관에 대한 비판적 관점을 견지하고 있는 새로운 패러다임의 기반을 제공한다. 이처럼 현재까지 사회복지윤리의 패러다임을 둘러싼 각축은 여전히 전통적 패러다임 시기의 간섭적 온정주의와 사회정의의 관점 간의 갈등을 배경으로 하고 있다고 이해할 수 있다.

1) **간섭적** 온정주의

간섭적 온정주의는 20세기 초반 **우애방문원**(friendly visitor)과 **자선조직협회**(the Charity Organization Society: COS) 시기의 지배적인 패러다임이다. 이 패러다임은 원조활동의 사명은 클라이언트의 자조능력을 고취해 사회적 원조 없이도 자주적으로 건전한 삶을 영위할 수 있도록 하는 데 있다는 전제에 기초해 있다. 간섭적 온정주의는 빈자들은 현재 인생의 잘못된 길에서 방황하는 사람들이기 때문에 정상적인 삶을 영위할 수 있도록 도와주어야 한다고 본다. 따라서 간섭적 온정주의의 주된 목표는 기아, 궁핍, 실직, 부랑 등에 시달리고, 심지어 무신론자(無神論者)인 사람들이 자신의 내부적인 자원을 활용해 외부의 지원 없이도 생산적인 삶을 살게 해야 한다는 것이다(Reamer, 2013).

간섭적 온정주의는 빅토리아(Victoria) 시대의 **빅토리안(Victorian) 도덕관**에서 깊은 영향을 받은 것으로 알려져 있다. 1819년에 태어나 1901년에 사망한 빅토리아 여왕 시대는 산업혁명에 성공한 영국이 강대한 공업국으로 부상하고 물질문명이 번영하면서 대영제국을 형성한 시기다. 상공업과 무역에 종사해 성공한 중산층인 부르주아계급은 부를 축적하면서 신분이 상승했다. 성공의 결과 자조를 신념화하고 도덕적 우월감을 가진 이들은 자선활동가(charity worker)로서의 활동을 통해 건전하지 못한 도덕성을 가진 빈자들을 계몽, 교화시켜 바람직한 도덕성을 갖춘 사람으로 개조하는 데 목표를 두었던 것이다(김기덕, 2002).

실제로 영국과 마찬가지로 미국의 자선조직협회(COS)는 빈곤은 사회구조가 아닌 개인적인 원인에 기인하고, 빈곤을 극복하기 위해서는 빈민들의 삶에 대한 태도와 습관을 개조해야 한다는 빈곤관에 바탕을 두고 있었다(Dolgoff & Feldstein, 2013). 이들은 빈곤의 원인이 빈곤자 개인에게 있다고 보는 관점을 갖고 있어 간섭적이고 권위주의적인 방법을 사용하지 않을 수 없다고 보았다. 자신들이 빈자의 삶에 개입할 수 있는 권리를 갖고 있다는 도덕적 우월감과 소명의식으로 무장해 있었기 때문에 빈자들을 중산층의 도덕으로 교화시키는 공격적인 자선활동을 전개할 수 있었던 것이다(김기덕, 2002).

간섭적 온정주의는 자원봉사자인 우애방문원의 비전문적인 활동이 중심을 이루고 있기 때문에 현재의 전문적 윤리관의 원조라고 보기는 어렵다. 그러나 근본적으로 빈곤층 개인과 가족을 중심으로 미시적인 개입의 단위를 설정한다는 측면에서 클라이언트와 가족체계 중심성을 견지하는 사회복지전문직의 실천적 지향과 유사한 측면이 있다(Trattner, 1989). 또 당시 **가치 있는 빈민**(deserving poor)을 선별하기 위한 방편으로 실시했던 엄격한 사례조사인 환경조사는 현재 사회복지전문직이 중시하는 욕구조사의 원형(原型)이라고 할 수 있고, 자선조직협회(COS)를 중심으로 중복수혜와 누락을 방지하기 위해 실시했던 자선기관 간의 연계활동, 이사회를 통한 활동조정, 공동사례회의 등은 현재 사회복지기관 간의 협력활동의 모태라고 볼 수 있다.

2) **사회정의**의 관점

빈곤의 원인을 빈곤자 개인의 책임으로 귀속시키는 간섭적 온정주의와는 달리, 사회정의의 관점은 사회구조적인 원인 때문에 빈곤이 발생한다고 본다. 소외계층의 의존성은 일차적으로 그가 처해 있는 문화적 · 경제적 환경의 구조적 결함 때문이라는 것이다. 빈곤, 실업, 범죄, 정신질환 등은 도덕적 감수성을 상실한 사회의 부산물이고 자본주의의 결함과 부당한 인종주의 때문에 상처받고 피해입은 하층계급이 형성되었다고 강조한다(Reamer, 2013).

사회정의의 관점은 **인보관운동**(隣保館運動, the Settlement House Movement)에서 시작되어 뉴딜(New Deal)정책, 빈곤과의 전쟁 및 위대한 사회운동(the Great Society Movement) 등으로 이어져 왔다(Davis, 1967; Reamer, 2013). 영국에서 시작된 인보관운동은 1880년대 들어 미국에서도 활동하기 시작했다. 자선조직협회(COS)와는 달리, 인보관운동은 사회개혁과 함께 빈민에게 교육과 참여 등 문화와 교양을 깨우쳐 줌으로써 스스로 변화할 수 있도록 돕고자 했다. 1929년 대공황의 여파로 시작된 뉴딜정책은 사회복지사들이 공공복지기관에 대거 진출해 실업과 빈곤문제를 다루는 계기를 제공했다. 이들은 공적 부조나 개별사회사업 등 미시적인 개입 차원을 넘어 사회보험, 농촌재정착 및 도시슬럼가 재개발 등 지역사회조직화, 집단활동 프로그램 등으로 활동영역을 넓혔다. 1960년대 들어, 인종차별과 편견에 대한 관심, 빈곤의 재발견(recovery of poverty)과 함께, 개인문제에 초점을 맞추는 사회복지전문직이 사회문제를 도외시해 빈곤 등 구조적인 문제에 무기력하다는 반성이 일기 시작했다. 이에 다수의 사회복지사들이 빈곤과의 전쟁 관련 프로그램에 참여하거나 지역사회복지사업에 투신하는 변화가 이루어졌다(Axinn & Levin, 1975).

사회정의의 관점은 초창기의 소박한 사회개혁과 프로그램 참여 수준을 넘어 좀 더 근본적인 사회변화를 추구하는 방향으로 변화해 왔다(Davis, 1967). 오늘날 분배개선이나 빈곤극복을 위한 정책들은 사회정의의 관점의 산물인 경우가 많다. 구체적으로 차별철폐(affirmative action), 평등한 기회, 부의 재분배, 비(非)낙인적이고 인도적인 복지급여와 서비스 제공, 조세제도의 역진성 극복, 고삐 풀린 자유시장경제에 대한 규제 등의 정책 대안들은 사회정의의 관점을 반영하고 있다고 볼 수 있다(Reamer, 2013).

이처럼 사회정의의 관점은 빈곤을 개인 책임으로 돌리는 간섭적 온정주의의 낙인적 접근이 빈곤의 사회구조적 원인을 도외시한다는 비판을 배경으로 등장한 것이다. 특히 원조대상자에 대한 권위주의적인 처우에 대한 문제제기가 일면서 사회개혁을 중시하는 사회정의의 패러다임이 확립될 수 있었다. 자선조직협회(COS)와는 달리 인보관운동은 초기부터 클라이언트의 문제와 관계없이 클라이언트와 그 가족을 정상적인 주체라 간주하고 능력개발과 사회개혁을 통해 문제를 시정하자는 확고한 신념을 갖고 있었다(Trattner, 1989). (앞서 설명한 대로) 케이스워크 중심의 사회복지전문직의 확립이 간섭적 온정주의의 영향을 받았다면, 인보관운동 중심의 사회정의의 관점은 이후 그룹워크, 지역사회조직화, 사회개혁 행동 등 사회복지실천의 새로운 지향으로 발전해 나갔다.

3) 종교적 접근

종교적 접근에서는 사회복지전문직의 중심적인 사명은 종교적 소명과 확신을 구현해 사회복지서비스를 제공하는 것이라고 본다(Reamer, 2013). 이들은 중세시대 이래 국가적인 복지제도, 나아가 복지국가가 출현하기 이전까지 종교는 취약계층을 보호하는 최일선의 기능을 수행해 왔다고 본다. 이때부터 자선(慈善, charity)은 하나님의 기독교적 사랑을 인간과 사회 속에 구현하는 역할을 담당해 왔다(Constable, 1983; Marty, 1980). 이처럼 세속적인 관점에서는 온정주의가 인간 간의 애정의 발로라 할 수 있지만, 종교적 접근에서는 온정주의란 종교적 의무감의 발로로서 신의 명령을 이행하는 소명에 입각해 있다고 본다(Canda, 1988; Joseph, 1987; Judah, 1985; Siporion, 1992).

종교적 접근은 신이 존재한다는 믿음을 전제로 한다. "인간이 아무리 위대해도 신 아래에서만 가능하다."는 것이다(Maritain, 1934). 세속주의 철학자들은 인간이 자신의 가치를 직접 창조한다고 보지만 종교적 접근에서 인간은 신성한 가치를 창조할 수 없으며 단지 신성한 가치를 발견하기 위해 노력할 뿐이라고 본다. 나아가 종교적 접근은 영원불멸의 절대적 진리와 절대적인 도덕적 규칙이 존재한다고 주장한다. 따라서 종교와 도덕은 불가분의 관계에 있을 수밖에 없다는 것이다. 반면, 신의 의지에 근거하지 않은 세속적인 도덕적 원칙은 장기적으로 존재할 수 없다(Dolgoff et al., 2009).

종교적 접근에서는 윤리와 법이 하나의 포괄적이고 상호 관련된 체계를 구성하고 있다(Dolgoff et al., 2009). 윤리적 원칙이 지나치게 일반화되고 추상적인 수준에서 언급되기 때문에 권위 있는 해석자들이 종교법에 의해 매일매일 삶의 문제에 대한 구체적인 적용방식을 만들어 낸다. 이 해석의 결과는 관례가 되거나 법이 된다. 종교적 접근을 신봉하는 사람들은 종교적인 차원의 도덕적 원칙과 종교법을 사회복지실천에서 생겨나는 윤리적 이슈들을 해결하는 적용기준으로 삼으려고 할 수 있다(Kurzweil, 1980). 그러나 종교적 해석이 세속적인 삶을 지배하게 되면 사회의 법과 도덕은 종교와 분리되어 독립적인 규제기능을 상실하게 된다. 특히 동일한 신앙을 가진 사람들 사이에는 특정 종교의 도덕적 원칙과 종교법이 가치가 있지만 비신자들에게는 아무런 의미를 가질 수 없다(Dolgoff et al., 2009).

간섭적 온정주의에서는 사회복지사가 클라이언트의 삶의 문제에 개입할 경우 능력, 지식, 인격의 차이 등 사회복지전문직의 권위에 근거한 것으로 본다(김기덕, 2002). 그러나 종교적 접근에서는 사회복지사나 클라이언트가 모두 신의 자녀로서 평등한 존재라는 전제 아래, 사회복지사는 신의 명령(divine command)을 이행하는 소명(召命, a calling) 이행의 주체로서 종교적인 열정(missionary zeal)에 도덕적 근거가 있다고 본다(Reamer, 1992). 즉, 신의 소명을 이행하는 사회복지기관 및 사회복지사와 클라이언트의 관계는 창조자(creator)와 피조물(creature)의 관계를 반영하고 있는 것이다(Leiby, 1985). 이와 같은 종교적 접근법은 민간사회복지공급의 상당한 비중을 차지하는 종교적 사회복지실천에서 상당한 영향력을 행사하고 있다. 또 최근에는 적극적 실천을 통해 신으로부터 부여받은 소명을 이행해 피조물을 구원하는 영성(spirituality)에 근거한 실천을 강조하고 있다(Siporion, 1992). 즉, 최근 종교적 접근에서는 전문가주의를 추구하는 전문직 윤리관 중심의 사회복지실천의 지나친 세속화를 경계하는 문제제기가 확대되고 있는 것이다.

3. 전문직 패러다임

(지금까지 살펴본 것처럼) 초창기 사회복지윤리에서 지배적인 위치를 점했던 패러다임은 빈민의 자조를 강조했던 간섭적 온정주의였고, 그 후 사회문제와 사회개혁에 초점을 맞춘 사회정의적 관점이 등장했다. 그런데 사회복지직의 전문직화와 함께 개인 및 가족체계 대상의 임상적 실천으로서 도덕적 가치보다는 경험과학적 지식을 중시하는 도덕중립적인 지향의 케이스워크가 강조되어 왔다(Reamer, 1997). 1970년대 들어서는 기존의 가치중립적인 전문가주의에서 탈피해 사회복지실천의 윤리적 기반을 확충하려는 노력이 확대되었다. 즉, 사회복지전문직 내에서는 기존에는 비도덕적 경향이 지배적이었지만 임상실용주의, 방어적 경향 등이 새로이 등장하게 된 것이다(Reamer, 2013).

1) 비도덕적 경향

사회복지윤리에 대한 비도덕적 경향은 1970년대에 새롭게 등장한 입장은 아니다. 이미 1920년대 정신의학의 홍수(psychiatric deluge) 시대에 의료인과 같은 전문직화를 지향하던 사회복지사들은 임상적인 효과와 관련이 있는 경험과학적 지식, 즉 실천지향적인 이론과 모델의 구축을 지향했다(Axinn & Levin, 1975). 이들은 1915년 의사인 플렉스너(Flexner)가 사회복지직이 광범위한 영역을 다루고 있어 체계적인 지식의 발전이 어렵고 전문가 교육을 실시하기도 곤란해 사회복지직은 전문직이 되기 어렵다고 지적한 플렉스너 신드롬(Flexner syndrome)에 주목했다. 이에 따라 사회개혁이나 공공복지 부문은 개입대상에서 배제하고, 프로이트(Freud)의 심리학 이론을 바탕으로 정신의학 중심의 개인치료, 즉 케이스워크에 치중해 전문성을 구축하려 노력하였다(Reamer, 2013).

이처럼 전문직화를 추구하던 1920년대부터 사회복지계에는 가치와 윤리 등의 철학적인 용어 사용을 기피하고 경험과학적인 지식을 중심으로 임상효과가 입증된 이론과 모델을 구축하도록 장려되는 경향이 있었다. 가치보다는 과학적 지식을 중시한 결과 사회복지계에는 비도덕적인 전문가주의를 확립할 수 있었다(Perlman, 1976). 전문가주의란 전문가로서 사회복지사는 임상적인 효과가 검증된 경험과학적 지식, 즉 이론과 모델을 적용해 도움을 필요로 하는 클라이언트의 욕구충족을 위해 최선의 서비스를 제공해야 한다는 관점을 말한다. 이때 비도덕적인 경향이란 사회복지실천은 도덕적 옳고 그름에 대한 가치판단을 필요로 하는 가치지향적인 분야가 아니라 과학적인 지식에 의한 임상적 실천이 요구되는 특성을 갖고 있다는 견해를 말한다(Reamer, 2013).

최근까지도 사회복지전문직은 경험과학적 지식을 추구하는 경향이 지배적이었고, 사회복지실천은 여전히 가치중립적인 실천영역이라고 간주하는 관행이 팽배해 있었다(Specht, 1990). 그러나 사회복지실천의 가치중립성에 대한 가정은 계속적으로 도전에 직면해 왔다. ① 과거 케이스워크 중심의 치료모델조차도 미시적인 개입영역에 초점을 맞춤으로써 인간과 사회문제에 대한 특정한 가치에 기초한 것이라는 견해가 있다(Perlman, 1976). 이는 과거 간섭적 온정주의와 사회정의의 관점 중 전자의 영향을 더 많이 받은 것으로 평가될 수 있다. ② 심리치료기술, 프로그램 평가, 비용효과분석 등 현재 경험과학적 지식에 입각해 전개되는 사회복지실천도 특정한 가치기반을 전제한 것으로 판단된다. 즉, 미시적인 영역에만 초점을 맞출 것인가 아니면 사회개혁까지 시야를 넓혀 개인과 사회에 대한 동시적 개입을 지향할 것인가는 전형적으로 가치판단의 영역이라는 것이다(Reamer, 2013).

2) 임상실용주의

1970년대 말부터 사회복지계에는 전문직 윤리에 대한 관심이 확대되어 왔다. 임상적 실천의 오랜 경험이 축적되면서 사회복지사는 클라이언트와의 관계에서 임상적 지식 이외에 가치판단이 필요한 윤리적 이슈들이 다양하게 존재한다는 사실을 발견할 수 있었기 때문이다. 때마침 의학 분야에서 생명종결, 장기이식, 유전공학, 시험관시술 등에 대한 첨예한 윤리적 논쟁이 전개되면서 전문직 직업윤리에 대한 관심이 증가하고 있었다(Callahan & Sissela, 1980; Reamer & Abramson, 1982). 사회복지 분야에도 제3자 보호와 타 서비스 제공자를 위한 클라이언트의 비밀보장의 제한, 법적 명령에 의한 진실을 말할 의무와 정보특권(privileged communication)의 충돌, 고지된 동의(informed consent) 준수, 적절한 서비스의 종결, 전문직 경계의 유지, 전문직 가치와 기관 이해의 충돌, 동료에 대한 고발(whistle blowing), 개인적 가치와 법 및 기관 규칙의 충돌 등 다양한 이슈가 발생할 수 있다(Reamer, 2013).

이에 따라 현재 임상실용주의가 사회복지전문직 내의 지배적인 윤리적 패러다임으로 자리 잡게 되었다. 임상실용주의는 전문가로서의 사회복지사가 책임 있게 전문직 서비스를 제공하도록 윤리적 기반을 제공하는 데 목적을 두고 있다(Reamer, 2013). 비도덕적 경향과 마찬가지로 임상실용주의는, 사회복지사는 전문가로서 클라이언트의 욕구충족을 위해 최선의 서비스를 제공해야 한다는 전문가주의의 관점에 기반을 두고 있다. 사회복지실천에서 가치지향을 배제하고 경험과학적 지식만을 추구하는 비도덕적 경향과 다른 측면은 사회복지전문직의 실천과정에서 과학적 지식만으로는 해결이 불가능한 다양한 **윤리적 딜레마**의 상황에 처하게 된다는 현실을 수용한다는 점이다(Dolgoff et al., 2009). 이에 따라 전문직 윤리관은 사회복지전문직이 클라이언트에게 전문적 서비스를 제공하는 과정에서 지켜야 하는 윤리적 의무에 관한 이론적 기반을 제공하고, 윤리적 딜레마가 발생할 때 이를 해결할 수 있는 지침을 마련함으로써 사회복지전문직의 윤리적 책임성을 강화하려 한다(Reamer, 1992). 이처럼 임상실용주의가 과거 비도덕적 경향의 한계를 극복하고 사회복지전문직의 윤리적 책임성을 고양시키는 데 기여하고 있다는 점이 인정된다.

그러나 임상실용주의가 정책과 임상을 분리해 임상적 개입에만 치중할 뿐, 사회개혁과 클라이언트의 권익옹호를 위한 정책적 개입에는 소홀한 기존의 전문가주의의 한계를 극복하지 못하고 있다는 지적도 있다. 이를 살펴보면, ① 임상실용주의는 여전히 미시적 실천으로부터 시야를 확대하지 못하고 있기 때문에 사회복지전문직의 현상유지(the status quo) 경향의 한계에 봉착해 있다는 비판이다. 사회복지전문직은 여전히 지배적이고 착취적인 사회제도를 대신해 사회통제의 매개자로 행동하는 경향이 있다는 것이다(Dolgoff et al., 2009). ② 이와 유사하게 임상실용주의의 바탕인 전문가주의는 클라이언트의 욕구충족을 통해 전문적 권위를 확고히 하려는 전문직업주의(careerism)의 한계에서 벗어나지 못하고 있다고 비판한다(Siporion, 1992). 이는 개입대상의 측면에서 클라이언트와 가족체계의 내적인 욕구에 주로 주목하기 때문에 사회적 약자, 빈곤층, 공공복지에 대한 관심을 희석시키고 개입방법의 측면에서는 직접적인 전문적 원조관계만을 중시해 사회개혁의 노력을 외면하기 때문에, 전문가주의의 궁극적인 관심은 실천의 대상인 클라이언트의 권익보다는 전문적 원조관계의 유지를 통해 전문적 권위를 확립하는 데 있다는 것이다(김기덕, 2002).

3) 방어적 경향

과거에는 사회복지사를 자선사업가 등 비전문적인 원조제공자로 간주하는 경향이 있어서 '좋은 일 하는 사람(do gooder)'이라는 칭찬을 받았지만 사회적 책임성에 대한 요구가 크지는 않았다(Dolgoff & Feldstein, 2013). 그러나 사회복지직의 전문직화와 함께 사회복지계가 사회복지전달체계 속에서 고유의 영역을 확고히 구축한 뒤에는 점점 더 윤리적 책임성을 요구받는 경향이 있다. 특히 윤리적 실천에 대한 법적인 의무까지 부여되면서 사회복지계는 1990년대 들어 윤리적 책임성에 더해 법적인 책임성까지 요청되고 있다(Reamer, 1994). 이에 법적 의무 위반에 따른 **실천오류**(malpractice)로 소송을 당하는 일이 빈발하자, 사회복지계는 이에 대응하려는 노력을 벌이게 된다. 미국의 경우 사회복지사는 윤리적 · 법적 의무 위반에 대해, **미국사회복지사협회**(NASW)로의 윤리적 부정행위 신고, 각 주의 자격위원회나 규제위원회로의 윤리적 부정행위 신고, 실천오류나 보험처리(liability coverage) 관련 부정에 대한 법적 소송 등의 방식으로 윤리적 · 법적 책임을 지게 된다. 어떤 경우든 사회복지사는 소속 사회복지사협회로부터 재조사를 받고 그 결과에 따라 형사고발되기도 한다(Reamer, 2013).

미국의 경우 사회복지사의 실천오류로 인한 부정행위에 대한 신고가 증가하는 경향이 있다(Reamer, 2013). 사회복지사는 다음과 같은 경우 책임을 질 수 있다. ① 사회복지사가 클라이언트의 비밀보장의 의무를 위반하는 경우 윤리적 · 법적 책임을 질 수 있다. ② 이의신청의 대부분은 고지된 동의 미준수, 부적절한 사정과 개입 등 서비스 전달에서의 부정행위에 대한 것이다. ③ 슈퍼바이저는 슈퍼바이지로 일하는 사회복지사의 상급자로서 슈퍼바이지의 부적절한 행동(inaction)에 대해 대리적(surrogate) 책임을 지게 된다. ④ 클라이언트에 대한 사정과 개입 등 업무수행에 있어서 자신의 전문성의 범위를 벗어남에도 불구하고 적격자에게 의뢰하거나 자문을 구하지 않을 경우 책임을 질 수 있다. ⑤ 이 외에도 보험회사나 행정관청과 관련된 업무처리에서의 기만과 사기, 부적절하거나 비윤리적인 서비스의 종결, 자신이나 동료의 손상과 그로 인한 클라이언트에 대한 서비스 침해에 대한 방치 등의 상황에 대해서도 책임을 져야 한다.

미국에서는 1982년부터 1992년까지 10년 동안 모든 주에서 매년 평균 33건의 실천오류가 적발되었다(Dolgoff et al., 2009). 점차 사회복지실천의 법적 책임성이 확대되어 실천오류에 대한 소송이 늘자 사회복지계는 전문적 실천행위와 관련된 윤리적 · 법적 의무에 대한 인식을 제고해 윤리적 · 법적 민감성을 확대하게 되었다(Kutchins, 1991). **방어적 윤리관**은 사회복지전문직이 사회복지실천과정에서 겪을 수 있는 윤리적 · 법적 의무 위반에 대해 사회복지사를 보호하기 위한 윤리적 경향을 말한다. 구체적으로 사회복지실천과정에서 지켜야 하는 윤리적 · 법적 의무를 확인하고 실천오류와 그에 따른 제재에 대한 사항을 인지시켜 윤리적 · 법적 민감성을 고취시킴으로써 윤리적 · 법적 책임으로부터 사회복지사를 보호하려 한다. 사회복지사를 윤리적 · 법적 책임으로부터 보호하려는 동기에서 출현한 방어적 윤리관은 임상실용주의 등 다른 전문직 윤리관과는 근본적으로 다른 동기와 이해관계를 갖고 있음을 의미한다(Reamer, 2013). 임상실용주의 등의 전문직 윤리관은 사회복지전문직의 윤리적 기반을 확충해 클라이언트와의 원조관계에 있어서 책임성을 강화하기 위한 동기에서 출발한 것이기 때문이다.

4. 사회복지윤리의 새로운 패러다임

(지금까지 살펴본 것처럼) 사회복지전문직이 확립된 이후 사회복지실천의 지배적인 윤리적 패러다임은 비도덕적 경향, 임상실용주의, 방어적 윤리관이다. 그런데 굴드는 현재의 전문직 윤리관은 지배적인 인식의 틀(frame)에 기초해 있다고 말한다(Gould, 1992). 전문직 윤리관은 전문직이 해당 서비스 영역에서 윤리적 책임성을 강화해 전문적인 권위를 확고히 하는 데 기여하기 위한 동기를 반영하고 있고, 개별 인간의 표출된 행위중심의 근대 규범윤리학의 영향으로 윤리적 판단과 개입의 단위를 클라이언트 및 가족체계로 제한하는 미시적 경향을 극복하지 못하고 있다는 것이다. 반면, 과거 사회정의의 관점 등의 영향을 받은 사회복지윤리의 새로운 패러다임들은 전문직 윤리관의 지배적인 인식의 틀에 대한 문제제기의 성격을 갖고 있다. 즉, 전문직과 해당 클라이언트 간의 불평등한 권력 관계의 개선과 미시적인 클라이언트 및 가족체계 위주의 개입 한계를 극복하고 개입의 영역을 포괄적으로 확대해야 한다는 관점을 취한다(Dolgoff et al., 2009).

1) 여권주의

학문적인 측면에서 여권주의는 여성이 억압받는 현상에 대한 철학적 · 이론적 규명을 추구한다. 실천적인 면에서는 여성이 주류사회에서 남성과 동등하게 참여할 수 있어야 한다는 최소한의 목표를 공유한다. 여권주의는 우리 사회는 남성에 의한 지배의 논리(masculine principle)에 바탕을 두고 있는 성차별적인 가부장적(patriarchal) 사회라고 본다. 남성과 여성 간에는 위계적 질서가 형성되어 있어 구조적 불평등이 존재한다는 것이다. 가부장적인 사회는 성차별적인 사회구조, 여성차별적인 성 정치(sexual politics)에 의해 작동된다(Collins, 1986). 그런데 여성 억압적인 사회질서가 오랫동안 재생산된 결과 남성 위주의 문화는 우리 사회에 깊게 뿌리내려져 있어 사회구성원들은 부지불식간에 기성의 가부장적인 사회질서의 정당성을 내면화해 왔다(Ruth, 1981). 이처럼 여권주의는 우리 사회와 정치뿐만 아니라 도덕, 정신세계, 양심 등 일상의 모든 영역에서 남성중심주의(androcentrism)가 자리 잡고 있다고 보는 것이다.

여권주의자들은 기존의 사회복지실천의 패러다임은 여권주의를 구현하기에는 다음과 같은 한계가 있다고 지적한다. ① 사회복지실천의 전문직 윤리관은 여권주의와 윤리적 기반을 공유하기 어렵다. 가치중립적인 비도덕적 경향이나 미시적인 실천의 한계를 극복하지 못하는 임상실용주의는 남성중심적인 기존질서에 대해 무비판적이기 때문이다. 예를 들어, 클라이언트의 자기의사결정권과 개별화 등 미시적인 단위 위주의 사회복지실천의 가치만으로는 기존 가부장적 사회질서를 개혁하는 여권주의적 사회복지실천을 구현하기가 불가능하다(Collins, 1986). ② 클라이언트에 대해 불평등한 전문적 지위를 누려 가부장적인 권력에 바탕을 두고 있는 전문직모델은 전통적인 가족 중시의 문화를 무비판적으로 내면화해 클라이언트에 대해 남성중심주의적 지향의 개입을 실시해 왔다. 사회복지계 내에도 오랫동안 양성평등의 가치보다는 가부장주의의 가치와 문화가 지배해 왔다. 그 결과 기존의 여성차별적인 가족질서의 경계에 있는 클라이언트 상태에 대해 희생자로 보는 관점이 아니라 문제증상으로 보고 권위주의적인 간섭주의적 개입을 해 왔다(Berlin & Kravetz, 1981).

따라서 여권주의는 사회복지실천은 여권주의의 주요 가치인 개인 간의 상호의존성(interdependency), 상호관계에 대한 헌신(relational commitment), 상호적인 연민과 보살핌(mutual compassion and care)의 도덕성 등을 바탕으로 재구성되어야 한다고 본다(Gillian, 1982). ① 사회복지사와 클라이언트의 원조관계에 내재해 있는 불평등한 권력관계의 가부장적인 속성을 개혁해 클라이언트의 권한을 강화(empowering)해야 한다. 클라이언트의 역량을 강화하고, 권한을 사회복지사에게 넘겨 주는 종속적 역할 대신 자신의 삶에 대한 진정한 자기의사결정권을 행사할 수 있도록 해야 한다(Miller, 1976). ② 클라이언트가 남성중심주의적인 사회질서에서 소외되지 않기 위해 사회복지전문직은 개인과 사회를 분리하는 이분법을 극복하고 관계의 전 영역에 개입할 수 있도록 조정자(mediator)의 역할을 맡아야 한다. 가부장주의 사회에서 여성은 자기의사결정권의 제약, 가족 내에서의 소외, 사회적인 성적 지적 소외, 노동의 소외 등 다면적으로 연결된(symbiotically related) 불평등을 경험하기 때문이다(Shulman, 1984). ③ 클라이언트와의 상호 연민과 보살핌의 관점을 바탕으로, 사회복지전문직은 클라이언트 개인적 역량강화뿐 아니라 사회변화를 위한 적극적인 정치적 행동에 나서야 한다. 남성중심주의적인 가부장적 사회질서를 바꾸는 정치적 변화 없이는 불평등한 사회구조와 문화에 의해 소외된 클라이언트의 개인적 역량강화가 이루어질 수 없기 때문이다(Hartsock, 1981).

2) 공동체주의

(제2장에서 논의한 대로) 최근 활발히 논의되고 있는 현대 공동체주의는 근대 규범윤리학에 대해 근본적인 문제제기를 던지고 있다. ① 현대 공동체주의는 근원적으로 사회계약론에 의거한 근대의 개인주의적 인간관에 대해 허구에 불과하다고 주장한다(Sandel, 1996; Walzer, 1983). 칸트나 벤담은 공동체는 개개인의 사적 이익을 보호하기 위해 고안된 사회계약의 산물이자 허구적 고안물에 불과하다고 보기 때문에 사회적 존재로서 인간행위의 속성을 무시한다는 것이다. ② 현대 공동체주의는 개인들은 이미 소속된 사회의 공동체적 배경에 의해 크게 영향을 받기 때문에 공동체의 문화적 맥락이 개인적 가치와 행동을 형성한다는 연고적(緣故的) 자아(embedded self)관을 주장한다. 나아가 인간은 개별적인 존재가 아니라는 인간존재의 상호주관성(intersubjectivity)을 주장하면서 공동체에 내재하는 특유의 공동체적 가치와 질서가 개별 구성원들의 삶에 지대한 영향을 끼친다고 본다.

현대 공동체주의의 관점에서 보면 전문직 윤리관에 바탕을 둔 사회복지전문직의 활동은 다음과 같은 한계를 가질 수밖에 없다. ① 클라이언트 및 가족체계에 대한 미시적인 개입에 국한하는 사회복지실천은 개인욕구와 문제의 사회적 맥락을 고려할 수 없는 근원적인 한계를 갖고 있다. 미시적인 개입단위 설정은 클라이언트가 겪는 문제에 대해 개인주의적인 차원의 해결을 지향하는 전문적 실천관이 반영된 결과다(Germain, 1973). ② 미시적인 개입의 방법론은 사회문제의 근원으로서 공동체의 개혁을 위해 노력해 왔던 전통적인 사회정의의 관점과 양립할 수 없는 한계를 갖고 있다(Dolgoff et al., 2009). 전통적인 치료모델은 개인이 겪는 문제의 증상을 완화하기 위해 심리내적 차원과 개인 및 가족체계만을 개입대상으로 고려하는 단선적인 접근에 국한해, 개인과 사회에 대한 이분법적인 구분이 고착화되었다(Siporion, 1975).

현대 공동체주의의 관점에서는 사회복지전문직은 치료모델에 근거한 미시적 실천 위주의 방법론적 제약을 극복하고 개인 및 사회에 대한 전체주의적(holistic) 접근의 시야를 갖출 필요가 있다고 본다(Germain, 1973). ① 개인과 사회에 대한 이분법을 극복하고 클라이언트 및 가족체계가 겪는 문제와 환경과의 관계를 통합적으로(integrated) 고려하는 환경 속의 개인(person in environment)의 관점을 견지해야 한다. 개인문제의 환경적 맥락을 고려할 때 비로소 개인의 복지, 존엄성, 자기의사결정권을 제약하는 요소를 파악할 수 있기 때문이다. ② 사회복지실천은 미시적인 개입과 치료모델 위주의 접근의 한계를 극복하고 과거 사회정의의 관점이 내포하고 있는 **일반주의적(generalistic) 접근법**을 회복해야 한다. 사회복지전문직은 미시적인 영역에 제한하지 않고 클라이언트 및 가족체계의 어려움을 야기하는 사회체계 내의 경제적 · 사회적 · 심리적 · 정치적 측면의 환경적 요소를 개입의 표적으로 삼아야 한다(Siporion, 1975).

3) 신민주주의

현대 민주주의는 국가와 시민이 권리를 행사하는 대신 의무를 이행해야 한다는 상호성(reciprocity)의 원리에 바탕을 두고 있다. 상호성의 원리는 권리와 의무의 상호성에 바탕을 두지 않고 사회적 맥락과 무관하게 인권이 보장되어 있다는 전(前)사회적인(pre-social) 천부인권관과는 상반되는 인식이다(Dworkin, 1977). 신민주주의 관점은 형식적인 자유와 평등사회의 이념에도 불구하고, 현실적으로 현대 민주주의는 의무를 성실히 이행해 상호성의 원리에 부합하는 일등계급과 의존성이 있는 이등계급으로 양분되어 포용(inclusion)과 배제(exclusion), 평등(equality)과 차이(difference)의 구조가 작동하고 있다고 본다. 이처럼 사회의 계급분열, 성, 인종, 능력 유무, 연령, 성적 정체성 등의 취약성으로 인해 시민적 권리행사와 참여가 제한될 수 있음을 주목한다. 신민주주의 관점은 취약계층의 보편적 시민권이 확립되려면 기존의 불평등한 사회적 관계를 극복해 시민으로서의 소비자(citizen-consumer)의 지위를 획득할 수 있어야 한다고 본다(Fitzpatrick, 2001).

신민주주의 관점은 기존의 전문직 윤리관이 클라이언트에게 시민으로서 소비자의 자격을 부여하지 못하고 사회적 배제를 고착화해 시민권을 제약하는 한계가 있다고 본다(Gould, 1992). 주지하다시피, 기존의 전문직 윤리관은 **온정주의**(paternalism)와 **선행의 의무**(the duty of benevolence)를 근간으로 하고 있다(Levy, 1976b; Reamer, 2013). 온정주의란 전문성과 권위를 갖춘 사회복지전문직이 취약성을 겪는 클라이언트를 돕기 위해 클라이언트의 삶에 개입할 수 있다는 입장이다. 그런데 이는 사회복지사가 클라이언트의 삶에 대한 결정을 대신하는 **신탁(信託)모델**(fiduciary model)에 다름 아니기 때문에, 클라이언트에게 시민으로서 소비자의 지위를 부여하지 못한다고 본다. 또 선행의 의무는 사회복지전문직에게는 클라이언트의 욕구를 충족시켜 클라이언트가 겪는 문제를 완화 ·

해결하기 위해 헌신하는 소명을 갖고 있다고 본다. 이에 대해 신민주주의 관점은 사회적 이익과 클라이언트의 이익이 충돌할 때 사회복지사는 클라이언트의 이익만을 배타적으로 추구해 고용된 총잡이(the hired gun) 노릇을 하는 **대리자모델**(agent model)에 불과하다고 본다. 결과적으로는 클라이언트가 사회적 의무이행과 권리행사의 기회를 획득해 시민권의 주체로 성장하는 데 방해가 된다는 것이다.

신민주주의 관점은 클라이언트가 민주주의 사회의 시민으로서의 시민권을 확보하기 위해서는 대리자모델과 신탁모델을 극복하고 클라이언트가 시민으로서 소비자의 지위를 확보해야 한다고 본다. ① 개별 사회복지사의 독단적인 개입으로 인한 클라이언트의 권익침해를 방지하기 위해서는 사회복지사들 간의 집단적인 의사결정과정을 구조화할 필요가 있다. 이를 위해서는 기관, 동료집단, 지역사회의 전문가협회 등 사회복지서비스 전달체계 내 전문가들 간의 민주적인 의사결정 절차를 확립하여 관련 전문가들의 참여를 보장해야 한다(Dolgoff et al., 2009). 또한 ② 사회복지사가 개인적 가치를 개입시켜 클라이언트를 착취할 위험을 통제하기 위해서는 사회복지사의 개인적 가치를 표출하고 의사결정과정에 클라이언트의 참여를 구조화할 필요가 있다. **윤리적 의사결정**과정에서 사회복지사는 전문직 가치와 관계없는 개인적 가치를 객관화하고 이를 클라이언트에게 밝혀 부당한 개입의 가능성을 억제할 필요가 있고, 클라이언트의 자기의사결정권을 실질적으로 확립하기 위해서는 클라이언트의 가치를 존중하고 클라이언트의 의사결정 참여 절차를 확립해야 한다(Reamer, 2013).

생각해 볼 문제

1 | 사회복지윤리에서 패러다임의 역할은 무엇이며, 패러다임, 도덕적 가치, 도덕적 원칙, 도덕적 실천의 관계는 어떠한지 검토해 보시오.

2 | 간섭적 온정주의의 의의 및 한계는 무엇이며, 현재의 사회복지실천과는 어떤 유사성과 차이점이 있는지 검토해 보시오.

3 | 사회정의적 관점이 대두된 배경은 무엇이며, 현재의 사회복지실천에는 어떤 영향을 끼쳤는지 검토해 보시오.

4 | 종교적 접근이 현재의 사회복지전달체계에 끼친 영향은 무엇이며, 영성에 근거한 실천이 갖는 의미가 무엇인지 검토해 보시오.

5 | 과거와 현재의 치료모델이 비도덕적 경향에 경도되어 있다는 주장에 대해 검토해 보시오.

6 | 현재의 지배적인 사회복지윤리 패러다임으로서 임상실용주의의 역할과 그 한계를 검토해 보시오.

7 | 사회복지윤리의 방어적 경향에 입각해, 현재의 사회복지실천의 문제점 중 특히 주목해야 하는 윤리적 · 법적 쟁점에 대해 검토해 보시오.

8 | 여성복지나 가족복지에서 여권주의를 반영하는 사회복지실천의 지향이 필요하다는 주장에 대해 검토해 보시오.

9 | 공동체주의에 입각해, 기존의 사회복지실천의 한계와 대안적 모델에 대해 검토해 보시오.

10 | 최근 중시되고 있는 인권적 관점과 신민주주의의 관계는 무엇이며, 사회복지실천에서 통용되는 용어들(클라이언트, 개입, 슈퍼비전)의 한계와 인권 관점에 기반을 둔 사회복지실천모델(임파워먼트모델, 인권과 사회정의모델, 이용자 참여모델 등)의 유용성에 대해 검토해 보시오.

제 4 장

사회복지의 가치

1. 가치의 이해
2. 사회복지 가치의 이해
3. 사회복지 가치의 분류
4. 사회복지의 핵심가치

◆ 생각해 볼 문제

제 4 장 사회복지의 가치

1. 가치의 이해

영어의 'value'는 가치나 유효성을 뜻하는 라틴어의 왈로르(valor)라는 용어에서 유래되었다. 따라서 **가치**(value)는 일반적으로 '가치 있다' 혹은 '유용하다'는 의미를 담고 있는 것으로 볼 수 있다. 그런 점에서 가치란 단순한 개인적인 선호(preference)를 의미한다고 볼 수 있다(Graham, 1961). 예를 들어, 내가 사생활보호를 선호한다고 할 때 이는 안정적인 직업을 선호한다는 것과 유사한 차원의 개인적인 선호를 반영한다는 것이다. 즉, '가치 있다(valuable)'는 표현은 일반적으로는 싫어하는(undesirable) 것과 반대로 좋아하는(preferable) 것을 의미하는 다소 가벼운 개념이다. 그런데 윤리학에서의 가치는 일반적인 개인적 선호보다는 다소 무거운 의미를 담고 있다. 윤리학에서의 가치는 도덕적으로 장려된다는 의미로 강제(imperatives)와 의무(oughts)의 속성을 내포하고 있는 개념이다(Griffin, 1996; Mukerjee, 1964). 즉, 윤리학에서의 가치는 반드시 사회적으로 구현되어야 하는 규범적인 선호를 의미하는 다소 추상적인 개념이다(Drake, 2001).

따라서 추상적인 규범적 선호인 윤리적 가치를 구현하기 위해서는 해당 가치와 관련된 실제적인 도덕적 원칙을 구성해야 하고, 추상적인 개념인 윤리적 가치의 구현 여부는 해당 가치에서 도출된 실제적인 도덕적 원칙의 이행 여부를 통해 관찰할 수 있다. 이처럼 실천적인 측면에서 윤리적 가치는 사회구성원들의 구체적인 도덕적 행위의 기준인 실제적인 도덕적 원칙을 도출하는 근거가 된다. 이를테면, 서로 다른 윤리적 가치를 선호하는 사회에서는 실제적으로도 이질적인 도덕적 원칙을 운영하기 마련이다. 해당 사회의 지배적인 윤리적 가치를 확인하려면 그 사회가 운영하는 실제적인 도덕적 원칙이 무엇인지 파악한 뒤 이 도덕적 원칙들이 도출된 근원으로서의 윤리적 가치를 확인하면 되는 것이다(Boucher & Kelly, 1994; Moore, 1959; Russell, 1949).

(지금까지의 논의를 바탕으로) **패러다임**, **가치**, **도덕적 원칙**의 관계를 다음과 같이 정리할

수 있다. (제3장에서 살펴본 것처럼) **패러다임**이란 한 시대를 지배하는 특정한 관점이자 이념인 가치지향성에 관한 총체적인 사고의 틀이라고 말할 수 있다. 윤리학에서의 **가치**는 사회적으로 강제되고 의무로 이행해야 하는 규범적인 선호를 의미하는 다소 추상적인 개념이다. **도덕적 원칙**은 사회구성원들의 도덕적인 행위를 규율하기 위해 사회에서 실제로 적용되는 구체적인 도덕적 지침이자 도덕적 규칙이다. 한 시대를 지배하는 특정한 관점이자 이념인 패러다임은 도덕적 판단에서의 선호 기준으로서 몇 가지 윤리적 가치로 결정화(crystallization)될 수 있다. 다소 추상적인 가치는 도덕적 행위의 기준이자 실천지침인 도덕적 원칙이 도출되는 근거가 된다. 결국 우리의 도덕적 행위의 실천지침인 도덕적 원칙은 특정한 추상적 가치에서 도출되었고, 이 가치는 한 시대를 지배하는 사회복지윤리의 패러다임을 반영해 이를 도덕적인 판단에서의 선호 기준으로 결정화한 것이다.

(제3장의 예를 다시 상기하면) 현재 사회복지전문직의 윤리적 실천의 선호 기준인 핵심적인 가치는 사회복지사와 클라이언트 간의 관계를 규정하는 서비스의 가치라고 할 수 있다. 서비스의 가치는 현재 사회복지윤리의 지배적인 패러다임인 **임상실용주의**(clinical pragmatism)의 관점을 결정화한 것이라고 할 수 있다. 또 **서비스의 가치**는 사회복지전문직의 실천 활동에서 실제 적용되는 도덕적 원칙인 **선행의 원칙**(the principle of benevolence)을 도출하는 근거가 된다. 이에 온정적 개입을 우선시하는 선행의 원칙을 따르는 경우, 의사결정능력이 부족하거나 의사결정이 어려운 상황에 놓인 클라이언트에 대해 사회복지사는 **숙고형**(reflective model)보다 **제안형**(suggestive model), **지시형**(prescriptive model), 나아가 **결정형**(determinative model)의 개입을 선호할 수 있는 것이다(Rothman et al., 1996).

이처럼 실제적인 도덕적 원칙을 연구하는 윤리학은 활동하는 가치(values in action)에 대한 연구라고 할 정도로, 가치는 패러다임을 결정화하고 실제 도덕적 원칙을 도출하는 근거로 그 중요성을 인정받고 있다(Levy, 1976b). 특히 원조전문직인 사회복지전문직은 인간의 욕구, 관련 개인 및 사회문제를 다루기 때문에 고도의 윤리적 민감성에 기초해 가치지향적 실천을 지향해야 한다. 이처럼 사회복지실천은 도덕적 선택의 기준으로서 특정한 가치를 포함하고 있는 가치지향적 실천으로 인정받고 있고, 사회복지실천에는 몇 가지 핵심적인 가치들이 존재하는 것으로 알려져 있다. 이에 사회복지윤리학은 사회복지전문직의 윤리적 가치를 규명하고 그 역할을 탐구해 왔다.

2. 사회복지 가치의 이해

1) **사회복지 가치**의 중요성과 역할

(지금까지 설명한 것처럼) 사회복지윤리에서 **가치**는 중요한 역할을 한다. 사회복지실천에서 가치의 중요성을 좀 더 알아본다. 이에 대해 리머는 사회복지실천의 목적과 사명의 본질 제시, 사회복지사와 클라이언트, 동료들, 다른 사회구성원들의 관계에 대한 영향, 사회복지사가 사용하는 개입방법의 선택, 사회복지실천에서의 **윤리적 딜레마**의 해결을 제시한다(Reamer, 2013).

첫째, 사회복지의 핵심가치는 사회복지실천의 본질적인 목적과 사명이 무엇인지 제시해 준다. (앞서 설명한 바와 같이) 사회복지실천의 핵심가치는 현재 사회복지사들이 중시하는 신념인 지배적인 패러다임을 반영해 이를 결정화한 것이다(Reid, 1992). 게다가 사회복지실천의 핵심가치는 사회복지전문직이 수행하는 실천활동에 있어서 실제적인 지침이 되는 도덕적 원칙을 도출하는 근거다(Timms, 1983). 이 때문에 사회복지의 핵심가치는 사회복지전문직이 사회복지실천 활동에 임함에 있어서 사회에 대한 집단적인 책임을 표준화해 핵심적으로 제시한 것이라고 볼 수 있다(Levy, 1973). 이를테면, 현재의 사회복지전문직의 핵심가치인 서비스의 가치는 클라이언트에 대한 헌신에 관한 사회복지사들의 전문적 책임성을 압축해 제시한 것으로 볼 수 있다.

둘째, 사회복지사가 중시하는 가치는 사회복지사가 클라이언트, 동료, 다른 사회구성원과 맺는 관계에 영향을 준다(Hamilton, 1940; Younghusband, 1967). 특히 사회복지사가 어떤 개인이나 집단의 클라이언트를 중시하는지, 또 사회복지사와 클라이언트가 어떤 관계를 맺을 것인지는 사회복지사가 중시하는 가치의 영향을 받는다. 이를테면, 임상실용주의의 관점을 반영하는 서비스의 핵심가치를 견지한다면 미시적인 개인 및 가족체계가 주된 클라이언트로 중시될 것이다. 또 서비스의 가치가 반영된 온정주의(paternalism)와 선행의 의무(the duty of benevolence)를 도덕적 원칙으로 삼게 되면, 지식과 전문적 권위를 가진 사회복지사는 욕구와 문제를 가진 클라이언트와 치료적인 전문적 원조관계를 맺게 되는 것이다.

셋째, 사회복지사가 중요시하는 가치는 사회복지사가 사용하는 개입방법의 선택에도 결정적인 영향을 끼친다(McDermott, 1975; Varley, 1968). (앞서 설명한 대로) 사회복지사가 중시하는 가치는 어떤 개인이나 집단의 클라이언트를 중시하는지, 또 사회복지사와 클라이언트가 어떤 관계를 맺을 것인지 결정하는 기준이 된다. 이는 곧 사회복지사가 선택하는 개입방법도 사회복지사가 중시하는 특정한 가치와 밀접한 관련이 있음을 의미하기도 한다. 이를테면, 서비스의 가치는 미시적인 실천과 치료모델에 입각한 클라이언트와의 원조관계를 중시하기 때문에 사회복지사는 상담 등의 치료적 관계와 관련이 있는 기술을 선호한다. 반면, 사회정의의 가치는 빈곤문제, 지역문제 등 중범위적(mcso)이거나 거시적(macro) 영역의 실천과 역량강화모델이나 사회행동모델에 입각한 원조관계를 중시하기 때문에 사회조사와 사회행동 등 좀 더 구조적인 측면의 개입을 선호할 것이다.

넷째, 사회복지의 가치는 **윤리적 딜레마**를 해결하는 데 있어서 중요한 역할을 한다. 윤리적 딜레마란 사회복지사가 지켜야 하는 윤리적 의무, 즉 도덕적 원칙이 서로 충돌하는 상황이 발생해 윤리적으로 올바른 선택을 쉽게 할 수 없는 경우를 말한다. 그런데 상충하는 윤리적 의무, 즉 도덕적 원칙은 각기 특정한 가치에서 도출된다. 따라서 윤리적 딜레마에 봉착했을 때, 사회복지사들은 각각의 윤리적 의무, 즉 도덕적 원칙을 도출한 근거인 가치들을 확인해 이 상충하는 가치들 중 어느 것을 우선시할 것인가를 결정해야 한다. 이는 (제10장에서 보듯이) 리머의 윤리적 의사결정모델의 정수(精髓)에 해당하는 내용으로, 그는 윤리적 딜레마 상황에서 상충하는 윤리적 의무, 즉 도덕적 원칙을 상충되는 가치의 형태로 정식화하는 절차를 가장 먼저 제시하고 있고, 이어 상충하는 가치들 간의 우선순위를 확인하는 절차를 마련하고 있다(Reamer, 2013).

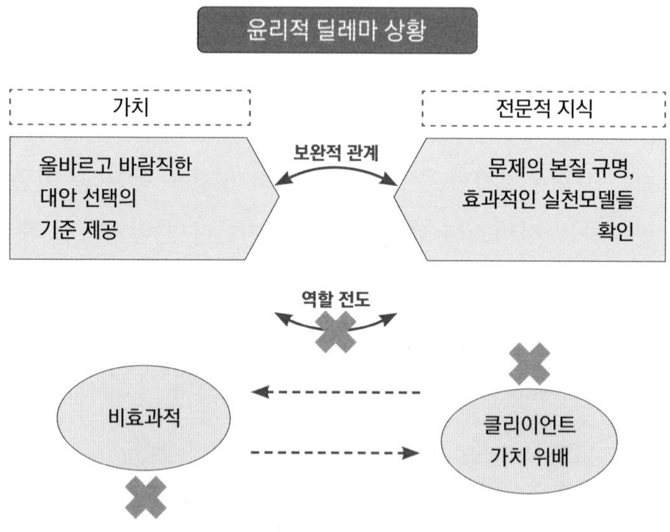

[그림 4-1] 사회복지실천에서 가치와 전문적 지식의 역할

그럼 사회복지실천에서 **가치**는 구체적으로 어떤 역할을 할 수 있는가? 이에 대해서는 가치와 전문적 지식의 관계를 통해 확인할 수 있다(김기덕, 2002). 사회복지실천에서는 가치와 전문적 지식, 두 가지 지적 자원이 영향을 끼치게 된다. 이때 가치란 해당 사회의 사회복지전문직 혹은 사회복지사가 바람직하다고 생각하는 규범적인 선호체계에 해당하고, 실제적인 윤리적 의무, 즉 도덕적 원칙을 도출하는 근원이자, 특정 유형의 클라이언트의 선택과 사회복지사가 클라이언트와 관계 맺는 방식, 주로 사용하는 전문직 기술 등을 결정하는 데 지대한 영향을 끼친다. 반면, 전문적 지식은 오랜 전문적 실천 결과 효과가 입증된 이론, 모델 등을 통칭한다.

사회복지실천과정에서 가치와 지식은 각기 고유의 역할을 맡으며 성공적인 개입을 위해 서로 보완적인 역할을 한다. **윤리적 딜레마** 상황에서, 전문적 지식은 문제의 본질을 명확하게 규명하고 해당 사례에서 효과를 발휘하는 것으로 입증된 다양한 실천모델을 확인하는 데 결정적인 기여를 한다. 반면, 가치는 전문적 지식을 적용하는 문제의 본질 규명이나 실천모델 선택과정에서 도덕적으로 올바르고 바람직하다고 생각되는 대안에 대한 선택의 기준을 제공한다(Lewis, 1984). 이를테면, 서비스 가치와 사회정의의 가치는 문제의 본질과 실천모델의 선택에 있어서 서로 다른 기준을 제공한다.

그런데 고든(Gordon)에 의하면 사회복지실천에서는 가치와 전문적 지식의 고유 역할이 전도(顚倒)되면 문제를 야기한다고 한다(김기덕, 2002; Gordon, 1965a). 첫째, 전문적 지식을 배제하고 가치만을 고려해 실천지침을 채택하면 그 실천의 결과는 비효과적일 수밖에 없다. 예를 들어, 가정폭력의 상황에서 매 맞는 아내를 남편과 격리시켜 긴급보호하는 경우가 있다. 만일 어느 정도 기간이 경과한 뒤 아내가 다시 남편과 합치기를 원할 때 어떤 도움을 주어야 하는지가 문제될 수 있다. 이때 현재 상태에서 남편의 폭력성이 근절되고 정상적인 부부관계가 회복될 수 있는지의 문제에 대해 정확한 규명을 한 뒤, 정확한 진단결과에 입각해 효과가 검증된 전문적 지식을 바탕으로 향후 계획을 상의해야 한다. 만일 남편의 폭력성이 여전히 존재해 정상적인 부부관계의 회복이 불가능함에도 불구하고 이와 같은 과학적 지식이 결여된 채 클라이언트의 자기의사결정권을 존중하는 선택을 도울 경우, 그 결과 이 여성은 다시 남편의 폭력에 노출되고 부부관계는 이전보다 더 악화되어 비효과적인 개입이 될 수 있다.

둘째, 도덕적으로 올바르고 바람직한 가치에 대한 선택이 배제된 채 과학적 지식만으로 개입방법을 결정하면 그 결과는 클라이언트의 가치에 부응하지 않아 클라이언트의 삶에 무의미한 결과를 초래할 수 있다. 예를 들어, 거동이 불편한 노인을 돕기 위해 클라이언트의 문제에 대한 사정에 입각해 개입계획을 수립해야 할 때가 있다. 이때 전문적 지식을 활용한 진단결과, 클라이언트가 생활력이 떨어지고 가족자원과 지역사회 내 지지체계가 취약해 시설보호조치를 강구하는 것이 효과적인 대책이라고 판단할 수 있다. 그런데 이 클라이언트는 자율성의 의지가 강해 독립생활의 대안을 선호한다면, 전문적 지식을 활용한 사회복지사의 원조계획은 클라이언트의 가치와 부합하지 않게 되어 클라이언트에게는 무의미한 대안이 되고 만다. 결국 이 상황은 문제에 대해 정확히 규명한 후에 시설보호와 지역사회보호 등 다양한 선택 가능성을 탐색하고, 클라이언트의 가치를 존중하는 대안을 선택하는 조치가 필요한 상황이었던 것이다.

2) **전문직 가치**와 **사회적 가치**, **개인적 가치**, **클라이언트 가치**의 관계

사회복지전문직의 실천활동은 다양한 가치 간의 관계 속에서 진행된다. 사회복지사는 실천활동에 있어서 교육과 훈련을 통해 내면화한 전문직 가치에 입각해 윤리적 의무, 즉 도덕적 원칙에 따라 효과적인 실천활동을 전개하려 할 것이다. 그러나 사회복지사의 실천활동 과정에는 전문직 가치뿐 아니라 사회복지사의 개인적인 가치도 의도적으로 혹은 암묵적으로 영향을 끼치게 된다. 또한 원조대상자이면서 동시에 자신의 삶의 주체인 클라이언트의 가치를 고려해야 한다. 나아가 전문직 가치 이외에 다양한 사회적 가치도 영향을 끼치게 된다. 만일 사회복지사가 다양한 가치의 존재와 작동에 대해 무지하다면, 실제로는 사회복지사 개인의 개인적 가치를 포함한 다양한 가치가 영향을 끼쳤음에도 불구하고 이를 인지하지 못하는 결과가 초래될 것이다. 따라서 사회복지사는 다양한 가치의 근원을 이해하고, 전문적인 실천과정에서 다양한 가치 간의 갈등이 일어날 수 있음을 고려할 필요가 있다(Dolgoff et al., 2009).

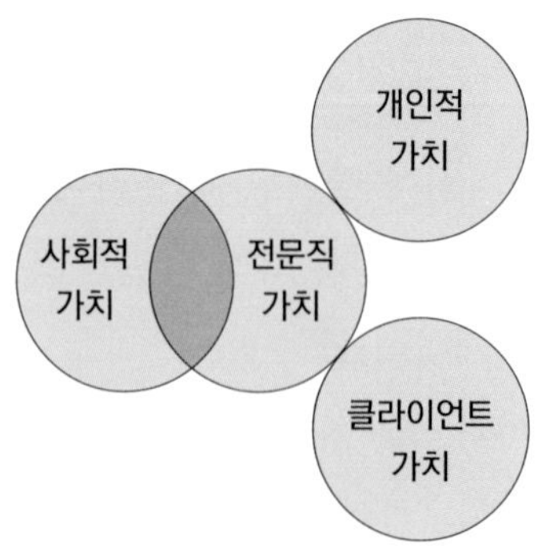

[그림 4-2] 사회복지실천에서 제 가치의 관계

전문직 가치는 해당 전문직 구성원들이 공유하는 규범적인 선호체계를 말하며, 해당 전문직의 정체성을 드러내 사회적 정당화의 기반을 제공하는 원천이 된다(Vigilante, 1983). 이처럼 전문직 가치는 사회복지전문직이 전문가집단으로서 사회적으로 인가받으면서 부여받은 사회적 책무성을 이행하기 위한 기준이 된다. 따라서 사회복지사는 당연히 실천과정에서 관련된 전문직 가치를 명료화하고 이를 준거로 삼기 위해 노력해야 한다. 통상 전문직 가치는 전문가 윤리강령에서 정형화된 형태로 명문화되는 경우가 많다. 또 전문직 가치는 해당 전문직이 실천과정에서 견지하는 지침인 윤리적 의무, 즉 도덕적 원칙의 원천으로 작용하며 **윤리적 의사결정**에 필요한 기준을 제공한다(Bloom, 1975). 전문직 가치는 해당 전문직 전체가 명확하게 공유할 수 있도록 하기 위해 예비전문가와 재직 중인 전문가에 대한 교육과 훈련과정에서 끊임없이 제공된다.

사회적 가치는 사회적으로 장려되고 구현되기를 희망하는 규범적인 선호체계를 말하는데, 사회구성원들의 도덕적 행위의 지침인 도덕적 원칙의 기반을 제공한다. 그런데 사회복지사는 윤리적 실천과정에서 관련된 사회적 가치들을 명료화하고 이를 객관적으로 평가할 필요가 있다. 즉, 사회적 가치는 오랜 전통을 반영해 전승(傳承)되고 사회구성원 대부분의 사고체계와 문화 속에 깊게 뿌리내려 있기 때문에 쉽게 변화하지 않는 속성을 갖고 있다. 그런데 사회적 가치들 간에는 반드시 일관성과 통일성을 갖추고 있지 않고 다양한 가치가 공존하는 경우도 있고, 신구(新舊) 가치 간에 각축이 벌어지기도 한다. 이를테면 인종차별, 성차별, 연령차별 같은 도덕률은 불평등의 가치에 대해 무비판적이었던 과거의 유산이지만 인권과 자유를 표방하는 현대사회에서는 극복의 대상이 된다(Dolgoff et al., 2009).

개인적 가치는 사회복지사가 자신의 개인적인 삶의 과정에서 자신의 의식, 사고, 행동습관 속에 내면화한 규범적인 선호체계를 의미한다. 모든 사람이 그렇듯이 생활인으로서 사회복지사 개인도 당연히 독특한 개인적 가치를 갖고 있다. 특히 개인적으로 갖고 있는 독특한 문화적 가치와 종교적 가치는 개인의 윤리적 의사결정과 도덕적 행위에 지대한 영향을 끼치는 것으로 알려져 있다(Frankena, 1980). 사회복지사는 실천과정에서 개인적 가치가 의도적 또는 암묵적으로 영향을 끼칠 수 있음을 인지해야 한다. 전문직 가치보다 개인적 가치에 따라 행동하는 잘못된 실천이 될 수 있기 때문이다. 따라서 **윤리적 의사결정**과정에서 사회복지사의 개인적 가치를 명료화하는 과정이 필수적이다(Dolgoff et al., 2009).

클라이언트 가치는 원조대상자이면서 동시에 자신의 삶의 주체인 클라이언트가 개인적인 삶의 과정에서 내면화한 규범적인 선호체계를 의미한다. (제3장에서 살펴본) 신민주주의 관점이 주장하듯이 클라이언트가 시민으로서의 소비자(citizen-consumer)의 지위를 갖기 위해서는, 사회복지사는 클라이언트에 대한 원조계획 수립과정에서 클라이언트의 가치를 확인하고 이를 명료화해 실질적인 자기의사결정권이 보장될 수 있도록 **윤리적 의사결정**에 반영할 필요가 있다. 그 이유는, 모든 인간은 자신의 삶의 과정에서 자신만의 독특한 가치체계를 형성하게 되며, 자신의 가치에 부합되는 선택에 한해 중요한 의미를 부여하기 때문이다(Gordon, 1965a). 특히 사회복지사의 개인적 가치와 마찬가지로 클라이언트의 경우에도 독특한 문화적 가치와 종교적 가치는 개인적인 사고나 행동패턴에서 매우 중요한 역할을 한다(Goldstein, 1987; Hardman, 1975). 이때 클라이언트의 고유의 가치에 부합하지 않는 대안이 선택되거나 강요된다면 클라이언트의 자기의사결정권이 침해되고, 결과적으로 무의미한 실천으로 귀결될 수 있다.

전문직 가치와 사회적 가치 간에는 복합적인 관계가 있다. 전문직의 전문적 권위는 사회로부터 부여받기 때문에 전문직 가치는 통상적으로 사회적 가치와 조화를 이루게 된다. 그런데 현실적으로 사회에는 일관되지 않고 때로는 상충되는 다양한 가치가 존재할 수밖에 없다. 따라서 전문직 가치는 다양한 사회적 가치와 강조점, 우선순위, 해석에 있어서 중요한 차이가 있다. 전문직 가치는 사회적 가치를 일방적으로 반영하기보다는 해당 전문직이 다양한 사회적 가치 중에서 사회적으로 바람직하다고 생각되는 가치지향성을 구현하도록 고안된 것이다(Dolgoff et al., 2009). 이를테면, 사회에는 자유주의와 집합주의 등 시장과 분배에 대한 다양한 신념체계가 공존한다. 이때 사회복지전문직은 무한경쟁의 사회에서 사회적 약자의 인간적 존엄성을 보장하고 사회가 좀 더 인도적이고 사회구성원의 보편적인 삶에 기여하는 방향으로 개혁되도록 하는 가치지향성을 갖는다(Gordon, 1965b).

개인적 가치와 전문직 가치는 충돌하는 경우가 종종 있다. 이때 사회복지사는 개인적 가치를 배제하고 전문직 가치에 입각해 행동해야 한다. 클라이언트를 돕는 활동은 사회복지전문직으로서의 공적 활동이지 결코 사적 개인의 생활 일부분일 수 없다. 특히 신민주주의 관점은 클라이언트가 개인으로서 사회복지사의 자의적인 실천으로 인해 부당하게 착취당할 가능성을 우려한다. 따라서 사회복지사로서의 활동에 임하는 순간 사회복지사는 개인의 자율성과 권리의 일부를 포기해야 한다(Levy, 1976a). 그 출발은 개인적 가치를 명료화하는 것인데, 이를 위해서 사회복지사에게는 자기 자신을 객관화하는 자기인식의 과정이 필요하다. 이를 바탕으로 자신의 개인적 가치를 배제하고 전문직 가치

에 입각해 행동할 줄 아는 성숙한 통제력을 가질 필요가 있다(Siporin, 1985). 나아가 전문직 가치와 상충되는 개인적 가치를 점검하고 전문직 가치를 내면화해 사회복지전문직의 정체성에 부합하도록 부단히 성찰해야 한다. 그 결과 사회복지사는 사회복지전문직의 가치를 구현하는 도덕적 실천의 매개인(agent)이 될 수 있을 것이다.

3. 사회복지 가치의 분류

1) **사회복지**의 가치

사회복지전문직은 전문직화 이래로 사회복지사들의 정체성을 형성해 온 근본적인 **가치**에 의존하고 있다(Levy, 1976b). 이에 여러 학자가 사회복지전문직의 주요 가치를 소개하고 있다. 일반적으로 사회복지 가치에는 다음과 같은 내용이 포함된다(Reamer, 2013).

고든은 다음 여섯 가지의 가치가 사회복지실천의 기초를 이룬다고 제시하고 있다(Gordon, 1965a). ① 개인은 사회의 일차적인 관심사다. ② 개인들은 상호의존적이다. ③ 개인들은 사회적 책임성을 갖는다. ④ 모든 사람에게 공통적인 인간적 욕구가 있는 반면, 각각은 본질적으로 독특하고 남들과 다른 존재다. ⑤ 민주주의사회의 본질적인 속성은 각 개인이 가능성을 최대한 실현하고, 적극적인 사회참여를 통해 자신의 사회적 책임을 수행하는 것이다. ⑥ 사회는 개인의 자아실현에 방해가 되는 것들(예를 들어, 개인과 환경 간의 불균형)을 극복하고 예방할 수 있는 방법을 제공할 책임이 있다.

미국사회복지사협회(NASW)는 사회복지전문직의 기본적인 가치를 다음의 열 가지로 제시하고 있다(Barker, 1991). ① 사회에서 개인의 일차적인 중요성에 대한 헌신, ② 클라이언트와의 관계에서 비밀보장의 원칙 존중, ③ 사회적으로 인지된 욕구를 충족시키기 위한 사회변화에 대한 헌신, ④ 개인적인 감정과 욕구를 전문직의 활동으로부터 분리시키고자 하는 의지, ⑤ 지식과 기술을 타인에게 이전하려는 의지, ⑥ 개인이나 집단 간의 차이에 대한 존중과 이해, ⑦ 클라이언트가 스스로를 돌볼 수 있는 능력을 개발하기 위한 헌신, ⑧ 실패에도 불구하고 클라이언트를 위해 끝까지 노력하려는 의지, ⑨ 모든 구성원의 경제적 · 신체적 · 정신적 복리와 사회정의를 위한 헌신, ⑩ 개인적 · 전문적 활동에 있어서 높은 기준을 유지하려는 헌신이 그것이다.

한편, **리머**는 여러 학자의 논의를 종합해 사회복지의 주요 가치를 다음의 열네 가지로 정리하고 있다(Reamer, 2013). ① 개인의 가치와 존엄성 존중, ② 개인들에 대한 존중, ③ 변화를 위한 개인들의 역량에 대한 가치 부여, ④ 클라이언트의 자기의사결정권 존중, ⑤ 개인들에게 잠재력을 실현하기 위한 기회 제공, ⑥ 개인들 간의 공통적인 인간적 욕구 충족의 추구, ⑦ 기본적인 욕구 충족을 위한 적절한 자원과 서비스의 제공, ⑧ 클라이언트의 역량강화, ⑨ 평등한 기회 제공, ⑩ 차별금지, ⑪ 다양성에 대한 존중, ⑫ 사회변화와 사회정의를 위한 헌신, ⑬ 비밀보장과 사생활보장, ⑭ 전문직 지식과 기술의 이전을 위한 의지.

2) 사회복지 가치의 **유형화**

이처럼 사회복지전문직에는 다양한 **가치**가 존재한다. 이에 많은 학자가 이 가치들을 분류하고 유형화하기 위해 시도해 왔다(Reamer, 2013). 이 노력은 사회복지전문직의 가치들의 성격을 구분해 중요도를 판단하기 위한 기초적인 시도로서의 의미를 갖는다고 할 수 있다.

펌프리(Pumphrey, 1959)는 사회복지사들이 관계 맺는 방식에 따라 사회복지전문직의 다양한 가치를 세 종류로 구분했다. ① 사회복지전문직이 전체 사회구성원들과 관계 맺는 데 있어서 견지해야 하는 전문직의 사명을 제시하는 가치다. 여기에는 사회정의나 사회변화, 공통적인 인간욕구의 충족 등이 포함된다. ② 사회복지전문직 구성원들 사이의 내부적 관계에 초점을 맞추어 전문직 종사자들이 가치를 해석하고 실행하는 방식이나 윤리적 실천을 장려하는 방식 등을 제시하는 가치다. 사회복지사들이 상호 간의 의사소통과 정책결정과정을 통해 사회복지전문직의 기본적 가치와 윤리적 원칙을 명확히 하려는 노력이 대표적이다. ③ 사회복지사와 클라이언트의 관계에서 중시되는 가치로서, 특정 집단이나 서비스를 제공받는 개인에게 초점을 맞추어 사회복지실천의 핵심가치에 근거해 클라이언트의 욕구에 반응하고 이해해야 함을 강조한다. 여기에는 개인의 가치와 존엄성의 존중, 개인의 변화가능성과 자기의사결정권 인정, 클라이언트의 역량강화 등이 포함된다.

레비(Levy, 1973)는 사회복지전문직이 중시하는 가치들을 세 가지의 주요 가치 유형으로 구분했다. ① 인간 자체에 대한 개념으로 인간에 대해 선호하는 가치를 제시한다. 개인 고유의 가치와 존엄성, 건설적인 변화의지와 능력, 상호적 책임, 소속의 욕구, 독특성, 공통적인 인간욕구 등이 포함된다. ② 바람직한 결과에 대한 내용으로 사회복지사가 선호하는 결과에 관한 가치다. 개인의 성장과 발전을 위한 기회 제공, 개인의 욕구충족과 기아 · 부적절한 교육 · 주거 · 질병 · 차별 등에서 벗어나기 위한 자원과 서비스 제공, 사회에 참여할 수 있는 기회의 평등한 제공 등이 여기에 해당한다. ③ 클라이언트와 관계 맺는 방법에 관한 것으로 클라이언트와의 관계에서 사회복지전문직이 선호하는 수단에 대한 가치다. 인간에 대한 존경과 존엄성의 인정, 자기의사결정의 권리와 사회참여를 위한 격려, 개인의 독특성 인정과 비심판적 태도 견지 등을 제시한다.

또한 레비(1984)는 사회복지전문직의 가치를 사회적 가치, 기관에 대한 가치, 전문직의 가치, 휴먼서비스 실천의 가치로 유형화했다. 사회적 가치로는 다음의 열네 가지를 제시한다. ① 신체적 · 정서적 · 정신적 건강, ② 시민적 권리와 법적 권리, ③ 사회복지, ④ 이타주의, ⑤ 개인의 독특성과 차이 인정, ⑥ 개인의 존엄성, ⑦ 건강하고 안전한 생활환경에 대한 기회와 접근성 보장, ⑧ 자신의 능력과 잠재력을 사용하고 확장할 수 있는 최대한의 기회 제공, ⑨ 개인적 능력과 관심 그리고 열망에 따라 교육을 받을 수 있는 평등한 권리 부여, ⑩ 능력과 의지에 따라 적절한 보수가 보장되고 만족스러운 직업을 가질 수 있는 평등한 기회 제공, ⑪ 사생활과 비밀보장, ⑫ 자신의 욕구와 선호에 따라 가족 및 타인과 만족스럽고 건설적이고 유익한 관계를 맺을 수 있는 최대한의 기회 제공, ⑬ 신체적 · 문화적 · 예술적 활동의 보장과 개발의 기회 제공, ⑭ 공공정책이나 사회정책의 입안과 실행에 책임 있게 참여하고 관련 기술을 개발할 기회 제공이다.

기관에 대한 가치로는 여덟 가지를 제시한다. ① 기관 정책 및 행정의 시의적절하고 적합하고 편견 없으며 비차별적인 민주적 작동, ② 기관의 서비스, 프로그램, 기회 등에 관한 정보의 평등한 제공, ③ 클라이언트의 욕구와 선호를 반영해 바람직한 목표를 달성하기 위한 서비스, 프로그램, 기회의 운영, ④ 신중하고 창조적이며 최적의 수준으로 기관의 권위, 자원, 기회의 적용, ⑤ 모든 클라이언트에 대해 사려 깊게 처우하고 존중하는 기관의 태도 유지, ⑥ 클라이언트에게 최대한의 참여와 자기의사결정의 기회 제공, ⑦ 기관이 지역문제와 지역사회개발에 적극적이고 생산적으로 참여하는 기회 확대, ⑧ 기관의 인가된 기능을 정당하고 윤리적으로 수행하는 책임성 유지다.

전문직의 가치에는 다음의 네 가지가 있다. ① 영리추구나 영향력 확장보다는 휴먼서비스의 강조, ② 클라이언트와의 관계에서 직업적 권력이나 권위, 기회를 공평하고 사려 깊게 또한 창조적이면서 최적의 수준으로 사용, ③ 정당하고 사려 깊으며, 윤리적으로 전문적 기능을 수행할 책임성, ④ 클라이언트와 관련이 있는 공공정책 및 사회정책에서 클라이언트 옹호다.

휴먼서비스 실천의 가치로는 다음의 일곱 가지를 제시한다. ① 완전하고 공평하고 유능하고 사려 깊으며, 윤리적인 전문적 기능 수행, ② 학대나 착취 금지, ③ 인간의 존엄성 존중, ④ 사생활과 비밀보장, ⑤ 정직과 신뢰성, ⑥ 클라이언트의 최대한의 참여와 자기의사결정의 기회 제공, ⑦ 클라이언트의 욕구충족과 클라이언트의 목표달성과 관련된 기관의 정책, 공공정책, 사회정책의 옹호가 그것이다.

4. 사회복지의 핵심가치

1) 사회복지의 **핵심가치** 분류

사회복지전문직의 **가치**에 대한 연구 중 가장 도전적인 과업은 소수의 사회복지의 핵심가치를 제시하고 이를 기준으로 도덕적 원칙을 도출하려는 시도다. 이는 다양한 가치를 나열하는 방식을 넘어 사회복지전문직의 주요 가치 간의 서열화, 즉 위계질서를 확립하는 데 도움을 줄 수 있다. 이 작업이 성공적으로 이루어지면 **윤리적 의사결정** 과정에서 상충하는 가치들 간의 우선순위를 확인하는 데 중요한 기준을 제공해 줄 수 있다(Reamer, 2013). (앞서 설명했듯이) 윤리적 딜레마 상황에서 상충하는 윤리적 의무, 즉 도덕적 원칙은 각기 특정한 가치에서 도출되기 때문에 상충하는 각각의 윤리적 의무, 즉 도덕적 원칙을 도출한 근거인 가치들을 확인해 상충하는 가치들 간의 우선순위를 결정할 수 있기 때문이다.

루이스(Lewis, 1972)는 사회복지실천의 핵심가치로 신뢰와 분배적 정의를 제시하고, 이 핵심가치들로부터 사회복지전문직이 견지해야 할 도덕적 원칙들이 도출됐다고 본다. 첫째, 신뢰의 핵심가치로부터 파생된 일곱 가지의 도덕적 원칙을 제시한다. ① 서비스 이용 가능성을 결정하는 조건들은 모든 참여자에게 동일하게 적용되어야 하며, 조건의 차이는 그것이 모든 사람에게 이익이 된다고 평가될 때에만 정당화된다. ② 클라이언트에게는 서비스 시행에 필요하고 충분한 만큼 이상의 것을 요구해서는 안 되며, 클라이언트가 비자발적으로 참여하는 상황에서는 클라이언트의 권리를 지켜 주기 위해 외부적인 강요나 통제를 최소화해야 하는 조건을 충족시켜야 한다. ③ 클라이언트가 서비스에 대해 이의제기를 할 수 있는 조건을 까다롭게 제한해서는 안 되며, 서비스 제공과정에서 수반되는 위험이나 의무가 클라이언트에게 불공평하게 편중되지 않도록 해야 한다.

④ 클라이언트에게 중요한 의미를 갖는 서비스를 제공할 때에는 다양한 선택의 대안이 제공되어야 하며, 대안이 부족한 경우에는 제약조건이 있는 서비스가 아니라 서비스 자체가 하나의 권리로 제공되어야 한다. ⑤ 서비스의 공정성을 보증하기 위해 클라이언트는 서비스 제공과정에서 적극적인 역할을 할 수 있는 기회를 제공받아야 하며, 공정성 있게 서비스가 제공되는지 서비스 제공과 관련된 관행을 면밀히 검토해야 한다. ⑥ 사회복지사는 클라이언트의 제안을 수용하고 새롭게 개발된 서비스를 적용하는 등 클라이언트의 선택범위를 최대한 넓히기 위해 노력해야 한다. ⑦ 잠재적인 클라이언트에게도 자격이 있는 프로그램에 대한 정보를 제공해야 하고, 자원 확보의 약속이 이행되기 어렵게 되면 클라이언트에게 그 사실을 알려야 하며, 접근성이 부족해 클라이언트가 자원의 이용 가능 여부를 몰라 서비스나 프로그램에 참여하지 못하는 일이 있어서는 안 된다.

둘째, 분배적 정의의 핵심가치로부터 네 가지의 도덕적 원칙이 파생되었다고 한다. ① 사회복지전문직과 기관은 불공정하고 차별적인 업무와 태도 같은 잘못된 실천관행과 맞서 싸워야 하며, 만일 이를 묵과하면 클라이언트에게 불이익을 안겨 준 것으로 간주되어야 한다. ② 프로그램의 목표와 목적을 선택할 때 기회가 적게 주어지는 취약한 계층의 클라이언트는 역량이 충분하고 동기부여가 되어 있다는 사실을 전제로 해야 한다. ③ 사회복지전문직의 개입은 클라이언트의 선택권 행사를 어렵게 하는 개인적인 취약성과 함께 클라이언트의 기회를 제한하는 제도적 제약의 개혁을 동시적인 표적으로 삼아야 한다. ④ 취약계층이 자신들의 생활에 영향을 끼치는 서비스 제공과정에 참여할 뿐만 아니라 프로그램의 개발, 정책 및 절차의 수립과정에도 참여할 수 있도록 기회가 부여되어야 한다.

한편, 최근에는 사회복지전문직의 단 하나의 핵심가치가 무엇인지에 대한 논의가 이루어지고 있다. 먼저, 웨이크필드(Wakefield, 1998)는 분배정의를 사회복지전문직의 단 하나의 핵심가치로 제시한다. 그는 전문직 윤리관이 지배하고 있는 현재에는 분배정의를 구현할 수 있는 실천적인 토대가 약하지만, 현재의 치료모델과 미시적 실천 위주의 패러다임을 극복하고 사회정의의 관점을 토대로 분배정의를 구현할 수 있는 사회적 실천을 지향해 나갈 필요가 있다고 본다. 반면, 딘(Dean, 1988)은 사회복지전문직의 단 하나의 핵심가치는 분배정의가 아니라 개별화라고 주장한다. 현재 사회복지전문직의 주요 실천방향이 미시적인 영역의 치료모델의 적용인 것처럼, 사회복지전문직은 클라이언트 개인 및 가족체계가 정상적인 기능을 회복할 수 있도록 뚜렷한 목표의식을 갖고 취약성에 노출된 개별적인 자아의 기능강화를 추구해야 한다고 본다.

그런데 사회복지전문직의 핵심가치를 둘러싼 분배정의와 개별화 간의 논의는 사회복지전문직 내에 존재하는 가장 근원적인 논쟁의 지형을 형성한다고 볼 수 있다. (제3장에서 살펴본 것처럼) 이미 사회복지윤리의 전통적 패러다임에서부터 간섭적 온정주의와 사회정의의 관점은 상반되는 실천적인 지향을 갖고 있었다. 이는 문제의 근원을 개인에게서 찾고 치료모델을 적용하느냐 아니면 클라이언트의 어려움의 근원인 사회문제의 해결에 초점을 맞추느냐에 대한 관점의 차이라고 볼 수 있다. 즉, 개인치료인가 사회개혁인가는 사회복지전문직이 직면하고 있는 가장 중요한 가치적 선택의 방향으로 지난 백 년간에 걸쳐 논쟁의 대상이 되어 온 이슈다(Haynes, 1998).

2) 사회복지사 **윤리강령**의 핵심가치

미국사회복지사협회(NASW) 윤리강령의 **핵심가치**는 다음과 같다.

(1) 가치: 서비스

윤리적 원칙: 사회복지사의 일차적 목표는 욕구가 있는 사람들을 원조하고 사회문제를 해결하는 것이다.

사회복지사는 타인에 대한 서비스를 자기 이익에 우선하도록 한다. 사회복지사는 욕구가 있는 사람들을 돕고 사회문제를 다루기 위해 자신의 지식, 가치와 기술을 사용한다. 사회복지사는 큰 재정적 보상에 대한 기대 없이 자신의 전문직 기술의 일부(무료서비스 등)를 자발적으로 제공하도록 권장된다.

(2) 가치: 사회정의

윤리적 원칙: 사회복지사는 사회적 부정의에 도전한다.

사회복지사는 사회적 변화, 특히 취약하고 억압받는 사람 및 집단과 함께 또는 이들을 위해 사회적 변화를 추구한다. 사회복지사가 추구하는 사회변화를 위한 노력은 빈곤, 실업, 차별, 그리고 기타 형태의 사회적 불평등에 그 주된 초점을 맞춘다. 이러한 활동을 위해서는 억압 그리고 문화적 · 인종적 다양성에 관한 민감성과 그에 관한 지식을 증진시키기 위해 노력한다. 사회복지사는 필요한 정보, 서비스 그리고 자원에 대한 접근, 기회의 평등, 그리고 모든 사람의 의미 있는 의사결정 참여를 위해 노력한다.

(3) 가치: 인간의 존엄과 가치

윤리적 원칙: 사회복지사는 인간의 고유한 존엄과 가치를 존중한다.

사회복지사는 개인적인 차이와 문화적 · 인종적 다양성에 유의하면서 보호와 존중의 자세로 개개인을 대한다. 사회복지사는 클라이언트의 사회적으로 책임 있는 자기의사결정을 증진시킨다. 또한 클라이언트가 역량을 강화하고 변화의 기회를 갖고 그들 자신의 욕구에 초점을 맞추도록 하기 위해 노력한다. 사회복지사는 클라이언트 및 사회 전반에 대한 이중적 책임을 인식한다. 그러면서 클라이언트의 이익과 일반 사회의 이익 간의 갈등에 대해, 사회복지전문직의 가치, 윤리적 원칙 그리고 윤리기준에 일치하도록 사회적으로 책임 있는 방식으로 해결하기 위해 노력한다.

(4) 가치: 인간관계의 중요성

윤리적 원칙: 사회복지사는 인간관계의 핵심적인 중요성을 인식한다.

사회복지사는 두 사람 또는 여러 사람 간의 관계가 변화를 위한 중요한 수단임을 인식한다. 사회복지사는 원조과정에 있는 모든 사람과 동반자로서 관여한다. 사회복지사는 개인, 가족, 집단, 조직 및 지역사회의 복지를 증진, 회복, 유지 및 향상시키기 위해 인간관계를 강화시키고자 적극적으로 노력한다.

(5) 가치: 충실성

윤리적 원칙: 사회복지사는 신뢰받을 수 있게 행동한다.

사회복지사는 사회복지전문직의 사명, 가치, 윤리적 원칙과 윤리기준을 항상 숙지해 이에 일치되게 실천한다. 사회복지사는 정직하고 책임 있게 행동하며 자신들이 속한 조직의 구성원으로서 윤리적인 실천을 증진시킨다.

(6) 가치: 적임능력

윤리적 원칙: 사회복지사는 자신의 능력의 한도 내에서 실천하며 자신의 전문적 기술을 발전 및 향상시킨다.

사회복지사는 자신의 전문적 지식과 기술을 확충하고 이러한 지식과 기술을 실천에 적용하기 위해 노력한다. 사회복지사는 사회복지전문직의 지식 기반의 확충에 기여하고자 힘써야 한다.

생각해 볼 문제

1| 사회복지의 패러다임, 가치, 도덕적 원칙과 실천의 관계에 비추어, 윤리학은 활동하는 가치라는 언명의 함의에 대해 검토해 보시오.

2| 사회복지실천에서 가치의 중요성을 사회복지실천의 현실에 비추어 검토해 보시오.

3| 사회복지실천에서 가치와 전문적 지식의 역할에 대해 확인하고, 가치와 전문적 지식 간의 역할이 전도되면 발생할 수 있는 문제점을 검토해 보시오.

4| 전문직 가치와 사회적 가치의 관계에 대해, 왜 전문직 가치가 사회적 가치를 일방적으로 반영만 해서는 안 되는지 검토해 보시오.

5| 사회복지사의 개인적 가치와 전문적 가치가 상충될 때 두 가치 간의 절충점을 모색하거나 개인적 가치를 반영해야 한다는 주장이 타당한지에 대해 검토해 보시오.

6| 소수의 핵심가치를 중심으로 주요 가치 간의 서열화를 통해 위계질서를 확립하면 윤리적 딜레마 상황에서 윤리적 의사결정에 도움이 된다는 주장의 의미에 대해 검토해 보시오.

7| 사회복지의 단 하나의 핵심가치가 개인치료인가 사회개혁인가에 대한 논쟁이 실천적으로 어떤 의의가 있는지 제3장에서 살펴본 사회복지의 패러다임과의 관계를 중심으로 검토해 보시오.

8| 사회복지의 단 하나의 핵심가치가 개인치료인가 사회개혁인가에 대한 개개인의 생각과 그 논거를 제시해 보시오.

9| 미국사회복지사협회(NASW) 윤리강령의 핵심가치의 의미에 대해 검토해 보시오.

제 5 장

사회복지의 주요 가치 및 윤리적 원칙

1. 개인의 자유
2. 서비스의 가치와 선행의 의무
3. 사회정의

◆ 생각해 볼 문제

제 5 장 사회복지의 주요 가치 및 윤리적 원칙

1. 개인의 자유

1) 자유의 내용과 쟁점

자유란 일반적으로 개인이 자신의 문제에 대해 외부적인 간섭이나 제약 없이 자유의지(volition)에 따라 스스로 결정할 수 있는 권리를 말한다(Cranston, 1967; Milne, 1968). 개인의 자유는 육체적 의미, 정신적 의미, 법률적 의미를 함의하고 있다. 육체적 의미의 자유는 신체의 자유에 해당하고, 정신적 의미의 자유는 자기의사결정의 자유를 말한다. 그리고 법률적 의미의 자유는 헌법과 법률에 의해 보장된 개인의 자유로서 신체의 자유, 재산의 소유 및 처분의 자유, 언론 · 출판 · 결사의 자유, 거주 · 직업의 자유, 신앙과 양심의 자유, 통신의 비밀 등을 포함한다.

벌린(Berlin, 1969)에 따르면 자유에는 **소극적(negative) 자유**와 **적극적(positive) 자유**의 두 가지 측면이 있다. 소극적 자유란 'freedom from'의 의미로 외부적인 구속이나 제약 없이 자율적으로 행동할 자유를 말한다. 반면, 적극적 자유는 'freedom to'의 의미로 원하는 목표를 달성하거나 대안을 추구할 자유를 말한다. 벌린은 자유의 두 가지 측면 중 소극적 자유가 더 필수적이고 기초적인 자유를 의미한다고 보았고, 적극적 자유를 위해 국가가 재분배나 개입주의 역할을 추구할 때에는 소극적 자유가 침해되지 않도록 주의를 기울일 필요가 있다고 주장했다.

자유는 윤리학에서 중요하게 다루는 개념이다. (제2장에서 살펴보았듯이) 사회계약론에 근거한 근대 규범윤리학은 도덕적 판단의 단위로서 개인성을 중심으로 하고 있다. 따라서 도덕적인 행위주체로서 개인의 자유를 강조하고, 이 자유를 신장하기 위한 가치에 중요한 윤리적 의미를 부여하고 있다. 의무론자인 칸트는 도덕적 판단의 가장 중요한 전제로 자율성의 원칙을 제시해 "네 의지의 준칙(Maxim)이 항상 동시에 보편적인 입법의 원리로서 타당하도록 행동하라."라고 강조했다(Kant, 1959). 공리주의자인 밀은 질적 쾌락주의를 주창하면서, 자유를 우월하고 선호되는 쾌락으로 제시하고, 자유의 시민적 권리를 완전한 의무로 규정해 다수에 의해 소수의 자유권이 희생되어 발생할 수 있는 해악의 방지를 질적으로 중시되는 쾌락으로 간주했다(Mill, 1956, 1957).

개인의 자유는 사회복지전문직의 윤리적 실천에서 매우 중요시되는 가치다. (제4장에서 다룬) 사회복지의 주요 가치 중 가장 대표적이고 중요한 가치는 개인의 자유에 관한 것이었다. 고든은 사회복지실천의 기초를 이루는 여섯 가지 가치 중 개인의 자유와 관련된 가치 두 가지를 제시하고 있다(Gordon, 1965a). 개인은 사회의 일차적인 관심사이고, 모든 사람은 각각 본질적으로 독특하고 남들과 다른 존재라는 것이다. 리머가 제시하는 14개의 사회복지 주요 가치 중 개인의 자유와 관련된 윤리적 원칙은 개인의 가치와 존엄성 존중, 개인들에 대한 존중, 클라이언트의 자기의사결정권 존중, 다양성에 대한 존중, 비밀보장과 사생활보장 등이다(Dolgoff et al., 2009). 펌프리는 자유에 대한 내용으로 개인의 가치와 존엄성의 존중, 개인의 변화가능성과 자기의사결정권 인정 등을 제시한다(Pumphrey, 1959). 레비는 인간에 대한 존경과 존엄성의 인정, 자기의사결정의 권리와 사회참여를 위한 격려, 개인의 독특성 인정과 비심판적 태도 견지 등을 제시한다(Levy, 1973).

미국사회복지사협회(NASW)가 제시하는 사회복지전문직의 열 가지 기본적인 가치 중 사회에서 개인이 갖는 일차적인 중요성에 대한 헌신, 클라이언트와의 관계에서 비밀보장의 원칙 존중은 자유의 가치를 반영한다(Barker, 1991). 나아가 미국사회복지사협회(NASW) 윤리강령은 세 번째 가치로 인간의 존엄과 가치를 제시해 개인의 자유를 주요 가치로 제시하고 있다. 구체적으로 인간의 본질적인 존엄과 가치를 존중하기 위해, 개인적인 차이와 문화적 · 인종적 다양성에 유의하면서 보호와 존중의 자세로 모든 사람을 대해야 하고 클라이언트가 사회적으로 책임 있는 자기의사결정권을 행사하도록 노력해야 한다는 점을 강조한다.

그런데 사회복지전문직의 윤리적 판단에 있어서 자유의 가치와 관련한 윤리적 원칙을 적용할 때 현실적으로 제기되는 쟁점들이 있다. ① 벌린의 자유의 두 가지 측면 중 어느 면을 중시할 것인가의 문제다. 현실적으로 좌파와 우파는 자유에 대한 시각을 달리하고 있다. 소극적 자유를 중시하는 우파는 재분배정책 등 적극적 자유를 위한 노력이 결국 개인의 자유로운 행동을 제약할 것이라고 본다. 좌파는 취약계층과 저소득층에게는 소극적 자유만으로는 실제적인 자유의 의미를 가질 수 없기 때문에 국가의 개입에 의해 적극적 자유를 신장해야 한다고 본다(Fitzpatrick, 2001).

② 자율적인 의사결정을 할 수 있는 능력이 부족한 경우에 어느 정도의 자유를 부여할 것인가의 문제다. (지금까지 논의한 것처럼) 개인의 자유는 자기 책임하에 합리적으로 판단할 수 있는 이성적인 주체로서의 개인을 전제로 한다. 만일 개인이 자기의사결정을 할 수 있는 충분한 역량을 갖추지 못하고 있다면 쟁점이 될 수 있다. 이 경우 취약계층의 의사결정능력을 항구적인 무능력으로 간주하기보다는 일시적이고 유동적인 현상으로 간주하고 의사결정에 참여할 수 있는 기회와 역량을 강화하기 위해 적극적으로 노력할 것을 강조한다(Ganzini, Volicer, Nelson, Fox, & Derse, 2004).

③ **자유의지**와 **결정론**의 쟁점은 어느 수준까지 개인의 행동을 자유의지에 의한 것으로 볼 것인가의 문제다(Reamer, 1983c). 이에 대해서는 세 가지 입장으로 나뉜다. 엄격한 혹은 극단적인 결정론은 개인들은 전적으로 사회적 원인하에서 행위를 하는 무력한 존재이기 때문에 개인들의 올바른 도덕적 판단을 유도하기 위한 사회적 책임과 노력이 중요하다고 본다. 유연한 혹은 온건한 결정론은 개인들의 도덕적 선택이 사회적 제약하에서 이루어지기는 하지만 외부적인 강요나 의사결정능력의 제약이 없다면 행위주체인 개인에게 그 책임을 물을 수 있다고 본다. 비결정론 혹은 자유의지론은 인간은 단순히 환경의 제약 안에서 행위를 하는 소극적인 존재가 아니기 때문에 도덕의 규범성을 유지하기 위해서는 인격을 갖춘 이성적인 개인들은 자신들의 자유로운 행위에 대해 전적으로 책임을 져야 한다고 본다(Westphal, 1969).

2) **자기의사**결정 및 **비밀보장**의 원칙

(앞서 설명했듯이) 개인의 **자유** 및 자율성은 근대 규범윤리학의 의무론 및 목적론에서 가장 중요시되는 윤리적 가치다. 자율성이란 외부의 간섭이 없고 의미 있는 선택을 어렵게 하는 개인적인 제한점으로부터 자유로운 존재의 상태를 의미한다(Beauchamp & Childress, 1994). 밀러(Miller, 1981)는 자율성은 다음 네 가지 측면으로 구성된다고 보았다. ① 자유로운 행위 측면에서 외부의 간섭 없이 자발적이고 의도적인 행위여야 한다. ② 진실성 측면에서 개인의 태도, 가치, 성격, 생활계획과 일치하는 행위여야 한다. ③ 효과적인 숙고 측면에서 개인이 대안을 인식하고 평가한 결과를 선택하는 행위여야 한다. ④ 도덕적 반영 면에서 개인의 도덕적 가치를 반영하는 행위여야 한다.

개인의 자유의 가치를 반영하는 사회복지실천의 첫 번째 윤리적 원칙은 클라이언트의 **자기의사결정**의 원칙이다(Biesteck, 1979). 클라이언트의 자기의사결정의 원칙이란 사회복지전문직의 실천과정에서 클라이언트가 주체로 참여해 자신의 삶이나 생활과 관련된 문제에 대해 스스로 선택하고 결정하도록 해야 한다는 원칙을 말한다. 따라서 클라이언트와의 원조관계에서 사회복지사는 클라이언트가 자기의사결정권을 온전히 행사할 수 있도록 보장해야 할 의무가 있다(Dolgoff et al., 2009). 그런데 전문적 실천과정에서 자기의사결정의 원칙을 지키기 위해서는 사회복지사에게 외부적 간섭을 회피하려는 노력 이상을 요구한다(Abramson, 1983). 소극적인 측면에서는 클라이언트가 의사결정의 능력과 적극적인 의지를 갖고 있어야 하고, 클라이언트 스스로 모든 대안을 인식할 수 있어야 하고, 대안선택과정에서 아무런 강제성도 없어야 한다. 나아가 **사회복지사**는 적극적인 측면에서 클라이언트가 선택할 수 있는 한 가지 이상의 대안을 제공하고, 각 대안의 비용과 결과에 대해 정확한 정보를 얻고 판단할 수 있도록 보장해야 하며, 클라이언트가 자신의 선택을 근거로 행동할 수 있는 기회를 제공해야 한다(Dolgoff et al., 2009)(윤리강령의 관련 조항: 1.02).

> 1.02 자기의사결정권
>
> 사회복지사는 클라이언트의 자기의사결정권을 존중하고 증진시키며, 클라이언트가 자신의 목표를 찾고 명확히 하도록 돕는다. …… (하략)

그런데 현실적으로 사회복지실천과정에서는 클라이언트의 자기의사결정의 원칙을 완벽하게 적용하기 어려운 경우가 발생한다. (뒤에서 살펴보겠지만) 이는 클라이언트의 특성과 상황적 특성 면에서 클라이언트의 자기의사결정권을 완전히 보장하기 어려운 환경이 존재하기 때문이다(Abramson, 1985). 심지어 펄먼(Perlman, 1965)은 클라이언트의 자기의사결정 원칙의 중요성은 인정하지만 현실적으로는 90%의 사례에서는 완전히 실현되기 어려운 망상에 불과하다고까지 말한다. 이에 현실적으로 사회복지사는 **숙고형**(reflective model), **제안형**(suggestive model), **지시형**(prescriptive model), **결정형**(determinative model)의 개입 사이에서 갈등을 겪게 된다(Rothman et al., 1996).

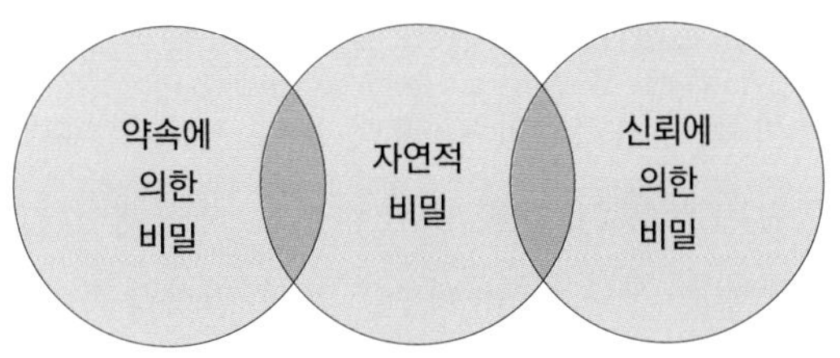

[그림 5-1] 비밀의 종류

개인의 자유 및 자율성의 가치에서 구체화된 사회복지전문직의 두 번째 윤리적 원칙은 **비밀보장**의 원칙이다. 비밀보장이 중요한 이유는 비밀보장은 개인의 자유 및 자율성의 가치를 실현하는 사생활보호의 가장 기본적인 전제조건이기 때문이다. 비밀이란 다른 사람에게 알려지면 그 개인이 불편함을 겪는, 개인의 사생활에 관한 정보를 말한다. 비밀의 종류에는 본질적인 속성상 다른 사람에게 알려지면 그 개인에게 해악이 되는 정보인 **자연적 비밀**, 비밀을 지킬 것을 약속한 후 성립되는 **약속에 의한 비밀**, 구체적인 약속을 하지 않았어도 비밀을 지킬 의무가 있는 사람과의 관계에서 형성되는 암묵적인 **신뢰에 의한 비밀** 등이 있다(Biesteck, 1979). 사회복지사가 클라이언트와의 원조관계에서 획득하는 클라이언트에 대한 비밀정보에는 알려지면 치명적인 해악이 되는 자연적 비밀인 경우가 많고, 모든 정보는 원조계약 과정에서 형성되는 비밀유지의 의무에 의한 약속에 의한 비밀에 해당된다. 나아가 모든 정보는 신뢰를 바탕으로 형성된 원조관계를 배경으로 하기 때문에 신뢰에 의한 비밀에도 해당된다.

비밀보장은 규범윤리학의 측면과 응용윤리인 사회복지윤리학의 측면에서 모두 그 정당성이 인정된다. 먼저, 의무론적인 측면에서 비밀은 개인의 자유를 보장하기 위한 사생활보호의 전제이기 때문에 자연적 비밀유지의 의무가 존재한다. 또 비밀유지는 약속의 의무 이행과 관련되어 있는데, 명시적 혹은 암묵적으로 클라이언트와 맺은 약속이고 클라이언트를 착취하지 않고 보호할 임무를 위임한 사회와 맺은 약속이기도 하다. 다음으로, 목적론적인 측면에서도 비밀은 사생활을 보호해 개인의 자유권을 확립하는 출발로서 가장 중요한 질적 쾌락이기 때문에 그 중요성이 인정된다. 나아가 규칙공리주의의 측면에서도 모든 사회복지사가 장기적으로 비밀보장의 규칙을 지킨다면 사회복지전문직의 비밀보장의 원칙이 확립되어 원조관계에 대한 사회적 신뢰를 확보할 수 있고, 이는 도움이 필요한 잠재적인 클라이언트가 착취당할 두려움에서 탈피해 적극적으로 참여하게 하는 안전장치로서의 역할을 할 수 있다(Bok, 1983). 그런데 현실적으로 사회복지사의 부주의로 인해 클라이언트의 비밀정보 누설이 빈번히 일어난다(Wilson, 1980). 특히 사회복지사가 지인들에게 클라이언트에 대한 정보나 서비스 제공과 관련된 진행사항을 얘기하는 경우, 기관 안팎의 동료들 간의 비공식적인 자리에서 클라이언트나 해당 사례에 대해 공유하거나 잡담하는 경우, 클라이언트와의 전화통화나 사례기록 등을 부지불식간에 기관 안팎의 사람들에게 전파하는 경우 등에 주의를 기울여야 한다.

클라이언트의 비밀보장의 원칙은 사회복지사가 클라이언트와의 원조관계에서 얻은 정보는 어느 누구에게도 공개하지 않는다는 원칙을 말한다(Dolgoff et al., 2009). 돌고프(Dolgoff), 로웬버그(Loewenberg)와 해링턴(Harrington)은 구체적인 원조관계에서 비밀보장의 원칙을 이행하지 않는다면 클라이언트에 대한 사회복지사의 전문적 개입이 성공을 거두기 힘들다고 진단한다. 사회복지사와 원조관계를 형성하고 있는 클라이언트가 자신에 관한 정보를 충분히 공개하지 않으려 하고 클라이언트가 사회복지사에게 배신감을 느껴 안정적인 신뢰관계를 유지하기가 곤란해지기 때문이다. 이에 따라 사회복지사는 클라이언트와의 원조관계의 비밀유지 의무로부터 비밀유지의 특권, 즉 **정보특권**(privileged communication, 혹은 비밀유지특권)을 보장받는다. 정보특권 혹은 비밀유지특권이란 사회복지사는 클라이언트로부터 얻은 정보에 대해 클라이언트의 동의가 없는 한 공개하지 않아도 되는 권리를 말한다. 정보특권이 인정되기 위해서는 전문적 원조관계의 신뢰관계에서 형성된 비밀이어야 하고, 원조관계의 목적을 달성하기 위해서는 신뢰유지가 필수적이어야 하며, 사회가 권장하는 관계여야 하고, 비밀정보의 공개로 인한 클라이언트의 해악이 법적 공개로 인한 이득보다 커야 한다(Wigmore, 1961)(윤리강령의 관련 조항: 1.07ⓐⓗⓘⓚ~ⓦ).

1.07 사생활과 비밀보장

ⓐ 사회복지사는 클라이언트의 사생활보호의 권리를 존중해야 한다. 서비스를 제공하거나 사회복지에 대한 평가 또는 연구조사를 수행하는 데 필수적인 경우가 아닐 때에는 사회복지사는 클라이언트에게 사적인 정보를 요청할 수 없다. 일단 사적인 정보가 공유되면 비밀보장의 원칙이 적용된다.

ⓗ 사회복지사는 클라이언트가 동의하지 않는 한 제3의 지불자에게 비밀정보를 공개할 수 없다.

ⓘ 사회복지사는 사생활이 보장되지 않는 한 어떤 상황에서도 비밀정보에 관해 논의해서는 안 된다. 사회복지사는 복도, 대합실, 엘리베이터, 레스토랑과 같이 공

개적인 또는 반공개적인 장소에서 비밀정보에 관해 논의해서는 안 된다.

ⓚ 사회복지사는 언론매체로부터 클라이언트에 관한 정보를 요청받을 때 클라이언트의 비밀을 보호해야 한다.

ⓛ 사회복지사는 클라이언트에 대한 문서정보, 전자정보, 기타 민감한 정보에 대해 비밀을 보호해야 한다. 사회복지사는 클라이언트에 대한 기록을 안전한 장소에 보관하고 무자격자가 접근할 수 없도록 적절한 조치를 취해야 한다.

ⓜ 사회복지사는 클라이언트나 제3자에게 제공된 정보를 포함해 전자적 의사소통의 비밀보호를 위해 합리적인 조취를 취해야 한다. 사회복지사는 이메일, 온라인 포스트, 온라인 채팅 세션, 모바일 의사소통, 그리고 문자메시지 같은 전자적 의사소통을 사용할 때 (암호화, 방호벽 그리고 비밀번호 등) 적절한 보호장치를 사용해야 한다.

ⓝ 사회복지사는 클라이언트 정보의 비밀보장 위반에 관한 정책을 개발하고 모든 클라이언트에게 정책과 절차를 적절하게 고지해야 한다.

ⓞ 사회복지사는 사회복지사의 전자적 의사소통이나 보관시스템에 대한 접근을 포함해 클라이언트의 기록이나 정보에 대해 무자격자가 접근하는 사건이 발생할 때 그와 같은 정보누설에 대해 해당 법률과 전문적 기준에 맞게 클라이언트에게 알려야 한다.

ⓟ 사회복지사는 클라이언트에 대한 정보를 얻기 위한 인터넷 기반의 검색엔진 사용 등 전자적 기술의 사용에 대해 사회복지실천의 현행 윤리기준에 맞는 그들의 정책을 개발하고 이에 대해 클라이언트에게 알려야 한다.

ⓠ 사회복지사는 전문적인 근거에 의한 불가피한 경우가 아닌 한 클라이언트에 대한 정보를 전자적으로 검색하거나 수집하는 행위를 피해야 하며, 적절한 근거가 있을 때는 클라이언트에게 고지된 동의를 구해야 한다.

ⓡ 사회복지사는 전문직의 웹 사이트 혹은 다른 형태의 소셜 미디어에 클라이언트에 대한 그 어떤 신원이나 비밀정보도 포스팅해서는 안 된다.

ⓢ 사회복지사는 클라이언트의 기록을 이송 혹은 처리할 때 클라이언트의 비밀이 보호될 수 있도록 해야 하고, 기록 및 사회복지실천 자격을 규제하는 주의 법령을 준수해야 한다.

ⓣ 사회복지사는 업무의 종료, 자격상실, 사망 시에 클라이언트의 비밀이 유지될 수 있도록 적절한 예방조치를 취해야 한다.

ⓤ 사회복지사는 교육이나 훈련을 목적으로 클라이언트에 관해 논의할 때 클라이언트가 비밀정보의 공개에 동의하지 않는 한 클라이언트의 신상정보를 누설해서는 안 된다.

ⓥ 사회복지사는 자문가와 함께 클라이언트에 대해 논의할 때 클라이언트가 비밀정보의 공개에 동의하지 않거나 공개해야 할 명백한 필요가 없는 한 신상정보를 누설해서는 안 된다.

ⓦ 사회복지사는 고인이 된 클라이언트의 비밀도 앞의 윤리기준에 따라 보호해야 한다.

2. 서비스의 가치와 선행의 의무

1) **선행**의 의무 내용과 쟁점

'The duty of benevolence'는 사회복지윤리학에서는 사회복지전문직의 일반적인 용례(用例)에 비추어 **선행의 의무**로 번역되지만 윤리학에서는 일반적으로 자선(慈善, charity)의 의무를 말한다. 선행 혹은 자선으로 번역되는 'benevolence'는 남을 불쌍히 여겨 도와준다는 뜻으로, 공자(孔子)가 애인(愛人), 즉 남을 사랑하는 것이라는 의미로 사용한 인(仁, 어질 인 또는 자애로울 인)이나 맹자(孟子)가 남을 불쌍하게 여기는 타고난 착한 마음을 이르는 말로 사용한 측은지심(惻隱之心, 슬퍼할 측, 가릴 은)과 유사한 의미다. 윤리학에서 선행 혹은 자선은 윤리적 동기에 의해 남을 불쌍히 여기는 이웃에 대한 사랑 또는 은혜 등을 총칭한다. 따라서 선행 혹은 **자선의 의무**란 이타적인 동기에 의해 곤경에 처한 이웃을 돕는 의무라 할 수 있다(Donagan, 1977).

윤리학에서 선행의 의무의 중요성은 논란의 대상이 되어 왔다. 의무론에서는 선행의 의무에 대해 시민적 권리의 성격이 결여되어 있고 그 동기가 불평등한 시혜적 관점에 입각한 것으로, 인격적 혹은 비인격적 주종관계를 피할 수 없게 된다고 보아 중요한 가치를 부여하지 않는 경향이 있다. 구호나 자선은 도움을 받는 자로 하여금 돕는 자의 선의에 의존하도록 해 존엄성에 상처를 주고 정의로운 시민적 권리와 양립할 수 없다고 보는 것이다(Viroli, 2002). (제2장에서 살펴본 것처럼) 의무론자인 칸트는 도덕의 본질적인 속성에 비추어 선행의 의무는 도움을 제공하는 자의 이타적인 동기의 발로여서 선행을 베푸

는 자의 동정심이나 자기애 욕구의 발로인 경우도 있다고 지적한다(Kant, 1959). 이에 따라 칸트에게는 선행의 의무는 인간을 목적으로 대하는 완전한 도덕적 의무라고 보기 어렵고, 효용성의 증진에 기여하는 수단적 가치를 지닌 불완전한 의무다. 목적론에서도 정의와 시민적 권리를 질적으로 중요한 쾌락으로 강조해 선행의 의무에 대해 효용성이 떨어지는 가치라 간주한다(Mill, 1957). 밀은 자비와 자선은 권리의 성격을 갖고 있지 않은 불완전한 의무이기 때문에 질적으로 우월한 재화 혹은 필수재가 될 수 없다고 본다. 자선이나 자비는 각 개인의 선택 문제이고, 모든 개인이 반드시 이행해야 하는 의무의 성격을 지니지 않는다고 보는 것이다.

선행의 의무는 사회복지실천에서는 일반적으로 **헌신의 의무**라고도 불리는데, 서비스의 핵심가치에서 도출된 것으로 알려져 있다. **서비스의 가치**란 원조전문직인 사회복지 전문직이 클라이언트를 돕는 원조과정에서 견지해야 하는 헌신의 의무의 기초를 이루는 가치로, 사회복지사는 자신의 전문적 지식을 바탕으로 클라이언트의 욕구충족과 문제해결을 위해 헌신해야 하는 의무를 지니는 것이다. 이는 **미국사회복지사협회**(NASW) 윤리강령의 핵심가치에서도 잘 드러나 있다. 윤리강령은 첫 번째 핵심가치로 서비스를 제시하며, 사회복지사의 일차적 목표는 욕구가 있는 사람들을 원조하고 사회문제를 해결하는 것이라고 명시하고 있다. 이를 위해 욕구가 있는 사람들을 돕고 사회문제를 다루기 위해 자신의 지식, 가치와 기술을 사용할 것을 지침으로 제시한다. 또 서비스의 가치를 구현하기 위해 충실성과 적임능력을 수단적 가치로 제시한다. 충실성의 핵심가치는 사회복지사는 신뢰받을 수 있게 행동할 것을 명시한다. 이를 위해 사회복지전문직의 사명, 가치관, 윤리적 원칙, 윤리기준을 항상 숙지해 이에 일치되게 실천하고, 정직하고 책임있게 행동하며, 자신들이 속한 조직의 구성원으로서 윤리적인 실천을 증진할 것을 제시한다. 적임능력의 핵심가치는 사회복지사는 자신의 능력의 한도 내에서 실천하며 자신의 전문적 기술을 발전 및 향상시킬 것을 주문한다.

이처럼 사회복지사의 선행 혹은 헌신의 의무는 사회복지사가 클라이언트에 대한 전문적인 개입을 통해 클라이언트의 욕구충족과 문제해결에 기여해야 한다는 것으로, 사회복지전문직이 클라이언트에 대한 원조과정에서 견지해야 하는 핵심적인 가치를 말한다. 이때 부당한 착취나 간섭으로 전락하지 않기 위해서는, 원조과정에서 반드시 클라이언트의 욕구충족과 문제해결, 즉 클라이언트의 복지에 기여해야 한다는 대전제를 충족시켜야 한다(Beauchamp & Childress, 1994). 이때 클라이언트의 위험을 최소화하는 **위해회피(non-maleficence)원칙**과 **이익최대화(beneficicence)원칙**이 견지되어야 한다. 선행의 의무를 정당화하는 논거는 주로 클라이언트의 의사결정능력의 약화에 있다고 본다(Schwartz, Vingiano, & Perez, 1988). 구체적으로 자유와 자율성을 충분히 행사할 수 없는 취약한 클라이언트들이 존재하기 때문에 온정주의적 개입으로 그들을 도와야 한다는 점(Abramson, 1989), 외부적 간섭으로 인해 소극적 자유가 침해되어도 사회복지사의 적극적 개입으로 클라이언트의 복지가 향상되어 적극적 자유가 신장되므로 결과적으로 클라이언트에게 이익이 된다는 점(Raschlin, 1988) 등이 제시된다(김기덕, 2002)(윤리강령의 관련 조항: 1.01).

1.01 클라이언트에 대한 헌신

사회복지사의 일차적 책임은 클라이언트의 복지를 증진시키는 것이다. 일반적으로 클라이언트의 이익이 최우선이다. …… (하략)

그러나 사회복지전문직이 견지하는 선행의 의무 혹은 헌신의 의무와 이를 구현하는 **온정주의**(paternalism)는 그 선의에도 불구하고 실제 적용과정에서는 논쟁의 대상이 되어 왔다(김기덕, 2002). 첫째, 그간 선행의 의무라는 미명하에 온정주의가 악용되어 부당한 간섭주의로 변질되면서 클라이언트 개인의 자유와 자율성을 심각하게 침해해 왔다는 비판이다(Bentley, 1990). 선행이 부당한 간섭주의로 변질되면 클라이언트에게 해악을 끼쳐 클라이언트의 복지를 침해하거나 클라이언트의 중요한 가치를 무시하는 독단적인 행위로 전락하고 만다(김기덕, 2002; Linzer, 1999). 정신과 치료에서의 강제 약물투입, 양로시설에서 사회복지사의 독단적인 의사결정과 학대, 아동부양세대보조(Aid to Families with Dependent Children: AFDC) 프로그램 집행과정에서의 야간 불시방문(midnight attack) 등이 부당한 간섭주의의 예로 거론된다.

둘째, 부당한 간섭주의가 아니더라도 사회복지사가 온정주의를 남용하면 클라이언트의 자유와 자율성 행사를 제약해 의존성을 조장함으로써 클라이언트의 자기의사결정의 의지와 능력의 개발을 저해한다는 것이다(Caplan, 1986). 취약성을 가진 클라이언트는 자유와 자율성을 행사할 수 있는 정신적·육체적 역량이 개발되지 않은 경우가 많은데 의존성을 조장하게 되면 자기의사결정의 역량을 발전시키기 어려워진다는 것이다. 만성질환을 가진 노인이 사회복지사에게 모든 자율성을 떠맡겨 버리거나 장기 시설수용자가 기본적인 생활상의 의사결정기술이 둔화되는 현상 등이 그 예다.

셋째, 전문가집단이 클라이언트의 의존성을 조장해 실천영역과 대상을 지속적으로

확보하려는 동기를 갖고 있기 때문에 선행의 의무와 온정주의는 본질적으로 클라이언트의 복지가 아니라 전문가집단 자신들의 배타적인 이익을 위한 수단이라는 비판이다(Rosenblatt, 1988). 전문직은 클라이언트의 자유와 자율성을 희생하면서 자신들의 전문적인 자유 재량권(professional discretion)을 확고히 하려는 속성을 갖고 있다. 이처럼 클라이언트의 진정한 복지가 아니라 전문가집단 자신의 배타적인 이익을 위해 클라이언트의 의존성을 조장한다면 이는 부당한 간섭주의로서 **사이비(似而非) 온정주의**(pseudo-paternalism)에 불과하게 되는 것이다(Reamer, 1983b).

2) **온정주의** 원칙의 적용

선행 혹은 헌신의 의무는 사회복지전문직의 실천과정에서는 **온정주의**의 형태로 나타난다. 온정주의는 원조전문직으로서 사회복지전문직이 클라이언트에 대한 원조과정에서 견지해야 하는 가장 중요한 윤리적 원칙의 하나다. 온정주의는 전문성과 권위를 갖춘 사회복지전문직이 취약성을 겪는 클라이언트를 돕기 위해 클라이언트의 삶에 개입할 수 있다는 입장이다(Dolgoff et al., 2009). 드워킨(Dworkin, 1968)의 논리를 빌리면, 온정주의란 클라이언트가 자유와 자율성을 일정 정도 제약당하는 대신 클라이언트의 복지, 유용성, 행복, 욕구, 이익, 가치를 구현하는 데 도움을 준다는 이유로 정당화되는 클라이언트의 행동의 자유에 대한 개입이라고 볼 수 있다. 카터(Carter, 1977)는 온정주의는 클라이언트의 복지 증진을 위해 클라이언트의 신체적 · 정서적 활동에 개입하는 것이라고 본다. 부캐넌(Buchanan, 1978)은 클라이언트의 이익을 위해 정당화되는 클라이언트의 행동의 자유, 정보의 자유의 제약과 허위정보의 의도적 유포 등의 개입으로 정의한다.

현실적으로 선행의 의무와 이를 구체화한 사회복지전문직의 윤리적 실천원리인 온정주의는 양면성을 갖고 있는 것으로 보인다. 영어의 paternalism은 긍정적인 의미로는 온정주의를 뜻하지만, 부정적인 의미의 부당한 개입주의, 즉 간섭주의를 뜻할 수도 있기 때문이다. (제3장에서 논의했듯이) 사회복지윤리의 전통적 패러다임의 'paternalistic orientation'을 **간섭적 온정주의**로 번역한 것은 자선조직협회 시대의 우애방문원들의 활동이 결코 빈자들의 복지를 위한 것도 아니고 전문적 실천은 더더욱 아니었다는 부정적인 의미를 함축하고 있는 것이다.

오늘날의 온정주의는 사회복지사가 클라이언트의 복지를 증진시키는 데 기여할 수 있는 전문적 권위와 과학적 지식을 견지하고 있다는 전제에서 출발하고, 구체적으로는 사회복지전문직이 추구하는 치료모델 혹은 욕구모델을 기준으로 삼는다고 볼 수 있다(Rappaport, 1986). 따라서 현실적으로는 **신탁(信託)모델**(fiduciary model)과 **대리자모델**(agent model)의 원천으로 작용한다(Levy, 1976b).

사회복지실천과정에서의 온정주의를 둘러싼 쟁점은 클라이언트의 이익을 위해 클라이언트의 자기의사결정의 권리를 제약할 것인지 결정해야 할 때 주로 발생한다. 리머에 따르면, 온정주의를 둘러싼 딜레마는 세 가지 형태로 나타날 수 있다(Reamer, 2013). ① 클라이언트의 이익을 위해서는 클라이언트와 관련된 정보를 제공하지 않고 보류하는 것이 정당하다고 생각될 때다. 여기에는 진단정보, 정신과적 상태에 대한 정보, 정신건강에 대한 예후 등 클라이언트가 알면 해가 된다고 생각될 수 있는 정보들이 포함된다. ② 클라이언트를 위해 의도적으로 거짓정보를 제공할 필요가 있다고 생각될 경우도 있다. 예를 들어, 유기된 아동에게 사실과 다르게 아버지가 자신을 진심으로 사랑한다고 말할 때 사회복지사는 온정주의에 경도되는 것이다. ③ 클라이언트의 이익을 위해 클라이언트의 의사에 반해 물리적 개입을 하는 상황이다. 가장 흔한 예는 클라이언트의 의사에 반해 강제로 치료를 받게 하거나 쉼터에 머무르도록 하는 경우들이다(윤리강령의 관련 조항: 1.01).

1.01 클라이언트에 대한 헌신

사회복지사의 일차적 책임은 클라이언트의 복지를 증진시키는 것이다. 일반적으로 클라이언트의 이익이 최우선이다. 그러나 특별한 경우 사회 전반에 대한 사회복지사의 책임 또는 특정한 법적 의무가 클라이언트에 대한 충실에 우선해야 할 때가 있을 수 있으며, 이런 경우에는 클라이언트에게 조언을 해 주어야 한다(법률에 의해 사회복지사가 보고해야 하는 경우 또는 클라이언트가 아동을 학대하거나 자신 또는 다른 사람에게 해가 될 수 있는 위협을 하는 경우를 예로 들 수 있다).

리머는 온정주의가 윤리적으로 정당화될 수 있는 경우를 상황의 특성과 클라이언트의 특성, 두 가지 측면으로 나누어 설명하고 있다(고수현, 2005; Reamer, 1983b). 먼저, 상황의 특성 면에서는 세 가지가 제시된다. ① 전문가의 온정주의적 개입이 없다면 클라이언트가 심각한 해악에 빠질 것으로 예상되는 경우에는 즉각적인 개입으로 클라이언트의 피해를 줄일 필요가 있다. 이를테면, 자살을 선택하려는 클라이언트를 즉각 설득해 중지시키는 경우는 해악을 방지하기 위한 개입이다. ② 일시적으로 클라이언트의 자기의사결정권을 제한하지만 결과적으로는 더 많은 이익을 얻는 경우 개입을 검토할 수 있다. 자살시도가 우려되는 알코올 중독자(alcoholic)의 경우 본인의 반대에도 불구하고 병원에 수용해 강제치료를 행하면 결과적으로 죽음에서 벗어나게 할 수 있다. ③ 상황이 긴급해 클라이언트에게 특정 조치나 서비스에 대해 이해시키고 동의를 얻을 여건이 되지 않는 경우 독단적인 개입이지만 그 정당성을 인정받을 수 있다. 후견권자의 동의를 구할 시간이 없을 만큼 촉박한 긴급재난이 우려되는 상황에서 취약성이 있는 클라이언트들에 대해 긴급보호조치를 취하는 경우를 생각해 볼 수 있다.

다음으로, 클라이언트의 특성 면에서는 네 가지가 제시된다. ① 클라이언트에게 필요한 정보가 부족해 스스로에게 심각한 위해를 가할 가능성이 있을 때 정보를 제공해 불행을 미연에 방지할 필요가 있다. 클라이언트가 자녀가 사망한 것으로 착각해 자살을 시도할 경우 필요한 정보를 제공할 필요가 있다. ② 클라이언트가 일시적 혹은 영구적으로 정보를 인식하거나 이해할 능력이 없는 경우 클라이언트의 복지를 위해 개입할 수 있다. 의식불명의 클라이언트에게 본인의 동의 없이 치료서비스를 제공해 회복시키는 노력을 할 수 있다. ③ 클라이언트가 현재에는 자신에게 해악이 되는 상황에 처해 있어서 의사결정을 하기 어렵지만 인지능력이 있었을 때 해당 서비스에 대해 미리 동의를 표한 경우 개입을 고려할 수 있다. 현재 심각한 약물남용이나 알코올 중독(alcoholism)에 빠져 있지만 이전의 정상적인 정신 상태에서 사회복지사의 치료적 개입을 미리 부탁하거나 승인해 놓은 경우가 있다. ④ 클라이언트가 현재 사회복지사의 개입에는 반대하지만 서비스를 제공받은 뒤에는 동의 혹은 승인할 것으로 판단되는 경우가 있다. 간질증세가 있는 클라이언트가 갑자기 발작을 일으켜 제때 개입하지 않으면 신체적 · 정신적으로 위험에 처하게 되는 경우 본인의 거부에도 불구하고 강제적인 치료적 개입의 정당성을 인정할 수 있다.

3. 사회정의

1) **사회정의**의 내용과 쟁점

사회정의의 관념은 개인들 간의 자원 교환, 즉 분배에 관한 올바름(justness)을 반영하는 사회적 가치다. 따라서 사회정의의 가치는 어느 한 사회가 공정하다고 여기는 개인들 간의 분배의 규범적 기준으로서 이익과 손실, 권리와 책임을 할당하는 기준을 의미한다(Drake, 2001). 우리가 정의로운 사회를 지향하듯이 일반적으로는 사회정의는 이론의 여지가 없는 보편타당한 가치라고 볼 수 있다. 그러나 분배의 공정한 규범적 기준에 관한 사회정의의 실제적인 함의(含意, meaning)가 무엇인지에 대해서는 논자들마다 다른 견해를 갖고 있다. 노직(Nozick, 1974)은 분배의 결과와 관계없이 거래, 즉 교환 자체가 공정하다면 사회정의로 보아야 한다고 주장한다. 반면, 다른 논자들은 사회정의를 위해서는 거래의 공정성(fairness)뿐 아니라 교환의 과정이나 분배의 결과도 고려해야 한다고 본다. 롤스(Rawls, 1971)는 거래의 공정성은 기회의 평등 위에서 이루어져야 정당하다고 본다. 모든 개인은 공정한 경쟁을 추구할 기본적인 자유를 실제로 누릴 수 있어야 한다는 것이다. **공동체주의**자들(Kymlicka, 1990; Philips, 1998; Walzer, 1983; Young, 1990)은 사회정의는 추상적으로 정의할 수 있는 형이상학적인 개념이 아니라 특정 사회의 특수한 고안물(artificial)로서 한 사회에서 합의된 고유의 분배기준이라고 본다.

사회정의는 한 사회의 공정한 분배의 기준으로서 제도적으로 확립되어야 하기 때문에 시민적 권리, 즉 **시민권**과 밀접한 관련이 있는 개념이다. 한 사회의 실체적인 사회정의가 모든 구성원에게 기본적인 권리로 확립되기 위해서는 규범적인 도덕체계로 확립되고, 나아가 법률과 국가정책의 원리로 반영되어야 한다. 물론 노직은 국가는 공정한 거래, 즉 교환을 계약상의 권리로 보장하는 재산권의 확립을 고유의 과제로 삼아야 하기 때문에 과도한 국가의 개입은 정의의 관점에 위배된다고 보았다(Nozick, 1974). 그러나 의무론자인 칸트는 베푸는 자의 이타심에 의존하는 자선의 의무를 불완전한 의무로 보듯이 인간을 수단이 아닌 궁극적인 목적으로 처우한다는 목적성의 원칙을 도덕적 내용으로 삼고 있다(Kant, 1959). 로스(Ross, 1930)는 정의의 의무(the duty of justice)를 기초의무 중 하나로 제시한 바 있다. 목적론에서도 밀은 정의의 관념을 질적으로 우월한 재화, 즉 필수재 중 가장 중요한 항목으로 간주해 시민적 권리는 완전한 의무라고 규정했다(Mill, 1957). 실제로 많은 논자는 기회의 평등을 보장하고, 나아가 인간다운 시민적 삶을 영위하는 데 없어서는 안 되는 필수적인 요소들(necessities)을 시민적 권리로 확립할 필요가 있다고 본다(Drake, 2001).

대표적으로 마샬(Marshall, 1950)은 국가와 시민 간의 사회적 계약의 관점에서 근대국가의 시민권을 설명한다. 그는 18세기에는 법적 시민권이 발전했고, 19세기에는 정치적 시민권이 확장됐다면, 20세기에는 사회적 시민권이 발전했다고 본다. 법적 시민권이란 개인적 자유에 관한 권리, 즉 자유권을 말하며, 주로 법률과 사법체계를 통해 확립된다. 정치적 시민권은 선거권과 피선거권 등 참정권을 의미한다. 사회적 시민권은 주로 사회복지제도와 교육제도 등 사회정책을 통해 확립되는데 적정 수준의 사회보장과 문화적 생활을 영위할 권리를 말한다. 그는 최근 서구국가들은 복지국가를 달성해 포괄적인 시민권(full citizenship)이 확립되었다고 본다(Lenski, 1966). 특히 사회적 시민권의 보장은 법적 시민권과 정치적 시민권의 완전성(completedness)을 보증하는 역할을 한다고 강조한다(Andrews & Jacobs, 1999). 사회복지제도가 불완전해 사회적 시민권이 부족하게 되면 구성원들은 빈곤상태에 빠지고, 이들 빈곤층은 사회적 격리감을 느끼고, 여론 형성이나 정치과정에 관여할 수 있는 권력자원이 결핍되어 법적 시민권과 정치적 시민권을 온전히 행사할 수 없게 된다. 이처럼 사회적 시민권의 부족은 시민권 전체에 연쇄적으로 부정적인 영향을 끼친다(Dean, 1996).

(제2장에서 살펴보았듯이) 사회복지윤리의 전통적 패러다임 시대 이래 사회정의의 가치는 사회복지실천에서 매우 중요한 가치로 인정받아 왔다. 특히 현재의 전문직 윤리관이 개입대상과 개입목표 면에서 클라이언트 및 가족체계 등 미시적 체계 지향성과 치료모델에 제한되어 있다는 비판이 제기되고 있다. 이에 사회복지윤리의 새로운 패러다임을 중심으로, 미시체계뿐 아니라 지역사회와 국가도 개입대상으로 삼고 환경 속의 개인의 관점에서 개입목표를 설정하기 위해서는, 사회정의의 가치를 중심으로 새로운 윤리적 원칙을 확립하고 실천적인 이론과 모델을 구현해야 한다는 주장이 제기되고 있다. 특히 **웨이크필드**는 분배정의를 사회복지전문직의 단 하나의 핵심가치로 제시한다(Wakefield, 1998). 그는 전문직 윤리관이 지배하고 있는 현재에는 분배정의를 구현할 수 있는 실천적인 토대가 약하지만, 치료모델과 미시적 실천 위주의 현재의 패러다임을 극복하고 사회정의의 관점을 토대로 분배정의를 구현할 수 있는 사회적 실천을 지향해 나갈 필요가 있다고 본다.

(종합적으로) 여러 학자의 논의를 종합해 사회복지의 주요 가치를 14개로 정리한 리머에 의하면 평등한 기회 제공, 사회변화와 사회정의를 위한 헌신 등은 사회정의의 가치를 반영하고 있다고 평가된다(Reamer, 2013). **미국사회복지사협회**(NASW)가 제시한 사회복지전문직의 기본적인 가치에는 사회정의의 가치를 반영해 모든 구성원의 경제적 · 신체적 · 정신적 복리와 사회정의를 위해 헌신할 것을 제시하고 있다(Barker, 1991). 나아가 미국사회복지사협회(NASW)의 윤리강령은 1996년 개정을 통해 사회정의의 가치를 서비스에 이은 두 번째 주요 가치로 포함시켜, 사회복지전문직의 전통적인 사회정의의 가치의 중요성을 인정했다. 구체적으로 사회복지사는 사회적 부정의에 도전한다는 윤리적

원칙을 제시했다. 사회복지사는 취약하고 억압받는 자들을 위해 빈곤, 실업, 차별, 기타 여러 형태의 사회적 불평등과 문화적 · 인종적 다양성에 초점을 맞춘 사회개혁을 추구해야 하고, 정보 · 서비스 · 자원에 대한 접근, 기회의 균등, 의사결정에 대한 모든 사람의 실질적인 참여를 보장하고자 노력할 것을 지침으로 제시하고 있다(윤리강령의 관련 조항: 4.02/6.01/6.02/6.04).

4.02 차별

사회복지사는 인종, 민족, 출신국, 피부색, 성, 성적 지향, 젠더 정체성이나 그에 대한 표현, 연령, 혼인관계, 정치적 신념, 종교, 이민자 지위, 정신적 · 신체적 능력에 근거한 어떤 형태의 차별도 묵과, 조장, 협조해서는 안 된다.

6.01 사회복지

사회복지사는 한 지역에서부터 전 세계적 차원에 이르기까지 사회 전반의 복지를 향상시키고 인간, 공동체, 환경을 개선해야 한다. 사회복지사는 인간의 기본적 욕구의 충족에 기여하는 생활조건의 향상을 옹호하며, 사회정의의 실현에 도움이 되는 사회적 · 경제적 · 정치적 · 문화적 가치와 제도를 증진시켜야 한다.

6.02 대중의 참여

사회복지사는 사회정책이나 사회제도 형성에 대해 충분한 정보를 제공하고 일반대중의 참여를 촉진시켜야 한다.

6.04 사회적 · 정치적 행동

ⓐ 사회복지사는 모든 사람이 인간의 기본적 욕구를 충족하는 데 필요한 자원, 고용, 서비스, 기회에 동등하게 접근할 수 있도록 보장하기 위한 사회적 · 정치적 행동에 관여해야 한다. 사회복지사는 정치적 영역이 실천에 끼치는 영향을 인식해야 하고, 인간의 기본적 욕구를 충족하고 사회정의를 증진시키며, 사회환경을 개선하기 위한 정책과 법률개정을 옹호해야 한다.

ⓑ 사회복지사는 특히 취약하고 불리한 상황에 처한 사람들, 억압받고 착취당하는 사람과 집단을 비롯해 모든 사람의 선택과 기회를 확대시키기 위해 노력해야 한다.

ⓒ 사회복지사는 미국 내, 나아가 전 세계적 차원에서 문화적 · 사회적 다양성을 존중하는 제반조건을 증진시켜야 한다. 사회복지사는 차이를 존중하는 정책과 실천을 옹호하고, 문화적 지식과 자원의 확장을 지원하고, 문화적 다양성을 옹호하는 프로그램이나 제도를 지지하며, 모든 사람의 권리를 보장하고 평등과 사회정의를 보장하는 정책을 증진시켜야 한다.

ⓓ 사회복지사는 인종, 민족, 출신국, 피부색, 성, 성적 지향, 젠더 정체성이나 그에 대한 표현, 연령, 혼인 여부, 정치적 신념, 종교, 이민자 지위, 혹은 정신적 · 신체적 능력을 이유로 어떤 개인, 집단, 계급을 지배, 착취, 차별하는 행위를 방지하고 이를 방지하기 위한 활동을 수행해야 한다.

그런데 사회복지전문직이 사회정의의 가치를 전문적 실천의 윤리적 원칙으로 삼을 때 분배의 규범적 기준, 즉 공정함의 기준으로서의 평등관을 무엇으로 제시할 것인가가 쟁점이 될 수 있다. 통상적으로 평등이란 차별이 없는 공정한 상태를 의미하지만 이론적으로는 사회적으로 확립한 분배의 기준에 다름 아니다. 그런데 평등관은 다양하기 때문에 획일적이고 절대적인 기준을 제시하기란 불가능하다. 결국 동등성(sameness)과 차이(dissimilarly)의 기준을 무엇으로 삼을 것인가가 핵심적인 논의주제가 될 수밖에 없다(Rae, Yates, Hochschild, Morone, & Fessler, 1981). **메리트주의**(meritarianism), **기회의 평등**(equality of opportunity) 및 **조건의 평등**(conditional equality), **결과의 평등**(equality of outcome)은 서로 다른 정의관에 기반을 두고 있어 사회복지전문직의 사회정의의 실천에서 매우 상이한 함의를 제공하고 있기 때문이다.

메리트주의는 실적주의나 능력주의라고도 불리는데 개인이 자유롭게 기여해 성취한 실적의 차이는 정당한 것으로 받아들여야 형평(equity)의 원칙에 부합한다고 본다(Hayek, 1960). merit란 실적이나 공적에 대한 보상의 의미를 담고 있다. 메리트주의는 각자의 자유로운 이익의 실현을 주장하는 입장이기 때문에 평등에 대해서는 상대적으로 부정적이다. 기회의 평등은 경쟁의 결과로 발생하는 차이를 정당한 몫으로 인정하려면 사회적으로 공정한 경쟁의 기회를 부여해야 한다는 입장이다. 롤스는 출생배경, 사회적 · 경제적 환경으로 인한 이득, 타고난 재능이나 능력 등 우연적 요인으로 인한 사회적 · 경제적 불평등을 기회의 평등의 제약요인으로 보았다(Rawls, 1971). 특히 조건의 평등은 기회의 평등만으로 불리한 위치에 있는 사람들에게 공정한 경쟁의 기회가 부여되지 않는다는 문제의식에서 출발한다. 따라서 흑인, 여성, 장애인 등 불이익집단(disadvantage group)이 기회에 공정하게 접근할 수 있도록 소수집단 우대정책(affirmative action) 등 긍정적 차별(positive discrimination) 같은 제도적인 보완이 필요하다고 본다(Dworkin, 1977). 결과의 평등은 수량적 평등(numerical equality) 혹은 산술적 평등(arithmetical equality)이라고도 불리는데, 개인들에게 귀착되는 최종적인 분배의 몫의 차이를 줄여서 분배정의를 실현해야 한다는 입장이다. 평등주의자(egalitarianism)들은 획일적인 배분에는 반대하지만 사회통합, 경제적 효율성, 사회정의, 개인의 자아실현을 위해 불평등을 교정할 필요가 있다고 본다(Tawney, 1931).

2) 롤스의 사회정의론

롤스는 인간의 자율성에 절대적인 의미를 부여하는 칸트의 인간관을 바탕으로 질서정연한(well-ordered) 사회에서의 사회계약에 참여하는 합리적 개인들이 합의할 수 있는 절차적 정의를 제시하고자 했다(Rawls, 1993). 합리적인 개인이란 반성적(reflective)인 이성적 사유(思惟)를 통해 선(善), 즉 도덕적 옳고 그름에 대해 합리적으로 판단할 수 있는 추상적인 인간관을 의미한다. 질서정연한 사회란 합리적인 개인들이 합의한 절차적 정의에 따라 사회계약에 의해 구성되고, 모든 사회제도는 합의한 정의관을 구현하기 위해 합리적으로 작동하는 가상의 사회를 말한다. 이처럼 롤스는 합리적인 개인과 가상적인 사회계약을 가정해 모든 개인이 합의할 수 있는 보편타당한 분배적 정의관(comprehensive doctrine of the good)을 제시하려 했다. 그의 사회정의론은 공정으로서의 정의관을 제1원리로 삼고 이어 차등의 원칙(difference principle)을 제2원리로 제시한다(Rawls, 1971).

제1원칙인 공정으로서의 정의관은 아무도 자신의 현재 상태를 알지 못하는 가상의 상황을 가정하는 데에서 출발한다. 백지 상태에서의 사회적 합의를 상정하는 이유는 만일 개인들이 자신의 현재 상태에 대해 알고 있다면 자신의 기득(旣得)의 이해관계로부터 자유로울 수 없어 공정한 합의가 불가능할 것이기 때문이다. 이를 위해 그는 원초적 위치(original position)와 무지의 장막(veil of ignorance)을 핵심적인 개념으로 제시한다. 원초적 위치와 무지의 장막이란 분배의 원리를 정하는 데 참여하는 개인들은 자신들의 사회적 지위나 계층상의 지위, 소질, 능력, 지능, 체력, 자신의 가치관이나 심리적 성향, 즉 도덕관념(conception of the good)에 대해서도 모르는 자유로운 상태에 있다는 것을 의미한다.

아무도 자신의 현재 상태를 알지 못하는 가상의 상황이라면 합리적인 개인들은 분배정의에 대한 공정한 계약에 참여할 수 있다. 합리적인 개인들은 위험-회피적(risk-aversive)이기 때문에 기회의 불평등으로 인해 야기될 불공정한 결과가 자신의 몫이 될 것을 우려할 것이다. 따라서 모든 사람은 기회의 평등의 원칙, 즉 다른 사람들의 자유를 침해하지 않는 한 동등한 기본적 자유의 권리를 지닌다는 평등의 원칙(principle of equality)을 정의의 제1원칙으로 삼는 데 합의할 수 있다. 즉, 원초적 위치에 있는 위험-회피적인 합리적 개인들에게는 출생배경, 사회적 · 경제적 환경으로 인한 이득, 타고난 재능이나 능력 등 우연적 요인으로 인한 사회적 · 경제적 불평등은 정당화될 수 없으므로, 모두가 공정한 기회의 균등한 제공, 즉 기회의 평등을 위한 사회계약에 참여할 수 있다는 것이다.

이어 제2원칙으로서 차등의 원칙을 제시한다. 사회계약에 참여하는 개인들은 원초적인 위치에 있어 자신의 미래를 알 수 없기 때문에 모험적이지 않고 위험-회피적인 합리적 판단을 내릴 것이다. 그런데 사회 전체의 소득분포는 저소득층의 비율이 높고 고소득층으로 갈수록 줄어드는 우하향의 소득함수를 나타낸다. 이처럼 합리적인 개인이라면 자신이 속할 가능성이 상당한 가장 취약한 계층(the least advantaged)의 존재에 대해 우려할 것이다. 따라서 합리적인 개인들은 가장 취약한 계층에게 혜택이 돌아가는 최소최대화전략(maximin strategy)을 선택할 것이다. 결국 합리적인 개인들은 사회에서 가장 불리한 처지에 있는 사람들에게 이익이 되는 분배방식에 합의할 수 있다.

그런데 최소최대화전략이 채택되기 위해서는 최소최대화전략의 결과가 모든 사람에게 이익이 되는 조건, 즉 상위계층의 분배 몫도 감소되지 않아 어느 누구에게도 불이익이 되지 않는 조건이 갖추어져야 한다. 그 이유는 만일 최소최대화전략을 채택한 결과 상위계층이나 중간계층에게 상당한 손실이 발생한다면 이들 계층에 소속될 확률을 기대하고 있는 합리적 개인들의 동의를 얻기 어려워 보편타당한 분배원리로 성립되기 어렵기 때문이다.

롤스는 제1원칙과 제2원칙을 종합해 이를 구현할 수 있는 시민권의 내용을 제시한 바 있다(Rawls, 1999, 2001). 우선, 그는 사회계약에 참여하는 합리적인 시민들은 자신을 이상적인 행정가나 입법자로 간주하기 때문에 합리적인 시민이 위임한 가치에 위배되는 국내 및 국제 정책을 펼치는 정부 공직자와 후보자들을 거부함으로써 활발한 정치참여의 기풍이 확립될 것으로 본다. 이를 통해 시민의 자유와 시민권을 보장할 수 있는 정치적 · 사회적 기초가 마련된다고 본다. 나아가, 기회의 평등을 위한 시민권의 세부 목록으로 강력한 상속세, 보육 및 교육의 공공화, 모든 시민에게 기본적인 건강보호제도의 제공, 투기, 모험적 투자, 신기술개발의 효과 등 사회적 · 경제적 환경으로 인한 과도한 이득의 환수, 사회정책과 경제정책을 통한 공적 고용 등을 든다. 또 취약계층의 복지향상을 위한 소득과 부의 적정한 분배정책을 제시한다.

(종합적으로) 롤스는 모든 사람이 합의할 수 있는 분배적 정의관을 제시하고자 절차적 공정성을 바탕으로 논의를 전개하고 있다. ① 공정으로서의 정의관은 기회의 평등을 평등의 기준으로 제시하고 있다. 이 점에서 롤스는 기회의 평등에 무관심한 메리트주의나 자유방임주의의 한계를 명백히 극복하고 있는 것이다. ② 기회의 평등, 나아가 조건의 평등을 실제적으로 구현하기 위한 매우 혁신적인 방안들을 제시하고 있다. 우연적 요인으로 인한 사회적·경제적 불평등을 완화하고 기회의 평등을 구현하는 정치적·경제적·사회적 노력은 아직도 완전히 달성되지 않은 과제로, 복지국가가 지향하고 있는 궁극적인 목표의 하나라고 할 수 있다. ③ 기회 및 조건의 평등을 목표로 하지만 결과의 평등에는 한계를 제시해 사회복지정책에 대한 독특한 논점을 제공하고 있다. 보육, 교육, 건강 등 보편적인 사회서비스정책은 기회 및 조건의 평등의 구현을 위한 과제로 제시하고 있고, 최소최대화전략은 취약계층을 위한 재분배정책이 모든 구성원에게 이익이 되는 조건하에서 정당성을 갖는다는 기준을 제시해 과도한 재분배정책의 한계를 제시하고 있다.

생각해 볼 문제

1 자유의 윤리학적 가치와 사회복지실천에서의 의미에 대해 확인하고, 자유와 관련된 세 가지 쟁점에 대해 현실적인 함의를 중심으로 검토해 보시오.

2 자기의사결정의 원칙의 의미에 대해 확인하고, 자기의사결정의 원칙이 구현되기 어려운 현실적인 한계와 이를 극복하기 위한 노력의 필요성에 대해 검토해 보시오.

3 비밀보장의 원칙의 윤리학적 가치와 사회복지실천에서의 의미에 대해 확인하고, 사회복지사에게 정보 특권이 왜 필요한지 검토해 보시오.

4 선행의 의무의 윤리학적 의미와 논란에 대해 확인하고, 헌신의 의무의 이행 과정에서 클라이언트의 자율성과 자기의사결정의 원칙을 침해할 위험을 통제할 방안에 대해 검토해 보시오.

5 | 온정주의와 관련해, 클라이언트를 위해 자기의사결정의 권리를 제약할 필요가 있을 때 관련하여 초래될 수 있는 윤리적 딜레마의 형태와 실제 일어날 수 있는 상황들에 대해 검토해 보시오,

6 | 온정주의가 윤리적으로 정당화될 수 있는 상황의 특성과 클라이언트의 특성에 대해 예를 들어 검토해 보시오.

7 | 사회정의의 내용과 윤리학적 가치를 확인하고, 사회복지실천에서 사회정의의 가치를 구현하기 위한 노력의 현실적 함의에 대해 검토해 보시오.

8 | 사회정의와 관련해, 메리트주의, 기회의 평등 및 조건의 평등, 결과의 평등 간의 차이에 대해 상속제도(부의 대물림)와 교육 및 입시제도 등 공정성 이슈, 구체적인 복지제도, 불로소득에 대한 환수, 기본소득제도 등의 예를 바탕으로 검토해 보시오.

9 | 롤스(Rawls)가 그의 사회정의론에서 원초적 위치와 무지의 장막의 가상의 상황을 가정해 정의관을 전개한 이유가 무엇일지 검토해 보시오.

10 | 롤스(Rawls)의 최소최대화전략의 의미 및 사회복지적 함의와 그 한계에 대해 검토해 보시오.

11 | 롤스(Rawls)가 제시한 시민권의 목록이 기회의 평등을 위한 대안이 될 수 있는지 그 하나하나의 함의에 대해 검토해 보시오.

12 | 롤스(Rawls)의 (사회)정의론의 의의에 대해 검토해 보시오.

제 6 장

사회복지사 윤리강령

1. 사회복지사의 전문직 윤리의 필요성
2. 전문가 윤리에 대한 교육
3. 사회복지사의 전문직 논란
4. 사회복지사 윤리강령의 역사
5. 사회복지사 윤리강령의 역할
6. 사회복지사 윤리강령 검토

◆ 생각해 볼 문제

제 6 장 사회복지사 윤리강령

1. 사회복지사의 전문직 윤리의 필요성

(제5장에서 검토한 것처럼) 사회복지전문직은 **선행의 의무**(the duty of benevolence) 혹은 **헌신의 의무**를 핵심적인 가치로 삼고 있다. 선행 및 헌신의 의무는 서비스의 가치로 표현되는데, 서비스의 가치는 사회복지전문직이 클라이언트를 돕는 원조과정에서 견지해야 하는 핵심적인 가치다. 이에 따라 서비스의 가치를 구체화한 **온정주의**는 원조전문직으로서 사회복지전문직이 클라이언트에 대한 원조과정에서 견지해야 하는 중요한 윤리적 원칙의 하나로 자리 잡고 있다. 오늘날의 온정주의는 사회복지사가 클라이언트의 복지를 증진시키는 데 기여할 수 있는 전문적 권위와 지식을 견지하고 있다는 전제에서 출발하고, 구체적으로는 사회복지전문직이 추구하는 치료모델 혹은 욕구모델을 기준으로 삼는다고 볼 수 있다(Rappaport, 1986).

이처럼 선행 및 헌신의 의무, 서비스의 가치와 온정주의의 윤리적 원칙은 사회복지전문직이 윤리적 책임성을 확립할 필요성을 제기한다. (앞서 살펴본 것처럼) 사회복지사와 클라이언트의 관계는 **신탁(信託)모델**(fiduciary model)로 나타난다(Levy, 1976b). 신탁모델은 사회복지사가 전문적 권위와 지식을 바탕으로 클라이언트의 삶에 대한 결정에 개입할 수 있다는 지향을 말한다. 따라서 사회복지사의 판단이나 사회복지사가 제시하는 대안은 클라이언트의 삶에 지대한 영향을 끼칠 수밖에 없다. 이때 만일 사회복지사가 윤리적 책임성을 확고히 정립하지 않는다면 온정주의는 부당한 개입주의로 변질될 우려가 있다. 클라이언트를 돕는다는 미명 아래 사회복지사가 클라이언트에게 해악을 끼치거나 사회복지사 자신의 이익을 위해 클라이언트를 착취하는 문제가 발생할 수 있는 것이다.

이에 리머는 사회복지사는 전문직으로서 윤리적 책임의 중요성을 명확히 인식할 필요가 있다고 강조한다(Reamer, 1987). 특히 주로 취약계층을 돕는 사회복지전문직의 특성을 고려할 필요가 있다. 사회복지 분야에 취약한 클라이언트는 사회복지사와의 원조관계에서 열등한 위치에 놓이는 경우가 많고, 또 긴급한 상황에서 도움을 요청하기 때문에 자기의사결정권을 충분히 행사하지 못할 수 있기 때문이다. 이는 의료나 심리상담 분야의 경우 권리의식이 개발되어 있고, 자기의사결정권의 역량을 갖춘 일반계층이 주된 클라이언트라는 점과 대비된다. 따라서 사회복지사는 원조관계 수립과정에서 자신의 윤리적 책임성에 대해 명확히 진술하고, 클라이언트가 사회복지사의 윤리적 책임성 문제에 대해 불편해하지 않고 주체적으로 인식하며 권리의식을 갖고 참여할 수 있도록 절차를 마련할 필요가 있다.

나아가 리머는 사회복지사의 전문직 윤리의 필요성에 대해 다섯 가지로 설명하고 있다(Reamer, 2013).

첫째, 전문직 윤리는 전문가로서의 사회복지사 자신의 가치와 다양한 가치들의 공통점과 차이점을 체계적으로 확인하기 위해 필요하다. 사회복지사는 실천과정에서 다양한 가치가 복합적으로 영향을 끼친다는 점을 명확하게 이해할 필요가 있다. 이를 위해서는 사회복지사의 개인적 가치, 클라이언트의 가치, 사회적 가치, 전문직 가치 등 다양한 가치를 객관적으로 확인하고 그 영향에 대해 이해해야 한다. 특히 사회복지사 자신의 개인적 가치가 원조과정에 반영되어 클라이언트의 가치를 폄하하고 전문직 가치의 구현을 방해할 위험에 대해 고려해야 한다. 이때 사회복지전문직의 윤리는 사회복지사의 개인적 가치를 확인하고 이를 객관화하는 자기성찰의 기반을 제공해 사회복지사의 윤리적 감수성 증진에 기여할 수 있다.

둘째, 전문직 윤리는 **윤리적 딜레마**를 이해하고 이에 대처할 수 있는 역량을 갖추기 위해 필요하다. 사회복지전문직은 원조과정에서 전문적이고 책임 있는 윤리적인 결정을 필요로 하는 윤리적 딜레마의 상황에 봉착하게 된다. (제4장에서 설명했듯이) 윤리적 딜레마란 사회복지사가 지켜야 하는 윤리적 의무, 즉 도덕적 원칙이 서로 충돌하는 상황이 발생해 올바른 선택을 쉽게 할 수 없는 경우를 말한다. 그러나 사회복지사는 윤리적 딜레마의 상황 자체를 인지하지 못하거나 이를 인지하더라도 사회복지사 개인의 주관적 선호나 기관의 관행에 입각해 행동하는 경향이 있다. 이처럼 확고한 전문직 윤리의 기반을 갖추지 않으면 윤리적 딜레마를 해결하는 전문적인 역량을 발휘하기란 불가능하다.

셋째, 전문직 윤리는 다양한 가치 간의 위계설정을 위해 필요하다. 윤리적 딜레마를 해결하기 위해서는 상충하는 윤리적 의무, 즉 도덕적 원칙이 어떤 특정한 가치에서 도출되었는지 확인하는 과정이 필수적이다. 이를 통해 각각의 도덕적 의무, 즉 윤리적 원칙을 도출한 근거인 상충하는 가치들 중 어느 것을 우선시할 것인가를 결정하는 것이다.

결국 전문직 윤리는 모두 존중되어야 할 사회복지의 가치들 중 어떤 것이 우선시되어야 하는지에 대한 위계설정을 가능하게 하는 기반을 제공한다. 확고한 전문적 윤리는 윤리적 딜레마 상황에서 각각의 윤리적 원칙의 도출 근거인 특정한 가치를 확인하고 이들 가치들 간의 위계설정을 통해 윤리적 판단의 기반을 제공한다.

넷째, 전문직 윤리는 사회복지의 현행 주류 가치가 얼마나 정당한지를 성찰하고 사회복지전문직의 사회적 책무를 이행하기 위한 가치를 정립하기 위해 필요하다. (제3장에서 살펴보았듯이) 사회복지윤리의 지배적인 패러다임들은 정체되어 있지 않고 끊임없이 변화해 왔다. 사회복지윤리의 지배적인 패러다임들은 각기 다른 가치와 윤리적 원칙을 제공해 실천대상과 실천방법의 선택 등 사회복지사의 실천활동에 지대한 영향을 끼친다. 전문직 윤리는 현재의 사회복지윤리의 지배적인 패러다임, 주요 가치, 윤리적 원칙의 타당성을 비판적으로 고찰하고 변화의 방향을 찾는 사회복지전문직의 노력에 크게 기여한다.

다섯째, 전문직 윤리는 사회복지전문직이 전문적인 실천활동의 방식을 새로이 개발하고 사회적 신뢰를 제고하기 위해 필요하다. (앞서 설명했듯이) 사회복지의 실천활동은 특정한 가치와 윤리적 원칙을 반영하고 있다. 사회복지전문직은 특정한 가치와 윤리적 원칙을 적용해 전문적 실천활동의 방식, 즉 실천대상과 개입방법을 개발해 왔다. 따라서 전문적 실천활동의 방식을 새로이 개발하기 위해서는 그 원천이 되는 윤리적 측면에 대한 이해를 높여 전문적 실천활동의 방식과 특정한 가치 및 윤리적 원칙과의 관계를 이해할 필요가 있다. 이는 사회복지전문직이 확립된 이론과 모델을 적용하는 데 관심을 제한하지 않고 그 윤리적 기반에 대한 이해를 확고히 함으로써, 전문직으로서의 역량을 강화할 뿐 아니라 윤리적 책무성에 대한 확고한 확신을 통해 사회적 신뢰를 제고하는 데에도 기여할 것이다.

2. 전문가 윤리에 대한 교육

그럼 전문가 윤리는 교육의 대상인가, 아니면 전문가 윤리에 대한 별도의 교육이 필요없는가가 검토대상이 될 수 있다. 이에 대해 전문가 윤리는 교육의 대상이 아니라는 전통적인 주장이 제기되어 왔다. 실천과정에서 경험이 축적되면, 사회복지사는 실천지혜(practice wisdom)를 개별적으로 갖추어 임기응변(臨機應變)식으로 해결해 나갈 수 있기 때문에 별도의 교육이 필요 없다는 것이다(Dolgoff et al., 2009). 결국 전문가 윤리의 교육에 대한 필요성을 부정하는 데에는 전문직 윤리의 중요성과 실효성에 대해 회의적인 시각이 반영되어 있다. 이들의 주된 주장은 다음과 같다(Dolgoff et al., 2009).

전문적 능력만으로 충분하고 윤리적 문제들은 전문성과는 관계가 없다. 사례들은 각기 독특하기 때문에 일관된 지침을 마련하기란 쉽지 않다. 사회복지는 과학적인 이론과 모델을 추구하기 때문에 가치중립적이다. 철학자들은 어떤 명제에 대해 일관된 견해를 갖지 못해 윤리적 문제해결의 지적 자원을 제공받기 어렵다. 옳음의 기준은 다양한 인종적 · 문화적 집단에 따라 상대적이기 때문에 객관적인 기준을 마련하기 어렵다. 대개의 실천적 이슈는 신속한 해결을 필요로 하기 때문에 윤리적 분석을 할 시간적 여유가 없다. 사회복지사들은 주어진 상황에서 무엇이 옳은지 본능과 직감, 즉 직관적으로 판단할 수 있기 때문에 별도로 윤리적 지침을 마련할 필요가 없다. 윤리강령은 사회복지사들에게 표준적인 행동을 강조하게 되므로 개별 클라이언트의 이익을 위한 사회복지사의 자기결정의 원칙에 위배될 수 있다. 윤리강령을 운영하면서 실천오류에 대한 지적이 늘어나고 이를 회피하기 위해 방어적으로 대처하다 보면 사회복지사들의 역량을 낭비해 소모적인 결과가 초래된다.

그러나 이러한 주장들은 설득력이 부족하다는 주장이 많다. 사회복지전문직의 실천활동은 윤리적인 측면과 과학적인 측면을 모두 포함하고 있다. 규범윤리학의 지적 자원을 활용해 윤리적 의사결정의 절차를 확립한다면 윤리적 문제해결에 도움이 될 수 있다. 문화적 상대주의가 윤리적 상대주의를 지지하는 논거가 될 수 없으며, 다양한 사회에 독특한 형태로 존재하는 도덕규칙은 인간과 사회에 보편적으로 적용되는 보편적인 도덕성, 즉 윤리적 보편주의를 반영한다. 윤리적 의사결정은 본질적으로 객관화가 가능한 이성적인 작업이고, 짧은 시간 동안 훌륭하게 윤리적 의사결정 절차를 수행할 수 있고, 윤리강령은 각 상황의 독특성을 반영할 수 있도록 일반화된 수준에서 기술된다. 윤리강령을 제정하고 이를 이행하려는 노력은 사회복지전문직이 윤리적 민감성을 고양시키는 데 기여한다.

이에 **미국사회복지교육협의회**(CSWE)는 사회복지전문직은 사회복지윤리와 가치에 대해 다음과 같은 내용을 교육할 필요가 있다고 강조한다(고수현, 2005). ① 사회복지사의 전문적 원조관계는 클라이언트의 개인적 가치와 존엄성을 바탕으로 해야 하고, 상호참여, 수용, 비밀보장의 실천과 함께 책임성 있게 갈등을 조정할 수 있는 능력을 갖추어야 한다. ② 사회복지사는 클라이언트의 자기의사결정의 권리와 원조과정에서의 참여권리를 존중해야 한다. ③ 사회복지사는 클라이언트 체계가 필요한 자원을 획득할 수 있도록 하는 데 참여해야 한다. ④ 사회복지사는 인간적인 사회제도를 위한 개혁을 위해 노력해야 한다. ⑤ 사회복지사는 다양한 민족과 인종의 각기 독특한 특성에 대해 존중하고 수용해야 한다. ⑥ 사회복지사는 자신의 윤리적 실천, 삶의 질, 지식과 기술을 발전시키도록 끊임없이 노력해야 한다.

나아가 돌고프, 로웬버그와 해링턴은 전문가 윤리교육의 목적에 대해 여섯 가지를 제시한다(Dolgoff et al., 2009). ① 전문적 실천상의 윤리적 이슈들에 대한 인식을 확대하고 윤리적 민감성을 갖추는 것, ② 상충하는 주장들 각각의 장점과 한계를 신중히 조사하고 밝히는 것, ③ 실천 상황에 내재해 있는 윤리적 원칙을 인식하는 것, ④ 윤리적 의사결정의 복잡성을 충분히 이해하는 것, ⑤ 윤리적 원칙을 실천에 적용하는 능력과 신중한 추론을 통해 결론을 도출하는 역량을 키우는 것, ⑥ 자신의 개인적 가치를 명확히 객관화하고 사회복지전문직으로서 자신이 수행한 윤리적 의사결정을 반성적으로 평가하는 능력을 키우는 것이다.

3. 사회복지사의 전문직 논란

윤리강령은 사회로부터 승인받는 전문직의 윤리적 책무와 밀접한 관련이 있다. 따라서 사회복지사 윤리강령도 전문직으로서의 사회복지사의 정체성 확립의 과정과 분리해 논의할 수 없다. 이에 사회복지사 윤리강령에 대한 구체적인 검토는 현대사회의 전문직 속성에 대한 이해로부터 시작하는 게 바람직하다.

일반적으로 전문직은 사회적 목표 실현을 위해 사회로부터 특정한 권한을 위임받기 때문에 사회적으로 통제력을 가진 직업으로 이해된다(우국희, 임세희, 성정현, 최승희, 장연진, 좌현숙, 2013). 전문직집단은 사회적 목표 실현을 위해 국가로부터 독점 혹은 준독점적인 지위를 부여받기 때문에 국가와 특수한 관계를 맺는다. 독점적 혹은 준독점적인 지위를 향유하기 때문에 전문직집단은 국가의 간섭보다 자율규제가 우선시되어 상당한 재량권을 행사한다. 전문화된 지식과 능력을 바탕으로 전문직집단은 국민의 생명, 건강, 삶의 질과 관련해 비전문가가 제공할 수 없는 전문적인 서비스를 배타적으로 제공한다(정연재, 2007). 따라서 사회로부터 권한을 위임받은 전문직의 활동은 고도의 윤리성을 바탕으로 선행 및 헌신의 의무와 공익성을 지향할 것을 요청받는다. 이처럼 사회적 목표

실현을 위해 사회로부터의 권한위임과 독점 혹은 준독점적 지위 확보, 전문화된 지식과 능력과 재량권 보유, 배타적인 서비스 제공, 윤리적 책무성 등을 바탕으로, 전문직집단은 소득기회와 독점적인 직업적 위세(威勢)를 보장받는다.

〈표 6-1〉 전문직의 특성

구분	내용
전문직의 개념	사회적 목표 실현을 위해 사회로부터 특정 권한을 위임받아 사회적 통제력과 직업적 위세를 가진 직업
전문직의 권한	사회로부터의 권한 위임과 독점 혹은 준독점적 지위 확보, 전문화된 지식, 능력과 재량권 보유, 배타적인 서비스 제공, 전문직의 바탕으로서의 윤리적 책무성

이때 **윤리강령**은 전문직의 지위를 규정하는 중요한 요소 중의 하나로 인정된다. 윤리강령은 해당분야 전문가들이 지켜야 할 행동기준과 원칙을 기술해 놓은 것으로서 그 기준에 준해 행동하도록 지침을 제시하는 행동강령과 같다. 따라서 대부분의 전문직은 윤리강령을 마련하고 이에 입각해 실천하려고 노력한다(양옥경, 2004). 즉, 윤리강령은 사회로부터 권한을 위임받아 사회적 목표 달성을 위해 복무하는 전문직의 가치를 표현하고, 헌신의 의무와 공익성을 반영하는 고도의 윤리적 책무성을 전문직 실천의 윤리적 원칙으로 제시한다. 이는 전문직의 내적 속성을 반영하는 구성요소들을 다음과 같이 제시하는 데에서도 확인할 수 있다(김미옥, 2004).

바버(Barber, 1963)는 전문직의 내적 속성상 구비해야 하는 요소들로 체계화된 지식, 사회적 이익의 추구, 윤리강령 및 자율적 규제, 보상체계를 제시했다. 칼-손더스(Carr-Saunders, 1982)는 특별한 기술과 훈련, 최소한의 보수, 전문가 단체의 구성, 윤리강령의 존재, 전문직 지위 획득을 위한 최소한의 자격 등을 전문직의 내적 속성을 반영하는 구성요소로 제시했다. 그린우드(Greenwood, 1957)는 전문직의 내적 속성에는 조직된 이론체계의 존재, 전문적 권위의 부여, 지역사회로부터의 인정, 윤리강령의 존재, 전문직업적인 가치규범의 문화 등의 구비요소를 갖추고 있다고 했다. 홀(Hall, 1968)은 전문직의 내적 속성의 구성요소를 구조적 · 태도적 · 조직적 측면으로 나누어 설명했다. 구조적 측면에서는 전임직업, 교육기관의 설립, 전문직 종사단체, 윤리강령을 제시했다. 태도적 측면에서는 주된 관련이 있는 전문조직의 활용, 공공서비스를 제공하는 신념, 자기규제에 대한 신조, 전문직 업무에 대한 소명의식, 자율성 등이 필요하다. 조직적 측면에서는 권위에 대한 위계질서, 분업화, 규칙, 전문화된 절차, 개인에 차별을 두지 않는 일반화, 기술적 능력을 갖추어야 한다(김미옥, 2004).

자원봉사자들의 비전문적인 활동이었던 우애방문원 시절 이후 사회복지사들은 직업적 전문화의 역사를 걸어 왔다. 그 과정에서 사회복지직이 전문직인가는 계속 논란의 대상이 되어 왔다. 그 시초는 의사인 플렉스너가 1915년에 사회복지직이 전문직이 되기 어렵다며 제기한 논쟁으로 인해 촉발된, 이른바 **플렉스너 신드롬**(Flexner syndrome)에서 찾을 수 있다(Flexner, 1915).

플렉스너는 사회복지직이 전문직인지 평가하는 기준으로 여섯 가지를 제시했다. ① 광범위한 개인의 책임성을 기초로 한 지적인 활동일 것, ② 과학적 지식을 통해 이론을 이끌어 낼 것, ③ 이론은 실질적이고 명확한 결론을 이끌어 낼 것, ④ 고도로 전문화된 교육훈련을 통해 지식과 기술을 이전할 수 있을 것, ⑤ 활동, 의무, 책임을 규정하는 전문가 조직을 구성할 것, ⑥ 이타적인 지향을 갖고 사회적 목적달성을 위해 노력할 것이다. 그는 사회복지직이 독자적인 과학적 지식과 이론 및 모델이 부족하고, 영역이 너무 넓어 체계적인 이론을 발전시키기 어렵고, 전문성 있는 교육도 어렵기 때문에 전문직이 되기 어렵다고 진단했다(우국희 외, 2013).

이에 자극받아 사회복지계는 전문직의 정체성을 확립하기 위해 본격적인 작업에 착수했다. 1921년에 미국사회복지사협회(The American Association of Social Workers: AASW)를 설립했다. 또한 전문가를 양성하기 위한 사회복지 전문학교를 설립했다(우국희 외, 2013). 사회복지현장에서는 업무의 영역을 좁혀 정신의학에 기반을 둔 미시적인 치료모델에 집중함으로써 전문적인 지식을 갖추는 데 체계적인 노력을 기울였다. 반면, 미시적인 치료모델 위주로 전문직을 추구하던 당시에는 사회개혁이나 공공복지부문을 실천영역에서 배제하려는 풍조가 생겨났다(고수현, 2005). 그 결과 오늘날에 이르러 사회복지계는 어느 정도 전문직의 기반을 갖춘 것으로 평가받고 있다.

현실적으로 사회복지사의 전문직 수준은 다음과 같이 평가된다. 그린우드는 1950년대 후반에 이르러 사회복지직은 체계적인 이론, 전문적 권위, 사회적 승인, 윤리강령, 전문직업적 문화 등을 갖추었기 때문에 전문직으로 볼 수 있다고 평가했다(우국희 외, 2013; Greenwood, 1957). 1960년대 말에 토렌(Toren, 1969)은 사회복지직이 준전문직에 해당한다고 보기도 했다. 현재 미국의 경우 사회복지 분야 중 정신의료사회복지사는 다른 분야에 비해 상대적으로 전문성을 높게 인정받고 있다(고수현, 2005).

4. 사회복지사 윤리강령의 역사

(지금까지 살펴본 것처럼) **윤리강령**은 전문직의 지위를 규정하는 중요한 요소 중의 하나로 인정된다. 전문가 윤리강령은 해당 직역이 전문가로서 사회적 책무를 이행하고 표준적인 윤리적 실천을 지향할 수 있는가를 가늠하기 때문에 전문직으로서 갖추어야 할 중요한 구성요소다. 이에 여러 직업군이 자신들의 직업을 전문직으로 발전시키고자 윤리강령을 채택하려는 노력을 기울여 왔다.

처음으로 윤리강령을 만든 직업집단은 의사였다. 이미 기원전에 히포크라테스(Hippocrates)는 히포크라테스 선서를 통해 그리스의 모든 의사에게 의사-의사 간의 관계와 의사-환자 간의 관계에서의 전문적이고 윤리적인 행위에 대해 서약을 하도록 요구했다. 영국에서는 1803년에 퍼시블(Percival)이라는 의사가 최초로 윤리강령을 작성했다고 한다. 미국에서는 미국의학협회(AMA)가 1847년에 최초로 윤리강령을 제정해 공표했다(양옥경, 2004; Dolgoff et al., 2009). 약사들은 의사들에 이어 독자적인 윤리강령을 채택했다. 의사들에 비해 아직까지 전문성을 덜 인정받고 있던 약사들이 전문적인 권위를 확고히 하고자 하는 취지였다(Dolgoff et al., 2009).

미국은 사회복지직의 전문직화를 위한 노력과 함께 사회복지사 윤리강령의 제정을 위한 노력을 벌였다. 최초로 메리 리치몬드(Mary Richmond)는 1920년에 사회복지사 윤리강령의 초안을 마련했다. 분산되어 있던 사회복지사협회들 중 가장 큰 조직이었던 미국사회복지사협회(AASW)가 1947년에 공식적으로 윤리강령을 채택했다. 1955년에 모든 사회복지사협회가 통합되어 현재의 **미국사회복지사협회(NASW)**가 설립되었다. 미국사회복지사협회(NASW)는 수년간의 노력 끝에 1960년에 최초의 윤리강령을 채택했다. 그러나 당시의 윤리강령은 추상적이고 윤리적 딜레마를 다룰 수 있는 유용성이 부족하고 사회복지사나 기관에 대한 불만을 다룰 처리절차도 미비하다는 지적을 받아 왔다.

이와 같은 문제를 보완해 1979년에 새로운 윤리강령이 채택되어 1980년부터 시행에 들어갔다. 새로운 윤리강령도 1990년과 1993년에 일부 내용이 개정되었다. 그러나 이때까지도 윤리강령이 윤리적 딜레마를 다룰 수 있는 유용성이 부족하다는 한계는 완전히 극복되지 않았다. 이에 1993년 미국사회복지사협회(NASW) 대표자회의는 1996년 대표자회의에 제출할 완전히 새로운 윤리강령을 설계할 윤리강령 개정위원회를 창설하는 결의안을 채택했다. 그 결과 1996년에 기존의 윤리강령을 대폭 개정한 새로운 윤리강령이 채택되어 오늘에 이르고 있다(Reamer, 2013). 2008년에는 문화적 적응력과 사회적 다양성, 존경, 차별, 사회적 · 정치적 행동 조항에 성별 인식과 표현이 추가되었다(이순민, 2012). 2018년에는 다양한 사회복지실천현장에서 정보통신기술 사용이 증가함에 따라 주로 새로 등장하는 정보통신기술에 적용되는 윤리기준을 개발하기 위해 윤리강령의 개정이 이루어졌다(이에 대해서는 뒤에서 자세히 설명한다).

리머는 미국 사회복지윤리 발달의 역사에 대해 4단계로 압축해 제시하고 있다(Reamer, 2013). 첫 번째 시기는 도덕성의 시기(the morality period)다. 미국에서 사회복지실천이 태동한 19세기 말부터 1940년대의 시기로, 개인과 사회의 도덕성에 초점을 맞춘 자선조직협회와 인보관 활동과 관련이 있다. 자선조직협회는 개인의 도덕성의 부재를 문제의 근원으로 보았던 반면, 인보관운동은 사회문제를 야기하는 사회적 환경과 구조를 개혁하는 사회의 도덕성 회복에 초점을 맞추었다. 따라서 이 시기에는 실천가로서의 사회복지직의 윤리강령에 대한 관심은 부족했다. 두 번째 시기는 사회복지가치의 시기(the value period)다. 1950년대부터 1970년대 중반의 시기로, 클라이언트나 사회의 도덕성에 대한 관심에서 사회복지전문직으로서의 윤리적 실천으로 관심의 초점이 이동했다. 인권운동 · 반전운동 등 사회운동이 활발히 전개되고 존슨 대통령(1963~1969)의 위대한 사회(Great Society) 선언과 함께 빈곤과의 전쟁(War on Poverty) 프로그램이 활발히 전개되던 시대배경과 맞물려 전문직으로서의 사회복지직의 사회적 책임이 강조되었다. 이에 따라 윤리강령 제정 노력과 함께 사회복지실천의 핵심가치 정립을 위한 활발한 모색이 이루어졌다. 세 번째 시기는 윤리적 이론과 의사결정의 시기(the ethical theory and decision-making period)다. 1970년대 후반부터 1980년대 초기로, 사회복지의 축소와 민영화 추세로 사회복지조직 운영의 책임성과 효과성 · 효율성 입증의 요구가 증가하고, 다양한 사회문제가 출현해 실천현장이 다양해지는 상황과 관련이 있다. 이 시기에는 사회복지전문직에는 핵심가치 등 고도의 철학적 · 윤리적 영역보다는 임상적 실천에서 적용할 수 있는 구체적인 윤리적 실천지침에 대한 관심이 증가했다. 이에 따라 사회복지실천현장에서 발생할 수 있는 윤리적 딜레마를 해결할 수 있는 윤리적 의사결정지침을 체계화하려는 노력이 경주되었다. 네 번째 시기는 윤리적 기준과 위기관리의 시기(the ethical standards and risk management period)다. 1980년대 중반부터 현재까지로, 사회복지실천에서 **실천오류**(malpractice)에 대한 소송이 증가해 이에 대한 방어적 대응의 중요성이 부각되는 상황과 관련이 있다. 이 시기에는 그간의 노력 성과로 사회복지윤리에 대한 이론적 · 실천적 기반이 축적되어 1996년에 새로운 윤리강령이 제정되었다. 이 시기에 윤리적 실천의 기준 마련을 위한 노력이 강조되었는데, 윤리강령의 윤리기준을 통한 보편적인 지침뿐 아니라 각 분야의 윤리적 실천을 안내하는 미국사회복지사협회 기준(NASW standard)을 마련해 구체적으로 적용할 수 있게 하고 있다. 나아가 의료 분야를 중심으로 각 실천 분야에서 증거기반실천(evidence-based practice)의 중요성이 강조되면서 과학적으로 입증된 최상의 근거에 기반을 둔 실천모델을 적용해 실천오류를 최소화하려는 노력과 함께, 실천오류로 인한 소송에 대응해 실천오류 및 영업배상 보험을 안내하는 등 위험관리(risk management)의 중요성이 대두되었다(Reamer, 2015).

〈표 6-2〉 미국 사회복지윤리 발달의 역사

구분	내용
도덕성의 시기 (19세기 말~1940년대)	• 자선조직협회의 활동 및 인보관운동과 관련 • 개인 및 사회의 도덕성 회복에 초점 • 실천가로서 사회복지직의 윤리강령에 대한 관심 부족
사회복지가치의 시기 (1950년대~1970년대 중반)	• 사회운동과 빈곤과의 전쟁 프로그램 전개와 관련 • 전문직으로서의 사회복지직의 사회적 책임 강조 • 윤리강령 제정 노력 및 사회복지실천의 핵심가치 정립 모색
윤리적 이론과 의사결정의 시기(1970년대 후반~1980년대 초반)	• 책임성 입증 요구 및 실천현장의 다양성 확대와 관련 • 적용 가능한 구체적인 윤리적 실천지침에 대한 관심 증가 • 윤리적 딜레마 해결을 위한 윤리적 의사결정지침 체계화
윤리적 기준과 위기관리의 시기(1980년대 중반~현재)	• 실천오류 소송 증가로 방어적 대응의 중요성 부각 • 1996년 새로운 윤리강령 제정 및 각 분야의 실천기준 마련 • 실천오류 소송 대응 및 위험관리의 중요성 대두

우리나라에서는 1965년에 개별사회사업가협회들이 창립총회를 개최하고 활동을 시작했다. 1967년에는 한국사회사업가협회가 창설되었는데, 1967년에 사회단체로 인가받고 제1회 전국사회사업가대회를 개최했다. 1972년에 국제사회복지사연맹(IFSW) 회원국으로 가입했고, 1977년에 사단법인 한국사회사업가협회로 개칭되었다. 이후 1985년 7월에는 사단법인 **한국사회복지사협회**로 명칭이 변경되었고, 1996년부터는 사회복지사를 위한 법정단체로 활동하고 있다(김기덕, 최소연, 권자영, 2012).

한국사회사업가협회는 1972년에 사회사업가 윤리강령의 필요성을 인식하고 기초위원회를 발족하면서 준비작업을 시작했고, 1973년 2월 총회에서 윤리강령 제정을 결의했으나 결실을 보지는 못했다. 1978년 8월 윤리강령 제정을 위한 준비회의를 개최했고, 그 뒤 1982년 1월 한국사회사업가협회 총회에서 윤리강령을 채택했다. 이후 1988년, 1992년,

1999년에 각각 개정되었다. 2001년 12월에는 3년의 준비를 거쳐 기존의 내용을 대폭 개정해 현재의 윤리강령을 채택했다(양옥경, 2004).

(지금까지 살펴본 것처럼) 사회복지전문직의 윤리강령의 역사는 짧은 편이다. 그 이유는 중세시대 이래 종교적 자선이 사회복지활동의 전사(前史)에 해당하기 때문이다. 자선조직협회 시절에도 우애방문원의 활동은 비전문적인 자선활동으로서 자원봉사활동의 일환이었다. 이처럼 사회복지계 윤리강령의 역사가 일천한 것은 사회복지활동이 오랫동안 전문적인 활동이 아니라 단편적인 자선활동으로서의 한계를 지녔고, 전문직업적 활동이 아니라 비전문적인 자원봉사활동이 주를 이루었기 때문이다.

5. 사회복지사 윤리강령의 역할

사회복지사 **윤리강령**의 목적에 대해 미국사회복지사협회(NASW)는 다음과 같이 제시하고 있다.

① 윤리강령은 사회복지실천의 사명의 기반이 되는 핵심가치를 제시한다.
② 윤리강령은 사회복지전문직의 핵심적 가치를 반영하는 광범위한 윤리적 원칙을 요약하고 있으며, 사회복지실천의 지침으로 사용되어야 할 일련의 구체적인 윤리기준을 제시한다.
③ 윤리강령은 전문직 의무 간의 갈등이나 윤리적 불확실성이 발생할 때 사회복지사들이 관련된 고려사항들을 확인하는 데 도움이 되도록 기획되었다.
④ 윤리강령은 일반 대중이 사회복지전문직의 책임성을 견인할 수 있도록 윤리기준을 제공한다.
⑤ 윤리강령은 사회복지 분야에서 새로 일하는 사회복지실천가들에 대해 사회복지실천의 사명, 가치, 윤리적 원칙과 윤리기준을 사회화시킨다.
⑥ 윤리강령은 사회복지사가 비윤리적 행위를 하고 있는지 사정하기 위해 사회복지전문직이 사용할 수 있는 기준을 명확히 제시한다. 미국사회복지사협회는 회원에 대해 제기된 윤리적 불만신고를 판결하기 위한 공식절차를 두고 있다.

사회복지사 윤리강령의 기능에 대해 여러 논자가 의견을 제시하고 있다. 여기에서는 돌고프, 로웬버그와 해링턴, 리머 및 양옥경이 제시한 내용을 소개한다.

돌고프, 로웬버그와 해링턴은 사회복지사 윤리강령의 기능에 대해 다음과 같이 제시하고 있다(Dolgoff et al., 2009). ① 사회복지사들에게 윤리적 이슈뿐만 아니라 윤리적 딜레마에 대한 지침을 제공한다. ② 정직하지 않고 무능력한 사회복지사들로부터 많은 사람을 보호한다. ③ 정부의 통제로부터 사회복지전문직을 보호한다. 사회복지전문직의 자기규제는 정부의 규제보다 우선시된다. ④ 사회복지전문직의 내부갈등으로부터 초래되는 자기파멸을 예방해 사회복지사들이 조화롭게 일하도록 돕는다. ⑤ 소송으로부터 사회복지사들을 보호한다. 윤리강령을 따르는 사회복지사들이 실천오류로 인해 제기된 소송에서 어느 정도 보호를 받도록 한다.

리머는 사회복지사 윤리강령의 기능에 대해 다음과 같이 제시하고 있다(Reamer, 2013). ① 실천현장에서의 윤리적 딜레마에 대한 일반적인 원칙과 지침을 제공한다. ② 비윤리적 행위를 처벌하는 데 도움이 되고 표준이 되는 규범적 기준을 제공한다. ③ 실무자와 수련생과의 의사소통을 가능하게 한다.

양옥경은 돌고프, 로웬버그와 해링턴, 리머의 내용을 반영해 사회복지사 윤리강령의 기능에 대해 다음과 같이 제시하고 있다(양옥경, 2004). ① 사회복지실천현장에서의 윤리적 갈등의 지침과 원칙을 제공한다. ② 자기규제를 통해 클라이언트를 보호한다. ③ 자기규제를 통해 사회복지전문직의 전문성을 확보하고 외부통제로부터 전문직을 보호한다. ④ 일반 대중에게 전문가로서의 사회복지사의 기본 업무 및 자세를 알리는 일차적인 수단으로 기능한다. ⑤ 선언적 선서를 통해 사회복지사들의 윤리적 민감성을 고양시키고 윤리적으로 무장시킨다.

6. 사회복지사 윤리강령 검토

1) 미국사회복지사협회(NASW) 윤리강령

(앞서 설명한 바와 같이) 현재의 미국사회복지사협회(NASW) **윤리강령**은 1996년에 제정되었다. 미국사회복지사협회(NASW)는 1994년에 리머를 위원장으로 하는 윤리강령 개정위원회를 구성해 2년간의 노력 끝에 새로운 윤리강령을 제정했다(Reamer, 2013). 2008년에는 문화적 적응력과 사회적 다양성, 존경, 차별, 사회적 · 정치적 행동 조항에 성, 성적

성향에 대한 표현이 추가되었다(이순민, 2012).

2018년에는 다양한 사회복지실천현장에서 정보통신기술 사용이 증가해 비밀보장, 고지된 동의, 전문적 경계, 전문적 적임능력, 기록보관 그리고 기타의 윤리적 고려사항들의 유지와 관련해 독특한 도전이 발생하고 있다는 판단에 따라, 주로 새로 등장하는 정보통신기술에 적용되는 윤리기준을 개발하기 위해 윤리강령의 개정이 이루어졌다. 정보통신기술의 지원을 받는 사회복지서비스란 컴퓨터, 휴대전화 혹은 일반전화, 태블릿PC, 비디오기술뿐 아니라 인터넷, 온라인 소셜 미디어, 채팅방, 문자메시지, 이메일, 그리고 새로 등장하고 있는 디지털 애플리케이션 등 다양한 전자적 기술 혹은 디지털 플랫폼을 사용하는 사회복지서비스를 포함한다. 이때 정보통신기술의 지원을 받는 사회복지서비스는 심리치료, 개인, 가족, 혹은 집단상담, 지역사회조직, 행정, 옹호, 중재, 교육, 슈퍼비전, 연구조사, 평가 그리고 기타의 사회복지서비스를 포함하는 모든 영역의 사회복지실천을 망라한다.

〈표 6-3〉 미국사회복지사협회(NASW) 윤리강령의 2018년 개정 항목

구분	내용
클라이언트에 대한 윤리적 책임	1.03 고지된 동의(e, f, g, i 추가), 1.04 적임능력(d, e 추가), 1.05 문화적 인식과 사회적 다양성(d 추가), 1.06 이익의 갈등(e, f, g, h 추가), 1.07 사생활과 비밀보장(m, n, o, p, q, r 추가), 1.08 기록에의 접근(b 추가), 1.09 성적 관계(a 수정), 1.15 서비스의 중단(수정)
동료에 대한 윤리적 책임	2.01 존경(b 수정), 2.06 성적 관계(a 수정), 2.07 성희롱(수정), 2.10 동료의 비윤리적 행위(a 추가)
실천현장에서의 윤리적 책임	3.01 슈퍼비전과 자문(a, c 수정), 3.02 교육과 훈련(d 수정), 3.04 클라이언트의 기록(a, d 수정)
전문가로서의 윤리적 책임	4.02 차별(수정)
사회복지전문직에 대한 윤리적 책임	5.02 평가와 조사(f 추가)
사회전반에 대한 윤리적 책임	6.04 사회적 정치적 행동(d 수정)

미국사회복지사협회(NASW) 윤리강령의 전체적인 구성은 다음과 같다. 윤리강령은 전문, 목적, 윤리적 원칙, 세부 조항인 윤리기준으로 구성되어 있다. 세부 조항인 윤리기준은 클라이언트에 대한 윤리적 책임, 동료에 대한 윤리적 책임, 실천현장에서의 윤리적

책임, 전문가로서의 윤리적 책임, 사회복지전문직에 대한 윤리적 책임, 사회전반에 대한 윤리적 책임으로 구성되어 있다.

리머는 사회복지사의 사명을 진술한 현재의 윤리강령 전문은 다음과 같은 주제를 포함하고 있다고 한다(Reamer, 2013). ① 인간의 복지를 증진시키고 모든 사람의 기본적인 욕구를 충족시키는 데 헌신할 것을 제시한다. ② 클라이언트의 역량강화(empowerment)의 사명을 특별히 강조하고 있다. ③ 취약하고 억압당하는 사람들에 대한 서비스의 중요성을 강조하고 있다. ④ 생태학적 관점에서 사회적 맥락에서의 개인의 행복에 초점을 맞추고 있다. ⑤ 사회정의와 사회변화에 헌신할 것을 장려하고 있다. ⑥ 문화적 · 인종적 다양성에 대한 민감성을 제고할 것을 강조하고 있다.

현재의 윤리강령은 목적과 윤리적 원칙에서 다음과 같은 세 가지 특징을 갖고 있다. ① 윤리적 딜레마를 해결하기 위한 실용성에 초점을 맞추고 있음을 전문에서 밝히고 있다. 윤리강령의 목적 중 세 번째 항목이 이를 반영하고 있다. ② 윤리적 딜레마 상황에서는 윤리강령의 개별 조항들을 적용하는 차원을 넘어 별도의 윤리적 의사결정 절차가 필요하다는 점을 명확히 하고 있다. 윤리강령 조항 간의 상충이 발생하는 윤리적 이슈에 대해서는 윤리강령을 적용해 단순한 해법을 추구할 수 없기에, 윤리적 의사결정 절차에 따라 이 윤리강령뿐 아니라 윤리적 이론과 원칙, 사회복지실천 이론과 조사, 법률과 규칙 및 기관의 정책 등을 종합적으로 적용할 것을 주문한다. ③ 사회복지전문직의 핵심가치와 이를 구현하기 위한 윤리적 원칙을 제시했다. 여섯 개의 핵심가치는 서비스, 사회정의, 인간의 존엄과 가치, 인간관계의 중요성, 충실성, 적임능력이다.

세부 조항인 윤리기준은 클라이언트에 대한 윤리적 책임, 동료에 대한 윤리적 책임, 실천현장에서의 윤리적 책임, 전문가로서의 윤리적 책임, 사회복지전문직에 대한 윤리적 책임, 사회 전반에 대한 윤리적 책임으로 구성되어 있다(부록 2 참조).

<표 6-4> 미국사회복지사협회(NASW) 윤리강령 윤리기준의 구성

구분	내용
클라이언트에 대한 윤리적 책임	클라이언트에 대한 헌신, 자기의사결정권, 고지된 동의(9개 항목), 적임능력(5), 문화적 인식과 사회적 다양성(4), 이익의 갈등(9), 사생활과 비밀보장(21), 기록에의 접근(3), 성적 관계(4), 신체적 접촉, 성희롱, 인격을 손상시키는 언어, 서비스 비용의 지불(3), 의사결정 능력이 없는 클라이언트, 서비스의 중단, 서비스의 의뢰, 서비스의 종결(6)

동료에 대한 윤리적 책임	존경(3), 비밀보장, 다학문간 협동(2), 동료가 관련된 분쟁(3), 자문(3), 성적 관계(2), 성희롱, 동료의 손상(2), 동료의 능력 부족(2), 동료의 비윤리적 행위(5)
실천현장에서의 윤리적 책임	슈퍼비전과 자문(4), 교육과 훈련(4), 업무평가, 클라이언트의 기록(4), 청구서 작성, 클라이언트의 이전(2), 행정(4), 계속교육과 직원의 능력개발, 고용주에 대한 의무(7), 노사분쟁(2)
전문가로서의 윤리적 책임	적임능력(3), 차별, 사적인 행위, 부정직 · 사기 · 기만, 손상(2), 잘못된 설명(3), 권유(2), 공적의 인정(2)
사회복지전문직에 대한 윤리적 책임	전문직의 충실성(5), 평가와 조사(17)
사회 전반에 대한 윤리적 책임	사회복지, 대중의 참여, 공공의 긴급사태, 사회적 · 정치적 행동(4)

윤리강령의 세부 조항인 윤리기준을 살펴보면, 윤리강령의 실용성을 개선하기 위한 노력의 결과 현재의 윤리강령은 열 가지 조항에서 기존의 윤리강령과 차이가 있다고 알려져 있다(Congress, 1999). ① 비밀보장의 한계를 구체적으로 명시해 실천지침으로 삼을 수 있도록 했다. ② 컴퓨터, 전자우편 등 기술발달시대의 비밀보장에 대해 자세히 기술하고 있다. ③ 가족이나 집단세팅에서의 비밀보장의 의무에 대해 새롭게 추가했다. ④ 제3자(보험회사)와 관계되어 있는 의료 분야에서의 서비스 제공의 한계에 대해 구체적으로 명시했다. ⑤ 다문화사회에서의 문화적 이해능력과 사회적 다양성에 대한 조항을 추가했다. ⑥ 클라이언트와의 이중관계 회피의무에 대해 구체적으로 명시했다. ⑦ 이전 윤리강령은 현재의 클라이언트와의 성적 관계만을 금지했지만, 새 윤리강령은 과거 및 현재의 클라이언트와 클라이언트의 친척 또는 클라이언트의 친구, 나아가 동료와의 성적 접촉을 금지하고 있다. ⑧ 동료의 결함이나 무능력에 대해 조치를 강구할 의무를 강화했다. ⑨ 교육과 훈련에 관한 이슈를 구체적으로 명시해 적임능력을 개발하고 최신의 지식과 정보를 바탕으로 능력의 범위 안에서만 서비스를 제공하도록 하고, 학생과의 이중관계를 피하고 학생이 서비스를 제공할 경우 이 사실을 클라이언트에게 공지하도록 했다. ⑩ 이전의 윤리강령의 대상은 직접서비스 분야에만 한정되었는데, 새 윤리강령은 사회복지행정가에게도 적용할 수 있도록 적극적인 자원 활용, 공정한 자원분배, 차별 없는 분배절차, 적절한 슈퍼비전, 윤리강령과 일치하는 작업환경의 조성 등을 포함시켰다.

2) 한국사회복지사협회(KASW) 윤리강령

2001년에 제정된 한국사회복지사협회(KASW) **윤리강령**은 전문, 윤리기준, 선서로 구성되어 있다. 우선, 전문은 사상과 가치, 사회복지사의 다짐으로 구성되어 있다(김미옥, 2004). 사상과 가치는 인본주의 및 평등주의 사상, 인간의 존엄성과 가치 존중, 천부의 자유권과 생존권 보장활동에의 헌신, 사회정의, 평등, 자유와 민주주의 가치 실현, 클라이언트의 사회적 지위와 기능 향상을 위한 노력, 사회제도 개선을 위한 주도적 참여를 제시하고 있다. 사회복지사의 노력으로는 개인의 주체성과 자기의사결정권 보장을 위한 노력, 전문적 지식과 기술개발, 사회적 가치를 실현하는 전문가로서의 능력과 품위 유지를 위한 노력을 제시하고 있다. 사회복지사의 다짐에는 클라이언트, 동료 및 기관, 지역사회 및 전체 사회에 대한 사회복지사의 행위와 활동을 판단 · 평가하며, 윤리기준을 준수할 것을 제시한다.

윤리강령의 세부 항목인 윤리기준은 기본적 윤리기준, 클라이언트에 대한 윤리기준, 동료에 대한 윤리기준, 사회에 대한 윤리기준, 기관에 대한 윤리기준, 사회복지윤리위원회의 구성과 운영으로 구성되어 있다(부록 1 참조).

〈표 6-5〉 한국사회복지사협회(KASW) 윤리강령 윤리기준의 구성 

구분	내용
기본적 윤리기준	전문가로서의 자세(7개 항목), 전문성 개발을 위한 노력(5), 경제적 이득에 대한 태도(3)
클라이언트에 대한 윤리기준	클라이언트와의 관계(9), 동료의 클라이언트와의 관계(2)
동료에 대한 윤리기준	동료(6), 슈퍼바이저(4)
사회에 대한 윤리기준(4)	
기관에 대한 윤리기준(3)	
사회복지윤리위원회의 구성과 운영(3)	

다른 나라와는 달리 한국사회복지사협회(KASW) 윤리강령은 독특하게 선서를 포함하고 있다. 선서는 2001년 개정 때 새로이 추가된 내용이다. 선서는 사회복지실천은 모든 사람에게 제공된다는 점, 사회복지실천은 인간다운 삶의 질을 위한 것이며 개인 차원에

서는 인간존엄성과 사회 차원에서는 사회정의를 기본 목표로 삼는다는 점, 사회복지실천의 대상을 개인부터 전체 사회까지 포함시킨다는 점, 소외당하고 고통받는 사회적 약자 편에서 이들과 함께한다는 점 등을 강조한다(양옥경, 2004).

선서를 제정한 목적은 다음과 같다(양옥경, 2004). ① 윤리강령, 특히 윤리기준의 내용이 길어짐에 따라 한눈에 파악할 수 있는 짧은 글이 필요하다. ② 국가시험을 통해 자격증이 부여되는 국가인정 자격증 소지 전문직으로서 어떤 사명감을 갖고 임하는지에 대해 스스로 다짐할 필요가 있다. ③ 사회복지사의 사명감에 대해 타 전문직에게 알릴 필요가 있다. ④ 실천에 임하기 전에 마음가짐을 다지는 과정이 필요하다. ⑤ 일반대중에게 사회복지사의 기본자세와 자기규제의 내용에 대해 알림으로써 사회복지사의 전문성에 대한 믿음을 가질 수 있게 해 준다.

한국사회복지사협회(KASW) 윤리강령은 다음과 같은 보완할 점이 있는 것으로 평가된다.

첫째, 윤리강령의 구성 면에서 미비한 점을 보완할 필요가 있다. 현재는 전문, 윤리기준, 선서로 구성되어 있는데, 전문, 목적, 윤리적 원칙, 윤리기준으로 구성된 미국사회복지사협회(NASW) 윤리강령과 비교해 목적과 윤리적 원칙이 없다. 목적은 윤리강령을 제정한 이유와 활용 방향에 대해 명확히 제시하는 내용이기 때문에 새로이 추가할 필요가 있다. 윤리적 원칙은 사회복지전문직의 핵심가치를 표방하는 내용이기 때문에 주요 가치와 그 내용을 명확히 제시하기 위해서는 반영할 필요가 있다.

둘째, 윤리강령은 윤리적 딜레마에 대한 이해를 반영하지 않고 있어 보완이 필요하다. 이는 현재 윤리강령 마련 당시 윤리적 딜레마의 중요성과 윤리적 의사결정에서의 윤리강령의 기능에 대해 충분히 고려하지 못한 탓일 수 있다. (앞서 살펴보았듯이) 미국사회복지사협회(NASW) 윤리강령은 윤리적 딜레마 해결의 실용적 목표를 표방하고 있고, 윤리적 딜레마 상황에서 윤리강령의 개별 조항에만 의존하지 말고 별도의 윤리적 의사결정 절차를 따를 것을 제시하고 있다.

셋째, 사회복지실천현장의 윤리적 이슈를 충분히 반영해 실용적 적용 가능성을 확보할 필요가 있다. 미국사회복지사협회(NASW) 윤리강령도 그간 개정과정에서 사회복지실천현장에서의 활용성 부족이 주된 고민거리였다. 현재의 한국사회복지사협회(KASW) 윤리강령은 사회복지실천현장의 다양한 윤리적 이슈를 충분히 반영하지 못하는 한계가 있다. 이에 사회복지실천현장의 윤리적 이슈에 대한 충분한 검토를 통해 실용적 적용가능성을 확보할 수 있도록 개선할 필요가 있다.

넷째, 윤리강령 개별 조항인 윤리기준의 모호함과 부족한 점을 시정할 필요가 있다(부록 1 참조). 몇 가지 예를 들면 다음과 같다. 기본적 윤리기준 중 전문성 개발을 위한 노력 2)는 클라이언트를 대상으로 연구할 때 자발적이고 고지된 동의를 얻도록 하고 있지만, 고지된 동의는 윤리적 딜레마 상황에서의 비밀보장의 한계와 관련된 내용으로 폭넓게 검토될 필요가 있다. 동료에 대한 윤리기준 중 동료 2)는 사회복지전문직의 이익과 권익 증진을 위해 동료와 협력할 것을 주문하는데 동료와의 협력의 기본취지는 클라이언트의 복지를 위한 것임을 잊어서는 안 된다. 동료에 대한 윤리기준 중 동료 4)는 전문적인 판단과 실천이 미흡해 문제를 야기했을 때 적절한 조치를 취해 클라이언트의 이익을 보호할 것을 제시하지만, 클라이언트의 이익을 보호하기 위해서는 자신의 서비스가 더 이상 필요하지 않거나 클라이언트의 욕구나 이익에 봉사하지 못한다고 판단될 때에는 문제발생 이전에 의뢰 등 책임 있는 조치를 취해야 한다.

다섯째, **윤리위원회**의 구성 및 운영을 새로이 추가한 현재의 윤리강령의 취지를 살리기 위해서는 윤리위원회를 내실화할 필요가 있다. 미국사회복지사협회(NASW)는 사회복지사의 교육, 사회복지기관이 활용할 수 있는 윤리 관련 정책, 기준 수립, 윤리적 사례에 대한 자문 등의 기능을 수행하려는 취지로 윤리위원회를 구성하고 있다. 리머는 윤리적 이슈에 대한 법률적인 판단의 중요성을 고려해 윤리위원회 구성에 법률가도 포함시킬 것을 제안하고 있다(Reamer, 2013). 우리나라는 이전의 윤리·법제위원회에서 윤리위원회로 바뀌어 운영되고 있는 만큼, 현재의 윤리위원회의 활동을 평가해 구성 및 운영을 개선할 필요가 있다. 사회복지전문직의 윤리적 실천을 제고하고 사회복지사들의 윤리적 감수성을 확립하기 위해서는 윤리위원회의 활성화가 필수적이라는 점을 중시해야 한다(Dolgoff et al., 2009).

생각해 볼 문제

1 리머(Reamer)의 주장을 포함해, 사회복지실천의 특성에 비추어 사회복지사의 전문직 윤리의 필요성에 대해 검토해 보시오.

2 전문가 윤리에 대한 별도의 교육이 필요 없다는 각각의 주장에 대해 그 타당성과 한계를

검토해 보시오.

3 전문직의 특성과 바버(Barber), 그린우드(Greenwood), 홀(Hall)이 제시한 전문직의 구비 요소들을 기준으로, 사회복지직이 전문직인지에 대해 세부적으로 검토해 보시오.

4 미국사회복지사협회(NASW)의 윤리강령의 목적과 윤리강령의 기능에 대해, 윤리강령의 실제적 역할을 중심으로 구체적으로 검토해 보시오.

5 미국 사회복지윤리의 역사와 접목해 미국사회복지사협회(NASW) 윤리강령의 역사를 살펴보고, 1996년, 2008년, 2018년 개정의 의미와 그 내용에 대해 구체적으로 검토해 보시오.

6 미국사회복지사협회(NASW) 윤리강령의 전문, 목적과 윤리적 원칙이 담고 있는 내용과 그 함의에 대해 구체적으로 검토해 보시오.

7 미국사회복지사협회(NASW) 윤리강령의 윤리기준의 세부 조항에 대해 상세하게 알아보고 그 적용성에 대해 세부적으로 검토해 보시오.

8 미국사회복지사협회(NASW) 윤리강령은 공공부문에 종사하는 사회복지사에게 적용될 수 있는 윤리기준을 포함하지 않고 있다는 지적에 대해 그 이유가 무엇인지 검토해 보시오.

9 한국사회복지사협회(KASW) 윤리강령의 세부 조항에 대해 상세하게 알아보고, 그 적용성에 대해 세부적으로 검토해 보시오.

10 한국사회복지사협회(KASW) 윤리강령의 보완할 점이 무엇인지에 대해 세부적으로 검토해 보시오.

제 7 장

사회복지실천 분야와 윤리적 실천

1. 아동복지 분야의 윤리적 실천
2. 노인복지 분야의 윤리적 실천
3. 여성 및 가족복지 분야의 윤리적 실천
4. 청소년복지 분야 및 학교사회복지 분야의 윤리적 실천
5. 장애인복지 분야의 윤리적 실천
6. 정신보건 분야의 윤리적 실천
7. 의료복지 분야의 윤리적 실천
8. 타 분야와의 협력에서의 윤리적 실천
9. 문화적 인식 및 다양성과 윤리적 실천
10. 정보통신기술 사용에서의 윤리적 실천

◆ 생각해 볼 문제

제 7 장 사회복지실천 분야와 윤리적 실천

1. 아동복지 분야의 윤리적 실천

아동복지 분야의 주요 윤리적 이슈는 주로 개인적 가치의 투영 처리, 영구적인 계획정책에 따른 처리와 관련해 발생한다. **개인적 가치의 투영**이란 아동복지 분야의 사회복지사가 자신들의 가족형태의 경험을 바탕으로 클라이언트의 가정을 이해하려는 경향이 있다는 것이다(Morrison, 1995). **영구적인 계획정책**이란 이전의 시설보호와는 달리 아동을 그들의 부모와 함께 살도록 하거나 입양을 권장하는 것인데, 예방서비스와 보호서비스 간의 긴장감이 발생하고, 아동의 이익과 가족의 이익 사이에 결정해야 하는 문제가 생긴다(Congress, 1999).

첫째, 아동학대와 방임의 보고에 따른 문제다. 사회복지사는 아동학대나 방임을 의무적으로 보고해야 하는 자신의 역할을 잘 알고 있지만 이 이슈를 다루는 데 있어서 흔히 갈등을 겪게 된다. 명확한 증거가 있다면 쉽게 보고할 수 있지만 그렇지 않은 경우가 많기 때문이다. 일반적으로 빈민가 거주 저소득층의 경우 사회복지사에게 노출되기 쉽기 때문에 클라이언트의 경제적 상황으로 인해 빈곤이 아동방임으로 잘못 해석될 수 있다. 그러나 관료체계의 실수 때문에 아동의 가정이 공공부조를 받지 못하는 경우 결식아동이 방임되었다고 판단하기는 쉽지 않다. 따라서 경제적 · 사회문화적 배경에 대한 선입견을 배제하고 구체적인 사실관계와 영향요인을 중심으로 신중한 판단을 내릴 필요가 있다.[1)]

둘째, 보호서비스 제공에 따른 문제다. 많은 사회복지사가 양육보호를 받고 있는 아동

---

1) 아동학대 유형 및 징후, 아동학대 체크리스트 등과 아동보호전문기관의 현황에 대해서는 아동권리보장원 홈페이지(http://www.ncrc.or.kr) 참조.

들을 위해 영구적인 계획을 실시해야 하는 어려움에 직면하고 있다(Cohen, 1997). 형제자매 같은 양육가정에 아동을 보내는 경향이 있는데, 찬성자들은 가족을 함께 이어 주는 취지를 갖고 있는 반면, 반대자들은 아동을 바람직하지 못한 환경이나 아동학대자로 확인된 생부모들에게 노출시키는 것을 의미한다고 주장한다. 이처럼 형제자매를 같은 양육가정에 아동을 보내는 조치는 윤리적 결정의 복잡성을 증가시켰다.

셋째, 입양에 따른 문제다(Watson, Seader, & Walsh, 1994). 이전에는 사회복지사들은 친부모 가정에 대한 최소한의 긍정적 정보만을 입양가정에 제공하는 경향이 있었는데, 사회복지사는 생부모의 신체적·정신적·사회적 문제를 무시하고 그들의 강점에만 초점을 맞추어 기록했다. 그런데 친부모들이 아이를 되찾으려는 경향이 늘어나고 입양된 아이들도 자신의 배경에 대해 알고 싶어 함에 따라, 입양기록 공개의 장점과 단점에 대한 논의가 불가피해졌다. 특히 자라서 청소년이 되는 입양 아동은 친부모를 찾는 경향이 있고, 입양부모에게 반발하게 되고, 친부모는 지금의 양부모와 다를 것이라는 막연한 환상을 갖기도 한다. 이때 입양아동에게 그들의 출신배경에 대해 더욱 명백하고 정직하게 이야기해 주도록 권고되고 있다. 우리나라 입양정보공개제도의 경우, 친생부모가 동의한 경우에는 모든 정보를 공개하지만, 친생부모가 동의하지 않으면 친생부모의 인적사항을 제외한 입양 당시 친생부모의 나이, 입양일 및 입양 사유, 친생부모의 거주 지역명(시·군·구의 명칭) 등을 공개하도록 하고 있다.[2)]

아동복지 분야에서의 사회복지실천을 위한 윤리기준(NASW)[3)]

윤리기준 1 윤리와 가치

아동복지 분야에 종사하는 사회복지사는 사회복지전문직의 가치와 윤리에 대한 헌신을 입증해야 하며, 아동복지실천의 독특한 특징에 대한 이해와 함께 NASW 윤리강령을 윤리적 의사결정의 지침으로 사용해야 한다.

---

2) 자세한 내용은 아동권리보장원 홈페이지(http://www.ncrc.or.kr) 참조.

3) 아동복지 분야에서의 사회복지실천을 위한 윤리기준의 각 항목에 대한 세부지침에 대해서는 NASW (2013c) 참조.

윤리기준 2 자격조건, 지식 그리고 실천에서의 자격요건

아동복지 분야에 종사하는 사회복지사는 사회복지학 학사나 석사 학위를 보유해야 한다. 모든 사회복지사는 아동복지 분야의 최근 이론과 실천에 관한 실천지식과 주와 연방의 아동복지 관련법에 대한 일반적 지식을 갖고 있음을 입증해야 한다.

윤리기준 3 전문직 발전

아동복지 분야에 종사하는 사회복지사는 아동, 청소년과 그 가족에게 최신의 유익하고 문화적으로 적절한 서비스를 제공하기 위해 지속적으로 지식과 기술을 개발해야 한다.

윤리기준 4 옹호

아동복지 분야에 종사하는 사회복지사는 아동, 청소년과 그 가족을 위한 서비스를 개선하기 위해 자원 및 체계 개혁을 위한 옹호를 추구해야 한다.

윤리기준 5 협력

아동복지 분야에 종사하는 사회복지사는 아동, 청소년과 그 가족에 대한 효과적인 서비스를 지지, 증진, 전달하기 위해 학제간 및 기관간 협력을 증진시켜야 한다.

윤리기준 6 아동정보에 대한 기록유지와 비밀보장

아동복지 분야에 종사하는 사회복지사는 아동정보에 대한 사생활과 비밀보장의 적절한 장치를 유지해야 한다.

윤리기준 7 문화적 능력

아동복지 분야에 종사하는 사회복지사는 문화적 이해와 능력의 맥락을 바탕으로 가족들에게 서비스를 제공하도록 보장해야 한다.

윤리기준 8 사정

아동복지 분야에 종사하는 사회복지사는 중요 정보를 취득하기 위해 아동, 청소년과 그 가족체계에 대해 초기에 포괄적인 사정을 해야 한다. 사회복지사는 아동복지 서비스에 대한 계획을 개발하고 수정하기 위해 지속적인 사정을 실시해야 한다.

윤리기준 9 개입

아동복지 분야에 종사하는 사회복지사는 증거기반실천을 바탕으로 아동의 안전과 복지를 보장하기 위해 노력해야 한다.

윤리기준 10 가족 참여

아동복지 분야에 종사하는 사회복지사는 사정, 개입과 재결합 노력 과정에서의 동반자로서 가족을 참여시켜야 한다.

윤리기준 11 청소년 참여

아동복지 분야에 종사하는 사회복지사는 가정 밖 보호 및 양육보호로부터의 전환 준비에 있어서 청소년의 욕구에 집중하기 위해 그들을 적극 참여시켜야 한다.

윤리기준 12 영구적 계획

아동복지 분야에 종사하는 사회복지사는 아동과 청소년이 자신의 집에서의 안전 확보가 불가능할 때 가정 밖 보호를 제공해야 한다. 아울러 사회복지사는 원가정 복귀 혹은 또 다른 영구적 가정 제공 노력을 통해 조속한 영구적 계획 제공에 집중해야 한다.

윤리기준 13 슈퍼비전

아동복지 분야에서 슈퍼바이저로 종사하는 사회복지사는 사회복지사들의 기술 향상, 안전하고 긍정적인 업무환경, 사회복지사들에 대한 수준 높은 슈퍼비전 제공, 클라이언트에 대한 수준 높은 서비스 제공 보장 등의 긍정적인 업무환경을 개발하고 유지하기 위해 노력해야 한다.

윤리기준 14 행정

아동복지 분야에서 행정가로 종사하는 사회복지사는 합리적인 사례량과 작업량, 적절한 슈퍼비전, 최신 기술의 적절한 사용, 전문직 책임성 수행의 절차 준수를 통한 직원들의 실천에 대한 법적 보호 등의 조직문화를 증진시켜야 한다.

2. 노인복지 분야의 윤리적 실천

노인의 삶의 태도와 선호에 대해서는 다양한 주장이 제기되어 왔다. 이는 노인의 가치관에 대해 일면적으로 규정하고 이를 전형화하는 접근방식이 개별화의 원리에 위배될 수 있음을 의미한다. 따라서 노인의 삶의 태도와 선호에 대해, 개별적인 노인의 가치관에 입각해 자율성을 존중할 필요가 있다. 분리이론에서 노인은 역할 감소와 기력 저하로 인해 경쟁사회에서 스스로를 분리시키려 하는 경향이 있고, 사회적 교류를 줄이면서 내적으로는 스스로의 가치와 정서적 안정을 추구한다고 본다. 반면, 활동이론은 활동적인 노인이 그렇지 않은 노인에 비해 생활만족도와 적응도가 높고, 노동과 생산성을 중시하는 현대인들의 가치체계에서는 중년층에서의 역할 유지, 활동적인 과업 수행 등으로 노년기의 역할 감소를 대체하는 것이 바람직하다는 것이다. 그 밖에 역할이론에서 노인은 인생과정의 나이나 삶의 단계에서 부여되는 순차적인 역할기대에 부응해 적절한 태도의 기준을 갖고 이에 따라 행동표준을 형성하며 순응해 나간다고 본다. 최근의 연속성이론은 노화를 전 생애에 걸친 삶의 과정이며, 노인은 급격한 변화나 불균형을 추구하기보다 이전의 성격과 생활양식의 연속선상에서 이전 시기의 개인적인 삶과 융합되는 삶의 태도를 선택한다고 본다(한국임상사회사업학회 엮음, 2004).

노인과 함께 일하는 사회복지사는 노인의 이전 성격, 좋아함과 싫어함, 신체 및 정신건강, 태도, 사회역할과 직업역할, 보상을 바라는 자아 등에 대해 고려해야 하는 사회복지의 가치를 존중할 필요가 있다(Tepper, 1994). 그럼에도 불구하고 많은 사회복지사는 노인에게 간섭적인 태도를 보여, 신체적 허약함을 결정능력 부족과 혼동하는 경우가 많다. 특히 거주시설의 경우 거주자들은 무엇을 먹고 입을 것인지와 같이 일반 사람이 매일 내리는 선택과 관련된 결정권이 부정되는 등 개인의 권리를 제한해 온 것으로 유명하다(Collopy & Bial, 1994). 이 분야에서의 윤리적 이슈에는 가정보호에 있어서의 윤리적 딜레마, 노인학대 문제, 자율성과 지역사회보호 문제, 문화적으로 다양한 배경을 가진 노인의 문제 등이 있다(Congress, 1999).

첫째, 가정보호에 있어서의 윤리적 딜레마다. 대부분의 노인은 시설보호가 아닌 가정보호를 받는다. 지역사회 거주는 더 많은 자율성을 의미한다. 그러나 현실적으로는 그렇지 못할 수가 있다(Collopy, Dubler, & Zuckerman, 1990). 열악한 주거환경, 가족의 불건전한 간섭이나 소외, 노인에게 접근성 떨어지는 지역사회 환경 같은 여건들이 도사리고 있기 때문이다. 또 클라이언트의 자기의사결정권을 증진시키는 책임을 이행하는 데 있어서 사회복지사는 노인이 자신에게 잠재적으로 위험이 되는 행동과 관련되어 있다면 어떻게 할 것인가 하는 문제에 봉착하게 된다.

둘째, 노인학대에 관한 문제다(Wolf & Pillemer, 1984). 노인학대의 경우 자기의사결정권을 보장하기가 훨씬 더 어려워진다. 미국의 경우, 신체적 · 심리적 · 재정적 학대를 받는 노인이 12%에 이르지만 이들 희생자 중 1/6만이 사회복지기관에 도움을 요청한다. 우리나라의 경우도 2017년 노인학대경험률은 9.8%에 이르지만, 같은 해 노인보호전문기관에 학대사례로 확인된 신고건수는 4,622건에 불과하다(정경희, 오영희, 이윤경, 오미애, 강은나, 김경래, 황남희, 김세진, 이선희, 이석구, 홍송이, 2017; 중앙노인보호전문기관, 2018). 일반적으로 노인학대에 대해 신고할 법적 · 도덕적 의무가 부과되어 있지만, 아동의 경우와는 달리 노인은 사생활보호와 자기의사결정의 권리를 갖고 있기 때문에 이를 이행하기란 쉽지 않다. 무능력하다고 법적으로 판단되지 않는다면 노인은 자신의 의지대로 살아갈 권리가 있기 때문이다(Brownell, 1994). 우리나라의 경우에도, 2018년 노인학대 신고의무자에 의한 신고율은 전체 학대사례 5,188건 중 767건으로, 전년 대비 20.8%가량 증가했으나 전체 신고건수의 14.8%를 차지하는데 불과하다(중앙노인보고전문기관, 2019). 또한 노인은 가족 스트레스와 가족갈등에 대해 외부 사람들이 알기를 원치 않기 때문에 이를 최소화해 표현하는 경향이 있다. 게다가 수명이 늘어남으로 인해 경제적 자원이 제한된 가족에서는 가족의 스트레스가 학대를 유발할 수 있고, 만성적인 건강보호의 필요성을 가진 노인의 문제가 증가하기 때문에 노인학대가 늘어날 개연성이 높다. 따라서 사회복지사는 노인과 그 가족에게 노인학대의 징후와 개입방법에 대해 교육시킬 필요가 있고, 가족학대 관련 상황에 대해 신중한 윤리적 의사결정을 해야 한다.[4)]

셋째, 자율성과 지역사회보호의 문제다. 지역사회보호가 노인의 자율성을 증진시킨다고 하지만 건강의 쇠약이나 질병, 독립생활의 능력 부족, 잠재적인 건강상의 위험에의 노출 같은 상황에 처할 수 있다. 이 경우 사회복지사는 윤리적인 딜레마에 봉착하게 된다. 이때 클라이언트의 우려와 관련된 선택 가능한 충분한 대안이 있는지 검토하고, 이에 대한 충분한 정보를 클라이언트와 공유하는 가운데 장단점들을 고려한 현명한 대안들을 마련하고, 윤리적 의사결정지침에 따라 사정하며 자기의사결정권의 가치에 입각해 의사결정을 할 수 있도록 도와야 한다.

---

4) 노인학대의 유형과 학대노인전용쉼터 등 노인학대 관련 업무체계는 중앙노인보호전문기관 홈페이지(http://noinboho.or.kr) 참조.

넷째, 문화적으로 다양한 배경을 가진 노인과 관련된 문제다. 문화적으로 다양한 노인층에게 일어날 수 있는 윤리적 이슈와 딜레마에는 노인이 가족과 함께 살 때의 세대 간 갈등, 노인을 위한 서비스 개발에 있어서의 비윤리성 · 비실천 등이 있다. 따라서 노인의 가치와 문화를 존중해 가족의사가 다양성에 기초해 형성되도록 도와야 한다. 나아가 노인의 욕구, 가치, 존엄성을 존중하는 수용자 중심의 서비스 개발을 위해 노력해야 한다 (Congress, 1994).

노인을 위한 UN 원칙(1991년 12월 16일)[5)]

1. 독립

1) 노인들은 소득, 가족과 지역사회의 지원 및 자조를 통해 적절한 식량, 물, 주거, 의복 및 건강보호에 접근할 수 있어야 한다.
2) 노인들은 일을 할 수 있는 기회를 제공받거나, 소득을 얻을 수 있는 다른 기회에 접근할 수 있어야 한다.
3) 노인들은 직장에서 언제, 어떻게 그만둘 것인지에 대한 결정에 참여할 수 있어야 한다.
4) 노인들은 적절한 교육과 훈련 프로그램에 접근할 수 있어야 한다.
5) 노인들은 개인의 선호와 변화하는 능력에 맞추어 안전하고 적응할 수 있는 환경에서 살 수 있어야 한다.
6) 노인들은 가능한 오랫동안 가정에서 살 수 있어야 한다.

2. 참여

1) 노인들은 사회에 통합되어야 하며, 그들의 복지에 직접 영향을 미치는 정책의 형성과 이행에 적극적으로 참여하고, 그들의 지식과 기술을 젊은 세대와 함께 공유해야 한다.

5) 노인복지 분야에서의 사회복지실천을 위한 윤리기준은 아직 마련되지 않아, 지역사회에서의 독립적인 삶과 참여를 중심으로 하는 노인복지실천의 일반적인 윤리적 · 인권적 원칙을 잘 반영하고 있는 노인을 위한 UN 원칙을 소개한다.

2) 노인들은 지역사회 봉사를 위한 기회를 찾고 개발해야 하며, 그들의 흥미와 능력에 알맞은 자원봉사자로서 봉사할 수 있어야 한다.
3) 노인들은 노인들을 위한 사회운동과 단체를 형성할 수 있어야 한다.

3. 돌봄

1) 노인들은 각 사회의 문화적 가치체계에 따라 가족과 지역사회의 보살핌과 보호를 받아야 한다.
2) 노인들은 신체적·정신적·정서적 안녕의 최적 수준을 유지하거나 되찾도록 도와주고, 질병을 예방하거나 그 시작을 지연시키는 건강보호에 접근할 수 있어야 한다.
3) 노인들은 그들의 자율과 보호를 고양시키는 사회적·법률적인 서비스에 접근할 수 있어야 한다.
4) 노인들은 인간적이고 안전한 환경에서 보호, 재활, 사회적·정신적 격려를 제공하는 적정 수준의 시설보호를 이용할 수 있어야 한다.
5) 노인들은 그들이 보호시설이나 치료시설에서 거주할 때에도 그들의 존엄, 신념, 욕구와 사생활을 존중받아야 하고, 건강보호와 삶의 질 결정의 권리 존중을 포함해 인간의 권리와 기본적인 자유를 향유할 수 있어야 한다.

4. 자아실현

1) 노인들은 자신들의 잠재력을 완전히 발전시키기 위한 기회를 추구해야 한다.
2) 노인들은 사회의 교육적·문화적·정신적 자원과 여가에 관한 자원에 접근할 수 있어야 한다.

5. 존엄성

1) 노인들은 존엄과 안전 속에서 살 수 있어야 하며, 착취와 육체적·정신적 학대로부터 자유로워야 한다.
2) 노인들은 나이, 성별, 인종이나 민족적인 배경, 장애나 여타 지위에 상관없이 공정하게 대우받아야 하며, 그들의 경제적 기여와 관계없이 평가되어야 한다.

참고로, 미국사회복지사협회(NASW)는 지역사회에서의 독립적인 삶이 곤란한 경우 노인들이 입소하는 노인요양시설에서의 사회복지실천에서 준수해야 하는 윤리기준을 운영하고 있다.

노인요양시설에서의 사회복지실천을 위한 윤리기준(NASW)[6]

윤리기준 1 윤리와 가치

노인요양시설에 종사하는 사회복지사는 사회복지전문직의 가치와 윤리에 대한 헌신을 입증해야 하고, 시설이용자의 역량강화와 자기의사결정을 강조해야 하며, NASW 윤리강령을 윤리적 의사결정의 지침으로 사용해야 한다.

윤리기준 2 서비스 계획

노인요양시설에 종사하는 사회복지사는 시설이용자와 그 가족의 유용성 유지를 보장할 수 있도록 설계된 사회복지서비스 제공을 명확히 하기 위해 문서화된 계획을 세워야 한다.

윤리기준 3 사회복지실천 부서의 책임

노인요양시설에서 관리자로 종사하는 사회복지사는 조직화된 계획, 행정적 정책, 서비스의 조정 등 사회복지서비스에 관한 책임을 수행해야 한다.

윤리기준 4 프로그램의 기능

노인요양시설에 종사하는 사회복지사가 개발하는 사회복지실천 프로그램의 기능에는 시설이용자, 그 가족 그리고 기타 이용자의 케어에 관련된 사람들에 대한 직접적인 서비스; 옹호; 케어계획, 퇴소계획과 서류작성; 정책과 프로그램 설계에의 참여; 서비스의 질적 개선; 서비스를 제공하는 직원에 대한 교육; 지역사회와의 연계; 다른 직원에 대한 자문 등이 포함되어야 한다.

---

6) 노인요양시설에서의 사회복지실천을 위한 윤리기준의 각 항목에 대한 세부지침에 대해서는 NASW (2003a) 참조.

윤리기준 5 직원채용

노인요양시설에는 계획, 서비스 제공, 평가, 모든 사회복지서비스의 활성화를 유용하게 하기 위해 적절한 교육을 이수하거나 자격을 보유하고 사회복지실천 경험을 쌓고 시설의 사회복지서비스 제공에 기여할 수 있는 충분한 직원을 확보할 필요가 있다.

윤리기준 6 전문적 개발

노인요양시설에 종사하는 사회복지사는 NASW의 계속교육에 대한 윤리기준과 주정부의 규정에 따라 지속적인 전문직 발전의 개인적 책임을 명심할 필요가 있다.

윤리기준 7 직원정책과 절차

노인요양시설의 사회복지부서의 직원정책과 절차는 NASW 윤리강령과 관련된 윤리기준의 적용을 받는다.

윤리기준 8 기록

노인요양시설의 사회복지서비스 제공에 대한 기록은 시설이용자, 이용자의 케어에 관련된 다른 개인들에게 제공되며 반드시 진료기록으로 작성되어야 한다.

윤리기준 9 근무환경

노인요양시설에는 사회복지실천 프로그램의 전문적이고 관리적 요구를 충족시키기 위해 적절한 예산, 공간, 시설, 장비를 갖추어야 한다.

윤리기준 10 문화적 능력

노인요양시설에 종사하는 사회복지사는 다문화에 대한 이해와 능력을 바탕으로 시설이용자 및 그 가족에게 사회복지서비스를 제공해야 한다.

3. 여성 및 가족복지 분야의 윤리적 실천

점점 더 많은 사회복지사가 가족을 위해 일하고 있다. 이들은 많은 윤리적 이슈와 딜레마에 직면한다. 여기에는 가족치료의 문제, 문화적으로 다양한 가정에 대한 문제, 가정 내에서의 비밀보장의 갈등 문제 등이 있다(Congress, 1999).

첫째, 문화적으로 다양한 가정에 관한 문제다. 문화적 · 경제적으로 차이가 있는 가족과 일하는 사회복지사는 클라이언트와 같은 가치를 갖고 있지 않고 부적절한 개인적 혹은 사회적 가치에 입각해 개입할 수 있다(Congress, 1994). 미국의 경우 많은 사회복지사가 가족에 대한 개인주의적 관점 아래 성장해 독립성을 중시하도록 사회화되고 교육되지만, 많은 문화권에서는 가정을 전 생애에 걸쳐 중요하고 필수적인 지지 자원으로 보고 있다. 문화적으로 다양한 가정의 경우 사회복지사는 개인의 욕구와 가족의 욕구가 불일치할 때 이를 다루는 데 있어 윤리적 딜레마에 봉착하게 된다. 가족구성원 내에서 독립성을 추구하는 청소년과 가족의 가치를 중시하는 부모 사이의 갈등이 일어날 때 사회복지사는 청소년의 편에 서는 위험이 있다. 이러한 행동은 비윤리적이고 가정의 가치를 저버리는 상황으로 이어질 수 있다. 사회복지사는 개인적 가치관을 배제함으로써 가족 차원의 자기의사결정권을 민주적으로 보장하도록 노력할 필요가 있다.

둘째, 가정 내에서의 비밀보장의 갈등 문제다. 여기에는 부부간의 비밀보장 문제, 부모와 자녀 간의 비밀보장 문제가 주로 발생할 수 있다. 가족과 관련된 개입이 다른 가족구성원에게 영향을 끼칠 경우, 사회복지사는 '가족상담에 참여하고 싶어 하지 않은 가족에 대해서는 어떤 윤리적 책임이 있는가' '가족상담에 참여하지는 않지만 정보를 제공한 가족구성원의 비밀유지를 어떻게 해야 하는가' 하는 문제에 봉착한다. 가족상담의 경우나 다른 가족구성원에게 자신의 비밀이 노출될 개연성이 있는 개인상담에 있어서도, 상담 초기에 비밀정보를 어떻게 다룰지에 대한 지침을 세움으로써 사회복지전문직의 의무를 명확히 하고 가족상담 구성원에게 신뢰를 확보하고, 고지된 동의를 확보할 필요가 있다(Huber, 1994).

셋째, 가족치료에 관해 발생하는 문제다. 작은 사무실, 개인 클라이언트 위주의 진단과 치료계획 수립, 짧은 상담시간, 가족 중 한 사람만의 비용 지불, 보호관리의료에서의 가족치료 불인정 같은 여건으로 인해 가족적 접근이 허용되지 않는 경우가 많다. 그렇지만 사회복지 교육과 실천은 평가와 치료에 있어서 가족 차원의 생태학적 접근을 강조하고 있다. 그런데 사회복지사의 가족에 대한 가치가 뚜렷이 달라 개인 가치를 둘러싼 딜레마가 발생해 가족치료는 윤리적으로 도전적인 이슈가 되고 있다. 자녀에 대한 폭력이나 부부간의 폭력으로 위탁결정이나 쉼터 입소 같은 가족치료에서의 개입은 사회복지사 자신들의 가족에 대한 가치관과 관련이 있기 때문이다(Morrison, 1995). 특히 부부상담의 경우 부부간의 폭력, 혼외 관계에 따른 결혼지위의 결정이나 성 역할에 대한 가치에 대해서는 자신의 개인적 가치를 면밀히 점검해야 한다(Odell & Steward, 1993). 따라서 사회복지사는 자신의 가족에 대한 가치를 먼저 검토해야 하는데, 여기에는 '나의 가족은 어떠한가' '무엇이 이상적인 가족이라고 생각하는가' '이상적이라고 생각하는 가정과 나 자신의 가족상은 얼마나 다른가' '내가 돕고 있는 가정의 목적과 가치는 무엇인가' '이 가정은 스스로 무엇을 원하는가' 등의 질문에 답해야 한다.

여성 관련 가족상담의 딜레마에 윤리적으로 접근하기 위해서는 치료의 목적을 명백하게 결정해 구별할 필요가 있다. 치료의 목표를 기준으로, 문제 중심 치료와 성장 중심 치료로 구분하는데, 이는 클라이언트가 무엇을 원하는지 물어보고 결정하는 것이다. 특정 문제에 초점을 맞추는 문제 중심 치료와는 달리, 상황적 우울증, 초조, 인생의 의미 상실 같은 본질적으로 실존적인 문제를 가진 클라이언트에 대한 성장 중심 치료에서는 클라이언트는 제시한 문제영역 이상의 가치 변화를 시도할 가능성이 높은데, 이때에도 가치 변화가 클라이언트에게 해를 가져올 수 있으므로 이에 대해 클라이언트와 명백하게 토의하는 게 윤리적이라고 본다. 즉, 클라이언트와 토의나 허락 없이 사회복지사가 명백하게 어떤 가치를 옹호하고 클라이언트에게 영향력을 미치려 하는 것은 비윤리적으로 될 위험이 있다는 것이다. 그러나 현실적으로는, 문제 중심 치료에 한정할 경우 자신과 가족에게 해로운 결정을 하는 클라이언트를 방치하는 것이 윤리적으로 옳은 것인가, 문제 중심 치료와 성장 중심 치료를 명확히 구분하는 것이 현실적으로 가능한가 등의 문제도 있다(이은주, 2004; Dolgoff et al., 2009).

여성 및 가족상담에서의 가치유보 대 가치표명 딜레마 해결 지침[7)]

1. 사회복지사는 접수 · 사정 · 진단 단계에서 자신의 개인적 가치, 클라이언트의

7) 여성 및 가족복지 분야에서의 사회복지실천을 위한 윤리기준은 아직 마련되지 않아 여성 및 가족상담에서의 가치유보 대 가치표명 딜레마 해결 지침을 소개한다. 이 지침은 이은주(2004), Dolgoff et al. (2009)을 윤리강령의 취지에 맞게 수정한 것이다.

가치, 전문직 가치의 차이와 제반 가치 간의 차이가 사례의 문제와 어떤 연관이 있는지 판단해야 한다.

2. 사회복지사는 제반 가치 간의 차이가 사회복지실천과정에서 어떻게 관련되는지 판단해야 하는데, 가능하면 그 결과에 대해 클라이언트와 함께 토론하는 것이 좋다. 사회복지사는 클라이언트가 아직 준비되지 않았다거나 그러한 의사결정에 참여할 능력이 없다고 전제해서는 안 된다.

3. 자신의 개인적 가치가 효과적인 임상실천과정에 걸림돌이 되지 않는지 주의 깊게 살펴야 한다. 이와 같이 가치에 민감한 사례에 대해서는 슈퍼바이저와 의논해야 한다.

4. 최종적으로 클라이언트의 가치를 중시해 클라이언트의 자기의사결정권을 존중하고 전문직 가치를 견지할 사회복지사에게 의뢰할 것인지 결정해야 한다. 만일 사회복지사 자신의 개인적 가치가 클라이언트의 가치와 상충되고 이와 같은 가치 간의 상충이 해당 사례에 대한 개입방향에 영향을 끼칠 우려가 있다면 스스로를 사례에서 배제하는 것이 좋다.

4. 청소년복지 분야 및 학교사회복지 분야의 윤리적 실천

청소년기는 아동에서 성인에 이르는 인간발달과정에서 매우 중요한 시기다. 이 시기는 엄청난 기회와 약속의 국면이기도 한데, 청소년은 이제 막 싹트는 개성과 독립성을 개척하고, 자기 자신과 세상에 대해 결정적인 사고를 형성한다. 청소년은 근본적인 생물학적 · 심리적 · 사회적 변화와 도전에 직면해 스스로를 조정하고 적응하기 위해 애쓴다. 청소년복지 분야의 윤리적 이슈는 청소년기의 발달과제 성취를 위해서는 청소년 개인뿐 아니라 가족, 공동체, 나아가 거시적 사회환경과의 상호작용을 통해 달성된다는 점에 있다.

청소년복지 분야의 사회복지사는 사회복지전문직뿐 아니라 청소년 발달에 영향을 끼치는 전체 사회와 체계적인 연계에 주안을 두어야 하는 윤리적 이슈가 발생한다. 청소년의 욕구를 적절히 충족시키기 위해서는 개인, 가족 그리고 거시적 공동체가 문제 예방, 건강 및 안녕 증진을 위해 함께 노력해야 하기 때문이다. 이러한 청소년의 욕구를 충족시키기 위해서는, 청소년 발달과 생물심리사회체계의 결정적인 역할에 대한 근본적인 지식과 이해를 갖추고 있어야 한다. 또한 청소년이 적정한 신체적·정신적 건강을 성취하도록 사회적 투자를 하면 수확체증의 원리가 적용되어 개인, 지역사회, 나아가 사회 전체적으로 이득이 된다는 점을 이해해야 한다. 이를 바탕으로 환경, 공동체, 사회제도로부터 자원을 획득해 청소년의 삶에 영향을 끼치는 필수적인 서비스를 제공해야 한다.

첫째, 상당수의 청소년은 성인기로 성공적으로 이행하는 능력을 침해하는 약물과 폭력, 빈곤 같은 중요한 변화를 겪기도 한다. 청소년기의 건강한 발전은 가정, 학교, 그리고 사회환경에 침투해 있는 약물과 폭력에 의해 침해되기도 한다. 빈곤은 청소년과 그 가족의 기본적인 욕구충족마저 제한하는 장벽이 된다. 이와 같은 장벽들은 적절한 건강보호, 사회적 서비스, 교육, 고용기회, 주거와 영양섭취에 대한 접근을 제한한다. 또한 청소년은 가족, 학교 그리고 지역사회에서의 폭력, 학대, 왕따, 괴롭힘, 방임 등에 노출되어 있다. 여기에서 청소년복지 분야의 사회복지사는 전체 사회와 체계적인 연계에 주안을 두어야 하는 도전적인 과제에 직면하게 된다. 청소년기의 건강한 발전을 위해서는 폭력과 신체적·정신적·정서적으로 유해한 환경으로부터 자유로운 안전하고 지지적인 환경이 필수적이기 때문이다. 이와 같은 환경은 청소년이 가족, 학교, 지역사회와 강하고 의미 있는 연계를 구축할 수 있는 기회를 제공한다.

둘째, 소외된 청소년들은 가족, 지역사회 그리고 사회제도로부터 소외, 박탈, 차별을 겪기도 해 개인적 발달에 곤란을 겪기도 한다. 소외를 겪는 청소년 중에는 심각한 건강과 정신건강 문제를 겪고 있는 청소년, 장애청소년, 가출 및 노숙청소년, 양육보호 청소년, 촉법소년, 성적 소수자인 청소년 등이다. 이와 같은 사회적 조건에서 청소년들은 약물남용, 비행, 피임 없는 성관계, 병리적 정신건강상태 등의 건강 유해 행위에 취약하게 노출된다. 여기에서도 청소년복지 분야의 사회복지사는 전체 사회와 체계적인 연계를 추구해야 하는 도전적인 과제에 직면한다. 청소년은 자신의 가치가 구현되고 내재적인 재능, 능력, 강점을 확인하고 증진시킬 수 있는 활동에 참여함으로써 커다란 혜택을 얻기 때문이다. 이를 위해서는 포용적이고 다양성을 수용하는 사회환경이 매우 중요하다. 높은 질적 수준의 교육, 건강보호, 고용기회, 사회적 지지에 대한 공평한 접근권 보장은 청소년기의 긍정적인 성취를 보장하는 데 필수적이다.

한편, 학교사회복지 분야의 서비스는 청소년의 인생 발달단계에 속한 학생을 대상으로 학교라는 독특한 배경을 통해 제공되기 때문에 윤리적 이슈가 발생한다. 학교사회복지사는 기초적인 욕구충족의 부족과 행동상의 문제를 겪고 있는 학생에 대한 직접적인 서비스 제공뿐 아니라 가족구성원, 학교직원, 지역사회기관과의 지지적 관계를 촉진해 학생의 성취를 증진시켜야 하기 때문이다. 이처럼 학교사회복지사는 환경 속의 개인의 관점에서 학생의 학업성취와 사회적 · 정서적 · 행동적 능력의 증진을 위해 학교, 가정 그리고 지역사회와의 핵심적인 연계를 위한 노력에 중점을 두어야 한다. 이를 통해 교육기회의 공평한 제공, 학급에서의 정신적 · 신체적 · 정서적 건강, 모든 학생의 존중과 존엄성 등의 보장을 추구한다.

학교사회복지 분야에서는 세 가지의 주요 원리가 적용되어야 한다. ① 교육과 학교개혁을 추구해야 한다. 학교의 교육환경의 개선은 자원의 제약을 완화해 학교사회복지사의 능동적 개입에 매우 유용한 지지적 자원이 되기 때문이다. ② 사회정의를 추구해야 한다. 공평한 교육기회 제공은 계층 간의 학업성취, 졸업률, 대학진학률의 격차를 감소해 주기 때문에 학교사회복지사가 학생, 부모, 지역사회 구성원, 정부, 교사, 기타 학교직원과 협력해 학교교육 기회 제공의 유용성에 대한 전망을 제시하는 데 매우 중요하다. ③ 증거기반실천의 견지에서 다층적 개입을 추구해야 한다. 1단계는 긍정적 행동의 교육, 사회적 · 정서적 발달의 증진, 학업 친화적인 학교환경 보장 등 학교단위의 예방프로그램과 실천이다. 2단계는 문제행동 완화를 위한 초기단계의 학업 및 사회심리적 개입(갈등조정, 사회적 기술, 정신건강욕구충족) 등 소규모집단에 대한 단기개입이다. 그리고 3단계는 1, 2단계의 개입으로 효과를 발휘할 수 없는 심각한 학업성취문제나 행동적 · 사회정서적 문제를 겪고 있는 심각한 개인에 대한 장기개입이다.

청소년복지 분야에서의 사회복지실천을 위한 윤리기준(NASW)[8)]

윤리기준 1 | 윤리와 가치

청소년복지 분야에 종사하는 사회복지사는 청소년발달에 대한 지식과 이해를 갖추어야 한다.

---

8) 청소년복지 분야에서의 사회복지실천을 위한 윤리기준의 각 항목에 대한 세부지침에 대해서는 NASW(2003b) 참조.

윤리기준 2 사정

청소년복지 분야에 종사하는 사회복지사는 사회제도와 지역사회 기반의 자원에 대한 접근을 포함하는 청소년에 대한 서비스를 사정하는 능력을 갖추어야 하고 필요한 자원의 개발을 옹호해야 한다.

윤리기준 3 가족역동에 대한 이해

청소년복지 분야에 종사하는 사회복지사는 가족역동과 체계이론에 대한 지식과 이해를 갖추어야 한다.

윤리기준 4 문화적 역량

청소년복지 분야에 종사하는 사회복지사는 서비스 제공 시 문화적 역량을 갖추어야 한다.

윤리기준 5 청소년의 자기역량강화

청소년복지 분야에 종사하는 사회복지사는 청소년이 자기역량강화를 성취할 수 있도록 도와야 한다.

윤리기준 6 청소년의 욕구에 대한 이해

청소년복지 분야에 종사하는 사회복지사는 청소년의 욕구에 대한 이해를 바탕으로 자원획득을 위해 전문직과 욕구 충족과 관련 있는 기관들의 협력을 옹호해야 한다.

윤리기준 7 다학제적 사례 자문

청소년복지 분야에 종사하는 사회복지사는 청소년에게 서비스를 제공하는 기관 간의 다학제적인 사례 자문에 참여해야 한다.

윤리기준 8 비밀보장

청소년복지 분야에 종사하는 사회복지사는 청소년의 사생활과 비밀보장을 위해 적절한 안전장치를 유지해야 한다.

윤리기준 9 근무환경

청소년복지 분야에 종사하는 사회복지사는 근무환경, 클라이언트와 관계된 기관정책과 실천, 사회복지사의 전문성 증진 등의 개선과 질적 수준 확보를 위해 적극적인 역할을 수행해야 한다.

윤리기준 10 옹호

청소년복지 분야에 종사하는 사회복지사는 청소년의 욕구에 대한 이해 증진, 청소년의 욕구 충족을 위한 정책 변화와 적절한 자원 확대, 모든 직원의 근무환경의 적절한 개선 등을 옹호해야 한다.

윤리기준 11 효과적인 실천을 위한 정책

청소년복지 분야에서 행정가로 종사하는 사회복지사는 청소년에 대한 효과적인 사회복지실천을 위한 환경, 정책, 절차, 지침을 확립해야 한다.

학교사회복지 분야에서의 사회복지실천을 위한 윤리기준(NASW)[9)]

윤리기준 1 윤리와 가치

학교사회복지사는 사회복지전문직의 가치와 윤리를 견지해야 하며, 학교사회복지실천의 독특한 특징과 학생, 부모, 지역사회의 욕구에 대한 이해를 바탕으로 NASW 윤리강령을 윤리적 의사결정의 지침으로 사용해야 한다.

윤리기준 2 자격

학교사회복지사는 NASW의 전문적 실천에 관한 자격규정, 각 주정부 교육부서의 규정 등을 준수해야 하며, 지역 차원의 전문직 교육을 이수할 뿐 아니라 사회복지전문직에 기본적인 지식과 기술을 갖추어야 한다.

윤리기준 3 사정

학교사회복지사는 학생의 사회적 · 정서적 · 행동적 개선과 학업성취를 위해 개인,

9) 학교사회복지 분야에서의 사회복지실천을 위한 윤리기준의 각 항목에 대한 세부지침에 대해서는 NASW(2012) 참조.

가족과 체계/조직(이를테면, 학급, 학교, 이웃, 지역, 주 등)에 대해 사정해야 한다.

윤리기준 4 개입

학교사회복지사는 개입할 때 증거기반실천에 대해 이해하고 적용해야 한다.

윤리기준 5 의사결정과 실천평가

학교사회복지사는 서비스 제공의 지침을 마련하고 실천에 대한 주기적인 평가를 통해 서비스를 개선하고 확대하기 위해 사례자료를 사용해야 한다.

윤리기준 6 기록유지

학교사회복지사는 학교사회복지서비스와 관련 있는 계획, 실행과 평가, 정확한 사례자료와 기록을 유지해야 한다.

윤리기준 7 업무량 관리

학교사회복지사는 책임성을 충실히 이행할 수 있는 업무량을 조직해야 하며, 학교나 지역의 교육적 임무의 범위 내에서 자신의 비판적 역할을 명확히 설정해야 한다.

윤리기준 8 전문직 발전

학교사회복지사는 유용하고 문화적으로 적절한 최신의 서비스를 학생과 그 가족에게 제공하기 위해 지식과 기술을 지속적으로 증진시켜야 한다.

윤리기준 9 문화적 역량

학교사회복지사는 다문화적 이해와 역량을 바탕으로 학생과 그 가족에게 서비스를 보장해야 한다.

윤리기준 10 다학제적 리더십과 협력

학교사회복지사는 서비스의 접근성과 효과성을 적절한 수준까지 증진시키기 위해 긍정적인 학교환경을 개발하고 학교행정, 학교직원, 가족구성원 그리고 지역사회의 전문직과 협력하는 데 있어서 리더십을 발휘해야 한다.

윤리기준 11 옹호

학교사회복지사는 모든 학생의 학업성취를 위한 평등한 교육과 서비스 접근권 추구를 옹호해야 한다.

5. 장애인복지 분야의 윤리적 실천

장애인복지 분야에서는 정상화가 보편적인 이념으로 제시되어 왔다. 정상화의 이념은 장애인의 사회적 격리를 해소해 장애인의 삶의 형태와 일상생활의 조건을 사회 속에서 생활하는 일반인들과 가능한 한 차별 없이 제공하도록 노력하는 것이다. 이를 위해서는 장애인들의 사회적 역할 가치를 재형성할 수 있도록 장애인에 대한 사회적 이미지를 개선하고, 다양한 서비스를 제공해 장애인들의 능력을 증진시킬 필요가 있다. 이를 토대로, 장애인복지에서는 개별화된 접근을 바탕으로 병리관점이 아닌 강점관점 강조, 역량강화 접근 추구, 개인과 가족의 적응적 탄력성 제고, 선택권과 자기의사결정권에 근거한 자립생활모델 구현 등을 주요 실천방향으로 삼는다(김미옥, 2003). 그러나 장애인복지 분야의 현실은 이와 같은 이념과 개입의 초점을 구현하기에 제약이 존재하는데, 이와 관련해 윤리적 이슈들이 발생한다.

첫째, 장애인의 자기의사결정권을 온전히 보장할 수 없는 한계가 존재할 수 있다(조우연, 신경애, 김영이, 김은주, 전은경, 강희숙, 2013). 장애인은 비장애인에 비해 일상생활이나 생애주기에 따른 의사결정에서 수많은 이슈에 대해 많은 결정국면과 시기에 직면하게 된다. 이때 자기의사결정권은 전적으로 결정자 개인의 권익증진을 위한 자발적인 선택이어야 하는데, 현실적으로 자기의사결정의 역량이 충분히 개발되어 있지 않은 경우 온정주의적 개입의 여지가 발생할 수 있기 때문이다. 이와 관련해 그간 온정주의적 개입의 미명하에 장애인을 착취하고 학대하는 많은 사례가 발생해 왔다는 점을 간과해서는 안 된다. 따라서 온정주의적 개입은 사회복지사나 기관의 이익이 아니라 철저하게 장애인 당사자의 권익증진의 관점에서 행사되어야 하며, 가족이나 보호자의 요구가 장애인 당사자의 권익과 상충될 경우에도 윤리적 · 법적 검토를 통해 이와 같은 관점을 관철시킬 수 있어야 한다.

둘째, 제도의 부족과 자원의 제약으로 인해 장애인과 그 가족에 대한 충분한 서비스를 제공할 수 없을 경우 정상화의 이념과 장애인복지 실천방향을 온전히 구현해 개입의 유효한 성과를 거두기 곤란한 난관이 존재한다. 장애인과 그 가족은 비장애인 가족에 비해 추가적인 자원과 사회적 지원이 필요하지만 제도의 부족과 자원의 제약 때문에 충분한 여건을 구비하지 못하는 경우가 많다. 특히 정상화의 이념을 고도로 구현하기 위해서는 장애인이 자선이나 구호에 의존해 자신의 욕구를 부분적으로 충족시키는 등 인간의 존엄성을 제약당하는 한계를 극복하기 위한 적극적인 노력이 필요하다. 폭력과 학대에 노출되어 있는 장애인에 대한 사회적 보호체계 확립, 장애인연금제도 내실화 등 장애인의 추가 욕구를 반영한 장애인과 그 가족의 소득보장, 장애인의 교육권 · 건강권 · 노동권 · 생활권 · 참여권 등 기본적 권리 보장, 장애수당 · 장애아동수당 등 장애인에 대한 소득지원 강화, 주거지원, 의료 및 건강관리지원, 고령장애인 돌봄공백 해소와 본인부담금제도 폐지 등 장애인활동지원제도 내실화, 생애주기와 개별적 욕구와 특성에 맞게 국가와 지역사회 차원의 개별화된 장애인과 가족에 대한 포괄적 지원 서비스 확립 등이 그 예다.

셋째, 현행 시설보호와 정상화 이념과 장애인복지 실천방향의 상충의 한계가 있다(박숙경, 김명연, 김용진, 구나영, 문혁, 박지선, 정진, 정창수, 조아라, 2017). 그간 장애인거주시설에서의 보호는 부족한 자원과 인력으로 인해 시설여건이 열악하고 획일적이고 단편적인 서비스 제공에 국한되어 온 반면, 장애인의 자율적인 개인적 생활보장과 개성 확립, 사생활과 비밀보장, 일상생활과 인생에서의 자기의사결정권 보장 등의 면에서 한계가 노정되어 왔다. 게다가 심심찮게 터져 나오는 장애인시설에서의 인권침해 사례들은 기존 시설보호의 병폐를 단적으로 드러내 왔다. 현재의 시설보호는 현대 장애인복지의 핵심 이념인 정상화 이념의 구현이나, 개별화된 접근을 바탕으로 한 강점관점, 역량강화 접근, 적응적 탄력성 제고 등에 역행하는 현실이라 하지 않을 수 없다. 이는 그간 시설의 소규모화, 충분한 자원과 인력 확보, 시설 운영자 및 종사자의 윤리 및 인권의식 제고, 이용자의 자율적인 일상적인 생활과 개성, 자기의사결정권, 사생활과 비밀 등을 보장하는 시설운영의 혁신, 장애인과 가족의 애착강화와 회복성 증진을 위한 공간 및 서비스 제공, 지역사회와의 개방적 연계 등을 위한 노력이 별다른 진전을 보지 못한 탓이다.

이제 시설보호가 항구적인 고립으로 귀착되지 않게 하기 위해서는, 탈시설화와 사회통합의 이념을 바탕으로 장애인이 선택권과 자기의사결정권에 근거해 지역사회 속에서 삶의 조건과 생활양식을 선택할 수 있도록 자립생활모델을 구현해 나가야 한다(박숙경 외, 2017; 서정희, 유동철, 이동석, 심재진, 2012). 이를 위해서는 자립생활에 충분한 정도의 안정적인 소득지원, 공공주택 제공 및 민간주택 구입자금 · 임차료 지원 등 주거 지원, 장애인활동지원제도의 내실화, 의료비용의 공적 부담과 장애인의 욕구를 고려한 건강관리서비스 확립, 장애인의 욕구와 특성을 반영하는 직업활동 보장, 독립생활의 제반 욕구와 제약을 고려한 개별화된 포괄적 지원 서비스 확립, 탈시설 장애인의 사회통합을 위한 지역사회 속에서의 갈등예방과 협조적 연계, 나아가 지지체계 조정 등이 필요하다.

장애인 인권 헌장[10)]

장애인은 인간의 존엄과 가치를 가지며 행복을 추구할 권리를 가진다. 장애인은 건전한 사회구성원으로 책임 있는 삶을 살아가며 자신의 능력을 개발하여야 한다. 국가와 사회는 헌법과 국제연합의 장애인권리선언의 정신에 따라 장애인의 인권을 보호하고 완전한 사회참여와 평등을 이루어 살아가는 사회를 만들기 위한 여건과 환경을 조성하여야 한다.

1. 장애인은 장애를 이유로 정치 · 경제 · 사회 · 교육 및 문화생활의 모든 영역에서 차별을 받지 아니한다.
2. 장애인은 인간다운 삶을 영위할 수 있도록 소득, 주거, 의료 및 사회복지서비스 등을 보장받을 권리를 가진다.
3. 장애인은 다른 모든 사람과 동등한 시민권과 정치적 권리를 가진다.
4. 장애인은 자유로운 이동과 시설이용에 필요한 편의를 제공받아야 하며, 의사표현과 정보이용에 필요한 통신, 수화통역, 자막, 점자 및 음성도서 등 모든 서비스를 제공받을 권리를 가진다.
5. 장애인은 자신의 능력을 개발하기 위하여 장애 유형과 정도에 따라 필요한 권리를 가진다.
6. 장애인은 능력에 따라 직업을 선택하고 그에 따른 정당한 보수를 받을 권리를 가지며, 직업을 갖기 어려운 장애인은 국가의 특별한 지원을 받아 일하고 인간

10) 장애인복지 분야에서의 사회복지실천을 위한 윤리기준은 아직 마련되지 않아 장애인복지의 윤리적 지향을 적절히 반영하고 있는 장애인 인권 헌장을 소개한다.

다운 생활을 보장받을 권리를 가진다.

7. 장애인은 문화, 예술, 체육 및 여가활동에 참여할 권리를 가진다.
8. 장애인은 가족과 함께 생활할 권리를 가진다. 장애인이 전문시설에서 생활하는 것이 필요한 경우에도 환경이나 생활조건은 같은 나이 사람의 생활과 가능한 한 같아야 한다.
9. 장애인은 사회로부터 분리, 학대 및 멸시받지 않을 권리를 가지며, 누구든지 장애인을 이용하여 부당한 이익을 취하여서는 안 된다.
10. 장애인은 자신의 인격과 재산의 보호를 위하여 필요한 법률상의 도움을 받을 권리를 가진다.
11. 여성 장애인은 임신, 출산, 육아 및 가사 등에 있어서 생활에 필요한 보호와 지원을 받을 권리를 가진다.
12. 혼자 힘으로 의사결정을 하기 힘든 장애인과 그 가족은 인간다운 삶을 영위하기 위하여 필요한 지원을 받을 권리를 가진다.
13. 장애인의 특수한 욕구는 국가정책의 계획단계에서부터 우선 고려되어야 하며, 장애인과 가족은 복지증진을 위한 정책결정에 민주적 절차에 따라 참여할 권리를 가진다.

참고로, 미국사회복지사협회(NASW)는 장애인복지 분야에서 매우 강조되는 사회복지실천에서의 사례관리를 위한 윤리기준을 운영하고 있다.

사회복지실천에서의 사례관리를 위한 윤리기준(NASW)[11)]

윤리기준 1 윤리와 가치

사회복지실천 사례관리자는 사회복지전문직의 가치와 윤리를 견지하고 증진시켜야 하며, NASW 윤리강령을 사례관리실천에서의 윤리적 의사결정의 지침으로 사용해야 한다.

11) 사회복지실천에서의 사례관리를 위한 윤리기준의 세부지침에 대해서는 NASW(2013b) 참조.

윤리기준 2 자격기준

사회복지실천 사례관리자는 대학이나 대학원의 사회복지학위를 취득하거나 사회복지교육협의회가 승인하는 프로그램을 이수해야 한다. 주정부나 지방정부의 허가 및 자격조건을 준수해야 한다. 또한 사회복지실천 사례관리에 필요한 기술과 전문적 경험을 보유해야 한다.

윤리기준 3 지식

사회복지실천 사례관리자는 사례관리와 서비스 대상 인구집단과 관련된 최신의 이론, 증거기반실천, 역사사회학적 맥락, 정책, 연구조사와 평가, 지식을 얻고 이를 유지해야 하며, 사례관리실천의 질적 수준을 보장하기 위해 이와 같은 지식을 활용해야 한다.

윤리기준 4 문화적 · 언어적 능력

사회복지실천 사례관리자는 서비스 제공 시 문화적 · 언어적으로 적절한 접근을 촉진해야 하며, 사회복지실천에서의 문화적 능력을 위한 NASW 윤리기준 성취를 위한 지표와 일치되게 행동해야 한다.

윤리기준 5 사정

사회복지실천 사례관리자는 클라이언트가 자신의 목표, 강점, 도전 등을 인식하는데 도움을 주기 위해 정보수집과 의사결정 절차의 연속선상에서 (필요할 경우 클라이언트체계 내의 다른 구성원을 포함해) 클라이언트에 대해 관여해야 한다.

윤리기준 6 서비스 계획, 실행 그리고 모니터링

사회복지실천 사례관리자는 클라이언트의 강점 강화, 클라이언트의 복리 증진, 클라이언트의 목표달성의 원조를 위한 개별화된 서비스의 계획, 실행, 모니터 그리고 수정을 위해 클라이언트와 협력해야 한다. 사례관리서비스 계획은 의미 있는 사정에 기초해야 하며, 구체적이고, 달성 가능하고, 측정 가능한 목표를 가져야 한다.

윤리기준 7 옹호와 리더십

사회복지실천 사례관리자는 클라이언트의 권리, 결정, 강점, 욕구를 옹호해야 하며, 자원 · 지지, 서비스에 대한 클라이언트의 접근을 증진시켜야 한다.

윤리기준 8 학제간 및 기관간 협력

사회복지실천 사례관리자는 서비스 제공 증진과 클라이언트의 목표달성 제고를 위해 동료들 및 기관 간의 협력을 촉진시켜야 한다.

윤리기준 9 실천평가와 개선

사회복지실천 사례관리자는 클라이언트의 복리증진을 위한 자신의 실천에 대한 지속적인 공식적 평가에 참여해야 하고, 서비스의 적절성과 효과성을 평가해야 하고, 능력을 유지하고 확보해야 하며, 실천을 개선해야 한다.

윤리기준 10 기록유지

사회복지실천 사례관리자는 사례관리의 모든 활동에 대한 자료를 적합한 클라이언트 기록방식에 따라 적시에 기록해야 한다. 사회복지기록은 서면 혹은 전자적으로 작성되어야 하며, 규정, 법률, 규칙, 기관의 요구사항에 부응하도록 준비되고, 완성되고, 보증되고, 유지되고, 공개되어야 한다.

윤리기준 11 업무량 유지

사회복지실천 사례관리자는 고품질의 사례관리서비스의 계획, 준비, 평가가 가능한 범위 내의 사례량과 업무 범위 부여를 책임 있게 옹호해야 한다.

윤리기준 12 전문직 발전과 적임능력

사회복지실천 사례관리자는 NASW 윤리강령, 계속적인 전문직 교육을 위한 NASW 윤리기준, 그리고 자신이 속한 주정부나 지방정부의 면허 혹은 자격요건에 부합하게 자신의 전문직 발전과 적임능력에 대한 개인적 책임을 견지해야 한다.

6. 정신보건 분야의 윤리적 실천

정신보건 분야의 사회복지사들은 오랫동안 여러 가지 윤리적 이슈와 딜레마에 직면해 왔다. 여기에는 비밀보장의 제한 문제, 법적 절차에 따른 사회복지윤리 문제, 개업실천

문제, 수수료 문제, 적임능력 문제, 사례기록 문제, 기록의 유출 문제, 다른 사람과의 정보공유 문제, 다른 기관으로의 정보유출 문제 등이 있다(Congress, 1999).

첫째, 비밀보장의 제한이 필요한 상황이 발생할 때의 문제다. 정신보건 분야에서는 클라이언트가 자기 자신 혹은 타인에게 피해를 줄 수 있는 상황이 발생하기 때문에 각별한 주의가 요청된다. 이는 유명한 〈**테러소프**(Tarasoff) **판결**〉을 통해 확인할 수 있다. 정신보건 전문직 종사자는 포다(Poddar)가 테러소프를 살해할 계획이라는 것을 알았음에도 불구하고 이를 고지하지 않았다. 이에 대한 소송에서 재판부는 "보호받을 수 있는 정보특권은 공적인 위험이 시작될 때 끝이 난다."고 결정했다. 피해를 입을 수 있는 잠재적 희생자에게 경고해야 하는 사회복지사의 책임의 한계가 어디까지인지가 모호하기 때문에 사회복지사는 해당 법규에 대해 잘 알고 이해할 필요가 있다.

둘째, 법적 절차의 제기에 따른 사회복지윤리의 문제다. 미국에서는 최근 실천오류가 급증하고 있어 실천오류 보험료를 제공하는 미국사회복지사협회(NASW) 보험회사에는 많은 사례가 제출되고 있는데, 이 중 사회복지사가 가장 두려워하는 것은 클라이언트와 관련된 모든 정보를 공개할 것을 요청받는 소환이다. 이 경우 미국의 각 주에는 사회복지사의 정보특권(혹은 정보유지특권)이 지켜지지 않을 수 있는 경우에 대해, 클라이언트가 위험에 처해 있거나 자신이나 다른 사람을 위협할 때, 아동학대나 방임이 의심될 때, 법원이 사회복지사의 증언이 필요하다고 명령했을 때, 클라이언트가 범죄를 계획할 때, 클라이언트가 사회복지사를 실천오류로 고소할 때, 클라이언트가 사회복지사를 해하겠다고 위협할 때 등으로 규정하고 있다.

셋째, 개업실천에 따른 문제다. 개업실천을 하는 사회복지사들이 20% 이상으로 늘어남에 따라 여러 가지 문제가 나타났다(Gilbelman & Schervish, 1997). ① 가장 도움이 필요한 클라이언트들이 제대로 치료를 받지 못하는 데 대한 윤리적 문제가 나타났다(Specht & Courtney, 1994). ② 개업실천을 하는 사회복지사가 윤리적 문제에 직면했을 때 혼자서 이 문제를 해결해야 한다는 것이다. 사회복지사는 어떠한 형태로 일하든 윤리적인 딜레마에 직면했을 때 공식적으로 전문슈퍼비전을 받아야 하는 책임이 있다. ③ 수수료 부과에 따른 문제가 발생한다. 이는 개업실천 사회복지사들에게 현실적인 문제인데, 공정하고 합리적인 수수료의 수준, 지불능력이 부족한 클라이언트에 대한 차등요금제(sliding scale) 적용, 개입 중 지불능력을 상실했을 때의 사례관리 등에 대해 구체적으로 규정하는 지침은 없는 상태다. ④ 사회복지사의 적임능력에 관한 문제가 발생한다. 능력의 범위 안에서 실천해야 한다고 하지만 개업실천을 하는 사회복지사는 현실적으로 정식으로 훈련을 받지 않은 분야에 대해서도 서비스를 제공하는 사례들이 있다.

넷째, 사례기록에 따른 문제다. 정신보건 분야에서의 사례기록은 여러 기관과 공유될 수밖에 없는 경우가 있기 때문에 정확한 사례기록은 무엇보다 중요하다. 그런데 어느 수준까지의 정보가 클라이언트의 사적 영역 노출의 위험과 사회복지사의 주관적 견해 양극단을 배제하는 적절한 사례기록인지에 대해 모호할 때가 많다(Wilson, 1980). 일반적으로 기관의 기록양식을 따를 것, 클라이언트의 독특성을 고려해 사회복지사 자신의 견해를 객관화할 것, 자신의 견해가 치료 목적과 관련이 있을 것, 관계가 멀거나 매우 사적인 견해는 기록하지 않을 것, 클라이언트의 강점을 강조할 것, 사례기록과 이후의 진행기록을 구분할 것 등이 요구된다.

다섯째, 기록의 유출 위험에 따른 문제다. 아직까지 자신에 관한 기록을 보겠다는 클라이언트는 별로 없지만, 사회복지사는 클라이언트가 자신에 대한 기록을 확인할 권리가 있음을 인지하고 강점보다는 병적인 것을 강조해 기록하는 관성을 극복할 필요가 있다. 문제는 여러 클라이언트가 관계되어 있는 기록에 대해 어느 한 클라이언트가 확인하려 하는 경우인데, 이때에는 확인되거나 논의된 다른 사람의 비밀을 보장하는 데 주의를 기울여야 한다.

여섯째, 다른 사람과의 정보공유에 따른 문제다. 특히 정신보건 분야에서는 가장 가까운 지인에게도 어떤 사람이 자신의 클라이언트라는 사실조차 비밀로 유지해야 한다. 클라이언트의 친척이 기관에 확인하고자 하는 경우에도 그를 알고 있는지 여부조차도 확인해 주어서는 안 된다.

일곱째, 다른 기관으로의 정보유출에 따른 문제다. ① 사회복지사는 클라이언트로부터 유출동의서를 받아야 하는데 반드시 날짜, 자기 기관의 이름, 정보를 요구하는 기관의 이름, 정보를 공유하는 목적, 유출된 정보가 적용되는 치료기간, 유출된 정보가 효력을 발생하는 기간, 유출된 정보가 제3자에게 누설되어서는 안 된다는 조항, 증인의 서명 같은 상세한 내용이 포함된 유출동의서를 제시해야 한다. ② 사회복지사는 정보공유의 목적에 적합한 정보만을 요약해 보내야 한다. ③ 특히 구두로 정보를 유출할 때 부정적인 면만을 부각시켜 표현하는 경우가 있는데, 윤리적 실천에 있어서 클라이언트의 권익 보호가 중요하다는 점을 인식해야 한다.

임상사회복지 분야에서의 사회복지실천을 위한 윤리기준(NASW)[12)]

윤리기준 1 윤리와 가치

임상사회복지사는 사회복지전문직의 가치와 윤리를 견지해야 하며, NASW 윤리강령을 윤리적 의사결정의 지침으로 사용해야 한다.

윤리기준 2 특화된 실천기술과 개입

임상사회복지사는 개인, 가족과 집단에 대한 효과적인 임상적 개입을 위한 특화된 지식과 기술을 확보하고 있음을 입증해야 한다.

윤리기준 3 의뢰

임상사회복지사는 지역사회 차원의 서비스 제공에 대해 정통해야 하며, 필요에 따라 적절하게 의뢰해야 한다.

윤리기준 4 클라이언트에 대한 접근성

임상사회복지사는 일상 기간과 긴급한 상황 등 어떤 경우에도 클라이언트에 대한 접근성을 유지해야 한다.

윤리기준 5 사생활과 비밀보장

임상사회복지사는 치료관계의 비밀을 보장하기 위해 적절한 안전장치를 유지해야 한다.

윤리기준 6 슈퍼비전과 자문

임상사회복지사는 전문적인 슈퍼비전과 나아가 자문에 대한 접근성을 유지해야 한다.

윤리기준 7 전문적 환경과 절차

임상사회복지사는 전문적인 진료실과 절차를 유지해야 한다.

---

12) 임상사회복지 분야에서의 사회복지실천을 위한 윤리기준의 세부지침에 대해서는 NASW(2015) 참조.

윤리기준 8 서류작성

클라이언트를 위해 혹은 클라이언트에 대해 제공되는 서비스에 대한 서류는 클라이언트의 파일에 작성되거나 서비스 기록 형태로 작성되어야 한다.

윤리기준 9 개업실천

임상사회복지사는 개입실천을 할 권리를 갖는다.

윤리기준 10 문화적 능력

임상사회복지사는 사회복지실천에서의 문화적 능력을 위한 NASW 윤리기준에 부합하게 문화적 역량을 갖춘 서비스를 제공하고 있음을 입증해야 한다.

윤리기준 11 전문직 발전

임상사회복지사는 계속적인 전문적 교육을 위한 NASW 윤리기준과 주의 자격요건에 부합하게 계속적인 전문적 개발에 대한 개인적인 책임을 견지해야 한다.

윤리기준 12 기술

임상사회복지사는 이메일 통신과 교육·네트워킹을 위해 컴퓨터기술과 인터넷에 대한 접근성을 가져야 하며, 이를 위한 자원은 효과적이고 생산적인 임상실천에 필수적이다.

7. 의료복지 분야의 윤리적 실천

건강 분야에서 복잡한 윤리적 이슈와 딜레마가 증가함에 따라 의료사회복지사와 관련된 윤리적 이슈에 관심이 증가해 왔다. 건강 분야의 윤리적 이슈에는 분배 공정성, 평균수명 증가, 조산아, 생명종결 결정, 자살방조, 건강에 대한 신념에 있어서의 문화적 차이, 보호관리의료 등의 문제가 있다(Congress, 1999).

첫째, 분배 공정성을 적용하는 문제다. 일반적으로 자원이 부족할 때의 분배기준으로는 평등, 욕구, 보상, 기여 등이 제시된다(Reamer, 2013). 그런데 이를테면 신장이식 대상자를 결정할 경우 평등의 원칙은 적용하기 곤란한 측면이 있고, 이식의 욕구와 그 영향요인 또한 측정하기 어렵고, 차별적 처우에 기반을 두는 보상의 원칙은 이식을 위한 조직공급 자체가 매우 한정되어 있어 이전에 배제되었던 환자가 너무 많기 때문에 기준으로 삼기에는 실효성에 문제가 있고, 기여는 윤리적 정당성 면에서 적용하기 곤란한 경우가 있다.

둘째, 평균수명의 증가에 따른 문제다. 영양수준 향상, 아동의 치명적인 질병에 대한 교육 확대, 의학기술의 발달 등에 따라 평균수명이 증가하고 있다. 이는 사회복지실천이 감당해야 할 건강 분야의 문제와 실천대상이 이전보다 훨씬 많아지고 있음을 의미한다.

셋째, 조산아 문제다. 조산아의 생존확률이 훨씬 높아지고 있는데, 조산아는 간(肝)의 미발달 같은 건강문제를 갖고 있지만, 장기간에 걸친 집중적인 치료와 비용이 요구되는 반면 정상적인 삶을 누릴 가능성은 정상아에 비해 훨씬 낮다. 의료사회복지사는 비용과 고통이 수반되지만 잘될 것이라는 보장이 별로 없는 치료를 받아야 하는지, 아니면 태아에게 어떤 시도도 해 보지 않고 죽어 가게 해야 하는지 어려운 결정을 내리려는 부모를 도와야 하는 상황에 처한다. 미국사회복지사협회(NASW)는 사회복지사는 필요시 도움을 주어야 하고, 자신의 견해를 강요하지 않아야 하고, 가족이 다른 치료도 고려할 수 있도록 도아야 하고, 그들이 어떠한 결정을 내리든 지지해 주어야 한다고 강조하고 있다.

넷째, 생명종결 결정에 따른 문제다. 인공호흡장치, 수혈, 간을 통한 섭취 등의 기술이 발달해 병든 사람도 오랫동안 살 수 있게 되었지만 비용이 많이 든다. 이와 관련해 장수, 증가하는 건강관리비용, 발달된 기술로 인해 안락사와 자살방조에 대한 논의가 전개되고 있다. 최근 생물학적 생명관뿐만 아니라 심리사회적 측면도 반영하는 생명관이 대두되면서, 의식을 회복할 수 없는 경우 무의미한 연명으로 생물학적인 수명을 연장하기보다는 품위 있는 죽음, 즉 존엄사를 허용하는 방안이 윤리적으로 정당하다는 주장이 제기되고 있다. 이때 수동적 안락사와 능동적 안락사의 구별이 중요하다. 수동적 안락사에서는 자발적 혹은 비자발적 안락사를 구별해야 하는데, 사망선택유언에 서명하거나 건강관리대리인을 선정하는 등 자발적으로 의사표현을 하지 않은 비자발적인 수동적 안락사의 경우는 논쟁의 여지가 있다. 능동적 안락사는 자살방조를 의미한다.

다섯째, 자살방조에 대한 문제다. 자살방조를 찬성하는 사람들은 자율성을 최대화하고, 클라이언트로 하여금 품위 있게 죽음을 맞이할 수 있도록 하며, 의료비용과 가족의 스트레스를 줄인다고 주장한다. 반대자들은 신의 섭리에 어긋나고, 병의 상태가 말기라고 누구라도 필연적인 죽음을 확신할 수 없고, 삶의 질은 주관적인 것이라고 주장한다.

특히 생명종결 결정은 AIDS의 확산으로 인해 나이에 관계없이 모든 클라이언트에게 영향을 끼친다. 이에 대해 미국사회복지사협회(NASW)는 비밀유지의 한계를 포함해 사회복지사의 결정에 영향을 끼치는 법적 요인, 자살방조를 금하는 법률, 공인의 책임성, 사회복지사의 가치와 다른 건강관리 전문가의 가치 사이에서 발생할 수 있는 갈등, 비용을 억제하고 건강관리를 배분하려는 압력이 증가하는 현실, 가족에게 부담을 줄지 모른다고 생각하는 말기 클라이언트의 걱정, 개인의 자기의사결정권과 자율성에 대한 사회의 제한, 생명종결결정을 실행하는 데 있어 개인과 사회를 보호하고자 하는 요구 등을 고려해야 한다고 규정하고 있다. 사회복지사의 역할은 클라이언트와 그 가족 모두를 지지해 이러한 어려운 이슈를 잘 논의하도록 하는 것이다.

여섯째, 건강신념에 있어서의 문화적 차이에 따른 문제다. 문화적으로 다양한 집단 간에는 건강, 질병, 죽음에 대한 접근방법에 차이가 있다. 건강제도의 대부분은 서구 유럽의 신념에 바탕을 두고 있는데 의료전문가들은 정신적 · 신체적 측면의 특정 부분에 초점을 맞춘다. 그러나 다른 문화의 사람들은 신체와 정신의 분리를 믿지 않거나 두통, 화병 같은 정신적 스트레스는 자주 신체적 용어로 표현되어 묘사되기도 한다. 최근 한약이나 침술을 이용한 통합적 접근에 대한 관심이 늘고 있기도 하다. 이에 대해서는 각 클라이언트의 독특성과 문화적으로 다양한 신념에 대한 민감한 반응, 건강 · 질병 · 치료에 대한 클라이언트의 신념에 대한 적응, 진단 및 평가에 있어서 고정관념의 배제와 개인 간의 차이 인정, 문화적으로 다양한 클라이언트들의 선택권 존중, 문화에 따라 건강 이슈에 대한 신념이 다르다는 점에 대해 다른 건강관리 전문인을 이해시키려는 노력, 다양한 건강신념의 존재에 대한 이해 및 옹호 등이 필요할 수 있다(Congress & Lyons, 1992).

건강보호 분야에서의 윤리적 실천을 위한 윤리기준(NASW)[13)]

윤리기준 1 윤리와 가치

건강보호 분야에 종사하는 사회복지사는 사회복지전문직의 가치와 윤리를 견지하고 증진시켜야 하며, NASW 윤리강령을 윤리적 의사결정의 지침으로 사용해야 한다.

13) 건강보호 분야에서의 윤리적 실천을 위한 윤리기준의 세부지침에 대해서는 NASW(2016) 참조.

윤리기준 2 자격조건

건강보호 분야에 종사하는 사회복지사는 대학이나 사회복지교육협의회가 인가하는 프로그램을 통해 사회복지학 학사 혹은 석사 학위를 취득해야 하고, 주정부나 지방정부의 허가 및 자격조건을 준수해야 하며, 건강보호 분야에서의 사회복지실천에 필요한 기술과 전문적 경험을 보유해야 한다.

윤리기준 3 기술

건강보호 분야에 종사하는 사회복지사는 최신의 이론과 증거기반실천의 실천기술을 취득하고 유지해야 하며, 사회복지실천의 질적 수준을 보장하기 위해 이와 같은 기술을 활용해야 한다.

윤리기준 4 문화적 · 언어적 능력

건강보호 분야에 종사하는 사회복지사는 문화적 · 언어적으로 적절한 접근을 촉진해야 하며, 사회복지실천에서의 문화적 능력을 위한 NASW 윤리기준 성취를 위한 지표와 일치되게 행동해야 한다.

윤리기준 5 조사와 사정

건강보호 분야에 종사하는 사회복지사는 증거기반 케어 계획의 발전을 위해 활용될 정보수집을 위해 클라이언트, 나아가 필요할 경우 클라이언트의 지지체계의 구성원들과 관여해야 한다.

윤리기준 6 케어계획과 개입

건강보호 분야에 종사하는 사회복지사는 클라이언트의 복리증진 및 클라이언트와 그 가족에 초점을 맞춘 연속체로서의 케어를 보장하기 위한 증거기반 케어 계획을 개발하고 실행해야 한다.

윤리기준 7 옹호

건강보호 분야에 종사하는 사회복지사는 클라이언트 및 클라이언트 지지체계의 욕구와 권익을 옹호해야 하며, 특별히 소외되고 복합적인 의료문제를 갖고 있거나 불이익을 겪는 인구집단에 대한 개입의 결과, 케어에 대한 접근성, 서비스 제공을 증진시키기 위해 체계수준의 변화를 촉진해야 한다.

윤리기준 8 학제간 및 기관간 협력

건강보호 분야에 종사하는 사회복지사는 클라이언트와 클라이언트의 지지체계에 대한 효과적인 서비스를 지지, 증진, 제공하기 위해 건강보호팀 구성원들, 다른 동료들, 그리고 기관간의 협력을 촉진시켜야 한다.

윤리기준 9 실천평가와 질적 개선

건강보호 분야에 종사하는 사회복지사는 클라이언트의 건강과 복리증진을 위한 자신의 실천에 대한 지속적인 공식적 평가에 참여해야 하고, 서비스의 적절성과 효과성을 평가해야 하고, 적임능력을 보증해야 하며, 실천을 강화해야 한다.

윤리기준 10 기록유지와 비밀보장

건강보호 분야에 종사하는 사회복지사는 클라이언트 사정, 개입, 결과에 대해 실제와 관련성 높은 적절한 정보를 적시에 기록해야 하며, 사생활과 클라이언트 정보의 비밀을 보장해야 한다.

윤리기준 11 업무량 유지

건강보호 분야에 종사하는 사회복지사는 효율적이고 고품질의 사회복지서비스 제공이 가능한 범위 내의 사례량과 업무범위 부여를 책임 있게 옹호해야 한다.

윤리기준 12 전문직 발전

건강보호 분야에 종사하는 사회복지사는 계속적인 전문적 교육을 위한 NASW 윤리기준과 자신이 속한 주정부나 지방정부의 면허 혹은 자격요건에 부합하게 계속적인 전문적 개발에 대한 개인적인 책임을 견지해야 한다.

윤리기준 13 슈퍼비전과 리더십

건강보호 분야에 종사하는 사회복지사는 기관 내의 교육적 활동, 슈퍼비전, 행정적 활동, 연구조사활동에서 지도자 역할을 담당하기 위해 노력해야 하며, 확고한 건강보호 사회복지실천 인력을 개발하고 유지하기 위해 사회복지전문직 내의 다른 사람들에 대해 조언자가 되어야 한다.

8. 타 분야와의 협력에서의 윤리적 실천

사회복지사는 점점 더 다학문 분야 팀의 일원으로서 타 학문 분야의 전문가 및 준전문가와 함께 일한다. 교육현장에서는 교사, 지도상담자, 평가자, 학교행정가와 협력해 일한다. 아동복지기관에서는 사회복지 비전공 직원과 변호사들과 계속 관계한다. 병원과 다른 의료시설에서는 의사, 간호사, 건강보조원, 행정가를 포함한 팀의 일원이 된다. 이렇게 다학문 분야와 연계하게 되면 윤리적 문제가 발생할 가능성이 많지만 사회복지사는 이를 어떻게 다루어야 할지 방향을 잡기 어렵다(Congress, 1986). 그렇지만 다학문 분야의 팀에서 사회복지사의 존재는 윤리적 결정에 매우 효과적인 영향을 끼치는 것으로 알려져 있다. 미국사회복지사협회(NASW) 윤리강령에 의하면, 사회복지사는 전문직에 대한 윤리적 기대를 제시하고 초기 협력과정에서 다른 전문직과 윤리적 관점에 대한 이해를 도모하는 것이 중요하다. 초기에 윤리적 관점이 확립되지 않으면 종종 갈등이 심화될 때 문제가 되기 때문이다. 타 학문 분야와의 협력에서의 윤리적 이슈는 사회복지사와 교육자, 사회복지사와 변호사, 사회복지사와 의료전문가의 관계에서 주로 검토된다(Congress, 1999).

첫째, 사회복지사와 교육자와의 관계에서 발생하는 윤리적 이슈다. 이 관계에서 주로 발생하는 윤리적 이슈는 비밀보장에 대해 다른 개념을 갖고 있는 것과 관련이 있다(Congress, 1986).[14] 교직원의 요구에도 불구하고 비밀을 유지하고자 하는 학교사회복지사들에게는 많은 긴장과 갈등이 생길 수 있다(Berman-Rossi & Rossi, 1990; Garrett, 1994). 대부분의 학교세팅은 비밀정보의 누설에 대한 문서화된 정책이나 절차가 없다. 또 미국의 경우 이민자녀의 증가로 윤리적 문제가 생기기도 한다. 이때 사회복지사는 문화적 다양성의 증진과 민족과 인종에 기초한 억압과 불공정에 대한 대응에 있어서 확고한 신념을 가져야 하는데, 사회복지사가 지지하는 다양성의 초점은 비록 다양한 학생의 요구에 헌신한다 해도 교육적 관계를 중시하는 교육자들과 학교현장에서 갈등을 초래할 수 있다(Allen-Meares, 1992).[15] 이런 문제들에 대해 사회복지사는 신중한 윤리적 의사결정을

---

14) 앞에서 다룬 청소년복지 분야에서의 사회복지실천을 위한 윤리기준(8. 비밀보장)에서는 청소년의 사생활과 비밀보장을 위해 적절한 안전장치를 유지해야 한다고 하고 있다.

15) 이에 대해서는 뒤에서 다룰 문화적 인식 및 다양성, 윤리적 실천과 사회복지실천에서의 문화적 능력에 대한 윤리기준 참조.

통해 갈등을 줄이고 윤리적 지침을 준수할 수 있도록 해야 한다.

둘째, 사회복지사와 변호사와의 관계에서 발생하는 윤리적 이슈다. 이 관계에서 주로 발생하는 윤리적 이슈는 기록정보에 대한 이해의 차이, 과제설명의 부족, 클라이언트의 정의의 차이, 비밀유지의 차이 등 다른 개념을 갖고 있기 때문에 생긴다(Stein, 1991). 기록정보에 있어서 사회복지사는 클라이언트의 동기와 결과 같은 기록으로부터의 추론에 관심을 갖는 반면, 변호사는 클라이언트의 행위와 관련된 구체적인 사실을 중시한다. 과제설명에 있어서 변호사는 법정이 열리기 직전까지 사례에 관해 협의하지 않기 때문에 갈등과 감정대립이 초래되기도 한다. 클라이언트의 정의의 차이는 변호사는 클라이언트 중 어느 한쪽만을 대표하고자 하고 사회복지사는 중재자라는 역할을 택하기 때문에 발생한다. 비밀유지의 차이에 관해서는 변호사는 신고의 의무를 갖고 있지 않기 때문에 변호사와 같이 일해야 하는 세팅을 지원할 때 사회복지사는 기관 규칙과 관련법과의 관계를 확인할 필요가 있다. 이런 문제들을 극복하기 위해서는 아동복지 분야같이 변호사와 공동으로 활동하는 분야에서는 기본적으로 관련된 직무수행의 규칙을 명백히 수립할 필요가 있다.

셋째, 사회복지사와 의료전문가의 관계에서 발생하는 윤리적 이슈다. 이 관계에서 주로 발생하는 윤리적 이슈는 삶의 기간 대 삶의 질, 주어진 목표에 있어서의 간섭 대 자율성, 하드데이터(hard data) 대 소프트데이터(soft data), 정서적 문제가 있는 환자에 대한 수용 정도, 다학문 분야 팀에서의 권위주의 대 참여주의 모형 등 직업상 가치가 상충되기 때문에 생긴다(Robert, 1989). 이에 대해 환자에 대한 검토회의에 참여하는 등 어려운 결정을 하고 시간적 압박감에 시달리는 의사의 일상 활동에 대해 친밀해지고, 클라이언트의 욕구와 심리사회적 문제를 구체적으로 묘사하고, 의사와 기타 의료전문가들이 사회복지에 근거한 전문적 가치와 윤리에 대해 친숙해지도록 만들고, 의사가 어려운 환자의 심리사회적 이슈에 대해 이해할 수 있도록 하는 등 다른 분야의 전문가들에게 신뢰를 얻는다면 갈등완화에 도움이 된다. 한편, 의료 분야의 윤리적 결정에 있어 사회복지사의 역할이 존중되어야 하는데, 사회복지사는 사회복지의 초점인 포괄성과 중재성에 근거해 의료세팅의 기능을 확립할 수 있기 때문이다.

일반적으로, 다학문 분야 팀의 일원으로서 사회복지사가 기능을 효과적으로 수행하기 위해 다음과 같은 지침이 제시된다. 다학문 분야 팀의 기능과 그 회원들의 역할을 명확히 할 것, 전문적 실천에 있어서의 사회복지사의 역할에 대해 다른 전문가들을 교육시킬 것, 사회복지사가 클라이언트와의 접촉과 위원회에서의 역할 수행 등에 대해 바람직

한 역할모델을 다른 위원들에게 보여 줄 것, 자율성과 비밀보장이라는 사회복지의 가치를 강조할 것, 갈등상황을 다루는 데 있어서 다른 위원들과 협조관계를 유지할 것, 윤리위원회에서 클라이언트의 권리와 이익을 옹호할 것, 이를 위해 유사한 분야에 있는 다른 사회복지전문가들과 연계할 것 등이다(윤리강령의 관련 조항: 2.03ⓐⓑ).[16]

2.03 다학제간 협력

ⓐ 사회복지사는 다학제간 팀의 일원인 경우 사회복지전문직의 관점, 가치, 경험에 기초해 클라이언트의 복지에 영향을 끼치는 결정에 참여하고 기여해야 한다. 다학제간 팀 전체로서 또는 개별 성원으로서의 전문적·윤리적 의무가 명확히 확립되어야 한다.

ⓑ 사회복지사는 팀의 결정에 대해 윤리적인 우려를 제기할 경우 적절한 경로를 밟아 불일치의 해결을 시도해야 한다. 만일 그러한 불일치가 해결될 수 없는 경우에는 클라이언트의 복지에 부합하는 방향으로 우려사항을 해결하기 위해 별도의 방법을 모색해야 한다.

9. 문화적 인식 및 다양성과 윤리적 실천

미국뿐만 아니라 한국도 급격히 다문화사회로 변화하고 있다. 이에 따라 우리 사회에는 전통적인 순혈주의를 극복해야 하는 과제가 대두되고 있다. 이제 우리 사회는 문화권 간의 차이를 인위적으로 제거하려는 완고한 동화주의가 아니라 문화권 간의 차이를 인정하고 존중하는 개방적이고 포용적인 다문화주의를 지향할 필요가 있다. 이와 같은 다문화주의로의 전환의 과제는 사회복지실천가, 행정가, 경영자들의 사회복지실천에 중대한 영향을 끼치는 윤리적 이슈가 되고 있다. 나아가 기관차원, 지역사회 그리고 국가차원의 사회복지정책 의제에도 변화가 불가피해진다.

다양성이란 인종과 민족성보다 포괄적인 용어로, 국적, 피부색, 사회계급, 종교 및 정

16) 타 분야와의 협력에 대한 윤리기준은 별도로 마련되지 않아, 여기에서는 미국사회복지사협회(NASW) 윤리강령의 관련 윤리기준을 제시한다.

신적 신념, 이민자 지위, 성적 지향, 젠더 정체성이나 표현, 연령, 결혼 지위, 신체적·정신적 장애 등을 포함한 다양한 사회문화적 경험을 함축한다. 다양성과 관련해, 사회복지실천은 인종적 정체성 형성, 계급·인종·민족성·젠더 간의 상호관계, 빈곤층과 노인에 대한 개입, 클라이언트의 삶에서의 종교와 영성의 중요성, 젠더 정체성과 성적 지향의 개발, 스트레스 요인으로서의 이민·문화적 적응·문화적 동화, 장애인에 대한 개입, 역량강화기술, 지역사회개발, 새로운 문화권의 인구집단 거주지역에 대한 리치아웃, 의식적·무의식적 편견, 문화적 겸손(humility), 문화-특수적 문화-적응적 개입, 문화적 능력을 형성하는 실천모델 훈련 등의 이슈에 대응해야 한다.

문화적 능력은 개인과 체계가 모든 문화, 언어, 계급, 인종, 민족배경, 종교, 영적 전통, 이민자 지위 그리고 기타 다양한 요소를 가진 사람들을 존중하고, 이들에게 긍정적으로 반응하고, 개인·가족과 공동체의 가치를 인정·존중하며, 개인들의 인간적 존엄성을 보호하고 보존하는 것을 의미한다(Lum, 2011). 실천적으로는, 교차-문화적 상황에서 체계, 기관, 전문직이 견지해야 하는 일련의 연결된 행동, 태도, 정책을 말한다. 기관차원에서는 문화적 능력을 갖춘 체계가 되기 위해서 필수적인 요소를 갖추어야 한다(Cross, Bazron, Dennis & Iaascs, 1989). ① 가치와 다양성, ② 문화적 자기-인식의 능력, ③ 교차-문화적 상황이 내재하는 역동성에 대한 인식, ④ 제도화된 문화적 지식, ⑤ 문화 간 및 동일 문화 내의 다양성을 반영하는 프로그램과 서비스의 개발. 기관은 이와 같은 요소를 갖춘 태도, 구조, 정책과 서비스를 조직적으로 반영해야 한다.

사회복지실천에서의 문화적 능력은 문화적으로 다양한 인구집단들의 경험에 대한 확장된 인식과 거시사회의 맥락 안에서의 이들 인구집단 간의 차이점과 공통점에 대한 감수성 개발을 함축한다. 이와 같은 문화적 능력의 성취는 지속적인 과정이어야 한다. 문화적 능력에 입각한 사회복지실천은 상호-교차성 접근을 통해 인종과 민족성, 이민과 난민 지위, 종교와 영성, 성적 지향 및 젠더 정체성과 표현, 사회계급과 능력 등 다양한 요소가 결합된 억압·차별·지배의 유형에 대한 조사를 필요로 한다. 게다가 문화적 능력을 갖춘 사회복지사는 클라이언트 인구집단에 대한 자신의 권력 지위를 인식하고 문화적 겸손을 견지해야 한다. 문화적 겸손은 전문직 정체성의 매우 중요한 요소로서 사회복지사와 클라이언트 간의 권력차이에 대한 인식과 사회적 거리가 먼 둘 간의 연결을 필수요소로 하며, 교육과 실천과정에서 자기-진화적으로 성취되어야 한다.

문화적 능력은 질적 수준을 갖춘 실천에 대한 어떤 선언적인 규정을 의미하지 않는다. 또한 문화적 능력은 옹호와 행동주의를 요구한다. 사회복지사는 소외된 집단에 대한 질적 수준을 갖춘 서비스 제공을 위해 노력해야 한다. 무엇보다도 이와 같은 소외를 야기하는 사회적 과정을 붕괴시키기 위한 노력의 결정적 중요성을 강조해야 한다. 이처럼 문화적 능력은 제도적 · 구조적 억압과 이에 동반되는 특권의식과 내면화된 억압에 도전하기 위한 행동을 포함한다.

문화적 능력을 갖춘 사회복지실천을 위해서는 다음과 같은 윤리적 노력을 필요로 한다. ① 문화적으로 다양한 인구집단과 관련된 실천과 정책의 개발에 있어서 지식, 기술 그리고 가치를 증진시켜야 한다. ② 문화적 능력 영역에서의 성장, 교육, 사정을 위한 특화된 윤리기준을 명확히 마련할 필요가 있다. ③ 문화적으로 능력 있는 실천과 정책을 모니터하고 평가할 수 있는 지표를 확립해야 한다. ④ 이용자, 정부기구, 보험 관계자, 기타 관련자들에게 윤리적으로 능력 있는 실천을 위한 사회복지전문직의 윤리기준을 교육해야 한다. ⑤ 기관, 프로그램, 개입실천 등의 영역에서 제공되는 문화적으로 능력 있는 서비스의 질적 수준을 유지하고 개선해야 한다. ⑥ 기관과 개업실천가들에게 문화적으로 능력 있는 사회복지실천에 대한 특화된 윤리적 지침을 제공해야 한다. ⑦ 기관, 동료 검토위원회, 정부기관과 규제기구, 보험 관계자, 기타 관련자들을 위한 윤리기준을 마련해야 한다.

사회복지실천에서의 문화적 능력에 대한 윤리기준(NASW)[17]

윤리기준 1 윤리와 가치

사회복지사는 NASW 윤리강령의 가치, 윤리 그리고 기준에 따라 복무해야 한다. 문화적 능력은 자기인식, 문화적 겸손 그리고 효과적인 실천의 핵심으로서의 문화에 대한 이해와 수용의 책무를 요구한다.

윤리기준 2 자기인식

사회복지사는 자신과 다른 사람들의 문화적 정체성에 대한 자신의 평가를 확인할 수 있도록 해야 한다. 또한 사회복지사는 자신의 특권과 권력에 대해 인식해야 하

17) 사회복지실천에서의 문화적 능력에 대한 윤리기준의 세부지침과 지표에 대해서는 NASW(2015) 참조.

며, 이 특권과 권력이 클라이언트와 클라이언트를 위해 일하는 데 끼치는 영향에 대해 인정해야 한다. 사회복지사는 모든 영역의 사회복지실천에서 문화적 겸손을 갖추고 있으며, 권력과 특권의 작동에 대한 민감성을 갖추었음을 입증해야 한다.

윤리기준 3 교차-문화적 지식

사회복지사는 역사, 전통, 가치, 가족체계를 비롯한 포괄적인 영역에 대해, 그리고 예술적인 표현(이를테면, 인종과 민족성, 이민과 난민 지위, 부족집단, 종교와 영성, 성적 지향, 젠더 정체성과 표현, 사회계급, 다양한 문화적 집단들의 정신적 혹은 신체적 능력 등)에 대해 특화된 지식과 이해를 갖추고 지속적으로 발전시켜야 한다.

윤리기준 4 교차-문화적 기술

사회복지사는 광범위한 영역(미시, 중시, 거시)의 기술 그리고 실천 · 기술 · 연구조사에서의 문화의 중요성에 대한 이해와 존중을 입증하는 기술을 활용해야 한다.

윤리기준 5 서비스 제공

사회복지사는 서비스, 자원, 기관의 활용에 대해 정통하고 숙달되어 있어야 하며, 이는 다문화적 공동체를 위해 복무하는 데 유용하게 활용되어야 한다. 공식적 · 비공식적 네트워크 내에서 문화적으로 적절하게 의뢰해야 하며, 개별 문화적 집단에 영향을 끼치는 서비스 공백에 대해 인지하고 이를 해결하는 데 집중해야 한다.

윤리기준 6 역량강화와 옹호

사회복지사는 사회제도, 정책, 실천, 프로그램이 다문화적 클라이언트집단에 끼치는 영향에 대해 인식해야 하고, 언제나 다문화적 클라이언트 및 그 집단과 함께 또 그들을 위해 적절하게 옹호해야 한다. 또한 사회복지사는 소외되고 억압된 집단의 역량을 강화하고 옹호하는 정책과 실천을 개발하고 실행하는 데 참여해야 한다.

윤리기준 7 인력의 다양성

사회복지사는 사회복지전문직 내의 다양성을 보장하기 위해 사회복지 프로그램과 기관에서의 모집, 합격과 채용, 직원 유지 노력을 지지하고 옹호해야 한다.

윤리기준 8 | 전문직 교육

사회복지사는 사회복지전문직 내의 문화적 능력을 증진시키는 전문적인 교육과 훈련 프로그램의 개발과 참여를 옹호해야 한다. 사회복지사는 문화적 능력이 평생학습의 초점이 되어야 한다는 점을 수용해야 한다.

윤리기준 9 | 언어와 의사소통

사회복지사는 모든 문화적 집단-여기에는 낮은 영어능숙도나 낮은 문자해독기술, 시각장애나 저시력, 청각장애나 난청, 장애 등을 겪고 있는 사람들이 포함된다-의 클라이언트와 효과적으로 의사소통하고 이를 옹호해야 한다.

윤리기준 10 | 문화적 능력 증진을 위한 리더십

사회복지사는 기관, 기관 내의 세팅, 공동체에서 다문화집단과 효과적으로 일하는 리더십 기술을 갖고 있을 때 기관을 변화시킬 수 있다. 사회복지사는 기관 안팎에서 구조적 및 제도적 억압에 대한 도전을 돕고 다양하고 포용적인 기관과 공동체를 유지하고 지속하도록 함으로써 문화적 능력을 증진시키기 위한 책임성을 구현해야 한다.

10. 정보통신기술 사용에서의 윤리적 실천

사회복지실천에서의 정보통신기술의 사용은 급증세에 있다. 정보통신기술은 사회복지실천의 성격을 변모시키고 있으며, 욕구를 가진 사람들을 원조하는 사회복지사의 능력을 크게 신장시키고 있다. 사회복지사는 서비스 제공 시 온라인상담, 전화상담, 화상회의, 웹 기반 개입, 전자적 소셜 네트워크, 모바일 앱, 자동화된 개별지도(automated tutorials), 이메일, 문자메시지, 기타 많은 다른 서비스를 활용할 수 있다. 사회복지사는 정보통신기술을 사용함으로써 클라이언트와의 상호작용의 새로운 방식을 만들어 내고 있지만, 동시에 사회복지사-클라이언트 간의 관계 의미에 대한 근본적으로 새로운 질문을 도출하기도 한다.

게다가 사회복지사는 클라이언트의 정보에 대한 접근, 수집 그리고 관리를 위해 다양한 형태의 정보통신기술을 사용하고 있다. 사회복지사는 암호화된 전자적 기록을 유지하고, 예민한 정보를 휴대전화와 클라우드에 보관하며, 인터넷 검색엔진을 활용해 클라이언트에 대한 정보를 수집할 능력을 갖고 있기도 하다. 사회복지사는 급박한 사회정의의 이슈에 집중하기 위해, 공동체와 행정조직을 조직하기 위해, 사회정책을 개발하기 위해 창조적인 방법으로 정보통신기술을 사용한다. 그리고 사회복지사는 실천을 위한 새로운 정보통신기술 개발을 위해 노력하며, 그 성과를 동료들에게 확산시키기도 한다.

정보통신기술은 사회복지 교육에 영향을 끼치고 있으며, 영향력의 범위를 확대시키고 있다. 현대의 학생들은 온라인교육과정을 선택할 수 있고, 인터넷 기반의 코스 사이트에 게시된 미리 녹화 혹은 녹음된 강의를 보거나 들을 수 있고, 온라인상의 사회복지실천 시뮬레이션에 참여할 수 있고, 세계의 다양한 지역에서 등록한 동료 학생들과 상호작용할 수 있으며, 팟캐스트 방송을 들을 수 있다. 사회복지사는 온라인 웨비나(webinar) 등록, 전자적으로 전송되는 원격강의 참여 등을 통해 자신의 계속교육 자격조건을 만족시킬 수 있는 선택지를 확대해 왔다. 또한 영상회의기술을 사용해 원격훈련, 슈퍼비전, 자문 등을 제공하거나 얻을 수 있다.

이와 같은 극적인 발전은 정보통신기술에 대한 실천기준을 요구한다. 이를 통해 사회복지사에게 정보통신기술에 대한 지침을 제공하고, 정보통신기술 사용의 윤리적 의무에 대한 인식을 증진시키며, 사회복지사, 고용주, 공중에게 사회복지사의 정보통신기술 사용에 대한 실천기준에 대한 정보를 제공할 필요가 있다. 무엇보다 사회복지사는 정보통신기술 사용 시 윤리강령, 다른 사회복지실천 기준, 관련 법령과 규정 등을 준수할 필요가 있다. 물론 새로운 형태의 정보통신기술이 계속 출현하기 때문에 윤리강령을 포함한 제반 기준들은 현실을 반영해 필요할 때마다 새롭게 바뀌어야 한다.

이에 따라, 미국사회복지사협회(NASW) 윤리강령은 2018년에 정보통신기술 사용에 따른 윤리기준을 대폭 보완하는 개정을 이루었다(이에 대해서는 제6장 참조). 이는 사회복지실천현장에서 정보통신기술 사용이 증가해 비밀보장, 고지된 동의, 전문적 경계, 전문적 적임능력, 기록 보관 그리고 기타의 윤리적 고려사항들의 유지와 관련해 독특한 도전이 발생하고 있다는 판단에 따른 것이다. 윤리강령은 사회복지사는 사회복지실천에 사용될 수 있는 새로 등장하는 정보통신기술의 발전과 다양한 윤리기준이 여기에 어떻게 적용될지에 대해 알고 있어야 한다고 명시하고 있다(윤리강령의 관련 조항: 윤리기준 1.03ⓔⓕⓖⓘ/1.04ⓓⓔ/1.05ⓓ/1.06ⓔⓕⓖⓗ/1.07ⓜⓞⓟⓠⓡ/1.08ⓑ/1.09ⓐ/1.15/2.01ⓑ/2.06ⓐ/2.07/2.10ⓐ/3.01ⓐⓒ/3.02ⓓ/3.04ⓐ/5.02ⓕ).[18]

1.06 이익의 갈등

ⓔ 사회복지사는 개인적 혹은 업무와 무관한 목적으로 클라이언트와 (소셜 네트워킹 사이트, 온라인 채팅, 이메일, 문자메시지, 전화 그리고 비디오 등의) 정보통신기술을 사용한 의사소통을 해서는 안 된다.

ⓕ 사회복지사는 전문직의 웹 사이트나 기타의 미디어에 개인정보를 포스팅하는 행위는 경계 혼란, 부적절한 상호관계, 혹은 클라이언트에 대한 위해를 초래한다는 사실을 알아야 한다.

ⓖ 사회복지사는 웹 사이트, 소셜 미디어 그리고 기타 형태의 정보통신기술에 개인적으로 가입하면 클라이언트들이 해당 공간에서의 사회복지사의 존재를 발견하게 될 가능성이 커진다는 사실을 알아야 한다. 사회복지사는 인종, 민족, 언어, 성적 지향, 젠더 정체성이나 그에 대한 표현, 정신적・신체적 능력, 종교, 이민자의 지위, 그리고 기타 형태의 가입 등에 바탕을 두고 있는 집단들과의 전자적 의사소통에 참여하면 특수한 클라이언트와 효과적으로 일하는 능력에 영향을 끼친다는 점을 알아야 한다.

ⓗ 사회복지사는 경계 혼란, 부적절한 상호관계, 혹은 클라이언트에 대한 위해를 방지하기 위해 소셜 네트워킹 사이트 혹은 다른 전자적 미디어에서 클라이언트로부터 개인적인 관계를 요청받더라도 이를 수용하거나 참여해서는 안 된다.

1.07 사생활과 비밀보장

ⓜ 사회복지사는 클라이언트나 제3자에게 제공된 정보를 포함해 전자적 의사소통의 비밀보호를 위해 합리적인 조취를 취해야 한다. 사회복지사는 이메일, 온라인 포스트, 온라인 채팅 세션, 모바일 의사소통 그리고 문자메시지 같은 전자적 의사소통을 사용할 때 (암호화, 방호벽 그리고 비밀번호 등) 적절한 보호장치를 사용해야 한다.

ⓞ 사회복지사는 사회복지사의 전자적 의사소통이나 보관시스템에 대한 접근을 포함해 클라이언트의 기록이나 정보에 대해 무자격자가 접근하는 사건이 발생할 때 그와 같은 정보누설에 대해 해당 법률과 전문적 기준에 맞게 클라이언트에게

18) 2018년 개정된 정보통신기술 사용 관련 윤리강령 조항 중 직접적인 사회복지실천과 가장 관련성이 높은 이익의 갈등, 사생활과 비밀보장에 대한 내용만 제시한다.

알려야 한다.

ⓟ 사회복지사는 클라이언트에 대한 정보를 얻기 위한 인터넷 기반의 검색엔진의 사용 등 전자적 기술의 사용에 대해 사회복지실천의 현행 윤리기준에 맞는 그들의 정책을 개발하고 이에 대해 클라이언트에게 알려야 한다.

ⓠ 사회복지사는 전문적인 근거에 의한 불가피한 경우가 아닌 한 클라이언트에 대한 정보를 전자적으로 검색하거나 수집하는 행위를 피해야 하며, 적절한 근거가 있을 때는 클라이언트에게 고지된 동의를 구해야 한다.

ⓡ 사회복지사는 전문직의 웹 사이트 혹은 다른 형태의 소셜 미디어에 클라이언트에 대한 그 어떤 신원이나 비밀정보도 포스팅해서는 안 된다.

참고로, 미국사회복지사협회(NASW)는 사회복지실천에서의 정보통신기술 사용에 대한 윤리기준을 운영하고 있다.

사회복지실천에서의 정보통신기술 사용에 대한 윤리기준[19)]

제1부: 공중에 대한 정보제공

윤리기준 1.01 윤리와 가치

사회복지사는 정보통신기술을 사용해 공중에게 정보를 제공할 때 그 정보가 정확하고 존중에 바탕으로 두고 있다는 점을 입증하는 합리적인 단계를 거쳐야 하며, NASW 윤리강령을 준수해야 한다.

윤리기준 1.02 자기표현과 정보의 정확성

사회복지사는 정보통신기술을 사용해 공중에게 정보를 제공할 때 공표하려는 정보의 정확성과 유효성을 입증하는 합리적인 단계를 거쳐야 한다.

19) 정보통신기술 사용에 대한 윤리기준의 세부지침에 대해서는 NASW(2017) 참조.

제2부: 서비스의 설계 및 제공

파트 A: 개인, 가족 그리고 집단

윤리기준 2.01 사회복지서비스 제공에서의 윤리적인 정보통신기술 사용

사회복지사는 개인, 가족 그리고 집단에게 정보통신기술을 사용해 서비스를 제공할 때 클라이언트 개인에 대한 서비스 제공의 경우와 마찬가지로 NASW 윤리강령을 준수해야 한다.

윤리기준 2.02 허가나 기타 종류의 인가를 요하는 서비스

사회복지사는 전자적 사회복지서비스를 제공하려 할 때 사회복지사와 클라이언트가 각각 속한 지역에서 적용되는 전자적 사회복지서비스를 규율하는 법률과 규정을 준수해야 한다.

윤리기준 2.03 사회복지서비스 제공을 규율하는 법률

사회복지사는 정보통신기술을 사용해 사회복지서비스를 제공하려 할 때 사회복지서비스 제공을 규율하는 모든 관계 법률을 이해하고 이에 순응하고 최신 법률에 정통해야 하며, 클라이언트 개인에 대한 서비스 제공의 경우와 마찬가지로 사회복지사의 법률적 의무를 클라이언트에게 고지해야 한다.

윤리기준 2.04 고지된 동의: 전자적 사회복지서비스 제공의 이익과 위험 논의

사회복지사는 정보통신기술을 사용해 사회복지서비스를 제공할 때 관련된 이익과 위험을 클라이언트에게 고지해야 한다.

윤리기준 2.05 클라이언트의 정보통신기술 관계 사정

사회복지사는 클라이언트와 심리사회적 사정을 할 때 강점, 욕구, 위험 그리고 도전과제 등 정보통신기술에 대한 클라이언트의 관점과 클라이언트가 정보통신기술을 사용하는 방식을 고려해야 한다.

윤리기준 2.06 능력: 정보통신기술을 활용하는 서비스 제공 시 필요한 지식과 기술

사회복지사는 정보통신기술을 사용해 서비스를 제공하려 할 때 안전하고 충분한 능력을 갖추고 윤리적인 방식으로 필요한 지식과 기술을 취득, 유지해야 한다.

윤리기준 2.07 비밀보장과 정보통신기술 사용

사회복지사는 정보통신기술을 사용하는 서비스를 제공할 때 관계 법령, 규제, 규칙과 윤리기준에 부합하게 비밀보장에 관한 정책과 절차를 확립하고 유지해야 한다.

윤리기준 2.08 전자적 지불과 청구

사회복지사는 사회보험 지불청구를 전자적으로 하려 할 때 관계 업체가 적절한 암호화를 사용하고 비밀보장정책을 수립하며 사회복지 기준과 관련법을 준수하는 절차를 마련하도록 보증하는 합리적인 절차를 마련해야 한다.

윤리기준 2.09 전문적 경계의 유지

사회복지사는 전자적인 사회복지서비스를 제공할 때 클라이언트와의 관계에서 전문적 경계를 명확하게 유지해야 한다.

윤리기준 2.10 소셜 미디어 정책

사회복지사는 소셜 미디어를 사용할 때 클라이언트와 공유할 수 있는 소셜 미디어 정책을 개발해야 한다.

윤리기준 2.11 실천목표 달성을 위한 개인적 기술 사용

사회복지사는 실천목표 달성을 위한 개인의 휴대전화 사용과 다른 전자적 통신수단 사용의 함의에 대해 고려해야 한다.

윤리기준 2.12 전자적 사회복지서비스의 우발적 차단

사회복지사는 전자적 서비스의 갑작스러운 차단의 가능성에 대비한 계획을 세워야 한다.

윤리기준 2.13 긴급 상황에서의 책임성

사회복지사는 클라이언트가 속한 지역에서 전자적 서비스를 실시할 때 해당 지역에서의 긴급서비스에 대해 익숙해야 하며, 이 정보를 클라이언트와 공유해야 한다.

윤리기준 2.14 전자적 및 온라인 추천서

사회복지사는 자신이 처해 있는 특별한 상황 때문에 부당한 영향을 받을 수 있는

현재의 클라이언트나 이전의 클라이언트에게 전자적 혹은 온라인 추천서를 간청하는 행위를 삼가야 한다.

파트 B: 공동체, 조직, 행정 그리고 정책

윤리기준 2.15 조직화 및 옹호

사회복지사는 공동체의 조직화와 옹호를 위해 정보통신기술을 사용할 때 공유되는 정보가 정직하고 정확하며 존중에 바탕을 두고 있음을 입증하기 위한 합리적인 절차를 마련해야 한다.

윤리기준 2.16 기금조성

사회복지사는 기금조성을 위해 정보통신기술을 사용할 때 잠재적인 기부자들에게 제공되는 정보에 기금조성의 목적과 사용처에 대해 분명하고 정확하게 적시되도록 하는 합리적인 절차를 마련해야 한다.

윤리기준 2.17 클라이언트에 대한 주된 책임

사회복지사는 프로그램 관리 · 계획 · 개발의 책임을 맡고 있는 경우 정보통신기술을 사회복지실천 프로그램이나 서비스에 적용할지 여부와 그 적용방법에 대해 고려할 때 클라이언트의 욕구에 우선순위를 두어야 한다.

윤리기준 2.18 비밀보장

사회복지사는 슈퍼비전 · 자문 혹은 기타 비공개모임을 촉진하기 위해 정보통신기술을 사용할 때 비밀보장을 위한 적절한 안전장치를 마련해야 한다.

윤리기준 2.19 적절한 경계

사회복지사는 공동체 및 조직들과 함께 일할 때 정보통신기술 사용에 대한 적절한 경계를 유지하고 있음을 입증해야 한다.

윤리기준 2.20 독특한 욕구에 대한 집중

사회복지사는 공동체 및 조직들과 함께 일할 때 상이한 문화, 학습방법, 능력, 교육수준, 경제적 여건과 관련된 요소들을 포함해 개인 · 집단의 독특한 욕구의 고려에 대한 정보통신기술 사용과 관련된 정책 · 실천 · 프로그램의 변화를 옹호해야 한다.

윤리기준 2.21 정보통신기술에 대한 접근 증진

사회복지사는 필요하다면 장애, 낮은 영어 능숙도, 경제적 여건, 정보통신기술 부족, 기타 요인들 때문에 접근에 제약이 있는 개인 · 가족 · 공동체를 위한 정보통신기술과 자원에 대한 접근 증진을 옹호해야 한다.

윤리기준 2.22 프로그램화 된 욕구사정과 평가

사회복지사는 욕구사정과 프로그램 평가를 위해 정보통신기술을 사용할 때 참여자들에게 고지된 동의를 얻어야 하며, 비밀보장 방법에 대한 정보를 제공해야 한다.

윤리기준 2.23 최신의 이론과 능력

사회복지사는 공동체 및 조직들과 함께 일할 때 그리고 정책가의 위치에서 일할 때 최신의 정보통신기술에 대한 지식을 유지하기 위해 노력하고, 이 정보통신기술의 사용을 위해 각별히 주의를 기울여야 하며, 자신의 지식과 기술을 주기적으로 최신화 해야 한다.

윤리기준 2.24 메시지 통제

사회복지사는 공동체 및 조직들과 함께 일할 때 그리고 사회적 옹호를 위해 일할 때 자신의 전자적 메시지의 사용, 공유, 수정, 왜곡에 대한 통제가 어려울 수 있다는 점을 알아야 한다.

윤리기준 2.25 행정

사회복지행정가는 조직의 사명과 목표달성을 비용-효과적으로 촉진하기 위한 정보통신기술 사용 계획을 세우고 예산을 사용해야 한다.

윤리기준 2.26 온라인 연구조사 실시

사회복지사는 온라인 연구조사를 실시할 때 그 연구조사의 질적 수준, 강점 그리고 제한점을 사정해야 한다.

윤리기준 2.27 소셜 미디어 정책

사회복지행정가와 슈퍼바이저는 직원과 자원봉사자에게 지침으로 제시할 수 있는 소셜 미디어 정책을 개발해야 한다.

제3부: 정보의 수집, 관리, 보관

윤리기준 3.01 고지된 동의

사회복지사는 클라이언트 정보의 수집 · 관리 · 보관을 위한 전자적 기기나 의사소통기술의 사용 여부나 사용방법에 대한 자신들의 의도에 대해 고지된 동의절차의 일부로서 클라이언트에게 설명해야 한다.

윤리기준 3.02 개인적 및 전문적 의사소통의 분리

사회복지사는 클라이언트의 정보를 전자적으로 수집 · 관리 · 보관할 때 개인적 및 전문적 의사소통과 정보를 명확히 구분하도록 보증해야 한다.

윤리기준 3.03 비밀정보의 관리

사회복지사는 클라이언트나 연구조사 참여자와 관련된 비밀정보가 연방정부와 주정부의 관계 법령, 규정, 기관의 정책에 부합하고 안전한 방법으로 수집 · 관리 · 보관되고 있음을 입증하는 합리적인 절차를 마련해야 한다.

윤리기준 3.04 기관 내의 기록에 대한 접근

사회복지사는 클라이언트의 사생활 존중을 위해 클라이언트의 전자적 기록에 대한 직원의 접근을 엄격히 통제하는 정책을 개발하고 실행하기 위한 합리적인 절차를 마련해야 한다.

윤리기준 3.05 비밀보장의 위반

사회복지사는 클라이언트 기록의 비밀보장 위반에 대해 클라이언트에게 고지하는 방법과 관련된 정책과 절차를 개발하고 공표해야 한다.

윤리기준 3.06 전자적으로 수집된 정보의 신뢰성

사회복지사는 사회복지실천이나 연구조사를 위해 전자적으로 정보를 수집할 때 신뢰성과 정확성을 합리적으로 보증할 수 있는 방법을 사용해야 한다.

윤리기준 3.07 다른 관련자들과의 정보공유

사회복지사는 다른 관련자들과 클라이언트의 비밀정보를 전자적으로 공유할 때 정보의 비밀보장을 보증할 수 있는 합리적인 절차를 마련해야 한다.

윤리기준 3.08 자신의 정보에 대한 클라이언트의 접근

사회복지사는 전자적 기록에 대해 클라이언트가 접근하려 할 때 클라이언트의 비밀보장, 사생활보호 그리고 클라이언트의 최선의 이익 등을 감안하는 방식으로 제공되도록 보장해야 한다.

윤리기준 3.09 클라이언트에 대한 정보수집을 위한 검색엔진 사용

사회복지사는 급박한 전문적인 이유를 제외하고는 클라이언트의 동의 없이 온라인 자료원을 이용해 클라이언트에 대한 정보를 수집해서는 안 된다.

윤리기준 3.10 전문직 동료에 대한 정보수집을 위한 검색엔진 사용

사회복지사는 전문직 동료에 대해 온라인 정보를 수집할 때 동료에 대한 존중을 바탕으로 해야 하며, 수집된 정보를 사용하기 전에 그 정보의 정확성을 확인해야 한다.

윤리기준 3.11 언급되는 동료에 대한 존중

사회복지사는 전자적 수단을 사용해 의사소통을 할 때 언급되는 동료를 존중해야 하며, 동료의 자격조건, 관점 그리고 의무에 대해 정확하고 공정하게 표현해야 한다.

윤리기준 3.12 정보에 대한 공개 접근

사회복지사는 특정 집단이나 공중이 접근할 수 있도록 전자적으로 정보를 게시하거나 저장할 때 그 정보가 어떻게 사용되고 해석될지 인식해야 하며, 그 정보가 정확하고 존중에 바탕으로 두고 있으며 완전하다는 점을 입증하는 합리적인 절차를 마련해야 한다.

윤리기준 3.13 클라이언트 기록에 대한 원격접근

사회복지사는 클라이언트 기록에 대한 자신들의 원격접근의 허용 여부와 접근방법에 대한 적절한 정책을 개발하고 이행해야 한다.

윤리기준 3.14 사용 중단되거나 구식인 전자기기 관리

사회복지사는 전자적 기기가 더 이상 필요치 않거나 구식일 때 클라이언트, 고용주, 자기 자신 그리고 환경체계를 보호하기 위한 절차를 마련해야 한다.

제4부: 사회복지 교육과 슈퍼비전

윤리기준 4.01 사회복지 교육에서의 정보통신기술 사용

사회복지사는 교육 · 훈련의 설계와 실시를 위해 정보통신기술을 사용할 때 정보통신기술을 윤리적으로 사용하는 능력을 개발해야 한다.

윤리기준 4.02 사회복지사의 정보통신기술을 사용하는 실천에 대한 교육

사회복지사는 학생과 실천가들에게 사회복지실천에서의 정보통신기술 사용에 대해 교육할 때 잠재적인 이익과 위험을 포함해 정보통신기술의 윤리적 사용에 대한 지식을 제공해야 한다.

윤리기준 4.03 계속교육

사회복지교육가는 사회복지실천에서의 정보통신기술 사용에 대한 학생 교육과 지도에 정보통신기술을 사용할 때 관련된 최신 지식을 조사하고 이를 교육에 접목시키는 데 게을리하지 말아야 한다.

윤리기준 4.04 소셜 미디어 정책

사회복지사는 교육적 목적을 위해 온라인 소셜 미디어를 사용할 때 학생들에게 윤리적 고려사항에 대한 지침과 함께 소셜 미디어 정책을 제공해야 한다.

윤리기준 4.05 평가

사회복지교육가는 사회복지실천에서의 정보통신기술 사용에 대해 학생들을 평가할 때 전문직 기대수준이 무엇인지와 온라인 시험 · 토론 · 기타 과제에 대해 어떻게 성적이 부여되는지에 대해 명확한 지침을 제공해야 한다.

윤리기준 4.06 기술적 중단

사회복지교육가는 권한의 상실, 바이러스, 하드웨어 고장, 기기의 분실이나 도난, 기타 교육과정의 단절을 초래할 수 있는 기술적 문제의 관리방안에 대한 정보를 학생들에게 제공해야 한다.

윤리기준 4.07 원격교육

사회복지교육가는 원거리에 있는 사회복지실천가나 학생들을 교육할 때 실천가나 학생들이 속한 지역과 관련된 문화적 · 사회적 · 법적 맥락을 충분히 이해하고 있음을 보증해야 한다.

윤리기준 4.08 지지

사회복지교육가는 정보통신기술을 사용할 때 학생들이 교육과정 동안 제기될 수 있는 기술적 질문을 지원할 수 있는 기술적 지지체계에 대해 충분한 접근을 할 수 있음을 보증해야 한다.

윤리기준 4.09 학문적 수준의 유지

사회복지교육가는 과제부여나 시험을 위해 정보통신교육을 사용할 때 정직, 전문직에 대한 충실, 표현의 자유, 인간의 존엄성과 가치에 대한 존중과 관련한 학문적 수준을 유지하기 위해 적절한 수단을 사용해야 한다.

윤리기준 4.10 교육가-학생 경계

사회복지교육가는 정보통신기술을 사용할 때 적절한 교육자-학생 경계 유지를 보증하기 위한 예방조치를 실시해야 한다.

윤리기준 4.11 실습지도

사회복지사는 학생들에게 실습지도를 실시할 때 조직적 세팅에서의 정보통신기술 사용에 대해 초점을 맞추어야 한다.

윤리기준 4.12 사회복지실천 슈퍼비전

사회복지사는 슈퍼비전 실시를 위해 정보통신기술을 사용할 때 학생들과 슈퍼바이지의 학습과 전문적 능력을 평가할 능력이 있음을 보증해야 한다.

생각해 볼 문제

1 | 아동복지 분야와 관련해, 자신의 개인적 가치가 투영될 경우 아동학대와 방임, 보호서비스 제공 등에 어떤 영향을 끼칠지 검토해 보시오.

2 | 노인복지 분야와 관련해, 자율성과 지역사회보호를 위한 서비스 대책, 시설보호의 윤리준수 및 서비스의 질적 개선 방안은 무엇인지 검토해 보시오.

3 | 여성 및 가족복지 분야와 관련해, 전통적인 가족관을 중시하는 사회복지사가 가치유보 대 가치표명의 딜레마에 처하게 되는 상황을 살펴보고 그 해결방안에 대해 검토해 보시오.

4 | 청소년 및 학교사회복지 분야와 관련해, 우리 사회에서 환경적 요인이 청소년 및 학교사회복지의 효과적인 실천에 끼치는 부정적인 영향과 필요한 대안에 대해 검토해 보시오.

5 | 장애인복지 분야와 관련해, (입·퇴원절차와 결박사정 등 정신장애인 관련 이슈를 포함해) 장애인의 자기의사결정권이 제약되는 이슈들이 무엇인지 살펴보고, 정상화 이념의 구현과 자립생활 보장을 위해 필요한 환경적·제도적 요건이 무엇인지 검토해 보시오.

6 | 정신보건 분야와 관련해, 비밀보장 침해가 발생할 수 있는 상황들과 이에 대한 비밀보장 보증방안을 살펴보고, 특히 이 분야에서 비밀보장 제한의 필요성에 대한 윤리적 딜레마가 발생하는 이유가 무엇인지 검토해 보시오.

7 | 의료복지 분야와 관련해, 생명종결, 안락사를 비롯해 이 분야에서의 대표적인 윤리적 이슈에 대한 윤리학적 지식에 대해 검토하고, 사례를 들어 윤리적인 관점에서의 사회복지실천 방안에 대해 검토해 보시오.

8 | 타 분야에서의 협력과 관련해, 사회복지실천 분야별로 협력적 실천과 관련해 어떤 이슈가 발생할 수 있는지와 이에 대처하기 위한 방안은 무엇인지 검토해 보시오.

9 | 문화적 인식 및 다양성과 관련해, 우리 사회의 다문화 사회복지실천에서 개방적이고 포용적인 다문화주의를 구현하기 위해 노력해야 하는 과제를 사회복지실천가, 기관, 환경체계(지역사회 및 거시체계)별로 검토해 보시오.

10| 정보통신기술 사용과 관련해, 미국사회복지사협회(NASW) 윤리강령 2018년 개정내용(대표적으로 1.06 이익의 갈등 ⓔⓕⓖⓗ, 1.07 사생활과 비밀보장 ⓜⓞⓟⓠⓡ)과 사회복지실천에서의 정보통신기술 사용에 대한 윤리기준이 현실에서 어떻게 적용되어야 하는지 검토해 보시오.

제 8 장

윤리적 딜레마와 윤리적 의사결정 I

1. 윤리적 딜레마
2. 윤리적 의사결정
3. 직접서비스 영역의 전문직 윤리

◆ 생각해 볼 문제

제 8 장 윤리적 딜레마와 윤리적 의사결정 I

1. 윤리적 딜레마

일반적으로 사회복지사는 실천과정에서 다양한 윤리적 이슈를 접한다. 윤리적 이슈는 쉬운 사례(soft case)의 경우와 어려운 사례(hard case)의 경우로 나누어 볼 수 있다. 일반적인 윤리적 이슈들은 비밀보장, 클라이언트의 자기의사결정권 등 명확한 의무들이기 때문에 쉬운 사례에 해당하는 경우가 많다(Reamer, 1989). 이런 경우 사회복지사는 사회복지윤리에 대한 기본적인 이해를 바탕으로 윤리강령의 관련 조항을 적용해 윤리적 판단을 내리고 올바른 선택을 내리면 된다(Congress, 1999). 그런데 사회복지사는 이와 같은 쉬운 사례만 다루지 않고 어려운 사례의 경우와 맞닥뜨린다. 이처럼 사회복지실천에서의 윤리적 이슈 중 어려운 사례의 경우는 크게 두 가지 유형으로 구분할 수 있다.

첫째, 어떤 특정한 행동의 옳고 그름에 대해 윤리적으로 판단을 내리기 곤란한 경우가 있다(김상균, 오정수, 유채영, 2002; Beauchamp & Childress, 1994). 인공임신중절, 뇌사자 장기이식, 안락사, 유전과학, 사형제도 등은 찬반에 대한 주장이 팽팽하기 때문에 어느 한 방향의 선택을 명확하게 지지하기 어려운 경우가 많다. 이와 같은 윤리적 이슈들은 규범윤리학을 적용하는 응용윤리학 혹은 실천윤리학의 전형적인 주제들이다. 1970년대 이후부터는 응용윤리학 혹은 실천윤리학을 중심으로 이와 같은 윤리적 이슈들에 대해 활발한 논의와 연구가 진행되어 왔다(Reamer, 2000). 따라서 사회복지사는 응용윤리학 혹은 실천윤리학의 최신 논의와 연구 성과를 반영해 윤리적 의사결정에 참고하는 것이 바람직하다.

둘째, 사회복지 분야의 전형적인 어려운 사례의 경우는 사회복지사가 적용해야 하는 윤리적 의무와 가치가 둘 이상 존재하는데, 이들 윤리적 의무와 가치 사이에 상충이 발생해 어떤 방향의 실천행동이 윤리적으로 올바른지 판단하기 힘든 상황을 말한다(Reamer, 2013). 이 경우는 (제2장에서 다룬) 로스의 **기초의무**(prima facie duty)와 **실질의무**

(actual duty)의 관계와 유사하다(Ross, 1930). 그는 두 가지 기초의무가 서로 충돌할 가능성을 인정하고, 두 가지 행위가 각각 옳지만 양립할 수 없는 경우에 어느 쪽을 실질의무로 택할 것인가를 고려하고 있다.

이처럼 사회복지 분야의 **윤리적 딜레마**란 사회복지실천과정에서 준수해야 하는 윤리적 의무와 가치가 복수로 존재하나 상충되어 어느 한 방향을 선택하기 어려운 경우에 발생한다(Reamer, 2013). 예를 들어, 남편으로부터 음주폭력을 당해 쉼터에서 보호 중인 클라이언트의 복지 부정수급을 알았을 때, 곤경에 처한 클라이언트를 보호하고 싶은 사회복지사는 클라이언트의 비밀보장의 의무와 클라이언트의 불법행위에 대한 신고의 의무 사이에 갈등을 겪게 된다. 클라이언트의 비밀보장의 의무와 불법행위에 대한 신고의 의무는 각각 자유의 가치와 사회정의의 가치에서 도출된 윤리적 원칙으로 볼 수 있다. 특히 이 경우 클라이언트의 비밀보장의 의무를 절대시할 수 없는 상황인데, 사회구성원 모두는 불법행위에 대해 평등하게 책임을 져야 한다는 사회정의의 가치에서 도출된 신고의 의무가 존재하기 때문이다.

사회복지실천에서의 윤리적 딜레마는 직접적인 실천, 간접적인 실천, 전문직 실천 등의 영역에서 다양한 형태로 발생할 수 있다(Reamer, 2013). 직접적인 실천 영역에서의 윤리적 딜레마는 비밀보장과 사생활보호의 제한, 클라이언트의 자기의사결정권과 온정주의의 상충, 충성심(loyalty)의 분열, 전문적 경계와 개인적 이익 추구의 갈등, 전문직 가치와 개인적 가치의 상충 등의 형태로 나타난다. 간접적인 실천 영역에서의 윤리적 딜레마는 제한된 자원의 할당의 어려움, 사회복지에 대한 정부와 민간의 책임규정 문제, 부당한 법률과 기관의 규칙 준수 문제, 노사분쟁에 대한 태도, 조사와 평가의 윤리, 기만의 사용, 내부자 고발 등의 형태가 있다. 최근 두드러지고 있는 전문직 실천 영역에서의 윤리적 딜레마는 사회복지사의 법적 책임과 관련된 문제로, 비밀보장과 사생활보호의 책임, 부주의한 서비스 제공, 슈퍼비전 책임, 자문, 의뢰 및 기록, 기만과 사기로 인한 책임, 서비스의 종결에 따른 책임, 결함이 있는 동료 사회복지사에 대한 책임 등의 문제가 제기되고 있다.

2. 윤리적 의사결정

윤리적 의사결정(ethical decision making)이란, 사회복지실천과정에서 발생하는 다양한 윤리적 딜레마를 해결하기 위해 사회복지사가 선택할 수 있는 다양한 개입행위 가운데 올바른 실천이 무엇인지 판단하는 윤리적 선택행위를 의미한다(Reamer, 2013). 일반적으로 쉬운 사례의 경우는 해당 사례에 적용되는 가치나 윤리적 원칙을 확인하고 윤리강령의 관련 조항을 적용해 윤리적 판단을 내리면 된다(Congress, 1999). 그러나 상충하는 가치와 의무가 존재하는 어려운 사례의 경우 사회복지사는 어떤 방향의 선택이 올바른지 쉽게 결정할 수 없는 경우가 많다. 이때 사회복지사는 자신의 판단을 객관화할 수 있도록 이성적인 작업을 통해 윤리적 판단을 내려야 한다. 윤리적 의사결정은 사회복지사의 개인적인 직관, 즉 본능이나 직감에 의존하지 않고 기관의 관행에 기계적으로 종속되어서도 안 된다는 것이다.

김기덕(2002)의 정리에 따르면, 일반적으로 윤리적 의사결정은 다음 여덟 가지의 특징을 갖고 있다.

첫째, 윤리적 의사결정은 개인적인 직관, 개인적 가치, 기관의 관행에 의존하지 않는 이성적인 작업이다. 해당 사례에서 어떤 실천이 가장 윤리적인가를 판단하는 작업이기 때문에 그 판단의 절차나 과정 역시 윤리학에 대한 지적 통찰을 바탕으로 이루어지는 이성적인 작업이어야 한다. 먼저, 윤리적 의사결정의 기본적 전제는 사회복지사가 클라이언트에게 무엇이 가장 필요한지를 합리적으로 판단할 수 있고 계획적으로 제공할 수 있다는 것이다(Dolgoff et al., 2009). 이는 의사결정과정에서 이성적 판단을 사용한다면 비합리적이고 충동적이며 비계획적인 요소들을 최소한도로 줄일 수 있다는 인식이다. 다음으로, 어떤 사회복지사 개인이 독자적으로 내린 윤리적 의사결정의 과정과 결과가 객관적으로 옳고 합리적인가에 대해 사회적으로 논의되고 정당화될 수 있다는 것이다(Joseph, 1985).

둘째, 윤리적 의사결정은 순간적인 판단이 아니라 일련의 단계로 이루어지는 하나의 과정이다. 순간적인 판단은 개인적인 직관이나 개인적 가치, 기관의 기계적인 관행의 적용을 통해 이루어지는 의사결정일 경우가 많다. 반면, 이성적인 윤리적 의사결정은 주어진 사례와 관련된 모든 측면을 검토, 판단하고 반영하기 위해 반드시 일련의 단계로 이루어지는 숙고와 판단을 요한다. 일련의 단계를 준수하면 사회복지사 개인이 독자적으로 내린 윤리적 의사결정이 객관적으로 옳고 합리적인가를 사회적으로 논의할 수 있는 기반이 마련된다. 따라서 윤리적 의사결정은 체계적으로 이루어져야 하며, 특히 주어진 사례와 관련된 가능한 모든 측면을 고려하기 위해서는 조직화된 일련의 단계를 따르는 것이 중요하다(Reamer, 2013).

셋째, 윤리적 의사결정과정에는 이성적이고 합리적인 요인뿐만 아니라 개인적 가치가 반영되고 클라이언트가 자신이 선호하는 행동을 하게 함으로써 만족을 얻고자 하는 사회복지사의 심리적인 요인도 영향을 끼친다. 개인으로서의 사회복지사는 사례와 관련해 개인적 가치를 갖고 있고 클라이언트의 욕구충족이나 문제해결의 방향에 대해 특정한 선호를 갖고 있다. 이를 인정하지 않으면 사회복지사의 개인적 가치나 특정한 선호가 부지불식간(不知不識間)에 영향을 끼쳐 전문직 가치나 클라이언트의 가치에 위배되는 개입을 하게 되는 경우를 통제하지 못하는 문제가 생긴다. 따라서 올바른 윤리적 의사결정을 위해서 사회복지사는 윤리적 의사결정과정에 자신의 개인적 가치가 반영되고 자신의 개인적인 선호에 따라 특정 방향으로 개입하려는 심리적인 요인도 작용한다는 점을 인식하고, 이를 객관화하기 위해 노력해야 한다(Lewis, 1984).

넷째, 윤리적 의사결정의 핵심적인 측면은 다양한 가치 중의 선택이라는 점이기 때문에 상충되는 가치와 의무 중 어느 한 방향을 선택하고 다른 대안을 배제함으로 인해 발생하는 문제를 줄이기 위한 절충(compromise)이 불가피한 측면이 있다. 윤리적 의사결정의 최종적 목표는 서로 대립하고 있는 둘 이상의 가치나 의무 사이에 존재하는 위계질서(hierarchy)를 분명히 밝히고 우선순위를 정해 선택을 용이하게 하는 것이다(Reamer, 2013). 그런데 현실적으로는 특정한 가치를 선택하고 다른 가치를 배제해 초래되는 부정적인 결과를 전혀 고려하지 않을 수 없어 절충 차원의 개입이 불가피하다. 앞의 예에서 남편으로부터 음주폭력을 당해 쉼터에서 보호 중인 클라이언트의 복지 부정수급을 알았을 때 클라이언트의 비밀보장의 의무와 신고의 의무 중 어느 하나를 택하더라도 문제가 완전히 해결되지 않는다. 따라서 비밀보장의 의무를 준수하더라도 클라이언트의 복지 부정수급 문제를 방치해서는 안 되고, 신고의 의무를 이행하더라도 취약한 클라이언트에 대한 서비스가 단절되지 않도록 보완책을 강구할 필요가 있다.

다섯째, 윤리적 의사결정과정은 원칙과 결정 절차라는 두 가지 핵심적인 요소로 이루어져 있다. 원칙이란 사례에 대한 검토 이후 규범윤리학, 윤리강령, 사회복지 지식과 기술, 법률과 규정 등을 적용해 올바른 개입방향이 무엇인지 판단을 내리는 작업을 말한다(Reamer, 2013). 이때 윤리적 의사결정의 정수(精髓)는 윤리적 딜레마 상황에서 상충하는 가치와 의무 중 우선순위를 정하는 일이기 때문에 규범윤리학을 적용하는 검토에서는 상충하는 가치들을 서열화하는 대안이 담겨 있어야 한다. 그런데 원칙은 절차에 포함되어 작동하게 되기 때문에 원칙과 절차는 이론적으로는 구분되지만 실제 구체적인 의사결정과정에서는 분리가 불가능하다.

여섯째, 윤리적 의사결정은 가치와 의무 등의 윤리적인 측면과 과학적인 이론(지식과 기술) 등 비(非)윤리적 측면을 동시에 포함하고 있다. 이런 점에서 윤리적 의사결정은 더 많은 효과성을 얻을 수 있다는 측면의 과학적 수월성(秀越性, scientific proficiency)만으로 단순히 환원될 수 없는 옳음과 그름에 대한 윤리적 고려를 포함한다(Goldstein, 1987). 이를 돌고프, 로웬버그와 해링턴은 사회복지실천의 철학적 요소(philosophical component)와 실천적 요소(practical component)로, 루이스(Lewis)는 윤리적 의무들(ethical imperatives)과 결과의 계량과 관련된 요소(propositional statements)로, 로즈(Rhodes)는 윤리적 선택과 사실적 · 기술적(technical) 문제로 표현하고 있다(Dolgoff et al., 2009; Lewis, 1984; Rhodes, 1986).

일곱째, 윤리적 의사결정은 비록 합리적이고 체계적인 기준과 절차에 의해 이루어진다 해도 필연적으로 의사결정자가 갖는 자유재량(discretion)의 요소를 완전히 제어할 수는 없다. 윤리적 의사결정은 원칙, 규칙, 규정을 주어진 사례에 기계적으로 적용하는 작업이 아니다(Maclver, 1922). 윤리적 의사결정과정에서 사회복지사의 자유재량이 반영될 수 있는 상황으로는 주어진 사례를 분석하고 이해하는 단계, 그 분석에 근거해 해당 사례와 가장 연관이 있다고 판단되는 가치와 윤리적 원칙 등 윤리적 측면과 과학적 이론(지식과 기술) 등 비(非)윤리적인 측면과 관련된 사항을 선택하고 해석하는 단계, 선택된 윤리적 측면과 비윤리적 측면을 주어진 사례에 구체적으로 연관시켜 최종적인 결정을 내리는 단계 등이 있다. 따라서 사회복지사의 개인적인 자유재량을 최소화할 수 있도록 윤리적 의사결정 절차를 체계적이고 조직적으로 확립하기 위한 노력과 함께, 사회복지사들이 오류가능성을 최소화하고 객관화가 가능한 윤리적 의사결정을 할 수 있도록 윤리교육을 확대하는 일이 더욱 중요해진다.

여덟째, 윤리적 의사결정은 한 명의 의사결정자의 독단적인 결정이 아니라 결정에 영향을 끼치거나 영향을 받을 수 있는 관련된 당사자들이 전체적으로 참가한 결과다. 기관에 소속된 사회복지사는 자신의 윤리적 의사결정 결과에 대해 기관의 슈퍼바이저, 동료 등과 검토해 객관화하고 오류를 시정하는 과정을 거치게 된다. 이 과정에서 정보와 의견이 교환되고 토론이 이루어져 사례를 담당하는 사회복지사의 잠정적인 윤리적 사정 결과가 변경되기도 한다(Dolgoff et al., 2009). 나아가 (제3장에서 살펴보았듯이) **여권주의, 신민주주의** 등 **사회복지윤리의 새로운 패러다임**이 등장하면서 최근에는 공급자주의 측면에만 한정되어 있는 전문직 위주 의사결정의 비민주성에 대한 비판과 함께 윤리적 의사결정과정에서 클라이언트의 가치를 중시하고, 클라이언트의 참여를 확대해 민주주의적 관계를 회복해야 한다는 주장이 커지고 있다. 이처럼 다양한 행위주체가 참여한 결과 사회복지실천에서의 윤리적 의사결정과정은 정치적인 속성을 가질 수밖에 없어 보인다 (Rhodes, 1986).

〈표 8-1〉 윤리적 의사결정의 특징

구분	내용
이성적인 작업	비합리적이고 충동적이며 비계획적인 요소를 최소한도로 줄이고 사회적으로 결정을 논의하고 정당화 가능
단계적인 과정	일련의 단계를 준수하면 윤리적 의사결정이 객관적으로 옳고 합리적인가에 대한 사회적 논의의 기반 제공
개인적 가치 반영	개인적 가치와 만족추구 욕구를 인정하지 않으면 부지불식간에 영향을 끼치는 개입을 통제하지 못하는 문제 발생
절충 불가피	상충하는 가치와 의무 중 선택에서 배제되는 가치로 인해 초래되는 부정적인 결과를 고려
원칙과 결정 절차로 구성	원칙은 절차에 포함되어 작동하게 되기 때문에 실제 의사결정과정에서는 분리 불가능
윤리적 및 비윤리적 측면 포함	윤리적인 측면(가치와 의무 등)과 비윤리적 측면(과학적인 이론)을 포함해 과학적 수월성만으로 단순히 환원될 수 없는 윤리적 고려 중시
자유재량의 요소	의사결정 절차를 체계화하고 의사결정자의 오류가능성의 최소화를 위한 윤리교육 필요
참여적 과정	독단적인 결정이 아니라 관련된 당사자들이 전체적으로 참가한 결과 윤리적 의사결정과정은 정치적인 속성 포함

3. 직접서비스 영역의 전문직 윤리

1) **비밀보장과 사생활보호**의 제한

(제4장에서 살펴본 것처럼) 비밀보장은 개인의 자유 및 자율성의 가치에서 구체화된 사회복지전문직의 핵심적인 윤리적 원칙이다. 비밀보장이 중요한 이유는 개인의 자유 및 자율성의 가치를 실현하는 사생활보호의 가장 기본적인 전제조건이기 때문이다. 그런데 사회복지실천에서는 사회정의라는 또 다른 윤리적 원칙 때문에 비밀보장과 사생활보

호의 원칙이 완벽하게 보장될 수 없는 현실적인 한계가 있다. 클라이언트의 비밀보장을 절대적인 윤리적 원칙으로 삼는 다른 전문직과는 달리, 사회복지전문직은 클라이언트의 이익만을 배타적으로 고려하지 않고 공공의 이익, 즉 클라이언트와 연관된 제3자, 가족, 지역사회, 전체 사회의 이익을 동시에 고려해야 하는 의무가 있다(Pojman, 2002).

사회정의의 가치에 따르면, 클라이언트의 이익을 위해 복무해도 공공의 이익을 훼손하지 않거나 오히려 공공의 이익을 증진하는 경우와는 달리, 클라이언트의 이익을 추구하면 공공의 이익이 침해되는 경우에도 이를 고려하지 않고 클라이언트의 이익만을 배타적으로 옹호하는 것은 평등의 원리에 어긋난다. 이런 경우는 클라이언트의 고용된 총잡이(the hired gun)로서의 사회복지사가 사회적 이익을 침해하면서까지 클라이언트의 이익만을 배타적으로 추구하는 **대리자모델**(agent model)의 한계가 드러난 상황이다(Levy, 1976b). 근대 시민권론에 의해도 사회복지사가 사회적 해악이 야기됨에도 불구하고 클라이언트의 이익만을 추구하게 된다면 클라이언트를 의무와 권리가 공평하게 부여되지 않는 특수한 존재로 보아 2등 시민으로 전락시키는 결과가 초래된다(Abramson, 1990).

개인의 자유에 중요한 가치를 부여하는 미국의 경우 공공의 복지를 위해 비밀보장과 사생활보호를 제한하기 위해서는 다음 두 가지 조건이 충족되어야 한다(Petrila, 1988). 먼저 클라이언트에 대한 비밀보장과 사생활보호가 클라이언트나 다른 사람들에게 심각한 위해를 초래할지도 모른다는 위해개념(the concept of dangerousness)이 성립되어야 한다. 둘째, 위해개념에 의해 클라이언트의 비밀보장과 사생활보호를 부득이 제한하는 경우에도 고지된 동의(informed consent)의 타당한 절차(due process)를 따라야 정당화될 수 있다(김기덕, 2002).

비밀보장과 사생활보호의 제한과 관련해서는 중요한 윤리적 쟁점들이 있다. 대표적으로 제3자 보호와 비밀보장의 제한, 클라이언트 자신 및 다른 클라이언트 보호와 비밀보장의 제한, 미성년 클라이언트의 비밀보장 문제, 법적 명령에 따른 비밀보장의 제한 문제, 클라이언트 정보 공개 시의 고지된 동의 문제 등이 있다(Reamer, 2013).

(1) 제3자 보호와 비밀보장의 제한

제3자 보호를 위해 비밀보장 제한의 필요성이 발생할 때다. 사회복지사는 클라이언트가 제3자를 위해할 수 있는 잠재적인 위험성이 있을 때 클라이언트의 비밀보장 및 사생활보호와 제3자 보호 사이에 윤리적 딜레마를 겪게 된다. 이와 관련해 미국에서는 1976년

〈테러소프(Tarasoff) 판결〉이 중요한 이슈가 된 바 있다.

캘리포니아 대학병원의 상담가는 포다(Poddar)가 여자 친구인 테러소프(Tarasoff)를 살해할 의사가 있음을 표명했고 이에 위험을 느낀 상담가는 경찰에 도움을 요청했지만 경찰은 그를 석방하고 테러소프에 대한 접근금지조치를 취하는 데 그쳤다. 이어 슈퍼바이저도 상담가에게 사례기록을 없앨 것을 지시하고 포다를 치료하거나 테러소프에게 위험을 경고하지도 않았다. 이에 대해 테러소프의 부모는 대학 등을 상대로 소송을 제기했고, 하급법원은 비밀보장의 필요성을 근거로 무죄를 선고했지만 캘리포니아 대법원은 고지된 위험으로부터 제3자를 보호하지 않았다는 이유로 유죄판결을 내렸다.

이때 일반적으로 제3자를 잠재적 위험으로부터 보호하기 위해 클라이언트의 비밀보장과 사생활보호를 제한하기 위해서는 네 가지 조건을 고려해야 한다고 본다(Reamer, 2013). ① 클라이언트가 제3자에게 위해를 가하려 했다는 근거가 있어야 한다. ② 위해행위가 예측 가능하다는 구체적인 근거가 있어야 한다. ③ 위해행위가 임박했다는 근거가 있어야 한다. ④ 잠재적 희생자를 특정할 수 있어야 한다(윤리강령의 관련 조항: 윤리기준 1.07ⓒ).

1.07 사생활과 비밀보장

ⓒ 사회복지사는 전문직 업무수행에서 강제된 경우를 제외하고는 전문적인 서비스 과정에서 얻은 모든 정보에 대해 비밀을 보장해야 한다. 그러나 클라이언트 자신이나 타인에 대해 심각하고 예측 가능하며 즉각적인 위해를 방지하기 위해 정보공개가 필요할 때 또는 법률이나 규정이 클라이언트의 동의 없이도 정보의 공개를 요구하는 경우에는 이러한 원칙이 적용되지 않는다. 사회복지사는 항상 소기의 목적을 달성하는 데 필요한 최소한으로 비밀정보를 공개해야 하며, 정보제공의 목적에 직접적으로 관련된 정보만을 선별해 공개해야 한다.

제3자 보호를 위한 비밀보장 제한 검토가 필요한 사례[1)]

○○○은 개인개업을 한 사회복지사다. 그는 결혼생활의 문제로 고민하는 한 남성

1) 제8장과 제9장에서 다루는 사례는 Reamer (2009), Reamer (2013)의 해당 사례를 참고해 다듬은 것이다.

클라이언트를 상담하고 있다. 이 클라이언트는 자신의 아내와 상당기간 동안 적대적인 관계에 있다며 고충을 토로해 왔다. 어느 날 상담 중 클라이언트는 심각한 얘기를 꺼내 놓았다. 자신의 아내가 다른 남자와 사귀고 있다는 사실을 알아차렸다는 것이다. 클라이언트는 자신이 느끼는 배신감과 분노에 대해 장시간 동안 토로했다. 나중에 후회할지라도 그 남자를 죽이고 싶다는 충동적인 말까지 했다. ○○○은 클라이언트에게 부인이 사귀고 있다고 의심되는 그 남자를 해할 생각인지 구체적으로 질문을 했다. 그러나 대답이 오락가락해 해할 의도가 있는지 얼마나 구체적인지에 대해 확실히 파악하지 못했다.

(2) 클라이언트 자신 및 다른 클라이언트 보호와 비밀보장의 제한

클라이언트 자신 및 다른 클라이언트의 보호를 위해 비밀보장 제한의 필요성이 발생할 때다(김상균 외, 2002). 사회복지사는 자기파괴적 행위를 함으로써 자신에게 위험을 초래하고 가족에게 고통을 안겨 줄 수 있는 클라이언트를 보호하기 위해 또는 부부상담이나 집단상담에 함께 참여하는 또 다른 클라이언트를 보호하기 위해 비밀공개 여부에 대한 어려운 윤리적 결정을 해야 하는 상황에 직면하게 된다.

이에 대해서는 상반된 의견이 공존하고 있다. 먼저, 비밀보장의 원칙을 어기도록 하는 신고의무가 정당화된다면 조기 발견과 치료에 장애요인이 될 수 있고, 클라이언트의 생명과 건강보호에 위험을 초래할 수 있다는 우려가 있다. 신뢰관계에 기반을 둔 적절한 치료를 위해서는 개인의 비밀을 보장해 주고 처벌을 가하지 않을 필요가 있다는 것이다. 반대로, 비밀보장을 제한하는 신고규정이 클라이언트의 치료에 장애가 되지 않는다는 견해도 있다. 자신 및 다른 클라이언트에 대한 위험을 은폐할 때 궁극적으로는 클라이언트에게 부정적인 결과를 가져올 수 있다는 것이다(윤리강령의 관련 조항: 윤리기준 1.07ⓒⓕⓖ).

1.07 사생활과 비밀보장

ⓒ 사회복지사는 전문직 업무수행에서 강제된 경우를 제외하고는 전문적인 서비스 과정에서 얻은 모든 정보에 대해 비밀을 보장해야 한다. 그러나 클라이언트 자신이나 타인에 대해 심각하고 예측 가능하며 즉각적인 위해를 방지하기 위해 정보공개가 필요할 때 또는 법률이나 규정이 클라이언트의 동의 없이도 정보의 공

개를 요구하는 경우에는 이러한 원칙이 적용되지 않는다. 사회복지사는 항상 소기의 목적을 달성하는 데 필요한 최소한으로 비밀정보를 공개해야 하며, 정보제공의 목적에 직접적으로 관련된 정보만을 선별해 공개해야 한다.

ⓕ 사회복지사는 가족, 부부, 집단에 대해 상담서비스를 제공할 때에는 개인의 비밀보장 권리나 타인과 공유하는 정보의 비밀보장의 의무에 관해 당사자들 간의 합의를 구해야 한다. 사회복지사는 가족, 부부, 집단상담에 참여한 사람들 개개인에 대해 그러한 합의의 이행이 완전히 보장될 수 없음을 전원에게 알려야 한다.

ⓖ 사회복지사는 가족, 부부, 결혼, 집단 등 상담에 참여한 클라이언트에게 상담 참가자들 간의 비밀정보 공개에 관한 사회복지사, 고용주 및 기관의 정책을 알려야 한다.

타 클라이언트 보호를 위한 비밀보장 제한 검토가 필요한 사례

○○○은 가족상담을 담당하는 사회복지사다. 그는 한 부부에게 부부상담을 제공하고 있는데 아내가 이혼을 생각하고 있다. 상담 도중 남편이 심각한 도박중독에 빠져 있다는 사실을 알게 되었다. 남편의 도박 때문에 이들 부부는 경제적 곤경에 처해 있다. 아내는 남편이 도박을 중단하지 않으면 도저히 결혼생활을 유지할 수 없다고 최후통첩을 한 상태다. ○○○의 권유로 남편은 단도박모임에 참여하고 있는데, 매우 의욕적이어서 도박을 끊을 수 있게 되었다며 만족해하고 있었다. 그런데 어느 날 남편은 ○○○에게 개별상담을 요청해 왔다. 그는 그동안 단도박모임에 참여해 왔다는 말은 거짓이었고, 지금은 도박중독이 이전보다 훨씬 더 심해진 상태라고 털어놓았다. 그는 이 사실을 아내에게 말하지 말아 달라고 부탁하며 개인적인 도움을 청했다.

(3) 미성년 클라이언트의 비밀보장 문제

미성년 클라이언트의 비밀을 어느 정도까지 보장해야 하는가의 문제다(김상균 외, 2002). 아동·청소년을 대상으로 서비스를 제공하는 사회복지사는 후견권(custody)을 갖고 있는 부모나 보호자가 상담과정에서 다루어진 내용에 대해 알고자 하는 경우와 맞닥뜨린다. 이때 클라이언트와 공유하고 있는 비밀정보를 부모 등 후견권자에게 공개해야 하는지 여부에 대해 윤리적 딜레마에 부딪히게 된다. 청소년 약물사용, 성행위, 비행 관련 정보들이 이 범주에 속한다.

일반적으로 미성년자와 공유하고 있는 정보는 자기 자신이나 다른 사람을 해칠 위험이 없는 한 비밀로 지켜질 수 있다는 실천원칙을 받아들인다. 따라서 아동·청소년과 관계하는 사회복지사는 사소한 법적 위반행위에 대해서는 비밀정보의 공개로 인해 원조관계에 부정적인 결과를 초래하고 클라이언트가 입을 손실이 너무 크기 때문에 위반 사실을 보고하지 않는다(Wilson, 1978). 반면, 자기 자신이나 다른 사람을 해할 수 있는 심각한 비행과 관련된 정보에 대해서는 비밀보장의 권리가 지켜질 수 없을 것이다. 미국사회복지사협회(NASW) 윤리강령은 후견권자의 동의하에 클라이언트의 비밀정보를 공개할 수 있도록 하고 있다. 반면, 미국사회복지사협회(NASW)의 **청소년복지 분야에서의 사회복지실천을 위한 윤리기준**은 청소년의 사생활과 비밀보장을 위해 적절한 안전장치를 유지할 것을 제시하고 있다(제7장 참조). 사례별로 신중한 윤리적 의사결정을 통해 올바른 선택을 추구해 나가야 한다(윤리강령의 관련 조항: 윤리기준 1.07ⓑ/청소년복지 분야에서의 사회복지실천을 위한 윤리기준 8).

1.07 사생활과 비밀보장

ⓑ 사회복지사는 클라이언트나 클라이언트를 대신해 동의를 표하는 법적으로 권한을 인정받은 사람으로부터 유효한 동의를 얻었을 경우에만 비밀정보를 공개할 수 있다.

윤리기준 8 비밀보장

청소년복지 분야에 종사하는 사회복지사는 청소년의 사생활과 비밀보장을 위해 적절한 안전장치를 유지해야 한다.

미성년 클라이언트를 위한 비밀보장 제한 검토가 필요한 사례

○○○은 고등학교에 재직 중인 학교사회복지사다. 담임교사의 의뢰로 이 학교 1학년에 재학 중인 한 학생에 대해 상담을 하고 있다. 담임교사의 전언에 따르면, 이 학생은 학업성적이 계속 떨어지고 여러 날 결석을 했으며, 급우들로부터 따돌림을 당하고

있는 것 같다는 것이다. 여러 차례의 상담을 통해 ○○○은 이 학생이 약물중독문제를 갖고 있음을 알게 되었다. 한 친구의 집에서 함께 잔 적이 있는데, 이날 이 친구의 권유로 약물에 손을 대기 시작해 이후 약물을 끊을 수 없는 단계까지 되었다고 털어놓았다. 이 학생은 더 이상 약물중독에 빠져 있을 수 없다며 ○○○에게 도움을 요청했다. 그런데 담임교사로부터 이 학생의 부모가 상담결과에 대해 알고 싶다며 ○○○을 만나고 싶어 한다는 전달을 받았다.

(4) 법적 명령에 따른 비밀보장의 제한 문제

법적 명령에 따라 비밀보장이 제한되는 문제다(김상균 외, 2002). 일반적으로 사회복지사는 비밀유지의 특권, 즉 **정보특권**(privileged inform)을 가진 것으로 간주된다. 비밀보장은 클라이언트와 공유하고 있는 특정한 정보를 공개하지 않는 전문직의 의무이기 때문에 클라이언트가 공개에 동의하지 않고 비밀정보가 공공의 이익을 침해할 가능성이 없다면 비밀정보 공개로부터 클라이언트를 보호하는 것은 사회복지사의 의무다. 그러나 법적 소송 절차에 있어서 사회복지사는 법원의 증언 명령과 클라이언트의 비밀유지의 특권, 즉 정보특권 사이에 윤리적 선택을 해야 하는 상황에 처하게 된다. 이는 윤리적 판단과 법률적 판단이 상충되는 상황으로, 만일 사회복지사가 비밀보장을 선택하는 경우에는 법적 제재를 받는 위기에 처할 수도 있음을 고려해야 한다(Parsons, 2001).

클라이언트의 비밀정보에 대한 법적 증언에 대해서는 그 비밀이 공공의 이익과 관련이 없다면 클라이언트가 동의하지 않는 비밀정보에 대한 증언은 원칙적으로 클라이언트의 비밀보장의 의무 위반일 수 있다. 따라서 사회복지사는 클라이언트와 공유한 정보가 비밀을 전제로 공유된 것이며, 클라이언트의 동의 없이 공개하면 상당한 피해를 초래할 수 있다는 점에 대해 법관들을 설득하고, 법원이 필요로 하는 정보를 구할 수 있는 대안적 방법이나 자료원을 제시할 필요가 있다(Reamer, 2013; Wilson, 1978)(윤리강령의 관련 조항: 윤리기준 1.07ⓘ).

1.07 사생활과 비밀보장

ⓘ 사회복지사는 법적 절차가 진행되는 동안에도 법에 의해 허용되는 한도 내에서라도 클라이언트의 비밀을 보호해야 한다. 사회복지사는 법원이나 기타 법적으로 자격을 가진 단체가 사회복지사로 하여금 클라이언트의 동의 없이 비밀 또는

특권적인 정보를 공개하도록 명령을 내리는 경우, 이러한 공개로 인해 클라이언트에게 해가 될 때에는 법원으로 하여금 그 명령을 철회하거나 가능한 한 그 범위를 최소화하거나 그 기록에 일반인이 접근할 수 없게 비공개를 유지하도록 요청해야 한다.

법적 명령에 따른 비밀보장 제한 검토가 필요한 사례

○○○은 정신건강기관에서 일하는 사회복지사다. 그녀는 한 여성 클라이언트에게 상담서비스를 제공하고 있다. 이 클라이언트는 우울과 불안증세를 호소하고 있었다. 상담과정에서 이 클라이언트는 남편과의 불화로 이혼했다는 사실을 알게 되었다. 현재 초등학교 2학년인 아들을 양육하고 있는데, 아들 또한 산만하고 우울해해서 자신은 어찌 해야 할지 모르겠다고 어려움을 토로했다. 어느 날 ○○○은 법원으로부터 양육권 소송에서 증언을 하라는 증인 소환장을 받았다. 알고 보니 클라이언트는 이혼한 전 남편과 양육권 분쟁 중이었다. 전 남편은 클라이언트가 정신건강기관에서 상담을 받고 있다는 사실을 알고 클라이언트가 양육할 능력이 부족하다는 점을 입증하기 위해 ○○○을 증인으로 신청한 것이다. 그러나 ○○○은 이 클라이언트와 공유한 정보에 대해 법원에 제공하거나 직접 출석해 증언하는 데 대해 부정적이다.

(5) 클라이언트 정보 공개 시의 고지된 동의 문제

지금까지 언급한 제3자 보호, 클라이언트 및 타 클라이언트 보호, 미성년 클라이언트의 위해 방지, 법적 명령 등의 이유로 클라이언트의 정보를 공개할 때 **고지된 동의**의 문제다(김상균 외, 2002). 고지된 동의란 사회복지사가 클라이언트의 동의 없이 그와 관련된 정보를 타인에게 제공해서는 안 된다는 것을 의미한다. 고지된 동의에서는 비밀정보 공개에 동의한 개인에게 정보의 사용에 대한 구체적인 설명을 해야 한다. 그 내용에는 정보를 원하는 사람, 정보를 요구하는 이유, 정보 수령인이 정보를 사용하고자 하는 방법, 정보 수령인이 클라이언트의 동의 없이 제3자에게 정보를 전할지의 여부, 공개되는 정확한 정보, 동의나 거부의 영향, 동의 만료일, 동의를 취소하는 방법 등이 포함되어야 한다(Wilson, 1983).

사회복지기관은 비밀정보 공개 동의에 대해 가능하면 해당 사안에 대해 클라이언트로부터 별도로 서면동의를 받아야 한다. 일반적으로 접수 때 받는 일괄적 동의서는 실천오류로부터 사회복지사와 기관을 보호하기 위한 목적을 지니고 있고, 서비스를 받기 위한 전제조건으로 여겨지는 경향이 있다. 따라서 이때에는 서비스를 제공받기 위해 무조건 동의하는 경향이 있어 실천적으로는 무의미할 수 있다. 또한 클라이언트로부터의 고지된 동의는 일회성 과제가 아니라 지속적인 과정이 되어야 한다. 그 이유는 클라이언트와 사회복지사 사이에는 전문성과 지위의 불평등이 있기 때문에 클라이언트가 진정으로 동의하는지에 대해 지속적으로 주의를 기울이고 검토할 필요가 있기 때문이다(윤리강령의 관련 조항: 윤리기준 1.03ⓐⓑⓒⓓ/1.07ⓓ).

1.03 고지된 동의

ⓐ 사회복지사는 유효한 고지된 동의에 기초한 전문적 관계의 맥락 안에서만 서비스를 제공해야 한다. 사회복지사는 서비스의 목적, 서비스와 관련된 위험, 제3의 지불자의 요건에 의한 서비스의 제한, 관련 비용, 합리적인 대안들, 동의를 거절 또는 철회할 수 있는 클라이언트의 권리, 동의가 유효한 기간에 대해 클라이언트에게 통지할 때 명확하고 이해할 수 있는 용어를 사용해야 한다. 사회복지사는 클라이언트에게 질문할 수 있는 기회를 제공해야 한다.

ⓑ 사회복지사는 클라이언트가 문해능력이 없거나 실천현장에서 사용되는 주요 용어를 이해할 수 없을 때 클라이언트가 이를 이해할 수 있도록 조치를 취해야 한다. 여기에는 자세한 설명을 클라이언트에게 해 주는 것 또는 가능한 한 자격을 갖춘 통역가나 번역가를 준비하는 것이 포함된다.

ⓒ 사회복지사는 클라이언트가 고지된 동의를 제공받을 능력이 부족한 경우 적절한 제3자의 허가를 받거나 클라이언트의 이해능력에 부합하는 수준으로 내용을 전달해 줌으로써 클라이언트의 이익을 보호해야 한다. 이러한 경우 사회복지사는 제3자가 클라이언트의 희망과 이익과 부합하는 행동을 하는지를 확인해야 한다. 사회복지사는 클라이언트가 고지된 동의를 제공받을 수 있는 능력을 증진시키도록 합리적인 조치를 취해야 한다.

ⓓ 사회복지사는 클라이언트가 강제적으로 서비스를 받게 되는 경우 서비스의 본질과 한계 그리고 서비스를 거부할 수 있는 클라이언트의 권리의 한계에 관해 정보를 제공해야 한다.

1.07 사생활과 비밀보장

ⓓ 사회복지사는 비밀정보가 공개되기 전에 가능한 한 비밀정보의 공개 및 그로 인한 잠재적인 결과에 대해 클라이언트에게 알려야 한다. 이는 사회복지사의 비밀정보의 공개가 법적 요청에 의한 것이든 클라이언트의 동의에 기초한 것이든 상관없이 적용된다.

고지된 동의 문제에 대한 검토가 필요한 사례

○○○는 정신건강기관에 종사하는 사회복지사다. ○○○는 47세의 여성을 상담하고 있는데, 그녀는 법원의 명령에 의해 의무적으로 상담을 받고 있다. 클라이언트는 들치기(상점의 물건을 훔치는 행위)와 코카인 소지 혐의로 체포되었다. 법원은 상담이행명령과 함께 클라이언트를 보호관찰 처분했다. 법원의 보호관찰부서는 클라이언트를 ○○○가 근무하는 정신건강기관에 의뢰한 것이다. 첫 상담시간 때 법원과의 관계에서의 의무사항에 대해 대화했는데, 클라이언트와의 상담 진행상황과 성실히 치료에 임하는지에 대해 법원에 보고할 의무가 있음을 고지했다. 또한 ○○○는 클라이언트가 법원에 의해 강제로 의뢰된 비자발적인 클라이언트이기 때문에 비밀보장의 권리가 제한되어 있다는 점에 대해서도 고지했다. 치료과정에서 클라이언트는 ○○○에게 자신이 이틀 전에 친구의 파티에서 적은 양의 코카인을 흡입했음을 밝혔다. 그러면서 클라이언트는 어떻게 하면 마약의 유혹을 떨칠 수 있는지와 약물중독의 재발을 막을 수 있는 방법을 알고 싶다고 했다. ○○○는 클라이언트의 코카인 흡입 사실을 법원에 보고해야 하는지에 대해 확신을 못하고 있다.

2) 클라이언트의 **자기의사결정권**과 **온정주의**의 상충

(제5장에서 살펴보았듯이) 개인의 자유의 가치를 반영하는 사회복지실천의 첫 번째 윤리적 원칙은 클라이언트의 자기의사결정의 원칙이다. 그런데 자기의사결정의 원칙은 개인의 자율성의 원칙을 사회복지전문직의 윤리적 원칙으로 구체화한 것이다(Biesteck, 1979). 클라이언트의 자기의사결정의 원칙이란 사회복지전문직의 실천과정에서 클라이

언트가 주체로서 참여해 자신의 삶이나 생활과 관련된 문제에 대해 스스로 선택하고 결정하도록 해야 한다는 원칙을 말한다. 따라서 클라이언트와의 원조관계에서 사회복지사는 클라이언트가 자기의사결정권을 온전히 행사할 수 있도록 보장해야 할 의무가 있다(Dolgoff et al., 2009).

자기의사결정의 전제조건은 지식, 자발성, 능력이다(Dolgoff et al., 2009). ① 지식이란 클라이언트의 자기의사결정을 위해서는 필요한 사항에 대한 충분한 정보를 갖고 있어야 한다는 것이다. 만일 클라이언트가 충분한 지식을 갖지 못한다면, 클라이언트의 자기의사결정은 충분한 지식에 근거하지 않은 것으로 판단되어야 한다. 따라서 클라이언트가 너무 많은 정보에 압도당해 좌절을 겪지 않게 하면서도 클라이언트에게 의미 있는 결정이 이루어질 수 있도록 충분한 정보를 제공하기 위해 최선의 주의를 기울여야 한다. ② 자발성이란 외부 환경의 제약으로부터 자유로운 상태에서 자신의 권익을 위한 숙고의 결과로서 자기의사결정이 이루어져야 한다는 것이다. 비자발적인 조건에 놓여 있는 클라이언트라 하더라도 외부 압력을 최소화하는 가운데 자율적으로 자기의사결정이 이루어질 수 있도록 적극 노력할 필요가 있다. ③ 능력은 자기의사결정이란 클라이언트가 이를 수행할 능력이 있다는 전제하에 이루어져야 한다는 것이다. 그런데 현실적으로 클라이언트의 능력은 가부가 아니라 일련의 연속성 속에 있기 때문에, 클라이언트의 강점에 대한 사정에 기초해 적극적으로 능력을 발휘할 수 있도록 클라이언트의 역량을 강화할 필요가 있다. 현실적으로는 아동, 장애인, 노인 등 자기의사결정을 이행할 수 있는 법적·실제적 능력이 부족한 경우가 존재한다. 이때 대리결정자가 클라이언트의 권익을 침해할 수 있는 제안을 할 위험이 존재한다면 윤리적 딜레마가 발생할 수 있다.

이와 관련해, 온정주의(paternalism)는 원조전문직으로서 사회복지전문직이 클라이언트에 대한 원조과정에서 견지해야 하는 가장 중요한 윤리적 원칙의 하나다. 온정주의는 전문성과 권위를 갖춘 사회복지전문직이 취약성을 가진 클라이언트를 돕기 위해 클라이언트의 삶에 개입할 수 있다는 입장이다(Reamer, 2013). 온정주의는 사회복지실천에서의 선행 혹은 헌신의 의무에 바탕을 두는 것으로 서비스의 핵심가치에서 도출된 것으로 알려져 있다. 서비스의 가치란 원조전문직인 사회복지전문직이 클라이언트를 돕는 원조과정에서 견지해야 하는 헌신의 의무의 기초를 이루는 가치로, 사회복지사는 자신의 전문적 지식을 바탕으로 클라이언트의 욕구충족과 문제해결을 위해 헌신해야 하는 의무를 지닌다.

오늘날의 온정주의는 사회복지사가 클라이언트의 복지를 증진시키는 데 기여할 수

있는 전문적 권위와 과학적 지식을 견지하고 있다는 전제에서 출발하고, 구체적으로는 사회복지전문직이 추구하는 치료모델 혹은 욕구모델을 기준으로 삼는다고 볼 수 있다(Rappaport, 1986). 따라서 현실적으로는 클라이언트의 자기의사결정권을 제한할 수 있는 신탁(信託)모델(fiduciary model)의 원천으로 작용한다(Levy, 1976b).

현실적으로 온정주의적 개입은 다양한 경우에서 그 필요성이 발생할 수 있다(김상균 외, 2002). 이를테면, 가정폭력 피해자, 알코올 중독자, 정신장애인, 치매노인 등과 같은 클라이언트를 심각한 위험으로부터 보호하기 위해 서비스를 제공하고자 하지만 클라이언트가 보호시설 입소나 치료시설 입원 같은 서비스를 거부할 수 있다. 또한 학교, 사회복지관, 병원, 정신보건센터 등의 사회복지사가 아동학대나 유기가 발생했을 때 클라이언트를 보호하기 위해 이를 신고해야 하는 경우도 있다.

그러나 사회복지전문직이 견지하는 온정주의는 그 선의에도 불구하고 실제 적용과정에서는 다음과 같은 논쟁의 대상이 되어 왔다(김기덕, 2002). ① 그간 선행의 의무라는 미명하에 온정주의가 악용되어 부당한 간섭주의로 변질되면서 클라이언트 개인의 자유와 자율성을 심각하게 침해해 왔다는 비판이다(Bentley, 1990). 선행이 부당한 간섭주의로 변질되면 클라이언트에게 해악을 끼쳐 클라이언트의 복지를 침해하거나 클라이언트의 중요한 가치를 무시하는 독단적인 행위로 전락하고 만다(Linzer, 1999). ② 부당한 간섭주의가 아니더라도 사회복지사가 온정주의를 남용하면 클라이언트의 자유와 자율성 행사를 제약해 의존성을 조장함으로써 클라이언트의 자기의사결정의 의지와 능력 개발을 저해한다(Caplan, 1986). 취약성을 가진 클라이언트는 자유와 자율성을 행사할 수 있는 정신적 · 육체적 역량이 개발되지 않은 경우가 많은데, 의존성을 조장하게 되면 자기의사결정의 역량을 발전시키기 어려워진다. ③ 전문가집단이 클라이언트의 의존성을 조장해 실천 영역과 대상을 지속적으로 확보하려는 동기를 갖고 있기 때문에 선행의 의무와 온정주의는 본질적으로 클라이언트의 복지가 아니라 전문가집단 자신들의 배타적인 이익을 위한 수단이라는 비판이다(Rosenblatt, 1988). 클라이언트의 진정한 복지가 아니라 전문가집단 자신의 배타적인 이익을 위해 클라이언트의 의존성을 조장한다면 이는 부당한 간섭주의로서 **사이비(似而非) 온정주의**(pseudo-paternalism)에 불과하게 되는 것이다(Reamer, 1983b).

1960년대까지는 온정주의의 정당성이 널리 인정되는 분위기였다. 그러나 이후 개인적 자유를 위한 권리의식이 확대되면서 클라이언트의 자기의사결정권이 더욱 강조되고 있다(Rothman et al., 1996). 특히 사회복지윤리에 관한 새로운 패러다임이 등장하면서 여권주의, 신민주주의 등에서는 클라이언트의 가치 존중과 클라이언트의 의사결정 참여를 특히 강조하는 경향이 있다. 이에 따라 미국사회복지사협회(NASW) 윤리강령은 클라이언트의 자기의사결정권을 기본적인 권리로 천명하고, 클라이언트의 행동이 본인이나 타인에게 심각하고 예견가능하며, 즉각적인 위험을 초래한다고 판단될 때에 한해 클라이언트의 자기의사결정권을 제한하는 온정주의적 개입을 허용하고 있다(김기덕, 2002)(윤리강령의 관련 조항: 윤리기준 1.02/1.14).

1.02 자기의사결정권

사회복지사는 클라이언트의 자기의사결정권을 존중하고 증진시키며 클라이언트가 자신의 목표를 찾고 명확히 하도록 돕는다. 사회복지사는 자신의 전문적 판단에 의해, 클라이언트의 행동 또는 잠재적 행동이 그 자신이나 타인에게 심각하고 예상가능하며 즉각적인 위험을 초래한다고 판단될 때 클라이언트의 자기의사결정권을 제한할 수도 있다.

1.14 의사결정 능력이 없는 클라이언트

사회복지사는 제공받은 정보에 입각한 의사결정을 할 능력이 없는 클라이언트를 위해 일할 때 클라이언트의 이익과 권리를 보장하기 위해 적절한 조치를 취해야 한다.

클라이언트의 자기의사결정권 제한 여부 검토가 필요한 사례

○○○는 종합병원에 근무하는 의료사회복지사다. 그녀는 암 환자 및 그 가족들을 주로 담당해 왔다. 한 노인이 검사 목적의 개복술 수술을 위해 입원했다. 담당 의사에 의하면 그는 정서적으로 불안정해 취약성이 있는 환자다. 어느 날 환자의 딸이 ○○○를 찾아와 검사결과를 알려 주었는데, 환자가 암 말기라고 했다는 것이다. 가족들은 어느 누구도 이와 같은 진단결과를 상상하지 못해 충격에 빠져 있다고도 했다. 딸은 아버지가 시한부로 생존해야 한다는 사실을 도저히 아버지에게 얘기할 수 없다며 괴로워했다. 그러면서 가족들은 아버지에게 사실대로 말하지 않기로 했다며, ○○○에게도 아버지가 마취에서 깨어나면 암 말기라는 사실을 알리지 말아 달라고 부탁했다. 딸은 담당 의사에게도 이와 같은 가족의 입장을 전달해 주기를 요청했다.

3) **충성심**의 분열

사회복지기관에 근무하고 있는 사회복지사는 기관 행정가의 결정이나 기관의 실천방법이 특정 클라이언트에게 해가 되거나 클라이언트의 이익을 감소시킨다고 판단되는 경우에, 클라이언트에 대한 충성심과 기관에 대한 충성심이 상충하는 난처한 상황에 부딪힌다(Reamer, 2013). 이때 사회복지사는 기관의 이익과 클라이언트의 이익 중에 무엇에 우선적으로 충성할 것인가를 결정해야 한다.

만일 기관의 이익 추구가 궁극적으로 다수의 잠재적 클라이언트에게 이익이 돌아가는 경우가 아니라면 클라이언트의 권리 보호가 기관의 이익 추구보다 우선한다고 할 수 있다. 따라서 사회복지사에게는 클라이언트의 이익에 대한 충성심이 우선된다고 볼 수 있고, 사회복지사가 기관의 정책, 규칙, 규제가 부당하다고 믿는다면 기관을 개혁하기 위해 노력해야 한다(윤리강령의 관련 조항: 윤리기준 1.01/1.02/3.09ⓐⓑⓒⓓ).

1.01 클라이언트에 대한 헌신

사회복지사의 일차적 책임은 클라이언트의 복지를 증진시키는 것이다. 일반적으로 클라이언트의 이익이 최우선이다. …… (하략)

1.02 자기의사결정권

사회복지사는 클라이언트의 자기의사결정권을 존중하고 증진시키며 클라이언트가 자신의 목표를 찾고 명확히 하도록 돕는다. …… (하략)

3.09 고용주에 대한 의무

ⓐ 사회복지사는 일반적으로 고용주나 고용된 기관과의 서약에 충실해야 한다.

ⓑ 사회복지사는 고용된 기관의 정책과 절차 그리고 서비스의 효율과 효과를 개선하기 위해 노력해야 한다.

ⓒ 사회복지사는 고용주가 미국사회복지사협회(NASW) 윤리강령에 공포된 사회복지사의 윤리적 책임과 사회복지실천에서 갖는 함축된 의미를 인식하도록 합리적인 조치를 취해야 한다.

ⓓ 사회복지사는 고용된 기관의 정책, 운용절차, 규칙이나 행정명령이 윤리적인 사회복지실천에 방해가 되도록 방치해서는 안 된다. 사회복지사는 고용된 기관의

활동이 미국사회복지사협회(NASW) 윤리강령과 확실히 일치하도록 합리적 조치를 취해야 한다.

구체적으로는 충성심의 분열 상황이 발생하면, 사회복지사는 클라이언트와 기관 양측에 대해 다음과 같은 조치를 취해야 한다.

첫째, 클라이언트에게 클라이언트에 대한 헌신에 관한 전문직 가치와 윤리적 원칙에 대해 알려 주고 현재 기관의 결정이나 실천방법이 클라이언트에게 해가 되거나 클라이언트의 이익을 감소시킨다는 점을 설명해 주어야 한다. 나아가 자신은 기관의 방침에도 불구하고 클라이언트의 동의가 있다면 자신의 이익을 위해 자기의사결정권을 행사하려는 클라이언트를 옹호할 것이며, 자신의 옹호활동이 합당하다면 이를 승인하고 불편하다면 다른 사회복지사로 담당자를 교체할 수 있음을 알려야 한다.

둘째, 기관에 대해서는 우선 자신의 슈퍼바이저에게 자신이 직면한 분열된 충성심의 이슈에 대해 의견을 구하고 해결책을 강구해야 한다. 나아가 기관 내의 윤리위원회나 관련 공식적인 회의 단위에서 의견을 제시하고 윤리적・법적 문제에 대한 검토를 통해 기관이나 전문직 내 제도적 문제해결을 추진해야 한다. 이때 서비스 제공과 전문직 의무 이행에 대해 책임성을 가진 사회복지사라면, 단편적인 의문 제기 수준을 넘어 객관적인 평가와 건설적인 토론이 가능하도록 현재의 기관 결정이나 실천방법이 클라이언트에게 해가 되거나 클라이언트의 이익을 감소시키는 구체적인 근거를 제시하고 합리적인 개선 방안을 강구하도록 해야 한다.

충성심의 분열이 발생한 사례

○○○은 여성청소년에게 위기 개입 서비스를 제공하는 그룹 홈에 근무하는 사회복지사다. 이 그룹 홈은 큰 교회의 후원에 의해 운영된다. 그녀는 입사 당시 동의서에 서명을 했는데, 여기에는 임신한 클라이언트와 낙태에 대해 대화하거나 낙태서비스에 의뢰하는 행위를 하지 않을 것을 서약하는 내용이 포함되어 있었다. 그녀가 일을 시작한 지 10개월이 지난 뒤 17세의 한 클라이언트가 자신이 임신 중이라는 사실을 알려 왔다. 클라이언트는 직접양육, 입양, 낙태 등 그녀가 취할 수 있는 모든 선택지에 대해 정보를 제공받아 숙고해 보려 한다고 했다. ○○○은 개인적으로 낙태문제에 대해 클라이언

트의 자기의사결정권 보장을 지지하는 입장을 갖고 있지만, 입사 당시 동의한 서약 때문에 클라이언트와 낙태문제를 화두로 대화하는 데 대해 부담을 느끼고 있다.

4) **전문적 경계와 개인적 이익** 추구의 갈등

전문적 경계와 개인적 이익 추구의 갈등이 발생할 경우가 있다(Reamer, 2013). 사회복지사가 전문적 원조관계의 명확한 경계를 유지하지 못하고 클라이언트와 전문적인 원조관계 이외에 이중 혹은 다중 관계를 맺음으로써 전문적 경계를 침범하는 경우에 문제가 발생한다. 그 결과 원조관계의 본질이 훼손되고 사회복지사와 클라이언트의 역할이 모호해진다.

사회복지사가 전문적 행동규칙을 벗어나 사적 영역에 관여하게 되면, 사회복지사의 관심은 클라이언트에게서 사회복지사 자신에게로 옮겨 감에 따라 클라이언트의 복지보다는 자신의 이익을 추구하게 되어 사회복지사는 권한을 남용하게 된다. 그 결과 클라이언트는 치명적인 해를 입거나 착취를 당할 가능성이 있다(Kagle & Giebelhausen, 1994). 왜냐하면 이중 혹은 다중 관계가 형성되면 클라이언트는 사회복지사를 전문적으로 도움을 주는 사람이 아니라 친구, 연인, 동료로 간주할 것이기 때문이다. 이와 같은 이중 혹은 다중 관계는 사적 만남, 선물교환, 함께 식사하기, 친구관계, 사생활의 공유, 사업상 거래, 성적 관계 등 다양한 형태로 나타난다(Jayaratne, Croxton, & Mattison, 1997).

전문적 경계와 개인적 이익의 추구와 관련된 중요한 윤리적 쟁점은 클라이언트의 이익과 사회복지사의 이익 충돌, 클라이언트와의 친밀한 관계, 서비스 비용의 지불 등이 있다(김상균 외, 2002).

의도치 않게 전문직 경계의 충돌이 발생한 사례

○○○은 대도시의 정신건강기관에서 우울증 및 불안을 겪고 있는 클라이언트를 위해 일하는 사회복지사다. 경험이 쌓이면서 클라이언트의 알코올 남용에 대해 관심을 갖기 시작했다. 클라이언트들이 자신의 우울증과 불안을 다스리기 위해 알코올을 사용한다고 보는 것이다. ○○○은 한 클라이언트에게 그의 음주문제에 초점을 맞추기 위

해 단주모임(Alcoholics Anonymous: AA)에 참여할 것을 권유했다. 주말 내내 클라이언트는 음주문제와 아내학대로 끔찍한 시간을 보내고 나서야 근처 교회에서 운영하는 단주모임에 참여하기로 했다. 단주모임에서 자신의 담당 사회복지사인 ○○○이 구성원의 한 명이라는 사실을 알고 깜짝 놀랐다. ○○○은 클라이언트에게 자신도 알코올 중독에서 회복 중이라는 사실을 시인하고, 다음 상담에서 단주모임의 동료가 된 문제를 다루어 보자고 말했다. ○○○은 이 전문직 경계의 충돌문제를 어떻게 해결해야 할지 난감한 심정이다.

(1) 클라이언트의 이익과 사회복지사의 이익의 충돌

클라이언트의 이익과 사회복지사의 이익이 충돌할 때 어떻게 해야 하는가의 문제다. 이는 사회복지기관이나 사회복지사 자신의 이익을 클라이언트의 이익보다 우선시함으로써 윤리적 문제가 제기되는 경우다. 이를테면, 사회복지사가 자신의 업무영역을 확장하기 위해 전문성이 결여되어 있는 프로그램을 무리하게 운영한다면 이는 사회복지사 자신의 이익을 우선시하는 것으로 명백하게 윤리적이지 않다. 그러나 사회복지사 자신이나 가족의 생명보호와 관련된 윤리적 문제라면 사회복지사가 자신의 이익을 우선시하는 행위가 정당화될 수는 없는 것인가? 돌고프, 로웬버그와 해링턴에 따르면, 사회복지사의 생명을 위협하는 경우와 같은 특수한 상황에서는 클라이언트의 이익을 우선시하는 원칙에 예외가 있을 수 있다(Dolgoff et al., 2009)(윤리강령의 관련 조항: 윤리기준 1.06ⓐⓑⓒⓔⓕⓖⓗ).

1.06 이익의 갈등

ⓐ 사회복지사는 전문적 식견과 공정한 판단을 저해하는 이익의 갈등에 항상 주의를 기울이고 이를 피해야 한다. 실질적이거나 잠재적인 이익의 갈등이 현실적으로 존재하거나 발생하려고 할 때 사회복지사는 이를 클라이언트에게 알려야 하며, 클라이언트의 이익을 최우선으로 하고 클라이언트의 이익을 최대한 보호하는 합리적인 조치를 취함으로써 문제를 해결해야 한다. 어떤 경우에는 클라이언트의 이익을 보호하기 위해서 그를 적절한 곳으로 의뢰하고 전문적 관계를 종결해야 할 때도 있다.

ⓑ 사회복지사는 자신의 개인적 · 종교적 · 정치적 또는 사업상의 이익을 위해 전문적

관계를 통해 부당한 이익을 취하거나 타인을 착취해서는 안 된다.

ⓒ 사회복지사는 클라이언트를 착취할 위험이 있거나 잠재적 해를 끼칠 위험이 있는 경우에는 현재나 과거의 클라이언트와 이중 또는 다중 관계를 맺어서는 안 된다. 사회복지사는 이중 또는 다중 관계가 불가피한 경우 클라이언트를 보호하기 위한 조치를 취해야 하며, 명확하고 적절하고 문화적으로 예민한 경계를 설정할 책임을 진다(이중 또는 다중 관계는 전문적이든 사회적이든 아니면 사업상이든 사회복지사가 클라이언트와 전문직 관계 이외의 관계를 맺을 때 일어난다. 이중 또는 다중 관계는 동시에 또는 연속적으로 발생할 수 있다).

ⓔ 사회복지사는 개인적 혹은 업무와 무관한 목적으로 클라이언트와 (소셜 네트워킹 사이트, 온라인 채팅, 이메일, 문자메시지, 전화 그리고 비디오 등의) 정보통신기술을 사용한 의사소통을 해서는 안 된다.

ⓕ 사회복지사는 전문직의 웹 사이트나 기타의 미디어에 개인정보를 포스팅하는 행위는 경계 혼란, 부적절한 상호관계, 혹은 클라이언트에 대한 위해를 초래한다는 사실을 알아야 한다.

ⓖ 사회복지사는 웹 사이트, 소셜 미디어 그리고 기타 형태의 정보통신기술에 개인적으로 가입하면 클라이언트들이 해당 공간에서의 사회복지사의 존재를 발견하게 될 가능성이 커진다는 사실을 알아야 한다. 사회복지사는 인종, 민족, 언어, 성적 지향, 젠더 정체성이나 그에 대한 표현, 정신적 · 신체적 능력, 종교, 이민자의 지위, 그리고 기타 형태의 가입 등에 바탕을 두고 있는 집단들과의 전자적 의사소통에 참여하면 특수한 클라이언트와 효과적으로 일하는 능력에 영향을 끼친다는 점을 알아야 한다.

ⓗ 사회복지사는 경계 혼란, 부적절한 상호관계, 혹은 클라이언트에 대한 위해를 방지하기 위해 소셜 네트워킹 사이트 혹은 다른 전자적 미디어에서 클라이언트로부터 개인적인 관계를 요청받더라도 이를 수용하거나 참여해서는 안 된다.

클라이언트와 사회복지사의 이익 충돌이 발생한 사례

○○○은 인구가 5,650명인 농촌지역 주민들에게 위기개입과 상담서비스를 제공하는 사회복지사다. 이 지역에는 ○○○을 포함해 두 명의 정신건강전문가가 일하고

있다. 그의 클라이언트 중에는 오래된 부부갈등문제를 호소하는 고등학교 2학년 교사가 있다. ○○○에게는 비행을 자주 저지르는 고등학교 1학년 아들이 있는데 클라이언트가 재직 중인 학교에 다니고 있다. ○○○은 아들의 담임교사 및 교장과 아들의 비행문제를 원만히 해결하기 위해 대화를 나누고 있는 중이었다. 아들의 비행문제가 다 해결되지 않은 채 해가 바뀌어 아들이 2학년에 진학하게 되었다. 그런데 공교롭게도 그의 클라이언트가 아들의 새 담임교사가 되었다. ○○○은 이 이익 충돌 문제를 어떻게 해결해야 할지 혼란에 빠져 있다.

(2) 클라이언트와의 친밀한 관계

클라이언트와 친밀한 관계가 형성되어 문제가 발생할 때 어떻게 해야 하는가의 문제다(김상균 외, 2002). 우선, 전문적 원조과정에서 사회복지사가 클라이언트와 맺는 이중관계에는 클라이언트와 친밀한 관계를 맺고 성적인 접촉을 갖거나 나아가 사회적 · 경제적 · 성적 관계를 추구하기 위해 서비스를 종결하는 것도 포함된다. 이처럼 사회복지사가 클라이언트와 서로 매력을 느껴 치료목적과 관련된 주제들을 다루고자 하는 클라이언트의 노력을 방해한다면 클라이언트는 해를 입을 수 있다(윤리강령의 관련 조항: 윤리기준 1.09ⓐⓑ/1.10/1.11/1.17ⓓ).

1.09 성적 관계

ⓐ 사회복지사는 합의에 의한 것이나 강요된 것이거나 관계없이 현재의 클라이언트와의 성적 행위에 관여될 수 있는 어떤 상황에도 놓여서는 안 되며, 이는 정보통신기술을 사용하건 사람 간 접촉이건 관계없이 모든 상황에 적용된다.

ⓑ 사회복지사는 클라이언트를 착취할 위험이 있거나 위해를 끼칠 수 있는 경우 클라이언트의 친척 또는 클라이언트와 개인적 친분이 있는 사람들과의 성적 행위 또는 성적 접촉을 해서는 안 된다. 클라이언트의 친척 또는 클라이언트와 개인적 친분이 있는 사람들과의 성적 행위나 성적 접촉은 클라이언트에게 잠재적 해를 끼칠 수 있고 사회복지사와 클라이언트가 적절한 전문적 경계를 유지하기 어렵게 만든다. 명확하고 적절하며 문화적으로 민감한 경계를 설정하는 데 대한 책임은 클라이언트나 클라이언트의 친척 또는 클라이언트와 친분이 있는 사람이 아닌 사회복지사가 전적으로 지게 된다.

1.10 신체적 접촉

사회복지사는 그러한 접촉의 결과 클라이언트에게 심리적 상처를 줄 가능성이 있기 때문에 클라이언트와 (부드럽게 잡거나 어루만지는 등의) 신체적 접촉을 해서는 안 된다. 사회복지사는 클라이언트와 적절한 신체적 접촉을 유지해야 하는 경우 신체적 접촉에 대해 명백하고 적절하며 문화적으로 민감한 경계를 설정할 책임이 있다.

1.11 성희롱

사회복지사는 클라이언트에게 성희롱을 해서는 안 된다. 성희롱에는 성적 유혹, 성적 권유, 성적 호의의 요구, 기타 성적 성격을 띤 언어적 · 신체적 행위들을 포함한다.

1.17 서비스의 종결

ⓓ 사회복지사는 클라이언트와 사회적 · 경제적 또는 성적 관계를 추구하기 위해 서비스를 종결해서는 안 된다.

다음으로, 원조관계가 공식적으로 종결된 후에도 클라이언트가 이전의 사회복지사와 사회적 · 금전적 · 성적으로 이중 혹은 다중 관계를 맺으면 클라이언트의 능력에 해를 입힐 수 있다(Reamer, 1998). 왜냐하면 클라이언트는 현재의 생활을 독립적으로 영위하기보다는 이전의 사회복지사에 대한 의존성을 극복하지 못해 종속적인 관계를 지속할 우려가 있기 때문이다. 또 새로운 원조환경임에도 불구하고, 클라이언트는 이전에 맺었던 친밀한 관계의 연속선상에서 이전 원조관계의 사회복지사라면 어떻게 날 도와줄까라는 식으로 이전의 원조관계에 비추어 보는 경향을 발생시키기도 한다(김상균 외, 2002)(윤리강령의 관련 조항: 윤리기준 1.09ⓒ).

1.09 성적 관계

ⓒ 사회복지사는 이전의 클라이언트에 대해 잠재적 해를 가할 수 있기 때문에 이전에 클라이언트였던 사람과도 성적 행위나 성적 접촉을 할 수 없다. 사회복지사는 이러한 금지사항을 어기는 행동을 하거나 특수한 상황임을 내세워 이러한 금지사항으로부터의 예외를 주장하려면 이전에 클라이언트였던 사람이 고의든 그렇지 않든 착취나 강제를 당하거나 조종을 받지 않았다는 점을 입증할 전적인 책임이 있다.

클라이언트와의 친밀한 관계의 문제가 발생한 사례

○○○은 외래환자 전문 정신건강기관에 근무하고 있다. 그는 현재 외상 후 스트레스 증세를 겪고 있는 32세의 퇴역군인에게 상담서비스를 제공하고 있다. 6개월간 매주 상담을 진행한 끝에 마침내 마지막 상담이 시작되었다. 클라이언트는 "최근 나는 당신에게 입은 엄청난 은혜에 대해 생각하고 있어요. 당신과 만난 사실이 나에게는 얼마나 행복한지 몰라요. 당찮다는 생각에 멈추려고 해도 당신 생각이 계속 나요. 정말로 작별을 하고 싶지 않아요."라고 말했다. ○○○은 다음과 같이 대답했다. "내가 이런 말을 하게 될지 상상도 못했지만 나 역시 당신과 비슷한 생각을 하고 있어요. 이 감정을 어찌 해야 할지 모르겠어요. 우리가 사귄다면 나의 전문직 경력에 문제가 생길 거라는 점은 당신도 알 거예요. 클라이언트와 사귄다는 건 이전에는 상상도 못해 본 일이에요."

(3) 서비스 비용의 지불

서비스 비용의 지불이 요구될 때 부당한 영리의 기준을 어떻게 판단해야 하는가의 문제다(김상균 외, 2002). 사회복지기관에 종사하는 사회복지사라면 서비스 수수료에 대한 재량권이 상대적으로 적지만 개업실천을 할 경우에는 많은 재량권을 행사하기 마련이다. 이때 전문기술의 가치를 재화로 환원하는 일정한 기준이 없는 한 부당한 영리에 관한 윤리적 쟁점이 제기될 가능성이 높다. 즉, 공정하고 합리적이며 적절한 서비스 요금은 어떤 수준인가, 지불능력이 없거나 적은 클라이언트를 위해서는 요금이 차별적으로 적용되는 것이 타당한가, 경제적 여건 때문에 더 이상 요금을 지불할 능력이 없다면 서비스 제공을 어떻게 해야 할 것인가라는 윤리적 딜레마가 발생한다. 특히 서비스 제공 중에 비용지불이 불가능한 상황이 발생할 때 서비스 종료와 의뢰는 문제해결 및 기능향상에 장애가 될 수 있음을 인식해야 한다(윤리강령의 관련 조항: 윤리기준 1.01/1.06ⓑ/1.15/1.17ⓑⓒⓔ).

1.01 클라이언트에 대한 헌신

사회복지사의 일차적 책임은 클라이언트의 복지를 증진시키는 것이다. 일반적으로 클라이언트의 이익이 최우선이다. …… (하략)

1.06 이익의 갈등

ⓑ 사회복지사는 자신의 개인적 · 종교적 · 정치적 또는 사업상의 이익을 위해 전문적 관계를 통해 부당한 이익을 취하거나 타인을 착취해서는 안 된다.

1.15 서비스의 중단

사회복지사는 유용성 부족, 전자적 의사소통의 단절, 재배치, 질병, 정신적 · 신체적 능력, 또는 사망 등의 사유로 서비스가 중단될 경우 서비스의 계속성을 보장하기 위한 합리적인 노력을 기울여야 한다.

1.17 서비스의 종결

ⓑ 사회복지사는 여전히 서비스를 필요로 하는 클라이언트가 방치되지 않도록 적절한 조치를 취해야 한다. 사회복지사는 모든 상황에서 제반 요인들을 신중히 고려하고 부작용을 최소화하도록 유의하면서 특별한 경우에만 서비스를 철회해야 한다. 그리고 필요한 경우 서비스가 지속될 수 있도록 적절한 조치를 취해야 한다.

ⓒ 사회복지사는 행위별 수가제하에서 일하는 경우 재정적 제약조건을 클라이언트에게 명확히 알렸고, 클라이언트가 현재 자신이나 타인에게 절박한 위험을 가하고 있지 않으며, 요금을 지불하지 않은 경우에 취할 임상적 및 기타 결과에 대해 클라이언트에게 이야기하고 논의했다면, 계약된 서비스 이용요금을 지불하지 않은 클라이언트에 대한 서비스를 종결할 수 있다.

ⓔ 사회복지사는 클라이언트에 대한 서비스를 종결 또는 중단하고자 할 때 즉시 이를 클라이언트에게 통지해야 하며, 클라이언트의 욕구 및 선호에 맞게 서비스를 이전, 의뢰하거나 서비스가 지속되도록 하는 방법을 강구해야 한다.

서비스 비용 지불의 문제가 발생한 사례

○○○은 개인개업 사회복지사다. 그는 아동기 성적 학대를 겪은 27세 남성을 상담하고 있다. 상담 착수 무렵 클라이언트는 큰 제조업체에 근무하고 있었다. 상담은 매우 생산적이었다. 클라이언트는 자신이 기능적으로 훨씬 개선되었고 유용한 분노조절기

술을 배웠다고 말했다. 3개월이 지난 뒤 클라이언트는 회사에서 해고되어 회사에서 제공하는 정신건강 관련 보험서비스를 제공받을 수 없게 되었다. 그렇지만 클라이언트는 상담을 더 받기를 간절히 원하고 있다. 클라이언트는 심각한 재정문제를 안고 있어서 개인파산신청을 생각하는 단계에 있다. ○○○은 적절한 보수를 안 받고 무료 상담서비스를 제공해야 하는지 결정해야 하는 상황이다.

5) **전문직 가치**와 **개인적 가치**의 상충

그 밖에도 전문직 가치와 개인적 가치의 상충이 발생할 경우가 있다(김상균 외, 2002). 이는 사회복지사의 개인적 가치가 윤리적 결정에 의식적으로나 무의식적으로 영향을 끼치기 때문에 사회복지사가 정서적으로 깊게 관여하면 객관적이고 명확한 사고를 하지 못하는 경향을 말한다. 사회복지사가 개인적 가치의 영향을 자각하지 못하고 있다가 결과가 역기능적으로 판명된 후에야 자각을 하는 경우 대체로 개인적 가치가 전문직 가치를 대신했던 경우라 할 수 있다.

(제4장에서 살펴본 것처럼) 전문직 가치는 해당 전문직 구성원들이 공유하는 규범적인 선호체계를 말하며, 이는 해당 전문직의 정체성을 드러내 사회적 정당화의 기반을 제공한다(Vigilante, 1983). 이처럼 전문직 가치는 사회복지전문직이 전문가집단으로서 사회적으로 인가받으면서 부여받은 사회적 책무성을 이행하기 위한 기준이 된다. 따라서 사회복지사는 당연히 실천과정에서 관련된 전문직 가치를 명료화하고 이를 준거로 삼기 위해 노력해야 한다.

반면, 개인적 가치는 사회복지사가 자신의 개인적인 삶의 과정에서 자신의 의식, 사고, 행동습관 속에 내면화한 규범적인 선호체계를 의미한다. 사회복지사는 실천과정에서 개인적 가치가 의도적일 뿐 아니라 암묵적으로도 영향을 끼칠 수 있음을 인지해야 한다. 그렇지 않을 경우 그 결과는 전문직 가치보다 개인적 가치에 따라 행동하는 잘못된 실천이 될 수 있다. 따라서 윤리적 의사결정과정에서는 사회복지사의 개인적 가치를 명료화하는 과정이 필수적이다(Dolgoff et al., 2009).

개인적 가치와 전문직 가치는 충돌하는 경우가 종종 있다. 이때 사회복지사는 개인적 가치를 배제하고 전문직 가치에 입각해 행동해야 한다. 클라이언트를 돕는 활동은 사회복지전문직으로서의 공적 활동이지 결코 사적 개인 생활의 일부분일 수 없다. 특히 신민주주의 관점은 클라이언트가 개인으로서 사회복지사의 자의적인 실천으로 인해 부당하게 착취당할 가능성을 우려한다. 따라서 사회복지사로서 활동에 임하는 순간 사회복지사는 개인의 자율성과 권리의 일부를 포기해야 한다(Levy, 1976a).

전문직 가치와 사회복지사의 개인적 가치가 상충할 때, 전문직 가치에 입각해 객관적인 실천을 하지 못할 정도로 자신의 신념과 가치에 깊게 몰입되어 있다면 해당 사례에서 스스로 배제하는 것이 바람직하다(Chilman, 1987). 이와 관련해, 미국사회복지사협회(NASW) 윤리강령은 사회복지사는 클라이언트에 대한 서비스나 관계가 더 이상 필요하지 않거나 클라이언트의 욕구나 이익에 더 이상 효과가 없을 경우, 클라이언트에 대한 서비스와 클라이언트와의 전문직 관계를 종료해야 한다고 지적하고 있다(윤리강령의 관련 조항: 1.01/1.17ⓐ/3.09ⓐ/5.01ⓐⓑ).

1.01 클라이언트에 대한 헌신

사회복지사의 일차적 책임은 클라이언트의 복지를 증진시키는 것이다. 일반적으로 클라이언트의 이익이 최우선이다. …… (하략)

1.17 서비스의 종결

ⓐ 사회복지사는 클라이언트에 대한 서비스나 관계가 더 이상 필요하지 않거나 클라이언트의 욕구나 이익에 더 이상 효과가 없는 경우 클라이언트에 대한 서비스 및 클라이언트와의 전문적 관계를 종료해야 한다.

3.09 고용주에 대한 의무

ⓐ 사회복지사는 일반적으로 고용주나 고용된 기관과의 서약에 충실해야 한다.

5.01 전문직의 충실성

ⓐ 사회복지사는 높은 수준의 실천을 유지하고 증진시켜야 한다.

ⓑ 사회복지사는 전문직의 가치, 윤리, 지식 및 사명을 지지하며 증진시켜야 한다. 사회복지사는 적절한 연구조사, 활발한 토의와 책임감 있는 비판을 통해 전문직의 충실성을 보호, 증진, 개선해야 한다.

전문직 가치와 개인적 가치의 상충이 발생한 사례

○○○은 공공 아동복지기관에서 학대당하거나 방임된 아동에게 사례관리서비스를 제공하는 사회복지사다. ○○○의 클라이언트의 다수는 양육가정이나 그룹 홈에서 생활하고 있다. 한 클라이언트는 15세 아동인데, 신체적 학대를 당한 적이 있고 이로 인해 양육가정에서 보호를 받았지만 그때마다 도망치곤 했다. 클라이언트는 ○○○에게 자신은 동성애자라는 사실을 드러냈다. 슈퍼바이저와의 회의 때 ○○○은 "신앙인으로서 나는 동성애자인 클라이언트를 위해 일하는 게 힘들어요. 나의 종교에서는 그건 죄악이에요. 클라이언트를 위한 최선의 선택은 종교에 귀의하게 하는 거예요." 슈퍼바이저는 ○○○의 이 말에 어떻게 반응해야 할지 난감해했다.

생각해 볼 문제

1 | 인공임신중절, 뇌사자 장기이식, 안락사, 유전과학, 사형제도 등 규범윤리학에서 다루는 대표적인 어려운 이슈들 중 관심 있는 주제를 골라 윤리학적으로 검토해 보시오.

2 | 사회복지 분야의 윤리적 딜레마의 개념과 사례에 대해 알아보고, 그간 관례적으로 어떻게 판단해 왔는지 검토해 보시오.

3 | 윤리적 의사결정의 개념을 이해하고, 윤리적 의사결정의 여덟 가지 특징에 대해 그 실천적 의미를 구체적으로 검토해 보시오.

4 | 비밀보장과 사생활보호의 제한과 관련해, 공공의 이익을 위한 사회정의적 관점 접근이 필요한지 검토해 보시오.

5 | 비밀보장과 사생활보호 제한의 조건 충족의 필요성은 무엇이며, 비밀보장과 사생활보호의 제한과 관련된 윤리적 쟁점들을 구체적으로 검토해 보시오.

6 | 자기의사결정과 온정주의의 상충과 관련해, 온정주의적 개입과 관련된 논쟁을 검토하고, 자기의사결정권이 제한되는 조건에 대해 구체적으로 검토해 보시오.

7 | 클라이언트가 자기의사결정의 능력이 부족할 경우, 클라이언트의 권익(클라이언트의 인권과 최대이익)을 침해할 수 있는 대리결정자의 제안을 수용하는 경우의 문제점에 대해 온정주의적 관점에서 검토해 보시오.

8 | 충성심의 분열 상황에서 클라이언트의 이익을 우선시해야 하는 이유가 무엇인지 검토해 보시오.

9 | 전문적 경계와 개인적 이익 추구의 갈등이 발생할 때 전문적 경계를 유지해야 하는 이유가 무엇인지 살펴보고, 만일 개인적 이익 추구가 생명 유지와 같은 급박한 사유에서 출발할 때 이와 같은 딜레마를 어떻게 해결할 수 있는지 검토해 보시오.

10 | 전문직 가치와 개인적 가치의 상충이 발생할 때 개인적 가치의 개입을 통제해야 하는 이유와 개인적 가치의 개입을 예방할 수 있는 방안에 대해 검토해 보시오.

제 9 장

윤리적 딜레마와 윤리적 의사결정 II

1. 간접서비스 영역의 전문직 윤리
2. 전문직 실천 영역에서의 전문직 윤리

◆ 생각해 볼 문제

제 9 장 윤리적 딜레마와 윤리적 의사결정 II

1. 간접서비스 영역의 전문직 윤리

간접적인 실천 영역에서의 윤리적 딜레마는 제한된 자원 할당의 어려움, 사회복지에 대한 정부와 민간의 책임규정 문제, 부당한 법률과 기관의 규칙 준수 문제, 노사분쟁에 대한 태도, 조사와 평가의 윤리 문제, 기만의 사용, 내부자 고발 등의 형태가 있다. 따라서 직접서비스 영역과 마찬가지로 간접서비스 영역에 종사하는 사회복지사는 윤리적 의무에 대해 민감할 필요가 있다.

1) **제한된 자원 할당**의 어려움

간접서비스 영역의 사회복지사는 제한된 자원 할당의 어려움에 처할 때가 있다(김상균 외, 2002). 사회복지사는 자신이 수행하는 프로그램이나 서비스에서 자원의 부족에 직면하는 경우가 많다. 빈약한 재정, 예산 삭감, 서비스에 대한 요구의 증대 등은 부족하거나 제한된 자원의 배분에 관한 결정을 어렵게 한다. 지금까지 부족한 자원을 배분할 때, 윤리적 문제를 충분히 고려하지 않은 채 행정가의 개인적 성향, 정치적 압력, 기관의 전통 등에 따르는 경향이 있었다.

제한된 자원의 배분 문제는 사회정의의 가치와 윤리적 의무와 관련이 있기 때문에 윤리적인 차원의 접근이 필요하다. 이때 고려할 수 있는 분배적 정의의 기준으로는 평등(equality), 욕구(needs), 보상(compensation), 기여(contribution)가 있다(Reamer, 2013). 그러나 제한된 자원의 배분 문제는 아직 윤리적으로 해결하지 못한 문제다(Congress, 1999). 미국사회복지사협회(NASW) 윤리강령도 제한된 자원의 확대를 위해 노력할 것을 천명하고 있지만 제한된 자원의 배분기준에 대해서는 명확한 방침을 제시하지 않고 있다(윤리강령의 관련 조항: 3.07ⓐ/6.04ⓐ).

3.07 행정

ⓐ 사회복지기관의 행정가는 클라이언트의 욕구충족에 필요한 적절한 자원을 얻기 위해 자신이 속한 기관의 내부 및 외부에서 옹호활동을 펴야 한다.

6.04 사회적 · 정치적 행동

ⓐ 사회복지사는 모든 사람이 인간의 기본적 욕구를 충족하는 데 필요한 자원, 고용, 서비스, 기회에 동등하게 접근할 수 있도록 보장하기 위한 사회적 · 정치적 행동에 관여해야 한다. 사회복지사는 정치적 영역이 실천에 끼치는 영향을 인식해야 하고, 인간의 기본적 욕구를 충족하고 사회정의를 증진시키며, 사회환경을 개선하기 위한 정책과 법률 개정을 옹호해야 한다.

평등은 제한된 자원의 배분에서 사용하기 어려운 경우가 많다. 기회의 평등은 무작위 추첨 같은 방식으로 적용할 수 있고, 결과의 평등 중에서도 극단적인 평등을 추구할 수도 있다. 그러나 신장이식 대상자를 결정할 경우 평등의 원칙은 현실적으로 적용되기 불가능한 경우가 많다. 또 욕구는 진단적 평가 결과 심각성 정도에 따라 우선순위를 부여하자는 것이다. 그러나 신장이식 대상자를 결정할 경우 이식의 욕구와 그 영향요인은 측정하기 어렵다. 기여는 수혜자의 과거와 현재의 기여에 비례하여 배분하자는 것이다. 그러나 사회복지실천에서는 빈곤하고 취약한 클라이언트가 많기 때문에 이 기준은 윤리적으로 정당화되기 어렵다. 보상은 일종의 조건의 평등정책으로 과거 불이익에 대한 대가로서의 긍정적 차별을 의미한다. 그러나 장기이식의 경우 이식을 위한 조직공급 자체가 매우 한정되어 있어 이전에 배제되었던 환자가 너무 많기 때문에 기준으로 삼기에는 실효성에 문제가 있다(Congress, 1999; Reamer, 2013).

제한된 자원 할당의 어려움이 발생한 사례

○○○은 약물치료기관의 행정책임자다. 기관에서는 약물남용문제를 가진 사람들을 위해 지지서비스와 상담서비스를 제공하고 있다. 그동안 기관은 주정부와의 계약에 의한 보조금, 보험회사의 지급금, 그리고 클라이언트의 자비부담으로 운영해 왔다. 최근 ○○○은 주정부의 약물남용부서의 책임자로부터 내년에는 보조금을 25% 삭감할

예정이라는 통보를 받았다. 불경기 때문에 주정부의 세입이 감소해 주정부가 지원하는 모든 프로그램의 보조금을 감축할 수밖에 없다는 것이다. ○○○은 이제부터는 지금까지 서비스를 제공해 온 모든 클라이언트를 유지할 수 없는 상황이 되었음을 알게 되었다. 지난해에는 500명의 클라이언트에게 서비스를 제공했다. 현재 대기자는 없는 상태이다. ○○○의 분석에 의하면 내년에는 350명의 클라이언트만 유지할 수 있을 것으로 판단되었다. ○○○은 직원회의를 소집해 이와 같은 사실을 공유했다. ○○○은 추가적인 재원확보가 불가능하기 때문에 어떤 기준으로 서비스 대상 클라이언트를 결정할지 판단해야 한다고 말했다.

2) 사회복지에 대한 **정부와 민간의 책임규정** 문제

간접서비스 영역에서는 사회복지에 대한 정부와 민간의 책임규정 문제가 이슈가 된다(Reamer, 2013). 한 사회의 복지의 공급은 정부부문과 민간부문의 역할분담에 의해 이루어진다. 그러나 주된 복지공급의 책임이 정부에게 있는가 아니면 민간에게 있는가는 간접서비스 영역에서 매우 중요한 윤리적 쟁점이 된다.

미국의 경우 정부가 주된 복지공급의 책임을 자임하고 나섰던 뉴딜(New Deal)시대에는 시민의 보편주의적인 권리, 즉 사회적 시민권이 확대되었고 정부는 보편적 급여를 맡고 민간은 정부공급을 보완함으로써 정부와 민간 간의 동반자 관계가 확립되었다. 그러나 정부가 책임을 축소한 뒤에는 권리성 급여가 감축되고 선별주의로 바뀜에 따라 시민의 기본적인 욕구충족이 어려워졌다. 정부와 민간 간의 관계에도 긴장이 발생해, 민간복지에 대한 지원이 삭감되고 정부의 통제가 강화된 뒤에는 민간복지계에도 취약계층에 대한 급여의 축소, 수요와 공급의 불일치, 즉 욕구의 폭증과 공급 부족의 문제가 야기되었다.

사회복지의 주된 책임을 정부와 민간 중 누가 맡아야 하는가는 이른바 **보편주의와 선별주의**의 논쟁에 의해 촉발되어 왔다. 티트머스(Titmuss, 1968)에 따르면, 보편주의는 배제되는 계층 없이 전체 사회구성원을 정부 주도로 하나의 복지제도에 포괄하는 방식이기 때문에 정부가 복지공급을 주도하고 민간은 보완하는 관계가 형성된다. 선별주의는 소득조사나 기여 같은 조건을 부과해 전체 사회구성원 중 특정 계층에 표적을 맞추는 방식으로 정부 책임을 축소하는 반면 상대적으로 민간에 대한 의존도가 높다. 미국사회복지사협회(NASW) 윤리강령은 대체로 보편주의와 취약계층을 위한 복지공급 확대를 표방하고 있다(윤리강령의 관련 조항: 3.07ⓐ/6.01/6.04ⓐⓑ).

3.07 행정

ⓐ 사회복지기관의 행정가는 클라이언트의 욕구충족에 필요한 적절한 자원을 얻기 위해 자신이 속한 기관의 내부 및 외부에서 옹호활동을 펴야 한다.

6.01 사회복지

사회복지사는 한 지역에서부터 전 세계적 차원에 이르기까지 사회 전반의 복지를 향상시키고 인간, 공동체, 환경을 개선해야 한다. 사회복지사는 인간의 기본적 욕구의 충족에 기여하는 생활조건의 향상을 옹호하며, 사회정의의 실현에 도움이 되는 사회적 · 경제적 · 정치적 · 문화적 가치와 제도를 증진시켜야 한다.

6.04 사회적 · 정치적 행동

ⓐ 사회복지사는 모든 사람이 인간의 기본적 욕구를 충족하는 데 필요한 자원, 고용, 서비스, 기회에 동등하게 접근할 수 있도록 보장하기 위한 사회적 · 정치적 행동에 관여해야 한다. 사회복지사는 정치적 영역이 실천에 끼치는 영향을 인식해야 하고, 인간의 기본적 욕구를 충족하고 사회정의를 증진시키며, 사회환경을 개선하기 위한 정책과 법률개정을 옹호해야 한다.

ⓑ 사회복지사는 특히 취약하고 불리한 상황에 처한 사람들, 억압받고 착취당하는 사람과 집단을 비롯해 모든 사람의 선택과 기회를 확대시키기 위해 노력해야 한다.

보편주의와 선별주의는 각기 장단점을 갖고 있다. 보편주의는 보편적 권리로서 사회적 시민권 확립의 일환인 반면, 취약계층을 우대하지 않는 낮은 수준의 보편적 급여는 취약계층의 특별한 욕구충족이나 불평등 감소의 목표를 충분히 달성하기 어려운 측면이 있다. 반면, 선별주의는 취약계층의 욕구에 초점을 맞추고 불평등 감소에 기여할 수 있으리라는 장점이 있다. 그러나 낙인효과를 일으키기 때문에 일반적인 납세자들과의 심리적 · 정치적 거리감이 증폭되어 취약계층의 욕구충족 수준에 미달하는 낮은 수준의 복지공급에 머물러 오히려 불평등 감소에 기여하지 못할 수도 있다. 따라서 보편주의와 선별주의를 융합해 보편주의의 기반하에 취약계층을 우대하는 표적화를 추구하려 하지만 현실적으로는 보편주의가 후퇴하는 경향이 지배적이다(Deacon, Hulse, & Stubb, 1997).

사회복지에 대한 정부의 노력이 주민의 반대에 직면한 사례

○○○은 주정부 정신건강부서에서 제공하는 프로그램 서비스의 부책임자다. ○○○의 주 업무는 지역사회 정신건강시설의 설립, 재정지원 그리고 모니터 역할이다. 정신건강보호의 탈시설화 노력이 강조되면서 ○○○의 업무 영역은 더욱 확장되어 왔다. 최근 ○○○은 정신건강시설이 없는 지역에 그룹 홈을 설립하려 하고 있다. 그룹 홈은 7명을 수용할 예정인데, 이들은 이 시설이 설립되지 않으면 정신병원에 입원할 수밖에 없는 처지다. ○○○은 이미 절차에 따라 여러 지역에서 많은 그룹 홈을 설립해 왔다. 그는 지역사회 지도자, 건축가, 지역주민 등의 자문을 받았다. ○○○은 큰 주택단지 내에 있는 적절한 장소를 찾았는데, 이곳은 재산이 저당 잡혀 폐점한 은행부지였다. 그런데 건축이 완결된 뒤 많은 사람이 찾아왔다. ○○○은 한 지역주민들의 모임과 관계 맺고 있다는 변호사의 전화를 받았다. 이 주민모임은 자신들의 이웃에 그룹 홈을 세우는 주정부의 계획에 대해 매우 분개하고 있었다. 변호사는 ○○○에게 자신들은 그룹 홈을 세우려는 주정부의 계획을 무산시키기 위해 법적 대응을 시작하고 있다고 밝혔다. 변호사는 그룹 홈을 여기가 아니라 다른 곳에 세울 수는 없는지 토론하는 모임에 ○○○을 초청했다.

취약계층의 복지수급을 축소해야 하는 상황이 발생한 사례

○○○은 주정부 사회서비스국의 책임자로 일하는 의료사회복지사다. 그는 2년 전 주지사가 선거에 당선되자마자 이 직책에 임명되었다. 주지사는 ○○○을 포함한 모든 부서 책임자들에게 내년의 경기침체 때문에 주예산을 일률적으로 10% 삭감한다고 밝혔다. 주지사는 3일 이내에 예산감축계획을 담은 수정예산안을 제출하라고 지시했다. ○○○은 직원들과 부서예산 10% 감축방안에 대한 논의를 시작했다. 예산삭감은 일반 공적 부조, 의료부조, 직업재활 그리고 아동보호 등 모든 부서 프로그램에 일률적

으로 적용할 생각이다. 15만 3천 명의 일반 공적 부조 수급자의 수를 11만 명으로 줄여야 한다. 이 때문에 수급자격을 잃는 사람이 4만 3천 명에 이르게 된다. ○○○은 이 조치가 가혹한 처사라는 점을 알지만, 주지사가 정한 재정 감축 기준을 충족시키려면 어쩔 수 없는 일이다.

3) 부당한 **법률과 기관의 규칙** 준수 문제

간접서비스 영역에서는 부당한 법률과 규칙을 준수해야 하는가의 딜레마가 발생한다(Reamer, 2013). 사회복지사는 때때로 사회복지전문직의 전문직 가치나 윤리적 의무에 부합하지 않는 부당한 법률과 규칙을 대해야 한다. 이 경우에 사회복지사는 전문직 가치와 윤리적 의무를 준수할 것인가, 아니면 부당한 법률과 규칙을 따라야만 하는가의 어려운 결정을 내려야 한다.

부당한 법률의 준수 문제에 대한 견해는 일관되지 않다. 한 견해에 따르면, 인권을 유린하는 부정의한 사회질서가 아닌 자유민주주의 체제에서는 정당한 절차를 통해 운영되는 법률에 대한 불복종은 정의롭지 못하기 때문에 지켜져야 한다고 본다(Wasserstrom, 1975). 의무론 차원에서는 법률의 준수는 윤리적 의무에 해당하고, 행위공리주의 차원에서는 정당한 법률은 클라이언트에게는 어느 정도 불이익이 생기더라도 해당 사례와 관련이 있는 관련자 모두에게 이득이 되고, 규칙공리주의 차원에서도 모든 사람이 장기적으로 법률 준수의 규칙을 지킨다면 사회적 이득을 가져다준다는 것이다.

반면, 미국사회복지사협회(NASW) 윤리강령은 부당한 법률의 준수 여부에 대해 명확한 입장을 취하고 있지는 않다. 만일 전문직 가치와 윤리적 의무를 지키기 위해 부당해 보이는 법률을 위반한다면 사회복지사나 소속 기관은 위법한 행위에 따른 처벌을 감수해야 하고, 이를 전문직의 보편적인 지침으로 삼을 때에는 사회로부터 합법적으로 위임받은 전문직 권위의 정당성과 관련해 더 큰 문제를 야기할 수도 있다. 따라서 사안에 따라 윤리적 의사결정모델과 사회복지전문직의 윤리적 가치에 입각해 판단해야 한다. 대체로, 만일 현행 법률이 사회복지전문직이 추구하는 전문직 가치와 윤리적 의무에 부합하지 않고 취약한 집단의 권익신장에 어려움을 초래한다면 관련 제도의 개선을 추구할 필요가 있다고 본다(Reamer, 2013)(윤리강령의 관련 조항: 3.07ⓐⓑ/6.01/6.02/6.04ⓐⓑⓒⓓ).

3.07 행정

ⓐ 사회복지기관의 행정가는 클라이언트의 욕구충족에 필요한 적절한 자원을 얻기 위해 자신이 속한 기관의 내부 및 외부에서 옹호활동을 펴야 한다.

ⓑ 사회복지사는 공개적이고 공정한 자원배분절차를 옹호해야 한다. 모든 클라이언트의 욕구가 충족될 수 없을 때에는, 적절하고 일관되게 적용되는 원칙에 입각해 비차별적인 자원배분절차를 개발해야 한다.

6.01 사회복지

사회복지사는 한 지역에서부터 전 세계적 차원에 이르기까지 사회 전반의 복지를 향상시키고 인간, 공동체, 환경을 개선해야 한다. 사회복지사는 인간의 기본적 욕구의 충족에 기여하는 생활조건의 향상을 옹호하며, 사회정의의 실현에 도움이 되는 사회적 · 경제적 · 정치적 · 문화적 가치와 제도를 증진시켜야 한다.

6.02 대중의 참여

사회복지사는 사회정책이나 사회제도 형성에 대해 충분한 정보를 제공하고 일반대중의 참여를 촉진시켜야 한다.

6.04 사회적 · 정치적 행동

ⓐ 사회복지사는 모든 사람이 인간의 기본적 욕구를 충족하는 데 필요한 자원, 고용, 서비스, 기회에 동등하게 접근할 수 있도록 보장하기 위한 사회적 · 정치적 행동에 관여해야 한다. 사회복지사는 정치적 영역이 실천에 끼치는 영향을 인식해야 하고, 인간의 기본적 욕구를 충족하고 사회정의를 증진시키며, 사회환경을 개선하기 위한 정책과 법률개정을 옹호해야 한다.

ⓑ 사회복지사는 특히 취약하고 불리한 상황에 처한 사람들, 억압받고 착취당하는 사람과 집단을 비롯해 모든 사람의 선택과 기회를 확대시키기 위해 노력해야 한다.

ⓒ 사회복지사는 미국 내, 나아가 전 세계적 차원에서 문화적 · 사회적 다양성을 존중하는 제반조건을 증진시켜야 한다. 사회복지사는 차이를 존중하는 정책과 실천을 옹호하고, 문화적 지식과 자원의 확장을 지원하고, 문화적 다양성을 옹호하는 프로그램이나 제도를 지지하며, 모든 사람의 권리를 보장하고 평등과 사회

정의를 보장하는 정책을 증진시켜야 한다.

ⓓ 사회복지사는 인종, 민족, 출신국, 피부색, 성, 성적 지향, 젠더 정체성이나 그에 대한 표현, 연령, 혼인 여부, 정치적 신념, 종교, 이민자 지위, 혹은 정신적·신체적 능력을 이유로 어떤 개인, 집단, 계급을 지배, 착취, 차별하는 행위를 방지하고 이를 방지하기 위한 활동을 수행해야 한다.

전문직 가치나 윤리적 의무에 위반되는 부당한 기관의 규칙에 대해서는, 비교적 일관되게 부당한 기관의 규칙보다는 전문직 가치나 윤리적 의무를 견지할 것을 지지한다. 사회복지전문직은 사회로부터 합법적으로 위임된 전문직 가치를 구현할 의무를 우선시해야 한다. 이는 사회복지기관과 사회복지사 모두에게 적용되어야 할 윤리적 의무다. 따라서 전문직 가치에 위반되는 기관의 정책에 대해, 사회복지사는 전문직의 가치에 입각한 서비스를 제공할 의무가 있기 때문에 클라이언트의 이익을 위해 부당한 기관의 규칙에 맞서 클라이언트의 자기의사결정권을 증진해야 한다. 나아가 사회복지사는 기관의 규칙이 전문직 가치에 위배되는지 검토하고 이를 개혁하기 위해 노력해야 할 윤리적 의무가 있다(윤리강령의 관련 조항: 3.07ⓓ).

3.07 행정

ⓓ 사회복지기관의 행정가는 자신이 책임지고 있는 근무환경이 미국사회복지사협회(NASW) 윤리강령에 부합되며 윤리강령의 준수를 권장하고 있는지 확인해야 한다. 또한 사회복지기관의 행정가는 자신의 조직 내의 윤리강령을 어기고 방해하고 저지하는 여러 조건을 제거하기 위한 합리적 수단을 강구해야 한다.

법률의 준수 여부의 딜레마가 발생한 사례

○○○은 난민정착기관의 실무책임자다. 이 기관은 미국으로 이주해 온 사람들에게 포괄적인 사회적 서비스를 제공해 왔다. 여기에는 주거 알선, 재정 및 직업상담, 언어교육 그리고 연방이민국 직원들을 상대로 한 행정업무에 대한 구체적인 지원 등이 포함된다. 그간 기관의 노력 결과 불법체류자들로부터 많은 서비스 요청을 받아 왔다. 수년 동안 이 기관의 직원들은 불법체류자들을 이민국에 신고하지 않았다. 직원들은 기

관의 임무는 미국 내에서의 법적 지위와 무관하게 이주민들을 돕는 일이라고 주장해 왔다. 그런데 최근 직원회의에서 ○○○은 불법체류자에 대해서는 이민국에 신고하자는 수정된 제안을 내 놓았다. 예를 들어, 우리가 서비스를 제공하는 불법체류자가 심각한 범죄에 연루되었는데도 알리지 않는다면 법적으로 문제가 되지 않겠느냐는 것이다.

부당한 기관 정책 준수 여부의 딜레마가 발생한 사례

○○○는 가족서비스 기관에서 아동 및 가족에 대한 상담서비스를 제공하고 있다. ○○○는 아동행동의 이슈 및 이와 관련된 부모의 양육태도의 영역에 특화되어 있다. ○○○가 만나는 많은 아동은 아동의 교내행동과 학업성취에 대해 걱정하는 지역 내 학교에서 의뢰된다. 어느 날 ○○○의 슈퍼바이저이기도 한 기관의 임상서비스 책임자는 직원이 부족하기 때문에 ○○○가 새로 시작하는 기관의 입양프로그램을 맡아 줘야겠다고 지시했다. ○○○는 슈퍼바이저에게 자신은 입양프로그램과 관련된 공식적인 훈련을 받거나 실습을 한 적이 없다고 밝혔다. 그러자 슈퍼바이저는 "걱정 마. 당신은 업무에 빨리 적응하니까."라고 말했다. 슈퍼바이저의 격려에도 불구하고, ○○○는 자신이 입양 희망 부모상담, 신청자 심사와 가정학습 안내, 복잡한 부모의 법적 권리 종결 이슈와 국제입양 이슈 처리, 공개입양의 촉진, 입양 후 이슈와 위기를 겪는 가족지원 등 입양과 관련된 독특하고 복잡한 임상적 · 법적 이슈를 다룰 수 있는 지식을 충분히 습득할 수 있을지 자신이 없었다. ○○○는 무리한 사업 확장을 도모하는 기관과 자신의 무자격 실천으로 인해 클라이언트들이 입을 피해를 걱정하고 있다.

4) **노사분쟁**에 대한 태도

간접서비스 영역의 사회복지사는 노사분쟁에 대해 어떤 태도를 취할 것인가의 딜레마에 봉착한다(Reamer, 2013). 학업을 마친 뒤 대부분의 사회복지사는 일선 업무에 종사한다. 그러나 상당수의 사회복지사들은 일정한 경력을 쌓은 뒤 부서의 책임자나 기관행정가 같은 관리자의 지위를 맡게 된다. 관리자의 지위에 있는 사회복지사는 일선 실무자들과 고위 행정층이나 기관의 이사회 사이에서 갈등이 발생할 때 윤리적 딜레마에 봉착하게 된다. 조직 내의 관계에서 관리자인 사회복지사가 겪는 윤리적 딜레마 중 가장 첨예한 이슈는 노사분쟁에 대한 태도라고 할 수 있다. 일반적으로 대부분의 사회복지사들은 사회복지 노동조합에 참여해 노동자로서의 자신의 권익을 지키는 일이 클라이언트에게 윤리적으로 최선의 서비스를 제공하는 데 기여한다는 확고한 신념을 갖고 있다(Reynols, 1956).

그러나 사회복지 분야에는 취약한 클라이언트가 존재하기 때문에 사회복지사가 노동조합 활동의 일환으로 파업이나 태업 활동에 참여할 수 있는가는 심각한 고민거리가 아닐 수 없다. 현실적으로 파업이나 태업 활동이 전개되면 취약한 클라이언트는 중요한 서비스를 제공받지 못해 심각한 해악이 닥칠 수 있기 때문이다. 이에 대해 상당수 사회복지사들은 사회복지사가 자신의 고용상의 이익을 위해 취약한 클라이언트에 대한 서비스를 포기한다면 클라이언트에게 해악을 끼칠 수 있기 때문에 비윤리적이라고 생각한다. 반면, 사회복지사들이 취약한 클라이언트에게 서비스를 제공하면 노동조합원 간의 행동통일이 이루어지지 않아 노동조합은 소기의 목적을 달성할 수 없을 것이고, 사회복지사의 이타적인 소명의식이 결과적으로 경영자의 착취를 용인하는 결과가 된다고 본다(Bohr, Breenner, & Kaplan, 1971; Fisher, 1987).

윤리학 차원에서도 노사분쟁에 대한 태도는 일관되지 않다(Reamer, 2013). 의무론에서는 어떠한 경우에도 취약한 클라이언트를 위해 헌신해야 하는 사회복지전문직의 선행의 의무를 방기해서는 안 될 것이다. 그러나 노동조합 활동이 클라이언트의 권익신장과 직결되어 있다면 사회정의의 가치에 부합한다. 공리주의 차원에서도 클라이언트의 취약성의 정도에 따라 판단이 달라질 수 있다. 클라이언트의 취약성이 존재한다면 클라이언트 보호는 질적으로 우월한 유용성의 요소이고 최소한 해악의 원칙에도 저촉되므로 이를 중시해야 한다. 그러나 만일 클라이언트의 상태가 취약하지 않다면 행위공리주의 차원에서는 파업이나 태업에 참여해 성과를 거두면 클라이언트는 일부 불편을 겪더라도 사회복지사의 권익이 신장될 뿐 아니라 클라이언트에 대한 서비스가 개선되는 성과를 거둘 수 있다. 규칙공리주의 차원에서는 장기적으로는 파업과 태업 등의 활동으로 노동조합의 역량이 강화되어 제도개선이 이루어지면 결과적으로 클라이언트에 대한 서비스가 개선될 것이라는 긍정적인 전망도 많다.

이에 따라 미국사회복지사협회(NASW) 윤리강령은 사회복지사가 노동조합의 결성과 활동에 참여하는 노력을 인정하고 있다. 그렇지만 파업 등에 대한 태도는 사회복지계 내

에서 일관되지 않음을 시인하고 있다. 이때 일반적인 노동조합운동의 원칙뿐 아니라 사회복지전문직의 가치나 윤리적 원칙에 입각해 판단하고 행동할 것을 주문하고 있다. 특히 취약한 클라이언트에게 끼칠 수 있는 영향을 고려해 윤리적으로 책임성 있게 행동할 것을 제안한다(윤리강령의 관련 조항: 3.10ⓐⓑ).

3.10 노사분쟁

ⓐ 사회복지사는 클라이언트에 대한 서비스나 근무환경을 개선하기 위해 노동조합의 결성이나 참가를 포함하는 조직화된 활동에 관여할 수 있다.

ⓑ 사회복지사는 노사분쟁, 준법투쟁, 파업 등에 관여할 때 전문직의 가치, 윤리적 원칙, 윤리기준에 입각해 행동해야 한다. 현실적으로 사회복지사들 간에 파업이나 준법투쟁 중의 전문가로서의 일차적 의무에 관해 의견 차이가 존재하는 것은 당연하다. 사회복지사는 활동방향을 결정하기 전에 관련 이슈들과 그것이 클라이언트에게 끼칠 수 있는 영향을 신중하게 검토해야 한다.

노사분쟁에 대한 태도의 딜레마가 발생한 사례

저소득층이 거주하는 지역에서 5백 병상의 시설을 운영하는 종합병원이 있다. 병원 이사회는 재정문제 때문에 내년 임금인상률을 1%로 제한한다고 발표했다. 또한 병원 내 사회복지사의 일부는 구조조정하고, 나머지 직원들은 회사에서 제공하는 건강보험에 기여비율을 높여야 한다고도 했다. 노동조합은 많은 심사숙고와 토론을 거친 후 파업에 대한 찬반투표를 했고, 결국 파업에 돌입하기로 결정했다. 노동조합은 출근저지 투쟁을 조직하고 2시간 교대조를 편성했다. 파업 찬반투표 결과에 의하면, 병원 내 사회복지사들은 파업으로 인해 환자들이 직면하게 될 문제들에 대한 대처방안을 마련하기 위해 논의해야 한다. 논의를 시작하자마자 의견은 두 가지로 갈렸다. 일부 사회복지사들은 우리는 노동조합을 지지해야 하며 사회복지사들을 포함한 모든 병원 직원이 적절한 급여와 복지혜택을 받을 수 있도록 강력히 대응해야 한다고 주장했다. 그러나 다른 사회복지사들은 사회복지사는 어떠한 경우에도 환자와 그 가족들에게 서비스를 제공할 의무가 있으며, 필수적인 서비스 제공 중단은 비윤리적이라고 반박했다.

5) 조사와 평가의 윤리 문제

간접서비스에 종사하는 사회복지사들은 조사와 평가의 윤리 문제에 대해 주의를 기울여 왔다(Reamer, 2013). 1970년대 이래 사회복지사들은 조사와 평가활동에 적극적으로 참여해 왔다. 사회복지 욕구조사, 임상적 실천의 평가, 프로그램 평가, 사회복지정책의 평가, 경험적 조사와 연구 결과의 활용 등의 중요성이 증가함에 따라 윤리적 문제들이 발생할 수 있다. 이처럼 사회복지사가 조사와 평가에 활발히 참여하면서 윤리적 지침을 준수할 필요성이 증가하고 있다(김상균 외, 2002).

일반적으로 조사와 평가 활동은 서비스의 효용성을 증진시키기 위한 노력이기 때문에 윤리학 측면에서 의무론적인 활동은 아닐지라도, 공리주의 차원에서는 사회복지서비스의 효과성을 입증해 서비스를 개선하는 데 기여한다(Reamer, 2013). 그러나 잘못된 연구와 평가 활동에는 윤리적 정당성이 부여되지 않는다. 의무론 차원에서 연구와 조사 활동이 의도적으로 왜곡되면 진실의 의무에 위배되고, 참여자나 이해관계자에게 해악을 끼친다면 헌신의 의무에 위배될 수 있다. 행위공리주의나 규칙공리주의 차원에서도 잘못된 연구와 평가 활동으로 인해 서비스의 효과성을 왜곡한다면 서비스 개선에 부정적인 영향을 끼치고, 참여자나 이해관계자에게 해악을 끼치는 경우 유용성을 증진시키기는커녕 오히려 감소시키는 결과가 될 것이다. 이에 따라 일반적으로 조사와 평가 활동의 윤리성은 반드시 지켜야 하는 윤리적 원칙으로 인정되어 왔고 점점 더 엄격하게 윤리성이 강화되는 경향이 있다.

일반적인 지침으로는 연구자와 구체적인 연구내용에 대해 밝힐 것, 참여 여부에 대한 자기의사결정권이 보장되는 자발적인 참여일 것, 연구의 목적, 기간 및 절차, 중간에 중단할 권리, 연구 참여 거부나 중단 시 예상되는 결과, 참여로 인한 영향과 예상되는 이득, 비밀보장의 한계, 참여에 의한 보상에 대해 고지된 동의를 지킬 것, 연구 참여로 인한 시간적 · 정신적 · 물질적 피해를 최소화하는 조치를 취할 것, 연구 참여에 대해 과도하거나 미비하지 않은 수준의 실질적인 보상을 취할 것, 익명성과 비밀을 보장하기 위한 조치를 강구할 것, 연구자료의 보존과 폐기에 대해 명확히 할 것, 조사결과에 대해 정확하게 분석하고 보고할 것 등이 제시된다(이순민, 2012). 미국사회복지사협회(NASW) 윤리강령도 조사와 평가 활동의 윤리성에 대해 총 17개 항목에 걸쳐 엄격하게 규정하고 있다(윤리강령의 관련 조항: 5.02ⓐ~ⓠ).

5.02 평가와 연구조사

ⓐ 사회복지사는 정책, 프로그램의 실행 및 실천개입을 감시하고 평가해야 한다.

ⓑ 사회복지사는 지식의 발달에 이바지하도록 평가와 연구조사를 증진하고 촉진해야 한다.

ⓒ 사회복지사는 사회복지실천에 관련되는 새로운 지식을 비판적으로 검토하며, 평가와 연구조사에서 얻은 입증자료를 전문직 실천에 충분히 활용해야 한다.

ⓓ 사회복지사는 평가나 연구조사에 종사하는 경우 발생 가능한 결과들을 신중하게 고려하며, 평가와 연구조사 참가자의 보호를 위해 개발된 지침을 따라야 한다. 적절한 제도적 검토위원회의 자문을 구해야 한다.

ⓔ 사회복지사는 평가나 연구조사에 종사하는 경우 참가자들로부터 자발적이고 문서화되고 고지된 동의를 받아야 하고, 참가거부에 대한 암시적 또는 현실적 손해나 불이익이 없고 부당한 참가권유가 없어야 하고, 참가자의 복지, 사생활보장, 존엄성이 고려되어야 하며, 고지된 동의에는 참가의 성격, 한도, 기간, 조사참가 시의 위험요소나 보상에 관한 정보 등이 포함되어야 한다.

ⓕ 사회복지사는 평가나 연구조사를 촉진하기 위해 전자적 기술을 사용하는 경우 그러한 정보통신기술 사용에 대해 참가자들에게 고지된 동의를 제공해야 한다는 점을 명확히 해야 한다. 사회복지사는 참가자들이 정보통신기술을 사용할 능력이 있는지 여부를 사정해야 하며, 가능한 한 평가나 연구조사에 참여할 수 있는 합리적인 대안을 제공해야 한다.

ⓖ 사회복지사는 평가나 연구조사의 참가자가 고지된 동의를 할 수 없을 때에도 참가자의 수준에 부합하는 적절한 설명을 통해 가능한 한 참가자로부터 동의를 얻어야 하며, 적격의 대리인으로부터 문서화된 동의를 얻어야 한다.

ⓗ 사회복지사는 특정 형태의 자연적 관찰이나 공문서 조사처럼 동의의 절차를 밟지 않은 평가나 연구조사를 설계 및 실시해서는 절대로 안 된다. 그러나 엄격하고 신뢰할 만한 검토결과 예상되는 과학적 · 교육적 또는 응용적 가치 때문에 정당하다고 판명되거나 또는 동의절차를 반드시 요구하지 않으면서 동등하게 효과적인 대안적 방법이 없는 경우에는 예외다.

ⓘ 사회복지사는 평가나 연구조사 참가자에게 불이익 없이 언제나 동의를 철회할 권리가 있음을 알려 주어야 한다.

ⓙ 사회복지사는 평가나 연구조사 참가자가 적절한 지지적 서비스를 이용할 수 있

도록 합리적 조치를 취해야 한다.

ⓚ 사회복지사는 평가나 연구조사에 종사하는 경우 부당한 신체적 고통, 정신적 고통, 위해, 위험, 박탈 등으로부터 참가자들을 보호해야 한다.

ⓛ 사회복지사는 서비스 평가에 관여하는 경우 수집된 정보를 전문직의 목적을 위해 사용하고 이 정보에 관해 전문적 관심을 갖는 사람들과만 논의해야 한다.

ⓜ 사회복지사는 평가나 연구조사에 종사하는 경우 참가자와 그들에게서 얻은 조사자료의 익명성과 비밀을 보장해야 한다. 사회복지사는 비밀보장의 한계, 비밀보장을 확고히 하기 위한 조치들, 조사자료의 폐기시점 등에 대해 참가자들에게 알려야 한다.

ⓝ 사회복지사는 평가와 연구조사의 결과를 보고할 때 공개를 허락하는 정당한 동의가 없는 한 신상정보를 생략해 참가자의 비밀을 보호해야 한다.

ⓞ 사회복지사는 평가와 연구조사의 결과를 정확하게 보고해야 한다. 결코 그 결과를 꾸미거나 왜곡해서는 안 되며, 출판 후에 인쇄된 자료에서 잘못이 발견되었을 때에는 표준적 출판 방법을 이용해 시정조치를 취해야 한다.

ⓟ 사회복지사는 평가나 연구조사에 종사하는 경우 참가자와의 이익갈등이나 이중관계에 유의하고 이를 피해야 하며, 현실적으로 갈등이 일어나거나 일어나려고 할 때에는 참가자에게 그 사정을 알려야 하고 참가자의 이익이 최우선이 되도록 문제해결 수단을 강구해야 한다.

ⓠ 사회복지사는 책임감 있는 연구조사에 관해 교육받고 학생 및 동료들을 교육해야 한다.

조사와 평가의 윤리 문제가 발생한 사례

○○○는 가족서비스 기관의 케이스워커다. 기관은 개인 및 가족, 위기개입 그리고 가족생활교육 등 포괄적인 서비스를 제공하고 있다. ○○○는 특히 심각한 정신건강과 약물남용문제로 인해 이중진단장애(dual diagnosis disorders) 혹은 동반장애(co-occurring disorders)를 갖고 있는 클라이언트에게 서비스를 제공하는 데 관심이 있다. ○○○는 같은 분야의 동료들과 함께 이와 같은 도전적인 클라이언트 인구집단을 위한 참신한 개입방안을 개발하기 위해 노력하고 있다. ○○○는 그의 치료모델의 효과

성을 검증하기 위한 데이터를 수집하기 위해 애쓰고 있다. 그는 데이터 수집을 통해 그의 클라이언트들의 호전을 모니터하고 곧 개최될 전문가회의에서 자신의 접근법의 효과성에 대한 실제 증거를 발견하기를 바라고 있다. 이에 따라 그가 얻으려는 정보는 통상적인 임상적인 목표와는 상반된 연구조사의 목표가 반영된 것이다. 데이터수집의 일환으로, ○○○는 여러 클라이언트와 심층인터뷰를 진행했는데, 아동기의 정신적 외상(trauma, 예를 들어 정신적 · 신체적 학대) 등 그들의 인생에서의 많은 민감한 이슈들에 대한 것이었다. 한 인터뷰에서 클라이언트는 여러 질문에 대해 마음이 상해 ○○○에게 계속 진행할 수 없을 것 같다고 토로했다. 이 클라이언트는 "인터뷰가 내가 생각했던 것보다 훨씬 고통스러웠어요. 나는 내가 오래 전에 겪은 일들 때문에 여전히 이렇게 마음이 상해 있는지 몰랐어요. 이 인터뷰를 계속할 수 없을 것 같아요."라고 말했다. 명백히 이 클라이언트는 흥분해서 완전히 제 정신이 아니었다. ○○○는 클라이언트의 반응 때문에 곤란에 처했는데, 곧 개최될 전문가회의에서 프로젝트를 발표할 계획이기 때문이다. 이 클라이언트에 대한 데이터는 그의 연구조사 노력에서 매우 중요하다.

6) **기만**의 사용

간접서비스 영역의 사회복지사는 기관방침에 의해 기만의 사용을 요구받을 때 윤리적 딜레마에 봉착할 수 있다(Reamer, 2013). 다른 전문직과 마찬가지로 사회복지전문직도 정직을 전문직에 대한 사회적 신뢰의 원천으로 삼고 있다. 만일 사회복지사가 정직의 의무를 해태(懈怠), 즉 게을리하거나 위반하면 사회복지전문직, 클라이언트, 사회 간의 원천적인 신뢰는 무너지고 사회복지전문직의 사회적 정당성은 심각하게 훼손될 것이다. 그럼에도 불구하고 사회복지행정가, 기획가, 조사자, 지역사회조직가 등은 기만과 부정직이 필요하고 정당화될 수 있다는 유혹을 받는다.

사회복지실천에서 사회복지사의 기만이 용인되는 경우는 (제5장에서 살펴보았던) 클라이언트에 대한 헌신을 위한 선행의 의무와 온정주의 차원에 제한된다(Reamer, 2013). 즉, 클라이언트에게 거짓정보를 제공하지 않으면 자살 등 돌이킬 수 없는 해악이 발생하거나 폭력적인 배우자에게 가출한 아내의 위치를 알려 주면 위험에 처할 것이 우려될 때에만 이른바 '선의의 기만'이 용인될 수 있으리라는 것이다. 이런 경우는 의무론 차원에서 진실의 의무보다는 생명존중과 안전보호의 의무가 우선한다고 볼 수 있다. 행위공리주의 차원에서는 기만으로 인한 신뢰의 상실의 정도보다는 목숨을 구하는 일이 훨씬 큰 사회적 유용성을 발생시킬 것이다. 규칙공리주의 차원에서도 모든 사회복지사가 자살이나 폭력 등 위해를 방치해 발생하는 장기적인 해악이 선의의 기만으로 인해 발생하는 신뢰의 감소보다 더 크다고 볼 수 있다.

그러나 이러한 극히 특별한 경우를 제외하고는 일반적으로 사회복지전문직의 기만행위는 용인되지 않는다. 일반적인 기만행위는 클라이언트의 복지를 위한 헌신성의 발로인 선행의 의무나 온정주의와 전혀 관계가 없기 때문이다. 대개의 기만은 사회복지사의 개인적 이익을 위한 경우가 많고, 간접서비스 영역에서는 기관의 경제적 · 사회적 이득을 위해 혹은 행정관리자의 책임추궁이 두려워 거짓 보고서를 보험회사나 관련 기관에 제출하는 행위가 대부분이다. 이 때문에 미국사회복지사협회(NASW) 윤리강령은 기만의 사용을 엄격하게 금지하고 있다(윤리강령의 관련 조항: 4.04).

4.04 부정직 · 사기 · 기만

사회복지사는 부정직, 사기, 기만행위에 가담, 묵인하거나 연루되어서는 안 된다.

이와 같은 기만은 의무론 차원에서는 사회복지전문직에 대한 사회적 신뢰를 저버리는 정직의 의무 위반 행위이기 때문에 절대로 용인되지 않는다. 행위공리주의 차원에서는 기만의 결과 해당 기관이나 행정책임자는 책임에 따른 처벌을 회피하고 부당한 이득을 얻을 수 있지만 사회적으로는 오류가 시정되지 않고 부당한 손실이 발생해 질적 유용성인 사회정의에 위배된다. 규칙공리주의 차원에서도 간접서비스에 종사하는 모든 사회복지사가 자신과 소속기관을 위해 기만의 사용을 일반화한다면 사회적으로 그 폐해는 이루 말할 수 없을 것이고, 결국 사회적으로 부여되는 사회복지전문직 자체의 정당성이 철회되는 상황으로 내몰릴 수도 있다.

기만 사용의 문제가 발생한 사례

○○○은 아동전문 정신병원의 사회복지 책임자다. 이 병원은 심각한 정서적 문제와 행동장애를 겪고 있는 아동에게 입원서비스 및 외래환자서비스를 제공하고 있다. 이 병원에 인증심사팀(accreditation team)이 방문할 예정이다. 이 병원은 여러 해 동안 국

가기구로부터 인증을 받아 왔는데, 그때마다 인터뷰의 일환으로 집중적인 현장방문이 있었다. 현장방문팀은 주기적으로 직원들을 인터뷰하고, 시설들을 점검하고, 병원정책과 절차들을 검토하고, 환자기록의 표본을 평가한다. 환자기록의 질은 많은 특별한 기준에 따라 평가되는데, 여기에는 환자의 심리사회적 이력과 관련된 포괄적인 기록, 입원, 치료계획, 제공받은 서비스, 퇴원 등에 관한 것들이 포함된다. ○○○은 직원들이 환자들에 대해 기록한 항목들에 대해 염려하고 있다. ○○○은 특히 그의 전임자가 재임했던 시기에 일어났던 문서기록 보관문제에 대해 걱정하고 있다. 직원모임에서 ○○○은 사회복지사들에게 각자 지난 시기의 문서기록이 완벽한지 검토하고 누락된 정보(예를 들어, 누락된 입원요약서 혹은 퇴원기록)가 있는지 확인하라고 지시했다. ○○○은 또한 누락된 정보가 있다면 사후에 기입했다는 것을 알 수 없도록 채워 넣으라고 지시했다. ○○○은 직원들에게 "기록에 어떤 공백이 있더라도 최대한 채워 넣어 각각의 사례들을 재구성해야 한다. 사례에 대해 정확히 알지 못하면 정확한 사실을 파악하기 위해 최선을 다해야 한다. 나는 우리 부서가 나쁜 평가를 받는 걸 원치 않는다. 인증심사팀의 지적을 받지 않도록 문서기록을 완벽히 준비해야 한다."고 지시했다.

7) 내부자 고발

간접서비스 분야에 종사하는 사회복지사는 사회복지사의 비윤리적인 행위나 불법적인 행위에 대해 어떻게 처리해야 하는지 딜레마를 겪게 된다(Reamer, 2013). 이처럼 사회복지사가 겪는 가장 어려운 결정 중의 하나는 동료의 비리를 폭로하고 상부기관이나 슈퍼바이저에게 부정행위를 보고해야 할지에 관한 문제다.

동료의 부정행위를 접하는 사회복지사는 복잡한 생각을 갖게 된다. 일반적으로 부정행위를 저지른 동료에 대해 보고하기를 주저하는 경향이 있다. 동료를 고발한다면 동료의 경력이 파괴될 수 있고, 내부고발자인 자신은 기관과 전문가집단으로부터 배척당할 수 있기 때문이다. 반면, 대부분의 사회복지사들은 동료의 부정행위 때문에 클라이언트의 복지와 기관의 서비스의 정당성이 훼손되기 때문에 보고할 필요가 있다는 데에도 동의한다.

대개 동료의 부정행위를 둘러싼 상황은 애매하고 근거가 부족한 경우가 많다. 따라서 고발을 결정할 때에는 여러 가지 사항을 종합적으로 검토해야 한다. 부정행위의 심각성과 그로 인한 위해를 고려하고, 신빙성 있는 증거, 고발이 동료와 기관에 끼칠 영향, 자신이 고발하려는 동기가 개인적인 감정인지 아니면 순수한 공익인지에 대한 판단, 다른 대안의 가능성, 고발 이전에 해당 동료를 설득하는 등의 중간적인 문제해결과정의 필요성 등을 고려해 보아야 한다(Fleishman & Payne, 1980). 여러 가지 측면에 대한 검토결과 부정행위가 명백한 사안이라면, 우선 동료 당사자의 자발적인 고백과 스스로 책임지는 결자해지(結者解之)가 바람직할 수 있고, 그렇지 못하다면 기관 내 슈퍼바이저 등에 보고해 동료 당사자에 대한 적절한 처리절차를 마련하고 상부기관에 대한 후속조치를 취해야 한다.

내부자 고발행위는 윤리적으로 그 정당성이 인정된다(Reamer, 2013). 의무론 차원에서는 어떤 경우도 부정행위는 근본적으로 부도덕하기 때문에 용인되어서는 안 된다. 행위공리주의 차원에서는 부정행위 자체가 부당한 이득이기 때문에 그로 인한 처벌은 비례의 원칙에 부합해 유용성 감소와 관련이 없고, 오히려 부정행위가 용인되면 부정의가 시정되지 않아 사회적 손실이 초래된다. 부정행위로 인한 사회적 손실은 내부고발자 자신이 겪을 불편함에 비해 유용성 면에서의 가치가 크기 때문이다. 규칙공리주의 차원에서는 장기적으로 내부고발이 일상화되면 동료 간의 긴장이 초래되어 신뢰관계가 약화될 수 있다는 우려도 있겠지만, 자율적인 규제의 기풍이 마련되어 전문직의 윤리적 기준이 확립되기 때문에 사회 전체적으로 큰 이득을 제공할 수 있다.

이에 미국사회복지사협회(NASW) 윤리강령은 내부고발을 윤리적 사안으로 규정하고 동료의 비윤리적 행위에 대해 책임 있는 조치를 취해야 할 의무가 있다고 명시하고 있다. 이때에는 관련 절차를 숙지할 필요가 있는데, 가능하다면 동료 당사자와 논의해 스스로 책임 있는 조치를 취할 수 있도록 장려하고 있고, 그렇지 않다면 공식 경로를 통해 책임 있는 조치를 취해야 한다. 나아가 내부고발자에 대한 보호와 지원의 의무도 제시하고 있다(윤리강령의 관련 조항: 2.10ⓐⓑⓒⓓⓔ).

2.10 동료의 비윤리적 행위

ⓐ 사회복지사는 정보통신기술을 사용한 비윤리적 행위를 포함해 동료의 비윤리적 행위를 저지하고, 예방하고, 적발하고, 시정하도록 적절한 대책을 강구해야 한다.

ⓑ 사회복지사는 동료의 비윤리적 행위에 관한 문제를 다루기 위해 수립된 정책이나 절차를 이해하고 있어야 한다. 사회복지사는 윤리적 불만처리를 다루는 국가, 주, 지역의 절차에 대해 정통해야 한다. 여기에는 미국사회복지사협회, 자격

인가 및 규제기구, 고용주, 기관, 기타 전문직 단체의 정책이나 절차 등이 포함된다.

ⓒ 사회복지사는 동료가 비윤리적 행위를 한다고 판단될 때 가능한 한, 그리고 그러한 논의가 생산적인 경우에 그 동료와 그 문제에 관해 논의해 해결을 추구해야 한다.

ⓓ 사회복지사는 동료가 비윤리적 행위를 한다고 판단될 때 필요에 따라 (주의 자격인가 및 규제기구, 미국사회복지사협회 조사위원회, 기타 전문적인 윤리위원회와의 접촉 등의) 적절한 공식경로를 밟아 행동을 취해야 한다.

ⓔ 사회복지사는 비윤리적 행위를 했다고 부당하게 고발당한 동료를 변호하며 원조해 주어야 한다.

내부자 고발의 딜레마가 발생한 사례

○○○는 가족서비스 기관의 케이스워크 슈퍼바이저다. ○○○는 이 기관에서 6년간 케이스워커로 일했고, 1년 전 승진했다. ○○○는 기관의 행정책임자와 매우 가까운 관계에 있는데, 그는 ○○○와 밀접한 전문적 관계를 유지하고 있고 ○○○를 슈퍼바이저로 승진시켜 주기도 했다. 어느 날 ○○○의 슈퍼바이지인 한 케이스워커가 면담을 요청해 왔다. 그는 충격적인 뉴스가 있다고 했다. 치료시간에 한 클라이언트가 이곳의 행정책임자를 알고 있다고 했다는 것이다. 그 클라이언트에 따르면, 몇 달 전 행정책임자가 클라이언트에게 돈을 주고 호텔에서 성관계를 맺었으며 함께 코카인을 흡입했다. 대략 네 번이나 다섯 번 정도 데이트를 했다고도 했다. 게다가 케이스워커에 따르면, 행정책임자는 기관의 자금을 개인적인 여행 경비로 사용했고, 최근에는 기관 운영 자금의 상당 부분을 보조하는 주정부에 분기보고를 하기 위해 준비한 서비스 이용에 대한 데이터를 위조했다는 것이다. ○○○는 이 상황을 어떻게 다루어야 할지 고통스러웠는데, 특히 행정책임자를 친구로 여기기 때문이다.

2. 전문직 실천 영역에서의 전문직 윤리

1) 전문직 실천의 책임과 **위기관리**

최근 두드러지고 있는 전문직 실천 영역에서의 윤리적 딜레마는 사회복지사가 고의 또는 과실로 문제를 일으켜 법적 책임을 져야 하는 문제다. (제3장에서 방어적 윤리관에 대해 살펴본 것처럼) 전문직 실천 영역의 윤리적 문제는 자칫 사회복지기관과 사회복지사에게 실천오류에 대한 법적 책임의 문제까지 야기될 수 있다. 일반적으로 실천오류는 비밀보장 등 사회복지사와 클라이언트 간의 법적 의무의 위반과 관련된 사안, 직무수행의 태만과 관련된 사안, 사회복지사의 부적절한 행동으로 클라이언트가 위해나 손상을 당해 고통을 받는 사안 등에 대해 증거가 있는 경우 인정된다(Reamer, 2013).

미국의 경우 사회복지사는 전문직 위반행위에 대해 **미국사회복지사협회**(NASW)로의 윤리적 부정행위 신고, 주의 자격위원회나 규제위원회로의 윤리적 부정행위 신고, 실천오류나 보험책임보상(liability coverage)의 부정을 저지른 사회복지사에 대한 민사상 법적 소송 등의 방식으로 책임을 지게 된다. 어떤 경우든 사회복지사는 자신이 속한 사회복지사협회에 의해 재조사를 받아야 하는데, 드문 일이지만 재조사 결과에 따라 형사 고발되는 사례도 있다.

이에 따라 최근 **위기관리**(risk management)의 개념이 부각되고 있다. 위기관리란 클라이언트, 사회복지사, 기관을 법적 · 윤리적으로 보호하기 위한 노력을 의미하는 광범위한 개념이다(Reamer, 2015). 위기관리의 차원에서 사회복지실천은 어렵고 복잡한 상황에서 건전한 의사결정을 할 때 일곱 가지 요소를 특별히 반영할 것을 제안하고 있다.

- 동료의 자문: 사회복지사는 어렵거나 복잡한 의사결정에 직면할 때 해당 이슈에 대해 전문성이 있거나 경험을 갖고 있는 동료의 자문을 구할 필요가 있다. 해당 실천 영역에서 윤리위원회를 운영하고 있다면 자문을 구하기 훨씬 쉬울 것이다. 만일 사회복지사가 고소된다면 적절한 자문절차를 거쳤다는 근거를 제시함으로써 전문성 있는 의사결정기술을 갖췄음을 입증할 수 있다.
- 적절한 슈퍼비전: 사회복지사는 슈퍼바이저가 공식적으로 존재하는 기관에서 일하는 경우 슈퍼비전 관계를 충분히 활용해야 한다. 슈퍼바이저는 복잡한 상황에 처한 사회복지사를 도울 수 있기 때문이다. 만일 사회복지사가 고소된다면 적절한 슈퍼

비전을 거쳤다는 근거를 제시함으로써 전문적인 의사결정기술을 갖췄음을 입증할 수 있다.

- 윤리강령의 윤리기준 검토: 사회복지사는 윤리강령을 익히고 사례와 관련된 윤리기준을 충실히 반영해야 한다. 윤리강령은 부주의한 실천과 관련한 법률적 소송을 미연에 방지할 수 있는 윤리기준들을 광범위하게 포함하고 있다(예를 들어, 비밀보장, 고지된 동의, 이익갈등, 경계충돌의 이슈 및 이중관계, 클라이언트 기록, 클라이언트의 명예훼손, 서비스의 종결 등).
- 법률, 규정, 정책의 검토: 사회복지사는 어려운 의사결정을 하기 전에 관련된 법률과 규정을 확인해야 한다. 많은 법률과 규정은 사회복지사가 직면한 사례에 적용성이 있다. 대표적으로 인권존중 및 최대봉사의 원칙, 비밀보장의 의무 그리고 신고의 의무에 관해서는 사회복지실천과 관련된 많은 법률이 구체적인 규정을 운영하고 있다. 그 외에도 많은 법률조항은 사회복지사의 의사결정에 영향을 끼칠 수 있다[「형법」 제18조(부작위범), 제122조(직무유기), 제123조(직권남용), 제307조(명예훼손), 「민법」 제750조(불법행위의 내용), 「형사소송법」 제149조(업무상비밀과 증언거부), 「민사소송법」 제315조(증언거부권) 등. 적용 법률에 대해서는 제11, 12장 사례분석의 지침에서 다룬다].
- 관련 문헌 검토: 사회복지사는 특별한 영역에 종사할수록 항상 최근의 전문적 문헌을 접해야 한다. 사회복지사는 도전적인 의사결정과업에 직면할 때 항상 해당 분야의 권위 있는 문헌들이 사례와 관련된 이슈에 대해 어떤 지식을 제공하는지 검토하는 합리적인 노력을 기울여야 한다. 이런 노력은 사회복지사에게 유용한 가이드라인을 제공할 것이고, 사회복지사가 해당 분야의 현재 기준에 따라 증거기반실천을 실행하기 위해 적극적으로 노력하고 있음을 입증하는 것이다. 사회복지사는 해당 이슈에 대해 법률적 조력을 얻을 수 있는 법률서적들에도 익숙해야 한다.
- 법률적 자문: 사회복지사는 법에 저촉될지도 모르는 의사결정을 할 때 법률적 자문을 구할 필요가 있다. 사실 많은 윤리적 의사결정이 법률, 규칙, 판결 등과 관련될 수 있다. 여기에는 비밀보장, 정보특권, 고지된 동의, 이익갈등, 디지털기술, 서비스의 종결 등 많은 이슈가 포함된다. 사회복지사가 법률적 자문을 구할 것을 고려한다는 것은 그만큼 상황에 전문적으로 대처하기 위해 양심적이고 성실하게 노력하는 계기가 된다. 사회복지 관련 법률이나 위기관리에 정통한 변호사의 조력은 매우 유용하다.
- 의사결정단계 기록: 사회복지사는 서비스의 질을 향상시키기 위해 주의 깊고 철저

하게 기록해야 한다. 충실한 기록은 클라이언트의 환경 사정, 증거기반실천에 입각한 적절한 서비스의 계획과 실행, 슈퍼비전 촉진, 클라이언트 · 보충적 서비스 제공자 · 재정지원기관 · 보험회사 등 관계자들 간의 책임성 설정, 서비스 제공에 대한 평가, 장래 서비스의 지속성 및 명확화 등에 필수적이다. 또한 충실한 기록은 사례를 담당하던 사회복지사가 여러 이유로 서비스 제공을 중단해야 할 때 클라이언트에 대한 서비스 질의 지속성을 확보하는 데 유용하다. 게다가 충실한 기록은 사회복지사가 윤리강령 위반 혐의를 받거나 법률적 소송을 당할 때 사회복지사를 보호하는 데 도움이 된다(예를 들어, 기록은 사회복지사가 자문, 윤리강령과 윤리기준 반영, 고위험 클라이언트에 대한 특별한 보충적 서비스 의뢰, 고지된 동의 절차 준수, 혹은 클라이언트의 자살위험의 완벽한 관리 등에 충실했음을 입증할 수 있다).

2) **전문직 윤리 위반** 유형

전문직 윤리 위반 유형은 다음과 같다.

첫째, 사회복지사가 클라이언트의 비밀보장 권리를 침해한다면 그 행위에 책임을 져야 한다. 따라서 사회복지사는 여러 상황과 관련된 법규, 규정, 기관의 정책 및 실천 원칙에 대해 숙지해야 한다. 나아가 무엇보다 중요한 것은, (앞서 비밀보장과 사생활보호의 제한에서 설명한 것처럼) **정보특권**의 범위를 넘어 비밀정보의 공개를 정당화하는 조건이 무엇인지 자신의 사례가 여기에 속하는지 분명히 확인할 필요가 있다(Lewis, 1986). 자신은 건전하고 사려 깊은 결정을 내렸다고 생각하지만 민사 및 형사적으로 고소를 당하거나 윤리적 부정행위로 신고될 수 있기 때문이다. 이에 대해서는 클라이언트와 원조관계를 시작할 때 비밀보장의 한계를 알리는 것도 한 방법이 된다(윤리강령의 관련 조항: 1.07 ⓐⓓⓔ~ⓗ).

둘째, 현실적으로 이의신청의 대부분은 서비스 전달에 있어서의 부주의함에 대한 것이다. 여기에는 고지된 동의 절차의 미준수, 클라이언트에 대한 부적절한 사정과 개입, 전문적 원조관계를 범위를 넘어선 비전문적인 부당한 영향의 행사, 예견 가능한 징후에 대한 미인지 혹은 사정 오류로 인한 자살, 학대나 유기된 아동 등에 대한 보호 서비스에서의 태만이나 위반행위로 인한 오류 제기, 명예훼손, 클라이언트와의 성적 접촉을 포함한 경계위반 등 다양한 문제가 속한다(윤리강령의 관련 조항[1]: 1.01/1.03/1.06ⓑⓒⓔⓕⓖⓗ/ 1.09/1.10/1.11/1.12/1.14/4.01ⓐⓑⓒ/5.01ⓐⓑⓔ).

1.12 인격을 손상시키는 언어

사회복지사는 클라이언트에게 또는 그에 관한 문서나 언어소통에서 인격이나 명예를 훼손시키는 말을 사용해서는 안 된다. 사회복지사는 클라이언트에게나 그에 관한 모든 의사소통에서 정확하고 예의 바른 용어를 사용해야 한다.[1)]

4.01 적임능력

ⓐ 사회복지사는 자신의 현재 능력에 근거해 또는 요구되는 적임능력을 획득할 의사가 있을 때에만 직업상의 책임을 수용하고 고용되어야 한다.

ⓑ 사회복지사는 전문적 실천 및 전문 기능의 수행에 능숙해지고 그러한 상태를 유지하도록 힘써야 한다. 사회복지사는 사회복지실천과 관련된 최신의 지식을 갖추고 있어야 하며, 이를 비판적으로 검토해야 한다. 사회복지사는 일상적으로 전문문헌을 검토하고 사회복지실천 및 사회복지실천 윤리에 관한 계속교육에 참가해야 한다.

ⓒ 사회복지사는 경험을 기반으로 한 지식을 포함해 사회복지실천이나 사회복지실천 윤리와 관련된 이미 인정받은 지식에 기초해 실천에 임해야 한다.

5.01 전문직의 충실성

ⓐ 사회복지사는 높은 수준의 실천을 유지하고 증진시켜야 한다.

ⓑ 사회복지사는 전문직의 가치, 윤리, 지식 및 사명을 지지하며 증진시켜야 한다. 사회복지사는 적절한 연구조사, 활발한 토의와 책임감 있는 비판을 통해 전문직의 충실성을 보호, 증진, 개선해야 한다.

ⓔ 사회복지사는 미승인, 무자격 사회복지실천을 방지해야 한다.

셋째, 슈퍼바이저로서 사회복지사는 상급자로서 대리적 혹은 직접적으로 관여한 슈퍼바이지의 적절한 행동이 요구됨에도 불구하고 이를 수행 못한 슈퍼바이지의 부적절한 비행동(inaction)에 대해 책임을 지게 된다(Reamer, 2013). 따라서 슈퍼바이저는 슈퍼바이지가 클라이언트의 동의를 얻는 데 있어서 필요한 정보의 제공 여부, 클라이언트와의 모

---

1) 이하에서는 제8장, 제9장에서 여러 차례 예시해 중복되는 윤리강령의 윤리기준은 가급적 생략했다.

든 접촉 단계에서 슈퍼바이지의 오류가 있는지 여부, 클라이언트의 이익을 넘어 제3자 보호를 하고 있는지의 여부, 필요 이상으로 치료를 길게 끌거나 부주의한 치료계획을 세우는지의 여부, 특정 클라이언트의 치료에 전문적인 차원에서만 개입하는지의 여부, 적절히 기록하고 행동하는지 여부, 자신은 슈퍼바이지의 결정에 대해 적절히 보완하고 있는지의 여부에 대해 점검해야 한다. 무엇보다 행정적 슈퍼비전을 통해 슈퍼비진의 성격과 내용을 문서화하고 주의 깊게 서명하고 교육적 슈퍼비전을 통해 고발당할 위험을 최소화하도록 노력해야 한다.

이에 따라 행정직의 사회복지사에게 적용되어야 하는 사회복지전문직의 윤리적 원칙들이 있다(Levy, 1983). 사회복지행정가들의 윤리적 행동은 사회복지사들이 기관을 통해 윤리적 실천을 하도록 하는 기반을 마련해 주기 때문이다. 나아가 슈퍼바이저 자신은 행동모델이기 때문에 학생들과 신임 사회복지사들은 종종 그들의 슈퍼바이저의 윤리적 행동을 관찰함으로써 윤리를 배운다(Congress, 1992; Lewis, 1987). 실제로 학생 시절 윤리적으로 슈퍼비전을 잘 받은 사회복지사들은 그렇지 않은 경우에 비해 윤리적 실천을 더 잘한다(Congress, 1999). 이를 위해 슈퍼바이저는 지식과 능력 안에서만 슈퍼비전을 해야 하고, 계속 교육받아야 하는 직업상의 윤리도 지켜야 한다. 한편, 슈퍼바이지나 실습생과의 이중관계를 피하고 명백하고 적절한 경계를 유지해야 한다(윤리강령의 관련 조항[2]: 3.01ⓐⓑⓒⓓ/3.02ⓐⓑⓒⓓ/3.03).

3.01 슈퍼비전과 자문

ⓐ 사회복지사는 슈퍼비전이나 자문을 제공할 때 (사람 간 관계이건 원격이건) 필요한 지식과 기술을 갖추고 있어야 하며, 자신의 지식이나 능력의 범위 내에서만 제공해야 한다.

ⓑ 사회복지사는 슈퍼비전이나 자문을 제공할 때 적절하며 문화적으로 민감한 경계를 설정할 책임이 있다.

ⓒ 사회복지사는 슈퍼바이지를 착취하거나 해를 끼칠 위험이 생길 경우에는 소셜 네트워킹 사이트나 다른 전자적 미디어를 사용할 때 발생할 수 있는 이중관계를 포함해 슈퍼바이지와 이중 및 다중의 관계를 맺지 말아야 한다.

2) 미국사회복지사협회 윤리강령의 슈퍼비전 관련 윤리기준 조항에 대한 상세한 지침은 NASW(2013a) 참조.

ⓓ 슈퍼바이저는 공정하고 정중하게 슈퍼바이지의 업적을 평가해야 한다.

3.02 교육 및 훈련

ⓐ 사회복지사는 교육자, 학생실습지도자, 훈련자의 역할을 담당하는 경우 자신의 지식과 능력의 범위 내에서만 지도를 해야 하며, 전문직에서 활용되는 가장 최근의 정보와 지식에 기반을 두고 지도해야 한다.

ⓑ 사회복지사는 교육자, 학생실습지도자의 역할을 담당하는 경우 공정하고 정중하게 학생의 성적을 평가해야 한다.

ⓒ 사회복지사는 교육자, 학생실습지도자의 역할을 담당하는 경우 학생이 서비스를 제공할 때 이를 클라이언트에게 일상적으로 통보하는 합리적인 조치를 취해야 한다.

ⓓ 사회복지사는 교육자, 학생실습지도자의 역할을 담당하는 경우 소셜 네트워킹 사이트나 다른 전자적 미디어를 사용할 때 발생할 수 있는 이중관계를 포함해 학생을 착취하거나 해를 끼칠 위험이 있는 이중 및 다중의 관계를 맺지 말아야 한다. 교육자나 실습지도자는 명백하고 적절하며 문화적으로 민감한 경계를 설정할 책임이 있다.

3.03 업무평가

사회복지사는 타인의 업무를 평가하는 책임을 진 경우 공정하고 사려 깊게 명문화된 기준에 입각해 책임을 수행해야 한다.

넷째, 사회복지사가 자기 클라이언트를 사정하고 개입하거나 동료 사회복지사나 타 분야 전문가들로부터 상담을 받을 때에는 자신의 전문성의 범위를 넘어설 경우 다른 사람에게 의뢰하거나 자문을 구해야 한다. 만일 사회복지사가 의뢰나 자문을 적절히 구하지 않았을 경우, 윤리상의 신고, 업무오류를 이유로 고발 등에 처해질 수 있다. 또 사회복지사가 클라이언트를 다른 사회복지사에게 의뢰할 때에는 절차에 대해 세심하게 주의를 기울여야 한다. 무엇보다 해당 사례에 대해 지식, 전문성, 능력 면에서 자격을 가진 사회복지사에게 의뢰할 책임이 있고 사례기록과 관련해 클라이언트와의 접촉에 대한 세심한 자료를 제공해야 한다(Cohen, 1979; Kagle, 1987). 나아가 클라이언트나 제3자가 사회복지사의 행동의 적절성에 대해 이의를 제기하면 자문 등 사회복지사가 취한 책임 있는 조치에 대해 명확히 확인할 수 있도록 조치해야 한다(윤리강령의 관련 조항: 1.16ⓐⓑⓒ/2.05ⓐⓑⓒ/3.01ⓐⓑ).

1.16 서비스 의뢰

ⓐ 사회복지사는 클라이언트에게 충분한 서비스를 제공하기 위해 다른 전문가의 특수한 지식과 전문성이 필요할 때 혹은 자신이 제공하는 서비스가 클라이언트에게 별로 효과적이지 못하거나 상당한 정도의 진전을 이루지 못해 추가적인 서비스가 요구된다고 판단될 때 클라이언트를 다른 전문가에게 의뢰해야 한다.

ⓑ 사회복지사는 다른 전문가에게 클라이언트를 의뢰하고자 하는 경우 책임의 순조로운 이전을 위한 적절한 조치를 취해야 한다. 사회복지사는 다른 전문가에게 클라이언트를 이전할 때 클라이언트의 동의를 전제로 새로운 서비스 제공자에게 모든 적절한 정보를 공유해야 한다.

ⓒ 사회복지사는 의뢰를 하는 사회복지사가 아무런 전문적 서비스도 제공하지 않은 경우에 의뢰의 대가로 보수를 주거나 받아서는 안 된다.

2.05 자문

ⓐ 사회복지사는 동료의 자문이 클라이언트에게 최선의 이익이 되는 경우에는 언제든지 그 동료에게 충고나 조언을 구해야 한다.

ⓑ 사회복지사는 동료의 전문 분야와 적임능력이 있는 영역에 관해서 알고 있어야 한다. 또한 자문의 주제에 관한 지식과 전문성 그리고 적임능력이 입증된 동료에게서만 자문을 구해야 한다.

ⓒ 사회복지사가 클라이언트에 관해 동료들과 논의할 때에는 자문의 목적달성에 필요한 최소한의 정보만을 공개해야 한다.

다섯째, 일부 사회복지사들은 직원, 다른 사회복지기관, 보험회사 등과의 관계에서 기만과 사기에 연루되곤 한다(Strom, 1994). 여기에는 법적 권리를 양도받기 위해 행하는 기만, 보험회사 관련 업무처리나 보조금 회계작성 같은 예산처리나 과장과 왜곡 혹은 지나치게 관대한 인사평가 등에서 행하는 불법행위, 왜곡된 진단으로 불필요한 치료를 받게 하거나 실제 상태보다 덜 심각하게 진단해 문제를 야기하는 행위, 직원들과 클라이언트에 대한 추천장이나 공식 보고의 왜곡으로 인한 부작용 등 다양한 형태가 있을 수 있다(윤리강령의 관련 조항: 4.04/4.07ⓐⓑ/ 4.08ⓐⓑ).

4.04 부정직 · 사기 · 기만

사회복지사는 부정직, 사기, 기만행위에 가담, 묵인하거나 연루되어서는 안 된다.

4.07 권유

ⓐ 사회복지사는 자신이 처한 환경 때문에 부당한 영향, 조작, 강제 등의 영향을 받기 쉬운 잠재적인 클라이언트에게 과도한 권유를 해서는 안 된다.

ⓑ 사회복지사는 현재의 클라이언트나 특수한 환경에 처한 사람들은 부당한 영향을 받기 쉽기 때문에 이들에게 (클라이언트의 이전의 진술을 추천장에 사용하는 데 동의해 달라는 간청 등) 추천장에 배서해 주기를 간청해서는 안 된다.

4.08 공적의 인정

ⓐ 사회복지사는 출처의 명시를 포함해 실제로 자신이 수행했거나 공헌한 일에 대해서만 책임을 지며 공적을 인정받아야 한다.

ⓑ 사회복지사는 타인의 업적과 공헌을 정직하게 인정해야 한다.

여섯째, 부적절하거나 비윤리적인 서비스의 종결은 사회복지사를 곤경에 처하게 할 수 있는데, 이는 사회복지사가 일단 서비스를 개시했다면 무책임하게 종결할 수 없다는 인식에 근거한 것이다(Schutz, 1982). 여기에는 종결에 대한 적절한 준비의 부족, 새로운 서비스 제공자에게 의뢰하지 않고 기관이나 지역사회를 갑자기 떠나는 행위, 휴가 · 질병 · 위급상태 등으로 일시적으로 클라이언트에게 서비스를 제공하지 못할 때 적절한 조치를 취하지 않는 행위, 지불능력이 부족해진 클라이언트에게 다른 대처방법을 세워 주거나 적절한 조언을 해 주지 못하는 부주의, 사회적 · 재정적 · 성적 관계를 추구하기 위해 클라이언트에 대한 서비스를 종결하는 행위 등이 포함된다. 즉, 사회복지사의 서비스나 관계가 더 이상 필요치 않게 되거나 클라이언트의 욕구나 이익에 봉사하지 못할 때에만 의뢰 등 책임 있는 적절한 조치와 함께 클라이언트에 대한 서비스와 전문적 관계를 종결해야 한다(Cohen, 1979)(윤리강령의 관련 조항: 1.15/1.16/1.17).

일곱째, 사회복지사는 약물중독, 정신질환, 정서적 스트레스 등 자신이나 동료의 손상 문제에 대해 적절히 대처하고 클라이언트에 대한 서비스가 침해되지 않도록 책임 있게 노력할 의무가 있다. 즉, 사회복지사는 자신의 손상을 방지하는 방도를 강구하고 손상을 입은 동료에 대해서도 적절한 조치를 취하는 등 책임 있게 행동해야 한다. 물론 사회복지사의 손상을 증가시키는 구조적 요인들을 찾아내 이를 시정하려는 환경적·구조적 노력도 필요하다. 왜냐하면 심각하고 만성적인 문제에 압도당하는 사회복지사는 고도의 스트레스로 무기력한 상태에 빠질 수 있고, 불충분한 재정, 예측할 수 없는 정치적 지원, 사회복지사의 노력에 대한 대중의 회의적 시각 등은 사회복지사의 사기를 저하시키고 스트레스를 증대시키기 때문이다(Jayaratne & Chess, 1984; Johnson & Stone, 1986; Koeske & Koeske, 1989)(윤리강령의 관련 조항: 2.08ⓐⓑ/4.05ⓐⓑ).

2.08 동료의 손상

ⓐ 사회복지사는 동료의 손상이 개인적 문제, 심리사회적 고통, 약물남용 또는 정신건강상의 문제에 기인해 효과적인 업무실천에 방해가 된다는 점을 직접 알게 되었을 때 가능한 한 그 동료와 함께 의논하고 치료를 받을 수 있도록 동료를 지원해야 한다.

ⓑ 사회복지사는 동료의 손상이 업무실천 효과를 방해하고 그 동료가 손상에 대해 적절한 조치를 취하지 않는다고 판단될 때 고용주, 기관, 미국사회복지사협회(NASW) 자격인가 및 규제기구, 기타 전문직 단체가 수립한 경로를 통해 적절한 조치를 취해야 한다.

4.05 손상

ⓐ 사회복지사는 자신의 개인적 문제, 심리사회적 고통, 법적 문제, 약물남용, 정신건강상의 문제로 전문적 판단이나 수행을 그르치거나 또는 자신이 전문적으로 책임을 지고 있는 클라이언트의 최선의 이익을 저해해서는 안 된다.

ⓑ 사회복지사는 자신의 개인적 문제, 심리사회적 고통, 법적 문제, 약물남용 또는 정신건강상의 문제가 전문적인 판단 및 실천을 방해하게 되면 자문을 구하고, 전문적인 도움, 업무량 조정, 실천 종료, 기타 클라이언트와 타인을 보호하기 위한 필요한 조치 등 적절한 조치를 취해야 한다.

생각해 볼 문제

1 | 제한된 자원 할당의 어려움이 왜 발생하는지, 각각의 분배의 정의의 기준을 적용해 검토해 보시오.

2 | 사회복지에 대한 정부와 민간의 책임규정 문제와 관련해, 보편적 복지가 부족할 때 민간사회복지계의 어려움과 사회복지계의 노력의 필요성, 방향에 대해 검토해 보시오.

3 | 부당한 법률의 준수와 관련한 윤리학적 검토를 살펴보고, 윤리강령에서 부당한 법률의 거부를 명시하지 않은 이유와 사회복지의 윤리와 부당한 법률의 상충을 해결할 방안이 무엇인지 검토해 보시오.

4 | 부당한 기관의 규칙을 준수해서는 안 되는 이유가 무엇이며, 부당한 기관의 규칙을 시정하기 위해 어떤 노력이 필요한지 검토해 보시오.

5 | 노사분쟁에 대한 태도와 관련해, 사회복지사의 노조활동의 정당성에 대해 윤리학적 · 실천적 두 가지 측면에서 검토해 보시오.

6 | 노조활동에 참여할 때 사회복지전문직의 윤리에 입각해 행동해야 하는 이유가 무엇이며, 파업 등의 활동 때 클라이언트의 권익을 우선적으로 고려해야 하는 이유를 윤리학적 측면에서 검토해 보시오.

7 | 조사와 평가에서의 윤리가 필요한 이유는 무엇인지 검토해 보시오.

8 | 기만의 사용과 관련해, 선의의 기만과 일반적인 기만에 대한 윤리학적 판단이 다른 이유가 무엇인지 검토해 보시오.

9 | 내부자 고발과 관련한 윤리학적 정당성에 대해 알아보고, 우리 사회복지계에서 내부자 고발이 활성화될 필요성과 이를 위한 제도적 · 조직적 · 실천적 과제가 무엇인지 검토해 보시오.

10 | 전문직 실천에서의 전문직 윤리와 관련해, 윤리적 · 법적 책임의 영역에 대해 살펴보고 실천오류로 인한 책임을 최소화하기 위한 방법이 무엇인지 검토해 보시오.

제 10 장

윤리적 의사결정모델

1. 루이스의 모델
2. 조세프의 모델
3. 매티슨의 모델
4. 콩그레스 모델과 포센, 앤더슨-미거와 젤머 모델
5. 돌고프, 로웬버그와 해링턴의 모델
6. 리머의 모델
7. 종합

- 생각해 볼 문제

제 10 장 윤리적 의사결정모델

1. 루이스의 모델

1) 내용

제1단계

목적론을 적용해 분석한다. 사회복지사가 선택할 수 있는 여러 실천대안에 따른 결과를 예측하고 평가한다.

제2단계

의무론을 적용해 분석한다. 목적론을 적용한 분석결과가 의무론 차원에서도 정당한지를 평가한다.

제3단계

목적론과 의무론을 적용한 분석결과가 같은 실천적 대안을 지지한다면 그 대안을 따른다.

제4단계

목적론과 의무론을 적용한 분석결과 비슷한 비중을 갖는 서로 다른 실천적 대안을 지지하지만, 서로 다른 실천적 대안이 모순되지 않는다면 목적론을 적용한 분석이 지지하는 실천적 대안을 따른다.

제5단계

목적론과 의무론을 적용한 분석결과 모순되는 서로 다른 실천적 대안을 지지한다면, 의무론을 적용한 분석이 지지하는 실천적 대안을 따른다. 동시에 사회복지사는 모순을 해결하기 위한 조치를 취한다.

제6단계

정보 부족 때문에 목적론을 적용하는 분석이 어려울 경우, 의무론을 적용한 분석결과를 실천적 대안으로 채택한다. 사회복지사는 의무론만을 적용해 분석하는 경우를 최소한으로 한정해야 하며, 목적론을 적용하는 분석이 가능하도록 하는 조건을 강화하기 위해 노력해야 한다.

제7단계

정보 부족 때문에 목적론과 의무론을 적용하는 분석이 모두 어려울 경우, 다음 두 가지 중에 선택할 수 있다. 첫째, 부족하더라도 의무론을 적용한 분석결과가 지지하는 실천적 대안을 채택한다. 둘째, 제4단계나 제5단계의 판단의 가능성을 계속 타진해 가능하면 충분한 정보를 확보해 목적론과 의무론을 적용하는 분석을 실시한다.

제8단계

의무론을 적용한 분석이 지지하는 실천적 대안을 선택했지만 다수의 윤리적 의무 간에 상충이 발생할 경우, 상세한 분석을 통해 우선순위를 정해야 한다.

제9단계

의무론을 적용한 상세한 분석결과 윤리적 의무 사이의 우선순위가 정해졌다면, 그 우선순위에 따른 실천적 대안을 채택한다. 이 경우에도 사회복지사는 제5단계의 요구사항을 항상 염두에 두고 의무론과 목적론 간의 모순을 해결하기 위한 조치를 취해야 한다.

2) 평가

루이스의 윤리적 의사결정모델은 윤리적 딜레마를 해결하기 위해 목적론과 의무론을 적용하는 윤리적 사정(assessment)의 지침을 제시하는 데 집중하고 있다(Lewis, 1984). 여기에서는 그가 원래 결과주의(consequentialist)와 형식주의(formalist)라고 표기한 것을 이해를 높이기 위해 편의상 각각 목적론과 의무론으로 표현을 바꾸었다.

루이스의 윤리적 의사결정모델은 다음과 같은 장점이 있다.

첫째, 그는 윤리적 딜레마 상황에서 윤리적 의사결정에 필요한 규범윤리학 측면의 지침을 구체적으로 제공하고 있어 이후 윤리적 의사결정모델을 개발하는 데 중요한 자산이 되고 있다. 규범윤리학을 사회복지 분야의 전문직 윤리에 도입해 윤리적 의사결정의 지침을 제공하려 했다는 점에서 선구적인 기여를 했다고 평가할 수 있다. 이 모델은 의무론과 목적론을 각각 적용하는 분석, 의무론과 목적론을 적용한 분석결과의 비교와 선택, 의무론과 목적론을 적용하는 분석이 어려울 경우의 해결방안, 의무론을 적용하는 분석에서의 상충하는 가치들 간의 우선순위 선택 등의 방안을 제시하고 있다.

둘째, 루이스의 윤리적 의사결정모델은 윤리적 의사결정 결과 하나의 실천적 대안을 선택할 때 발생할 수 있는 문제에 대해 주목하고 있다. 그는 제5단계에서 목적론과 의무론을 적용한 분석결과가 모순될 때 그 모순을 해결하기 위한 조치를 취할 것을 제시하고 있다. 이는 윤리적 의사결정결과 어느 한 방향의 실천적 대안을 선택함으로 인해 발생하는 문제를 줄이기 위한 절충(compromise)이 불가피한 측면을 고려한 것이다(Reamer, 2013). 현실적으로는 특정한 실천적 대안을 선택한 결과 다른 실천적 대안을 배제하여 초래되는 부정적인 결과를 최소화하기 위한 개입이 불가피하기 때문이다.

하지만 루이스의 윤리적 의사결정모델은 규범윤리학의 성과를 반영하는 초보적인 단계의 연구이기 때문에 다음과 같은 보완해야 할 점들이 있다.

첫째, 의무론과 목적론을 적용한 분석결과가 모순될 때 의무론을 적용한 분석이 지지하는 실천적 대안을 채택하자고 하지만 이에 대한 근거가 부족하다. (제2장에서 살펴본 것처럼) 근대 규범윤리학의 두 흐름인 의무론과 목적론은 인간 행위의 옳고 그름에 대한 상반되는 주장에 근거를 두고 있다(Arrington, 1998). 의무론은 도덕의 보편화 가능성, 본래적인 도덕적 속성 등에, 목적론은 수많은 인간행위를 규율하는 실용성, 사회적 합의가능성 등에 주목한다. 의무론과 목적론이 상충할 때의 도덕적 지침 마련은 아직 윤리학 차원에서의 합의되지 않은 이슈다.

둘째, 세부적인 내용 면에서 규범윤리학의 내용을 충분히 반영하지 못하고 있는 측면이 있다. 우선, 루이스는 목적론을 적용하는 분석에 있어서 행위공리주의와 규칙공리주의를 구분하지 않고 있다. 행위공리주의는 개별 행위에 주목하지만 규칙공리주의는 해당 행위를 규정하는 규칙을 적용하기 때문에 상이한 분석방법을 택하고 있다(Harris, 1986). 또한 제8단계와 제9단계의 절차는 사실상 불필요한 과정이라고 생각된다. 의무론을 적용하는 분석 자체가 상충하는 가치와 의무들 간의 서열화를 통해 상위의 가치와 의무에 따른 실천적 대안을 채택하는 과정이기 때문이다(Reamer, 2013).

2. 조세프의 모델

1) 내용

제1단계

사례에 대한 분명한 이해를 통해 핵심적인 윤리적 쟁점과 상충되는 가치 간의 갈등이 무엇인지 명확히 하는 단계다. 이 과정은 전문가로서의 사회복지사가 헌신해야 하는 클라이언트체계뿐만 아니라 자신이 속해 있는 조직과도 관련이 있다. 특히 사례의 윤리적 쟁점을 명확히 서술해야 하는데, 이는 상충하는 가치와 의무들 간의 대립형태로 구성되어야 한다. 예를 들어, 비행청소년이 비행 내용을 후견권을 갖고 있는 부모에게 알리지 말 것을 요구하는 경우, 상충하는 가치와 의무, 즉 비밀보장의 의무와 부모의 알권리 보장의 의무 간의 상충의 형태로 서술되어야 한다. 윤리적 딜레마 상황이 '옳음과 옳음 간의 충돌(right vs right)'의 윤리적 쟁점 형태로 서술되면 윤리적 의사결정에 크게 기여할 수 있다.

제2단계

제1단계에서 명확하게 서술된 윤리적 쟁점에 대해 각각의 입장을 지지하는 정보를 수집하고 분석하는 단계다. 이 단계에서는 각각의 입장을 지지하는 정보를 균형 있게 수집하는 일이 중요하다. 윤리적 의사결정과정에서 객관적인 사실에 대한 정보수집을 소홀히 해서는 안 되며, 다음과 같은 정보를 수집해야 한다. 사례와 관련해 각각의 입장을 정당화하는 근거가 되는 윤리적 원칙과 기준에 대한 문헌연구, 사례와 관련된 과학적인 이론과 사례연구의 결과 그리고 해당 사례의 배경이 되는 사실에 관한 지식 등이다.

제3단계

상충하는 가치와 의무 중의 우선순위를 결정하는 단계다(의무론을 적용하는 분석을 말함). 이는 상충하는 가치들 간의 중요도에 따라 우선순위를 결정하는 것이다. 우선순위를 결정하는 기준으로는 미국사회복지사협회(NASW) 윤리강령을 적용한다. 특히 이때 사회복지사의 개인적인 편견을 객관화해야 한다. 즉, 사회복지사는 윤리적 쟁점에 대한 개인적인 선호가 무엇인지 확인하고 그 이유에 대해 스스로 질문해 보아야 한다.

제4단계

사회복지사가 선택할 수 있는 실천적 대안을 결정하고 이 선택을 정당화하는 윤리적 근거를 논리적으로 제시하는 단계다(목적론을 적용하는 분석을 말함). 실천적 대안의 선택은 제1단계에서 명시한 상충하는 가치와 의무들 중의 선택에 바탕을 두어야 한다. 이때 선택된 실천적 대안은 배제된 다른 실천적 대안들보다 더 유용한 결과(the proportional good)를 낳는다는 근거가 제시되어야 한다. 제1단계의 비행청소년이 비행 내용을 후견권을 갖고 있는 부모에게 알리지 말 것을 요구하는 예에서, 비밀보장의 의무를 중시해 부모에게 알리지 않거나 부모의 알권리 보장의 의무를 중시해 부모에게 고지할 수 있다. 이때 선택된 실천적 대안은 배제되는 대안보다 더 나은 결과를 얻으리라는 판단에 따른 것이다.

2) 평가

조세프의 윤리적 의사결정모델은 윤리적 딜레마를 해결하기 위한 효율적인 윤리적 의사결정 절차를 제시하는 데 집중하고 있다(Joseph, 1985). 그의 모델은 상충되는 가치들 간의 갈등에 대한 윤리적 쟁점의 명확화, 윤리적 쟁점에 대한 정보수집, 의무론을 적용한 분석으로 상충되는 가치들 중의 우선순위 결정, 목적론을 적용하는 분석으로 상대적으로 더 유용한 결과를 얻을 수 있는 실천적 대안의 선택으로 구성되어 있다.

조세프의 윤리적 의사결정모델은 다음과 같은 장점이 있다.

첫째, 그의 모델은 상충되는 가치 간의 갈등 형태로 윤리적 쟁점을 명확히 하는 단계를 가장 먼저 제시하고 있어 실제 적용 가능성이 높다. 그는 제1단계에서 '옳음과 옳음 간의 충돌'의 형태로 윤리적 쟁점을 서술해야 윤리적 의사결정에 크게 기여할 수 있다고 판단하고 있다. 윤리적 딜레마란 사회복지사가 적용해야 하는 윤리적 의무와 가치가 둘 이상 존재하는데 이들 윤리적 의무와 가치 사이에 상충이 발생해 어떤 방향의 실천행동이 윤리적으로 올바른지 판단하기 힘든 상황을 말한다(Reamer, 2013). 따라서 상충되는 가치 간의 갈등 형태로 윤리적 쟁점을 명료화하는 작업은 합리적인 윤리적 의사결정의 첫 단추에 해당한다.

둘째, 의무론과 목적론을 적용하는 윤리적 의사결정의 원칙에 대해 제시하고 있다. 제3단계에서 의무론을 적용해 상충하는 가치와 의무 중의 우선순위를 결정하도록 하고 있다. 제4단계에서는 목적론을 적용해 더 유용한 결과를 낳는 실천적 대안을 선택할 것을 제안하고 있다. 이처럼 총 4단계로 이루어진 간결한 윤리적 의사결정모델 속에 의무론과 목적론을 모두 적용하는 절차를 마련한 것은 실용성과 규범윤리학의 적용을 모두 고려한 것으로 보인다.

그러나 조세프의 윤리적 의사결정모델은 다음 두 가지 점에서 한계가 있다.

첫째, 의무론을 적용하는 분석에서 지침이 될 수 있는 자원을 제공하지 못하고 있다. 그는 제3단계에서 상충하는 가치와 의무 중의 우선순위를 결정하기 위해 미국사회복지사협회(NASW) 윤리강령을 적용할 것을 주문하고 있다. (그러나 앞서 살펴보았듯이) 미국사회복지사협회(NASW) 윤리강령의 개별 조항은 쉬운 사례에 적용되는 윤리적 지침인 경우가 대부분이다(Reamer, 2013). 따라서 그의 모델이 실제로 적용될 수 있으려면 상충하는 가치들 중의 선택이 가능하도록 사회복지 주요가치의 서열화와 관련된 기준을 제시할 필요가 있다.

둘째, 의무론과 목적론을 적용하는 분석단계는 실제 적용과 관련된 측면에서의 합리성이 부족하다. ① 의무론을 적용하는 제3단계에서는 상충되는 가치들 중에 더 중요한 가치를 선택하도록 하지만 이 가치를 반영하는 실천적 대안이 무엇인지 기술하도록 하는 과정은 생략되어 있다. ② 목적론을 적용하는 제4단계에서는 행위공리주의와 규칙공리주의를 구분하지 않고 있어서 실제로 적용되기에는 한계가 있다. ③ 제3단계와 제4단계가 각기 분리되어 있어 의무론을 적용해 선택되는 가치와 목적론을 적용한 분석결과 더 유용한 실천적 대안 중 어느 것을 중시할 것인지에 대해 고려하지 않고 있다. 게다가 실제로는 제4단계의 목적론을 적용하는 대안을 선택하도록 하고 있어 제3단계의 의무론을 적용하는 분석은 전체 4단계 중에 불필요한 과정으로 전락하고 만다.

3. 매티슨의 모델

1) 내용

제1단계 정보의 수집과 평가

사례와 관련해 클라이언트의 상황을 판단하는 데 필요한 모든 정보와 관련 자료를 수집하고 평가한다.

제2단계 윤리적 요소와 기술적 요소 분리

사례를 분석해 윤리적인 요소와 기술적인 측면을 구별하고 분리한다. 첫째, 기술적인 측면이란 사례분석에 필요한 과학적인 지식과 기술을 말한다. 사회복지실천 이론과 모델들을 적용해 개입할 때 클라이언트의 육체적·정신적·재정적 측면의 문제해결에 기여할 영향에 대해 비교하고 예측한다. 둘째, 윤리적인 요소란 사례와 관련된 사회복지실천의 기본가치와 이를 구현하는 윤리적 의무를 말한다. 사회복지실천 이론과 모델들을 적용해 개입할 때 예상되는 윤리적인 고려사항이 무엇인지를 확인한다.

제3단계 상충하는 가치들 간의 갈등 명확화

제2단계의 사례와 관련된 윤리적인 요소에 대한 이해를 바탕으로 이를 상충하는 가치들 간의 갈등 형태로 명확히 제시한다. 이때 가치와 윤리적 의무뿐 아니라 법적인 측면에 대해서도 고려해야 한다.

제4단계 윤리강령 확인

제3단계의 상충하는 가치들과 연관되고 이를 반영하는 윤리적 의무들을 미국사회복지사협회(NASW) 윤리강령에서 확인한다.

제5단계 선택 가능한 행위들의 예상되는 이익과 손해 확인

선택 가능한 각각의 행위들에 대해 예상되는 이익과 손해를 판단하는 단계다(목적론을 적용하는 분석을 말함). 이때 각각의 행위에 의해 영향을 받을 수 있는 관련 당사자 모두를 판단의 대상에 포함시켜야 한다.

제6단계 상충하는 가치들 중의 우선순위 결정

사례와 관련해 상충하는 가치들 중의 우선순위를 결정한다(의무론을 적용하는 분석을 말함). 즉, 배제되는 다른 가치와 의무를 희생하면서도 특정한 가치와 의무를 선택해야 하는 근거를 윤리적으로 정당화하는 과업이다.

제7단계 결정

제6단계에서 상충하는 가치들 중 선택된 가치에 입각해 구체적인 개입활동을 시행하고, 일련의 결정과정과 결과를 정당화하기 위한 작업을 준비한다.

2) 평가

매티슨은 주로 의사결정 절차에 주목해 윤리적 의사결정모델을 제시했다(Mattison, 2000). 그의 모델은 정보의 수집과 평가, 윤리적 요소와 기술적 요소의 분리, 상충하는 가치들 간의 갈등의 명확화, 윤리강령 확인, 선택 가능한 행위들의 예상되는 이익과 손해 확인, 상충하는 가치들 중의 우선순위 결정, 결정으로 이루어지는 총 7단계의 의사결정 절차를 담고 있다.

매티슨의 윤리적 의사결정모델의 장점은 다음과 같다.

첫째, 앞의 조세프 모델과 마찬가지로 그의 모델은 상충하는 가치들 간의 갈등을 명확히 할 것을 제시하고 있다. 제3단계에서 사례와 관련된 윤리적인 측면을 상충하는 가치들 간의 갈등 형태로 명확히 하는 절차를 담고 있다. 상충되는 가치 간의 갈등 형태로 윤리적 쟁점을 명료화하는 작업은 합리적인 윤리적 의사결정의 첫 단추에 해당한다. 따라서 가치갈등을 명료화하는 단계는 상충하는 가치들 간의 상충이 발생하는 윤리적 딜레마 상황에서 올바른 실천을 위한 윤리적 판단을 진행하는 데 적용 가능성이 높다고 할 수 있다(Reamer, 2013).

둘째, 매티슨의 모델은 이전의 다른 모델들이 반영하지 못하고 있는 새로운 요소를 제시하고 있어 상당한 기여를 하고 있다. 그는 제2단계에서 사례를 분석해 윤리적인 요소와 기술적인 측면을 구별하고 분리해 분석하도록 하고 있다. 여기서 기술적인 측면이란 사례분석에 필요한 과학적인 이론, 즉 지식과 기술을 말한다. 그런 점에서, 이 모델은 윤리적 의사결정이 가치와 의무 등의 윤리적인 측면과 과학적인 이론(지식과 기술) 등 비(非)윤리적 측면을 동시에 포함하고 있다는 점을 잘 반영하고 있다(Goldstein, 1987).

그러나 매티슨의 윤리적 의사결정모델은 몇 가지 한계를 극복하지 못하고 있다.

첫째, 의무론과 목적론을 적용해 분석한 결과를 종합하는 과정이 없고 불필요한 단계를 설정하는 한계가 제기된다. 그는 제3단계에서 상충하는 가치들 간의 갈등을 명확히 하도록 하고 있고, 제6단계는 의무론을 적용하는 분석으로 상충하는 가치들 중의 우선순위를 결정하도록 하고 있다. 또 제5단계는 선택 가능한 행위들의 예상되는 이익과 손해를 확인하는 절차로 목적론을 적용하는 분석을 실시하도록 하고 있다. 그런데 제7단계에서는 상충하는 가치들 중 선택된 가치에 입각해 구체적인 개입활동을 실시하라고 하고 있다. 따라서 매티슨의 모델에는 의무론과 목적론을 적용하는 분석결과를 종합해 판단하는 절차가 없다고 볼 수 있다. 나아가 제3, 6, 7단계는 의무론을 적용하는 분석과 선

택과정으로 보이기 때문에 목적론을 적용해 분석하는 제5단계는 의미가 없을 수 있다.

둘째, 그의 모델은 의무론을 적용하는 분석에 치중하지만 상충하는 가치들 중의 선택에 관한 기준을 제시하지 않고 있다. 그는 제4단계에서 미국사회복지사협회(NASW) 윤리강령을 확인해 가치들을 서열화할 수 있을 것으로 보지만, (앞서 설명한 바와 같이) 윤리강령은 윤리적 딜레마 상황에서는 별도의 윤리적 의사결정을 통해서 해결하도록 안내하고 있다(Reamer, 2013). 윤리강령은 쉬운 사례에 대해 개별 항목을 적용해 윤리적 실천을 할 수 있도록 지침을 제공하는 데 주로 치중하고 있기 때문이다. 따라서 사회복지 주요 가치들 간의 서열화와 관련된 기준을 제공하지 않으면, 윤리적 딜레마 상황에서 제3, 6, 7단계로 이어지는 의무론을 적용하는 일련의 분석과 선택과정은 적용하기 힘들어진다.

4. 콩그레스 모델과 포센, 앤더슨-미거와 젤머 모델

1) 내용

(1) 콩그레스의 ETHICA 모델

제1단계 검토(Examine)

윤리적 이슈와 딜레마를 검토한다.

제2단계 고려(Think)

개인적 가치, 사회적 가치, 문화적 가치, 기관의 가치, 클라이언트의 가치, 전문직 가치를 검토한다.

제3단계 가설설정(Hypothesize)

클라이언트에 대한 옹호 역할의 영향을 포함시켜 각각의 상이한 결정들의 가능한 시나리오와 결과에 대해 가정한다.

제4단계 사정(Identify)

가장 취약한 대상에 대해 헌신해야 한다는 사회복지의 지향에 비추어 이익을 얻을 사람과 손해를 입을 사람을 확인한다.

제5단계 자문(Consult)

가능한 윤리적 선택들에 대해 슈퍼바이저와 동료들의 자문을 받는다.

제6단계 지지(Advocate)

기관과 사회복지사들의 지지(집단, 지역, 주 및 국가 차원)를 얻는다.

(2) 포센, 앤더슨-미거와 젤머의 ETHICS-A모델[1)]

제1단계 검토(Examine)

사례와 관련된 상황을 조사해 윤리적 딜레마에 해당하는지 판단한다. ① 사실 파악, ② 윤리적 · 법적 이슈인지 판단, ③ 이해관계자들과 그들의 영향 확인, 개인적 가치, 사회적 가치, 기관의 가치, 클라이언트의 가치, 전문적 가치를 검토한다.

제2단계 고려(Think)

윤리적 이슈, 윤리적 원칙과 윤리기준, 법률과 정책을 고려한다. ① 윤리적 딜레마 기술, ② 피해자 판단, ③ 자신의 전문적 영향력 확인, ④ 윤리적 딜레마의 영역 확인, ⑤ 윤리강령의 윤리기준 적용, ⑥ 관련 법률과 정책 확인, ⑦ 기관 정책 확인

제3단계 가설설정(Hypothesize)

모든 가능한 결정이나 선택의 대안에 대해 가정한다.

제4단계 사정(Identify)

각각의 결정과 선택의 대안이 야기할 결과를 파악해 본다. ① 장기적 · 단기적 결과 파악, ② 이익과 피해 사정, ③ 자신에 대한 영향 사정(경제적 · 법적 · 정서적 영향, 동료관계, 자기만족 측면 등)

제5단계 자문(Consult)

윤리적 선택에 대해 슈퍼바이저와 동료들의 자문을 받는다. ① 자문을 통해 얻은 새로운 관점이나 추가적인 선택 대안 반영, ② 사례회의와 필요한 경우 다학제간 윤리위원회 활용

---

1) 이하는 Fossen, Anderson-Meger, & Zellmer (2014)에서 체계적으로 다듬고 의미 전달을 위해 필요한 내용을 추가했다.

제6단계 선택(Select)

결정의 대안이나 윤리적 행동 중 선택해 지지를 구한다. ① 각 선택대안의 지지 및 반대 근거 확인, ② 최소한 해악의 원칙에 부합하는 대안 선택, ③ 가장 취약한 사람의 권리에 부합하는 대안 선택, ④ 동료, 자문가, 윤리강령, 인가기구, 문헌, 증거기반실천 등의 지지 획득

제7단계 지지(Advocate)

클라이언트의 적절한 체계수준에의 변화 추구를 지지한다. ① 기관과 사회복지사 집단, 각급 정부 및 법률 등의 변화 필요성 확인, ② 자신의 변화 옹호 역할 확인

추가단계 기록(Document)

의사결정 절차와 윤리적 결정 내용을 기록한다. ① 적용한 윤리적 의사결정 절차 기록, ② 윤리적 결정의 논리적 근거 기록, ③ 자문을 구한 대상, 시기, 내용, 반영사항

추가단계 법률검토(Legal)

윤리적 의사결정 절차와 윤리적 결정 내용의 적법성, 합리성, 신중성, 보편성을 검토한다. ① 적법성: 결정절차와 결정 내용의 관련 법률에의 적합성 여부, ② 합리성: 결정 절차가 전문가로서의 역량을 바탕으로 한 양심적이고 사려 깊고 계획적이며 설계된 과정인지 여부, ③ 신중성: 결정 내용이 관련자들의 권익에 끼치는 영향을 세심하게 고려하고 최소한 해악의 원칙에 부합하는지 여부, ④ 보편성: 결정 내용의 윤리강령의 적절한 적용을 통한 보편화 가능성 획득 여부

2) 평가

콩그레스(Congress)의 ETHICA 모델, 포센, 앤더슨-미거와 젤머(Fossen, Anderson-Meger, Zellmer)의 ETHICS-A 모델은 미국 학부생용으로 개발된 윤리적 의사결정모델들이다(Congress, Black, & Strom-Gottfried, 2009; Fossen, Anderson-Meger, & Zellmer, 2014). 특히 ETHICS-A 모델은 ETHICA 모델을 바탕으로 발전시킨 것이다.

콩그레스 모델과 포센, 앤더슨-미거와 젤머 모델은 윤리적 의사결정모델로서 몇 가지 장점을 갖고 있다.

첫째, ETHICA 모델과 ETHICS-A 모델은 윤리적 의사결정과정을 비교적 명료하게 제시해 사회복지현장에서 적용성이 높다. 윤리강령, 법률이나 판례의 자원만 갖추면 누구나 이 모델들을 사용할 수 있다. 그 외에 제반 가치의 검토, 가설설정, 사정 등은 사례와 관련해 판단하는 과정으로 전문적인 역량이나 경험 이외 별도의 자원을 필요로 하지 않는다.

둘째, ETHICA 모델과 ETHICS-A 모델의 윤리적 의사결정 절차는 윤리적 의사결정이 사회복지사 개인의 독단적인 결정이 아니라 관련된 사람들이 참여하는 민주적인 과정이자 정치적 속성을 지닌다는 점을 잘 반영하고 있다. ETHICA 모델과 ETHICS-A 모델은 사례와 관련해 사회복지사의 개인적 가치, 사회적 가치, 기관의 가치, 클라이언트의 가치, 전문직 가치를 모두 고려하도록 하고 있다. 이 모델들은 윤리적 의사결정에 전문직 가치뿐 아니라 클라이언트의 가치도 중요한 요인으로 고려할 것을 주문하고 있고, 전문직 가치와 충돌하는 사회복지사의 개인적 가치를 통제할 필요성을 강조하고 있다. 나아가 자문절차를 통해 기관 내외의 민주적 협조절차를 마련해 사회복지사 개인의 독단적인 결정의 위험을 통제하게 하고 있다.

셋째, ETHICA 모델과 ETHICS-A 모델은 사회복지윤리의 최신 패러다임을 반영하고 있다. 우선, 윤리적 의사결정에서 사회복지사가 클라이언트 개인뿐 아니라 관련된 사람들의 이익을 고려하도록 해 사회정의의 관점을 수용하고 있다. 전통적으로 전문직 윤리관은 사회복지사가 클라이언트만의 이익을 고려하도록 해 사회복지사를 클라이언트의 고용된 총잡이(the hired gun)로 전락시키는 대리자모델(agent model)이라는 비판을 받아왔다(Levy, 1976b). 그러나 ETHICA 모델과 ETHICS-A 모델은 사회정의의 관점에서 사례와 관련해 취약한 사람의 권익이 침해되지 않도록 관련된 사람들의 이익과 손해를 고려할 것을 강조하고 있다. 특히, ETHICS-A 모델은 최근의 사회복지윤리의 경향을 더욱 적극적으로 반영하고 있다. 무엇보다 공동체주의의 관점을 반영해 제7단계인 지지단계에서 기관과 사회복지사집단, 각급 정부 및 법률 등의 변화 필요성을 확인하고 자신의 변화 옹호 역할을 제시할 것을 명시하고 있다. 이는 미시체계에 대한 개입에 국한하지 않고 전체주의적 관점에서 적극적으로 환경체계에 대한 개입을 추구하는 일반주의적 접근법을 반영하는 것이다. 또한 방어적 윤리관을 반영해 법률검토의 추가단계를 설정하고 윤리적 의사결정 절차와 윤리적 결정 내용의 적법성, 합리성, 신중성, 보편성을 검증하도록 하고 있다.

그러나 ETHICA 모델과 ETHICS-A 모델은 사회복지사가 손쉽게 사용할 수 있는 실용성에 치중해 윤리적 의사결정모델로서의 적용 가능성을 갖추기에는 다음과 같은 한계가 있다.

첫째, ETHICA 모델과 ETHICS-A 모델은 윤리적 딜레마가 아닌 쉬운 사례(soft case)에만 적용될 수 있는 한계가 있다. ETHICA 모델과 ETHICS-A 모델에서는 윤리적 의사결정과정에서 활용할 지적 자원으로 윤리강령과 관련법이나 판례만을 제시하고 있다. 그러나 해당 사례에 적용되는 윤리강령의 관련 조항을 바탕으로 윤리적 판단을 내리는 방식은 쉬운 사례의 경우에만 적용될 수 있다. 따라서 윤리적 딜레마가 아닌 쉬운 사례에 ETHICA 모델과 ETHICS-A 모델 등의 별도의 윤리적 의사결정 절차를 적용할 필요가 있는지 의문이 생길 수 있다(Reamer, 1989).

둘째, 현실적으로 어려운 사례(hard case) 때문에 겪는 윤리적 딜레마 상황에서 ETHICA 모델과 ETHICS-A 모델을 적용해 윤리적 의사결정을 하기에는 한계가 있다. 윤리적 의사결정의 목적은 상충하는 가치와 의무를 동시에 적용할 수 없는 어려운 사례에 대해 올바른 판단을 내리기 위한 것이다. ETHICA 모델과 ETHICS-A 모델은 윤리강령에 대한 의존도가 매우 높은데 윤리강령만으로 윤리적 딜레마를 해결할 수 없는 한계가 있다. 이에 대해 미국사회복지사협회(NASW) 윤리강령은 윤리강령의 개별 조항들의 적용만으로는 윤리적 딜레마를 해결할 수 없고, 윤리강령 이외에도 윤리적 이론과 원칙, 사회복지실천 이론과 조사, 법률과 규칙 및 기관의 정책 등을 종합적으로 적용하는 별도의 윤리적 의사결정 절차를 필요로 한다는 점을 명확히 하고 있다(Reamer, 2013).

셋째, 규범윤리학의 논의를 일부 수용한 것으로 보이는 제4단계의 윤리적 사정 절차도 한계를 갖고 있다. 먼저, 이익을 얻을 사람과 해를 입을 사람을 확인하는 과정은 규범윤리학 중 목적론적 윤리이론의 측면을 반영한 것으로 보이지만, ETHICA 모델은 행위공리주의와 규칙공리주의를 구분하지 않고 있고, ETHICS-A 모델은 단기적 · 장기적 결과의 상충 가능성을 반영하지 않고 있다. 또한 윤리적 딜레마 상황에서는 상충하는 가치와 의무의 서열화가 가장 중요한 과정인데, ETHICA 모델과 ETHICS-A 모델에서는 이를 다룰 수 있는 의무론적인 윤리적 사정 절차를 마련하지 않고 있고, 가치의 서열화에 대한 지침도 담고 있지 않다(Reamer, 2013).

〈사례분석〉

다음의 사례(Fossen et al., 2014)를 활용해 콩그레스의 ETHICA 모델과 포센, 앤더슨-미거와 젤머의 ETHICS-A 모델을 각각 적용해 보시오.

〈가정폭력 피해 아동의 사례〉

○○○는 아동보호기관에서 일하는 사회복지사다. ○○○는 한 클라이언트에 대한 사례조사를 끝냈다. 슈퍼바이저에게 자문을 받은 뒤 ○○○는 클라이언트를 어머니로부터 분리시켜 줄 것을 법원에 요청하는 신청서를 작성했다. 클라이언트는 부부간의 가정폭력을 목격하면서 부정적인 영향을 받고 있었기 때문이다. 가정폭력쉽터의 자문을 받을 때 ○○○는 클라이언트의 어머니는 법원이 처분한 남편의 접근금지명령서를 갖고 있고, 현재 쉽터에서 지내고 있음을 알았다. 클라이언트의 어머니는 자신이 둘이 함께 살 집을 구할 때까지 클라이언트와 쉽터에서 함께 지내도록 해 달라고 요청했다. ○○○는 클라이언트의 안전과 클라이언트의 어머니에 대한 지지적 서비스를 제공해야 한다는 상충하는 의무 사이에 윤리적 딜레마에 처해 있고, 어떻게 해야 할지 결정해야 하는 상황이다.

〈가정폭력 법률 위반 남성의 사례〉

○○○는 정신건강기관의 사회복지사다. 클라이언트는 가정폭력에 대해 기관의 도움을 호소해 왔다. 그런데 이 남성의 변호사에 의하면 가정폭력의 책임에 대한 형사소추를 당하게 되자 도움을 요청하고 있다고 한다. ○○○는 클라이언트에 대한 사례조사를 끝냈다. ○○○는 클라이언트가 사례조사 때 가정폭력의 책임에 대해 개방적이고 정직하게 진술한 데 대해 깊은 인상을 받았다. 그러나 ○○○는 클라이언트가 치료에 대해 진정으로 동기부여가 되어 있는지, 법률적 책임을 회피하려 급급해하는 건 아닌지 확신을 갖지 못하고 있다. ○○○는 윤리적 딜레마에 처해 있고, 어떻게 해야 할지 결정해야 하는 상황이다. ○○○가 클라이언트에게 서비스를 제공하고, 그 결과 클라이언트가 형사소추를 면하게 된다면 이후에 그는 자기 아내를 또다시 학대하게 될 것이다. 하지만 ○○○는 모든 사람은 변화를 추구할 기회를 가질 권리가 있다고 믿고 있기도 하다.

5. 돌고프, 로웬버그와 해링턴의 모델

1) 내용

윤리적 의사결정과정에 대한 모델

제1단계

사례와 관련한 문제와 문제를 야기하는 요인을 확인한다.

제2단계

클라이언트, 피해자, 지지체계와 전문가, 문제와 관련된 사람과 단체를 확인한다.

제3단계

사회적 가치, 전문직 가치, 클라이언트의 가치, 사회복지사의 개인적 가치 등을 확인한다.

제4단계

문제를 해결하거나 감소시킬 수 있는 개입목표를 확인한다(이 단계에서 윤리적 원칙과 우선순위에 대한 모델을 적용함).

제5단계

개입전략과 개입대상을 확인한다.

제6단계

결정된 개입목표에 따라 실천적 대안들 각각의 효과성과 효율성을 평가한다.

제7단계

의사결정에 참여할 주체들을 결정한다.

제8단계

가장 적절한 실천적 대안을 선택한다.

제9단계

선택된 실천적 대안에 따라 실천한다.

제10단계

실천과정을 검토해 예상하지 못했던 결과에 대비한다.

제11단계

결과를 평가하고 추가되는 문제들을 확인한다.

윤리적 원칙과 우선순위에 대한 모델

〈윤리적 사정심사(EAS)〉

① 사례와 관련된 사회복지사 자신의 개인적 가치를 확인한다.
② 사례와 관련된 사회적 가치를 확인한다.
③ 사례와 관련된 전문직 가치를 확인한다.
④ 선택할 수 있는 실천적 대안들을 확인한다.
⑤ 어떤 실천적 대안이 클라이언트 및 다른 사람들의 권리와 이익을 최대한 보호할 수 있는지 확인한다(행위공리주의를 적용하는 분석을 말함).
⑥ 어떤 실천적 대안이 사회의 권리와 이익을 최대한 보호할 수 있는지 확인한다(규칙의무론과 규칙공리주의를 적용하는 분석을 말함).
⑦ ①, ②, ③ 사이의 갈등을 최소화하기 위해 무엇을 할 수 있는지 판단한다. ⑤, ⑥ 사이의 갈등을 최소화하기 위해 무엇을 할 수 있는지 판단한다.
⑧ 어떤 실천적 대안이 최소한 해악의 원칙에 저촉되는지 판단한다.
⑨ 각각의 실천적 대안들의 단기적 혹은 장기적인 윤리적 판단결과를 비교한다.

〈윤리적 규칙심사(ERS)〉

① 미국사회복지사협회(NASW) 윤리강령 중 어떤 조항을 적용할 수 있는지 판단한다.
② 윤리강령에서 적용할 수 있는 조항이 있으면 이에 따른다.
③ 적용 가능한 윤리강령의 조항이 없거나 조항 간의 상충이 생긴다면 윤리적 원칙심사(EPS)를 적용한다.

〈윤리적 원칙심사(EPS)〉

① 생명보호의 원칙
② 평등 및 불평등의 원칙
③ 자율성과 자유의 원칙
④ 최소한 해악의 원칙
⑤ 삶의 질의 원칙
⑥ 사생활보호와 비밀보장의 원칙
⑦ 진실성과 완전 공개의 원칙

2) 평가

돌고프, 로웬버그와 해링턴은 윤리적 의사결정과정에 대한 모델과 윤리적 원칙과 우선순위에 대한 모델을 각각 구성했다(Dolgoff et al., 2009). 윤리적 의사결정과정에 대한 모델은 총 11단계로, 윤리적 원칙과 우선순위에 대한 모델은 윤리적 사정심사(Ethical Assessment Screen: EAS), 윤리적 규칙심사(Ethical Rules Screen: ERS), 윤리적 원칙심사(Ethical Principles Screen: EPS)로 구성된다. 윤리적 사정심사(EAS)는 사례와 관련된 실천적 대안들을 윤리적으로 검토하는 내용을 담고 있으며, 윤리적 규칙심사(ERS)는 해당 사례가 윤리적 딜레마에 해당하는지 여부를 검토하는 예비적인 단계다. 윤리적 원칙심사(EPS)는 사회복지의 주요 가치들을 서열화하기 위한 기준이다.

돌고프, 로웬버그와 해링턴의 윤리적 의사결정과정은 다음과 같다. ① 윤리적 의사결정과정에 대한 모델의 제1, 2, 3단계를 진행한다. ② 문제를 해결하거나 감소시킬 수 있는 개입목표를 확인하는 제4단계에서 윤리적 원칙과 우선순위에 대한 모델을 적용한다. [윤리적 규칙심사(ERS)에서 해당 사례가 윤리적 딜레마인지 여부를 검토한 뒤, 윤리적 딜레마에 해당하면 이어 윤리적 사정심사(EAS)를 통해 관련된 가치를 확인하고 윤리적 사정을 실시하는데, 이때 규칙의무론을 적용할 때에는 상충하는 가치들 중의 우선순위 선택을 위해 윤리적 원칙심사(EPS)를 활용하는 방식이 적절해 보인다.] ③ 다시 윤리적 의사결정과정에 대한 모델로 돌아와 제5단계부터 제11단계까지의 실천과정을 수행한다.

돌고프, 로웬버그와 해링턴의 윤리적 의사결정모델의 장점은 다음과 같다.

첫째, 윤리적 의사결정과정에 대한 모델과 윤리적 원칙과 우선순위에 대한 모델을 각기 분리해 제시했다. (제8장에서 살펴보았듯이) 윤리적 의사결정은 원칙과 결정 절차라는 두 가지 핵심적인 요소로 이루어져 있다. 즉, 돌고프, 로웬버그와 해링턴 모델의 윤리적 의사결정과정에 대한 모델이 결정 절차에 해당한다면 윤리적 사정의 내용을 담고 있는 윤리적 원칙과 우선순위에 대한 모델은 원칙에 해당한다. 이들은 원칙과 결정 절차를 윤리적 의사결정과정에 대한 모델 속에 통합적으로 제시하고 있는 것이다.

둘째, 규범윤리학의 이론을 윤리적 의사결정에 본격적으로 도입해 활용하고 있다. 돌고프, 로웬버그와 해링턴의 윤리적 원칙과 우선순위에 대한 모델이 이에 해당한다. 그들은 윤리적 사정심사(EAS)의 5, 6항에서 규칙의무론, 행위공리주의, 규칙공리주의를 적용해 분석할 것을 제시하고 있다. 행위의무론은 적용하지 않는다.[2] 8항에서는 **최소한 해악의 원칙**을 적용하도록 해, 다수의 이익을 위해 소수가 치명적인 해악을 당할 위험을 방지할 수 없고 사회적 약자에 대해 특별한 고려를 할 수 없다는 양적 공리주의에 대한 사회정의의 관점에서의 비판을 수용하고 있다(Donagan, 1977; Popper, 1966; Smart & Williams, 1973). 7항에서는 윤리적 의사결정이 정치적 과정임을 고려해, 최종적인 판단 이전에 관련된 가치들 간의 갈등, 의무론(규칙의무론)과 목적론(행위공리주의와 규칙공리주의)을 적용한 결과가 상충될 경우의 갈등을 최소화할 수 있는 방안을 마련할 것을 주문하고 있다. 현실적으로는 특정한 실천적 대안을 선택한 결과 다른 실천적 대안을 배제하여 초래되는 부정적인 결과를 최소화하기 위한 개입이 불가피하기 때문이다.

셋째, 무엇보다 돌고프, 로웬버그와 해링턴은 윤리적 규칙심사(ERS)에서 상충하는 가치들 간의 서열화를 위한 원칙을 제시하고 있다. 이로써 이들은 이전 윤리적 의사결정모델들이 갖추지 못한 의무론을 적용하는 판단의 준거를 제시하고 있는 셈이다. 생명보호의 원칙, 평등 및 불평등의 원칙, 자율성과 자유의 원칙, 최소한 해악의 원칙, 삶의 질의 원칙, 사생활보호와 비밀보장의 원칙, 진실성과 완전 공개의 원칙으로 이루어진 일련의 서열화의 원칙에 대한 보편적인 합의가 가능하다면, 이들의 모델은 상충하는 가치를 둘러싼 윤리적 딜레마를 해결하는 데 결정적인 기여를 하게 되는 것이다.

하지만 돌고프, 로웬버그와 해링턴의 윤리적 의사결정모델 역시 다음과 같은 몇 가지

2) (제2장에서 살펴보았듯이) 행위의무론은 개별 행위들은 모두 독특해 매 사례에서의 도덕적 판단은 개별적으로 이루어져야 한다고 주장하기 때문에 객관적인 도덕규칙을 수립하는 기준이 되기에는 한계가 있다. 행위의무론을 적용하면 보편적인 도덕규칙을 확립하기가 불가능하여 사회구성원들에게 일관된 도덕적 행위지침을 제공하는 공적 체계를 마련할 수 없다. 따라서 근대 규범윤리학이 지향하는 도덕의 실용적 목표를 달성할 수 없다.

점에서 미흡하다는 지적을 피하기 어려워 보인다.

첫째, 윤리적 의사결정과정에 대한 모델이 복잡하고 실용성 면에서 부족하다는 지적이 가능하다. 조세프의 모델과 매티슨의 모델은 윤리적 쟁점을 가치들 간의 상충의 형태로 제시하고 있는데, 돌고프, 로웬버그와 해링턴의 모델은 이 점을 반영하지 않고 있다. 윤리적 의사결정과정에 대한 모델의 제3단계에서 사회적 가치, 전문직 가치, 클라이언트의 가치, 사회복지사의 개인적 가치 등을 확인하도록 하고 있는데, 윤리적 사정심사(EAS)의 1, 2, 3항에서 같은 내용을 반복하고 있고, 윤리적 사정심사(EAS)에서는 클라이언트의 가치가 포함되어 있지 않다. 윤리적 의사결정과정에 대한 모델의 제4단계에서 윤리적 원칙과 우선순위에 대한 모델을 적용하기 때문에 사실상 윤리적으로 바람직한 개입목표가 선택되는데, 다시 제6단계에서 결정된 개입목표에 따라 실천적 대안들 각각의 효과성과 효율성을 평가하고, 제8단계에서 가장 적절한 실천적 대안을 선택하도록 해 목적론을 적용하는 판단을 반복하도록 하고 있다.

둘째, 윤리적 의사결정과정에 대한 모델의 제4단계에서 윤리적 규칙심사(ERS)를 적용하도록 하는데, 이는 불필요한 과정일 수 있다. 돌고프, 로웬버그와 해링턴의 모델에서는 윤리적 원칙과 우선순위에 대한 모델을 적용하는 제4단계에서 윤리적 규칙심사(ERS)를 통해 해당 사례가 윤리적 딜레마인지 여부를 식별하는 것이 불가피해 보인다. 그런데 윤리적 규칙심사(ERS)의 1, 2항을 통해 쉬운 사례임이 확인되어 윤리강령만을 적용해 윤리적 실천이 가능하다면 굳이 윤리적 딜레마를 해결하기 위한 복잡한 윤리적 의사결정 절차를 밟을 필요가 없다. 즉, 해당 사례가 쉬운 사례인지 윤리적 딜레마에 해당하는 어려운 사례인지는 윤리적 의사결정을 시작하기 전에 판별되어야 할 사항이다. 이는 이들의 윤리적 의사결정과정에 대한 모델이 윤리적 쟁점을 가치들 간의 상충의 형태로 제시하는 작업에서 출발하지 않은 한계에 기인한 것으로 보인다.

셋째, 돌고프, 로웬버그와 해링턴의 모델이 규범윤리학의 성과를 도입한 본격적인 성과이지만 아직 해결하지 못한 문제가 있다. ① 윤리적 사정심사(EAS)를 적용할 때 규칙의무론, 행위공리주의, 규칙공리주의를 적용한 윤리적 사정결과가 상충될 때 최종적인 윤리적 판단을 어떻게 해야 하는지에 대해 지침을 제시하지 않고 있다. 이는 규범윤리학이 최종적으로 합의하지 못하고 있는 이슈로, 윤리적 의사결정결과에도 불구하고 최종적인 윤리적 선택이 쉽지 않을 수 있다는 점을 암시한다. ② 주요 가치들 간의 서열화를 위해 윤리적 원칙심사(EPS)를 제시하면서 스스로도 밝혔듯이 일곱 가지 가치들의 순위는 쉽게 합의할 수 있는 내용이 아니다(김기덕, 2002). 평등 및 불평등의 원칙이 자율성과 자유의 원칙보다 우선한다는 서열화는 서비스의 가치를 중시하는 전문직 윤리관이 지배적인 상황에서 아직 보편적 합의를 얻기는 어렵다. 또 돌고프, 로웬버그와 해링턴이 가장 중요한 가치로 제시한 생명보호의 원칙이 생물학적인 생명관에 바탕을 두고 있는지, 심리사회적인 측면도 반영하고 있는지에 따라 다른 방식으로 적용될 수 있다. 즉, 만일 생물학적인 생명관을 채택하면 안락사는 생명보호의 원칙에 반해 자율성과 자유의 원칙에도 불구하고 온정적 개입이 허용되지만, 만일 심리사회적인 측면도 반영한다면 의식을 회복할 수 없는 경우 무의미한 연명보다는 품위 있는 죽음, 즉 존엄사를 선택하는 방안은 윤리적으로 정당화되기 때문에 생명보호의 원칙에 위배되지 않는다(김기덕, 2002).

6. 리머의 모델

1) 내용

- **윤리적 의사결정의 절차**

제1단계

윤리적 쟁점에 대해 상충되는 가치와 의무를 확인한다.

제2단계

윤리적 결정에 의해 영향을 받을 수 있는 개인, 집단, 조직을 확인한다.

제3단계

가능한 실천적 대안들과 각 대안에 따른 클라이언트 및 관련된 사람들의 이익과 손실을 잠정적으로 확인한다.

제4단계

다음의 사항을 고려해 각 실천적 대안들에 대한 찬성과 반대 이유를 자세히 검토한다.

첫째, 윤리이론, 원칙, 지침(의무론과 목적론을 적용하는 분석을 말함)

둘째, 미국사회복지사협회(NASW) 윤리강령 및 법률

셋째, 사회복지실천 이론과 원칙

넷째, 개인적 가치(종교적 · 문화적 · 인종적 · 정치적 이념 포함)

제5단계

동료나 관계된 전문가들(슈퍼바이저, 기관행정가, 변호사, 윤리학자 등)의 자문을 얻는다.

제6단계

의사결정을 하고 결정과정을 기록한다.

제7단계

의사결정 내용을 점검하고 평가하고 기록한다.

〈윤리적 의사결정의 지침〉

① 인간활동에 필수적인 전제조건들인 기본재(생명, 건강, 음식, 주거, 정신적 균형 등)에 대한 위해를 막는 규칙은 불감재(거짓 정보 제공, 비밀 폭로 등)나 부가재(오락, 교육, 부 등)에 대한 위해를 막는 규칙보다 우선한다.

② 개인의 기본적인 복지권(개인생활에 필수적인 기본재 포함)은 타인의 자기의사결정권에 우선한다.

③ 개인의 자기의사결정권은 그 자신의 기본적인 복지권에 우선한다.

④ 자신이 자발적이고 자유롭게 동의한 법률, 규칙, 규정을 준수해야 하는 의무는 이들 법률, 규칙, 규정과 상충되는 방식으로 행동할 수 있는 개인의 권리보다 우선한다.

⑤ 개인의 복지권은 그와 상충되는 법률, 규칙, 규정 및 자발적인 협정보다 우선한다.

⑥ 기본적인 위해(기아 등)를 방지하고 공공재(주택, 교육, 공적 부조 등)를 제공해야 하는 의무는 개인적인 재산소유권에 우선한다.

2) 평가

리머의 윤리적 의사결정모델은 윤리적 의사결정의 절차와 윤리적 의사결정의 지침으로 구성되어 있다(Reamer, 2013). 윤리적 의사결정의 절차는 총 7단계로 구성되어 있다. 윤리적 의사결정의 지침은 사회복지의 주요 가치들을 서열화하기 위해 고안된 것이다. 의무론을 적용하는 윤리적 사정을 위한 지침을 마련하고 있다는 점에서, 리머의 모델은 돌고프, 로웬버그와 해링턴 모델과 함께 이전의 모델들의 한계를 극복하고자 한다.

리머의 윤리적 의사결정의 지침은 거워드(Gewirth, 1978)의 '**일관성의 원칙**(the principle of generic consistency)'에 입각한 윤리적 가치체계론에 기초를 두고 있다. 일관성의 원칙에서는 모든 인간은 기본적인 자유권과 복지권을 가진다고 보고, 세 가지 재화의 성격에 따라 가장 기본적인 가치를 지닌 재화를 보유할 권리를 윤리적으로 보장해야 한다고 본다. 재화의 성격은 기본재(基本財, basic goods), 불감재(不減財, nonsubtractive goods), 부가재(附加財, additive goods)로 구분된다. 기본재는 생명, 건강, 음식, 주거, 정신적 균형 등 인간생활에 필수적인 재화를 말한다. 불감재는 결핍되면 목적을 추구할 능력이 저하되는 위생적(hygiene)인 성격의 재화로서 열악한 생활환경, 노동착취, 사기, 기만, 비밀이나 사생활 폭로 등이 여기에 해당된다. 부가재는 인간의 목적 추구 능력을 향상시키는 재화로서 오락, 교육, 부, 지식 등을 말한다. 리머는 세 가지 성격의 재화를 모두 권리로서 보호해야 하지만, 가치와 의무가 상충하는 윤리적 딜레마 상황에서는 부가재보다는 불감재, 불감재보다는 기본재가 우선시되어야 한다고 본다(Reamer, 2013).

리머의 윤리적 의사결정모델의 장점은 다음과 같다.

첫째, 윤리적 의사결정의 절차에 대한 모델과 윤리적 의사결정의 지침을 각기 분리해 제시했다. 즉, 윤리적 의사결정의 절차에 대한 모델이 결정 절차에 해당한다면 윤리적 의사결정의 지침은 윤리적 사정의 원칙에 해당한다. 이에 리머의 모델은 돌고프, 로웬버그와 해링턴 모델과 함께 현존하는 윤리적 의사결정모델 가운데 가장 완성도가 높은 유기적 구성을 갖고 있다는 평가가 가능하다.

둘째, 리머의 윤리적 의사결정모델은 간결하고 실용성이 높은 윤리적 의사결정 절차를 제시하고 있다. 무엇보다 이 모델은 윤리적 쟁점에 대해 상충되는 가치와 의무들을 확인하는 작업에서 출발한다. 이는 윤리적 쟁점을 가치들 간의 상충의 형태로 제시하고 있는 조세프의 모델과 매티슨의 모델의 성과를 반영한 것이다. (앞서 언급한 바와 같이) 상충하는 가치 간의 갈등 형태로 윤리적 쟁점을 명료화하는 작업은 상충하는 가치를 내포하는 윤리적 딜레마의 본성을 손쉽게 파악하도록 돕기 때문에 합리적인 윤리적 의사결정의 첫 단추에 해당한다(Reamer, 2013).

셋째, 리머의 윤리적 의사결정모델은 윤리적 의사결정과 관련된 윤리적 · 비(非)윤리적 요소를 종합적으로 고려하도록 고안되었다. 그는 윤리적 의사결정 절차의 제4단계에서 규범윤리학, 윤리강령, 법률, 사회복지실천 이론과 원칙, 개인적 가치를 종합적으로 검토하도록 하고 있다. 그는 윤리적 의사결정이 가치와 의무 등의 윤리적인 측면과 과학적인 이론(지식과 기술) 등 비윤리적 측면을 동시에 포함하고 있다는 속성을 잘 반영하고 있다(Goldstein, 1987). 개인적 가치에 대한 검토는 전문직 가치에 위배되는 사회복지사의 개인적 가치가 부당하게 영향을 끼치지 않도록 하기 위한 객관화 과정으로 생각된다. 또한 리머의 윤리적 의사결정의 지침은 돌고프, 로웬버그와 해링턴 모델의 윤리적 원칙 심사(EPS)와 마찬가지로 사회복지의 주요 가치들 간의 서열화를 위한 원칙을 제시하고 있다.

하지만 리머의 윤리적 의사결정모델 역시 다음과 같은 몇 가지 미비한 점이 있다.

첫째, 사례와 관련된 다양한 가치를 종합적으로 고려하도록 고안되지 않아 윤리적 의사결정이 정치적인 과정이라는 특성을 충분히 반영하지 못하고 있다. 앞서 돌고프, 로웬버그와 해링턴 모델은 사회복지사의 개인적 가치, 전문직 가치, 사회적 가치, 나아가 클라이언트의 가치까지 검토하도록 하고 있고, 이 가치들 간의 상충이 발생할 때 이를 최소화할 수 있는 방안을 마련할 것을 주문하고 있다. 그러나 리머는 상충하는 가치와 의무, 윤리강령의 적용 등에서 전문직 가치를 반영하고 있다고 볼 수 있고, 개인적 가치를 검토하도록 하고 있지만, 클라이언트의 가치를 확인하고 윤리적 의사결정에 반영하는 절차를 충분히 고려하고 있다고 보기는 어렵다.

둘째, 리머의 윤리적 의사결정모델은 윤리적 심사과정을 분산적으로 제시해 유기적 연결성이 약하다. 윤리적 의사결정의 절차 중 실천적 대안들과 각 대안에 따른 클라이언트 및 관련된 사람들의 이익과 손실을 잠정적으로 확인하는 제3단계는 사실상 목적론을 적용하는 윤리적 분석의 내용이라 생각된다. 그런데 제3단계는 규범윤리학(윤리이론, 원칙, 지침)을 적용하는 제4단계와 별도로 설계되어 제4단계의 목적론을 적용하는 분석과 사실상 중복된다고 보인다. 따라서 현실적으로는 윤리적 쟁점에 대해 상충되는 가치와 의무들을 확인하는 제1단계와 윤리적 결정에 의해 영향을 받을 수 있는 개인 · 집단 · 조직을 확인하는 제2단계 뒤에 제4단계가 이어지고, 제4단계의 목적론을 적용하는 분석에서 이익과 손실을 판단해 행위공리주의 및 규칙공리주의를 적용하는 분석을 실시하게 되는 것이다.

셋째, 돌고프, 로웬버그와 해링턴의 모델과 마찬가지로 규칙의무론, 행위공리주의, 규칙공리주의를 적용한 윤리적 사정결과가 상충될 때 최종적인 윤리적 판단을 어떻게 해야 하는지에 대해 지침을 제시하지 않고 있다. 이는 규범윤리학이 최종적으로 합의하지 못하고 있는 이슈로, 윤리적 의사결정결과에도 불구하고 최종적인 윤리적 선택이 쉽지 않을 수 있다는 점을 암시한다.

7. 종합

(지금까지의 논의를 반영해) 제11장과 제12장의 사례분석에서는 현존하는 윤리적 의사결정모델 중 가장 완성도가 높은 돌고프, 로웬버그와 해링턴의 모델과 리머의 모델을 종합해 통합적인 윤리적 의사결정모델을 잠정적으로 적용한다. 이는 두 모델의 장점을 취사선택하고 단점을 보완해 가장 합리적이고 적용 가능성이 높은 대안을 만들 필요가 있기 때문이다.

먼저, 돌고프, 로웬버그와 해링턴의 윤리적 의사결정모델은 취사선택할 몇 가지 장점이 있다. ① 이 모델은 사회적 가치, 전문직 가치, 클라이언트의 가치, 사회복지사의 개인적 가치 등을 확인하고, 가치들 간의 상충이 발생할 때 이를 최소화할 수 있는 방안을 마련할 것을 주문하고 있다. ② 윤리적 사정심사(EAS)에서 규칙의무론, 행위공리주의, 규칙공리주의를 적용해 분석할 것을 제시하고 있고, 의무론(규칙의무론)과 목적론(행위공리주의와 규칙공리주의)을 적용한 결과가 상충될 경우에는 갈등을 최소화할 수 있는 방안을 마련할 것을 제시하고 있다. ③ 윤리적 사정심사(EAS)에서 양적 공리주의에 대한 사회정의의 관점에서의 비판을 수용해 최소한 해악의 원칙을 적용하도록 하고 있다. ④ 윤리적 규칙심사(ERS)에서 상충하는 가치들 간의 서열화를 위한 원칙을 제시하고 있다.

또한, 리머의 윤리적 의사결정모델에서도 몇 가지 장점을 반영할 수 있다. ① 간결하고 실용성이 높은 윤리적 의사결정 절차를 제시하고 있다. ② 윤리적 의사결정 절차는 윤리적 쟁점에 대해 상충되는 가치와 의무들을 확인하도록 하고 있다. ③ 윤리적 의사결정 절차의 제4단계에서 규범윤리학, 윤리강령, 법률, 사회복지실천 이론과 원칙, 개인적 가치를 종합적으로 검토하도록 하고 있다. ④ 윤리적 의사결정의 지침은 돌고프, 로웬버그와 해링턴 모델의 윤리적 원칙심사(EPS)와 마찬가지로 사회복지의 주요 가치들 간의 서열화를 위한 원칙을 제시하고 있다.

● 통합적인 윤리적 의사결정의 절차

제1단계

윤리적 쟁점에 대해 상충되는 가치와 의무를 확인한다.

제2단계

사례와 관련해 전문직 가치, 클라이언트의 가치, 사회적 가치, 사회복지사의 개인적 가치를 확인한다.

제3단계

윤리적 결정에 의해 영향을 받을 수 있는 개인, 집단, 조직을 확인한다.

제4단계

상충하는 가치와 의무를 각각 반영하는 상이한 실천적인 대안을 제시한다.

제5단계

윤리적 사정을 실시한다.

① 규범윤리학, 즉 규칙의무론, 행위공리주의, 규칙공리주의를 적용해 분석한다.

- 규칙의무론을 적용해 상충하는 가치와 의무 중의 우선순위를 정한다. 돌고프, 로웬버그와 해링턴의 윤리적 원칙심사(EPS)와 리머의 윤리적 의사결정의 지침을 활용한다.
- 행위공리주의와 규칙공리주의를 적용해 분석한다. 이때 제3단계에서 확인한 윤리적 결정에 의해 영향을 받을 수 있는 개인, 집단, 조직을 반영한다.

② 윤리강령, 관련 법률, 사회복지실천 이론을 적용해 본다.

③ 선택할 수 있는 상이한 실천적인 대안 중 최소한 해악의 원칙에 저촉되는 경우가 있는지 확인한다.

④ 규범윤리학, 윤리강령, 관련 법률, 사회복지실천 이론, 최소한 해악의 원칙을 적용한 분석결과를 종합한다.

⑤ 분석결과의 종합을 바탕으로 상이한 실천적 대안 중에서 잠정적으로 선택한다.

제6단계

관련 가치들 간의 상충과 규범윤리학 내의 불일치를 해결할 수 있는 예방적인 조치가 가능한지 검토하고 시행한다. ① 관련 가치들 간의 상충에서는 사회복지사의 개인적 가치의 반영 가능성을 통제하고, 특별히 클라이언트의 가치를 고려하는 방안을 강구한다. ② 규범윤리학 내의 불일치에서는 규칙의무론과 행위 및 규칙공리주의, 행위공리주의와 규칙공리주의가 상충될 때 최종적인 윤리적 판단의 지침이 현실적으로 부재하다는 점을 고려해 예방적인 조치를 강구한다.

제7단계

제5단계의 잠정적인 선택을 바탕으로 제6단계의 결과를 반영해 최종적인 선택을 실시하고 세부적인 실천계획을 수립한다.

제8단계

동료나 관계된 전문가들(슈퍼바이저, 기관행정가, 변호사, 윤리학자 등)의 자문을 얻는다.

제9단계

최종적으로 의사결정을 하고 결정과정을 기록한다.

돌고프, 로웬버그와 해링턴의 모델과 리머의 모델을 종합한 통합적인 윤리적 의사결정모델은 이 두 모델과 마찬가지로 결정 절차와 원칙으로 구성되어 있다. 결정 절차는 윤리적 쟁점에 대해 상충되는 가치와 의무들 확인, 관련 가치들의 확인, 윤리적 결정에 의해 영향을 받을 수 있는 개인 · 집단 · 조직의 확인, 상충하는 가치와 의무를 각각 반영하는 상이한 실천적인 대안들 제시, 윤리적 사정 실시, 관련 가치들 간의 상충과 규범윤리학 내의 불일치를 해결할 수 있는 예방적인 조치 검토 및 시행, 최종적인 선택 및 세부적인 실천계획 수립, 동료나 관계된 전문가들의 자문, 최종적인 의사결정 및 결정과정 기록으로 구성되어 있다.

결정원칙은 윤리적 사정을 실시하는 제5단계에 반영되어 있다. ① 규범윤리학, 즉 규칙의무론, 행위공리주의, 규칙공리주의를 적용해 분석하도록 하고 있다. 규범적인 도덕체계의 기준이 되기 어려운 행위의무론은 적용하지 않는다. 규칙의무론을 적용해 상충하는 가치와 의무 중의 우선순위를 정할 때에는 돌고프, 로웬버그와 해링턴의 윤리적 원칙심사(EPS)와 리머의 윤리적 의사결정의 지침을 활용하도록 한다. 행위공리주의와 규칙공리주의를 적용해 분석할 때에는 제3단계에서 확인한 윤리적 결정에 의해 영향을 받을 수 있는 개인 · 집단 · 조직을 반영하도록 한다. ② 윤리강령, 관련 법률, 사회복지실천 이론을 적용하도록 하고 있다. ③ 선택할 수 있는 상이한 실천적인 대안 중 최소한 해악의 원칙에 저촉되는 경우가 있는지 확인하도록 한다. ④ 규범윤리학, 윤리강령, 관련 법률, 사회복지실천 이론, 최소한 해악의 원칙을 적용한 분석결과를 종합한다. ⑤ 분석결과의 종합을 바탕으로 상이한 실천적 대안 중에서 잠정적으로 선택한다.

통합적인 윤리적 의사결정모델의 결정 절차는 다음과 같은 특징이 있다.

첫째, 간결하고 실용성이 높은 리머의 윤리적 의사결정 절차를 대폭 수용하고 있다.

무엇보다 윤리적 쟁점에 대해 상충하는 가치와 의무들을 확인하는 작업에서 출발하도록 하고 있다. 동료나 관계된 전문가들의 자문을 구하는 제8단계의 내용과 최종적으로 의사결정을 하고 결정과정을 기록하는 제9단계의 내용도 수용하고 있다. 그러나 리머 모델의 가능한 실천적 대안들과 각 대안에 따르는 클라이언트 및 관련된 사람들의 이익과 손실을 잠정적으로 확인하는 제3단계는 통합모델의 윤리적 사정을 실시하는 제5단계 중 행위공리주의와 규칙공리주의를 적용해 분석하는 과정과 중복되기 때문에 생략한다. 또 의사결정 내용을 점검하고, 평가하고, 기록하는 제7단계는 통합모델의 최종적으로 의사결정을 하고 결정과정을 기록하는 제9단계(리머 모델의 제6단계)와 유사할 수 있기 때문에 윤리적 의사결정 절차의 간결성을 추구하기 위해 생략했다.

둘째, 리머 모델의 윤리적 의사결정 절차의 미흡한 점을 보완하기 위해 돌고프, 로웬버그와 해링턴의 윤리적 의사결정과정에 대한 모델의 장점을 반영했다. 제2단계에서 전문직 가치, 클라이언트의 가치, 사회적 가치, 사회복지사의 개인적 가치를 확인하는 절차를 보완했다. 제6단계에서 관련 가치들 간의 상충과 규범윤리학 내의 불일치를 해결할 수 있는 방안을 검토하고 시행하도록 했다. 여기에서는 관련 가치들 간의 상충이 발생할 때 사회복지사의 개인적 가치의 반영 가능성을 통제하고, 특별히 클라이언트의 가치를 고려하는 방안을 강구하고, 규범윤리학 내의 불일치에 대해서도 예방적인 조치를 강구하도록 했다. 이는 특정한 실천적 대안을 선택한 결과 다른 실천적 대안을 배제해 초래되는 부정적인 결과를 최소화하기 위한 개입이 불가피하다는 점을 고려한 것이다.

통합적인 윤리적 의사결정모델의 원칙은 다음과 같은 특징이 있다. ① 리머 모델의 제4단계의 장점을 대폭 수용했다. 리머 모델은 규범윤리학, 윤리강령, 관련 법률, 사회복지실천 이론 등 윤리적 및 비(非)윤리적 요소들을 통합적으로 반영하고 있는 장점이 있다. ② 돌고프, 로웬버그와 해링턴의 윤리적 원칙과 우선순위에 대한 모델의 특징을 반영했다. 윤리적 원칙심사(EPS)는 최소한 해악의 원칙에 적용되는 실천적 대안을 배제하는 절차를 반영하고 있다. 관련 가치들 간의 갈등과 규범윤리학 내의 불일치를 최소화하기 위한 방안 검토는 통합적인 윤리적 의사결정모델 결정 절차의 제6단계에서 별도로 반영하고 있다. ③ 규범적인 도덕체계의 기준이 되기 어려운 행위의무론은 적용하지 않고, 규칙의무론을 적용한 분석에서 상충하는 가치들 중의 우선순위를 결정하기 위해 두 모델 자원을 모두 적용하도록 했다. 주지하다시피, 돌고프, 로웬버그와 해링턴 모델의 윤리적 원칙심사(EPS)와 리머 모델의 윤리적 의사결정 지침은 사회복지의 주요 가치들을 서열화하는 기준을 본격적으로 제시하고 있다.

생각해 볼 문제

1 | 루이스 모델이 사회복지 분야의 전문직 윤리에 규범윤리학을 본격적으로 도입했다는 점에서 선구적이라고 평가되고 있는 이유와 그 한계를 검토해 보시오.

2 | 조세프 모델이 윤리적 의사결정 절차 면에서 기여한 점과 한계가 무엇인지에 대해 검토해 보시오.

3 | 매티슨 모델이 기여한 점과 한계를 검토해 보시오.

4 | 콩그레스의 ETHICA 모델의 장점과 한계를 검토해 보시오.

5 | 포센, 앤더슨-미거와 젤머의 ETHICS-A 모델이 콩그레스의 ETHICA 모델에 비해 진전된 측면이 무엇인지와 그 한계에 대해 검토해 보시오.

6 | 제시된 사례를 바탕으로, 콩그레스의 ETHICA 모델과 포센, 앤더슨-미거와 젤머의 ETHICS-A 모델을 적용해 사례분석을 해 보시오.

7 | 돌고프, 로웬버그와 해링턴 모델의 윤리적 의사결정 절차와 내용(윤리적 원칙과 우선순위에 대한 모델) 면에서의 장점과 한계에 대해 검토해 보시오.

8 | 리머 모델의 윤리적 의사결정 절차와 내용(윤리적 의사결정의 지침) 면에서의 장점과 한계에 대해 검토해 보시오.

9 | 통합적인 모델이 돌고프, 로웬버그와 해링턴 모델과 리머 모델에서 수용한 장점들이 무엇인지 검토해 보시오.

제 11 장

사례분석의 지침 I

1. 제3자 보호를 위해 비밀보장을 제한할 필요가 있는 경우
2. 다른 클라이언트 보호를 위해 비밀보장을 제한할 필요가 있는 경우
3. 미성년 클라이언트 비밀보장의 쟁점이 발생하는 경우
4. 법적 명령에 따라 비밀보장이 제한되는 경우
5. 상황의 강제성에 따라 온정주의적 개입의 필요성이 발생하는 경우

제 11 장 사례분석의 지침 I

1. 제3자 보호를 위해 비밀보장을 제한할 필요가 있는 경우

1) 사례 내용[1]

홍○○은 현재 국내의 한 대학교에 다니고 있다. 그는 초등학교 때부터 미국에 조기 유학해 고등학교 때까지 줄곧 미국에서 생활했으나 현지 생활에 적응하지 못해 결국 귀국하고 말았다. 그런데 이제 반대로 오랜 외국생활 때문에 국내 대학생활에 적응하는 데 어려움을 겪고 있다. 그는 이전에 미국에 있을 때 조현병 증세가 있어 치료를 받아 왔고, 코카인을 상습적으로 복용했다. 국내에 들어와서는 병세가 많이 호전되고 약물도 끊어 비교적 정상 상태를 회복하고 있었다.

그런데 그는 현재 사귀고 있는 여학생과의 사이에서 문제가 생겼다. 많이 완화되기는 했지만 망상같은 조현병 증세가 여전히 남아 있다. 여자 친구는 홍○○이 자신에 대해 과도하게 간섭하고 공격적으로 대한다고 생각해 이별을 통보하고 다른 남자 친구를 만나고 있다. 물론 여자 친구는 홍○○이 이전에 조현병으로 인해 치료를 받은 적이 있다는 사실은 모르고 있는 상태다.

이제 점점 조현병 증세가 악화되고 있고 다시 약물에 손을 대기 시작한 홍○○은 정신보건센터의 사회복지사인 김○○을 찾아와 상담을 요청했다. 상담과정에서 김○○은 홍○○의 증세가 상당히 심각하다는 것을 알 수 있었고, 정신과 치료와 약물치료 그리고 상담치료를 권유했다. 그런데 상담과정에서 홍○○이 여자 친구 그리고 새로 사귀고 있는 남자를 미행하고 있고 칼을 사러 다닌 적이 있다고 털어놓았다. 하지만 한편으

1) 제11장과 제12장의 사례 중 일부는 김상균 외(2002), 이순민(2012)에서 다듬거나 보충한 것이다.

로 자신은 빨리 정상을 회복해 여자 친구 앞에 새로운 모습으로 나타나 이전의 관계를 회복하고 싶다고도 했다. 그러면서 한편으로는 죽이고 싶은 분노도 갖고 있고, 다른 한편으로는 이 모든 상황이 자신의 책임인 것 같아 자책감과 미안한 생각까지 든다며 괴로워했다. 마지막으로 여자 친구에게 자신에 관한 사항을 말하지 말아 달라고 간곡히 부탁했다. 여자 친구에게 알려지면 자신은 더 이상 살 가치를 느끼지 못할 것이라는 말까지 했다.

2) 윤리적 의사결정의 지침

〈표 11-1〉 윤리적 의사결정 지침의 개요: 제3자 보호를 위해 비밀보장을 제한할 필요가 있는 경우

<table>
<tr><td colspan="2">1. 윤리적 쟁점 확인</td><td>비밀보장 vs 제3자 보호</td></tr>
<tr><td colspan="2">2. 관련 가치의 확인</td><td>제3자 보호(개인/사회), 비밀보장(c't), 불확실(전문직)</td></tr>
<tr><td colspan="2">3. 관련 개인 · 집단 · 조직 확인</td><td>c't, 여자 친구, 여자 친구의 새 남자 친구, w'er</td></tr>
<tr><td colspan="2">4. 상이한 실천적 대안 제시</td><td>비밀보장 vs 신고</td></tr>
<tr><td rowspan="15">5. 윤리적 사정</td><td>(1) 규범윤리학 적용</td><td></td></tr>
<tr><td>① 규칙의무론 적용</td><td></td></tr>
<tr><td>- 돌고프, 로웬버그와 해링턴</td><td>생명보호/평등 및 불평등 > 자율성과 자유/사생활과 비밀보장</td></tr>
<tr><td>- 리머</td><td>기본재 > 불감재,
개인의 복지권 > 타인의 자기의사결정권</td></tr>
<tr><td>②-1 행위공리주의 적용</td><td>비밀보장 < 제3자 보호</td></tr>
<tr><td>②-2 규칙공리주의 적용</td><td>비밀보장 < 제3자 보호</td></tr>
<tr><td>(2) 윤리강령 · 법률 · 이론 적용</td><td></td></tr>
<tr><td>- 윤리강령 적용</td><td>1.01/1.07ⓒ(사례에 따라 판단)</td></tr>
<tr><td>- 관련 법률 적용</td><td>사회복지사업법 < 형법/민법</td></tr>
<tr><td>- 사회복지실천 이론 적용</td><td>현 상황에서 위해 가능성 존재</td></tr>
<tr><td>(3) 최소한 해악의 원칙 확인</td><td>비밀보장이 해당</td></tr>
<tr><td>(4) (1), (2), (3) 결과 종합</td><td>비밀보장 < 제3자 보호</td></tr>
<tr><td>(5) 실천적 대안 잠정선택</td><td>비밀보장 < 제3자 보호</td></tr>
</table>

6. 예방적 조치 검토 및 시행	치료조치
- 관련 가치 간의 상충	있음
- 규범윤리학 내 불일치	없음
7. 최종 선택 및 세부 실천계획 수립 → 8. 자문 → 9. 최종 의사결정 및 결정과정 기록	

제1단계

윤리적 쟁점에 대해 상충되는 가치와 의무를 확인한다.

이 사례는 클라이언트가 제3자에게 위해를 가할 가능성이 있는 경우로 제3자 보호를 위해 클라이언트의 비밀보장을 제한할 필요가 있는가의 윤리적 딜레마가 발생하고 있다고 볼 수 있다. 이에 윤리적 쟁점은 비밀보장과 제3자 보호 간의 윤리적 딜레마로 표현할 수 있다. 비밀보장은 개인의 자유의 주요 가치에서 도출된 윤리적 원칙이지만, 사회정의의 가치에 의하면 사회복지전문직은 제3자 등 공공의 이익보호의 윤리적 의무도 견지해야 한다.

제2단계

사례와 관련해 전문직 가치, 클라이언트의 가치, 사회적 가치, 사회복지사의 개인적 가치를 확인한다.

먼저, 사회복지사 개인은 클라이언트가 여자 친구와 그녀의 새 남자 친구에게 위해를 가할 수 있는 가능성을 염려해 제3자 보호의 필요를 느끼고 있다고 생각된다. 사회적 가치도 일반적으로 제3자 보호를 더 중시하고 있는 것으로 보인다. 서비스의 가치에 충실하려는 사회복지전문직에 비해, 도덕의 사회질서 유지 기능을 중시하는 사회는 클라이언트가 제3자에게 위해를 가할 가능성이 있는 경우 클라이언트의 이익을 배타적으로 보호하기보다는 공공의 이익을 위해 제3자 보호를 더 중시하는 것으로 판단된다. 반면, 클라이언트는 사회복지사로부터 자신의 비밀을 보장받기를 원하고 있다. 전문직 가치는 불확정적이라고 생각된다. 사회복지전문직은 개인의 자유의 가치와 사회정의의 가치를 모두 중시하는데, 이 경우 비밀보장과 제3자 보호의 의무를 모두 고려하여야 하기 때문에 두 윤리적 의무 중 어느 것을 중시할 것인가는 사례에 대한 구체적인 윤리적 의사결정을 통해 판단해야 한다.

제3단계

윤리적 결정에 의해 영향을 받을 수 있는 개인, 집단, 조직을 확인한다.

이 경우 관련된 개인, 집단, 조직은 클라이언트, 여자 친구, 그녀의 새 남자 친구, 사회복지사라고 할 수 있다. 클라이언트는 현재 사회복지사에게 서비스를 제공받고 있는 당사자로 제3자에게 위해를 가할 가능성이 있는 주체다. 여자 친구와 여자 친구의 새 남자 친구는 클라이언트로부터 위해를 당할 위험에 놓여 있는 상황이다. 사회복지사는 어떤 윤리적 선택과 판단을 하는가에 따라 추후 전문적 실천행위에 따른 도덕적·법적 책임을 질 수 있다.

제4단계

상충하는 가치와 의무를 각각 반영하는 상이한 실천적인 대안을 제시한다.

이 사례의 상충하는 가치와 의무는 개인의 자유의 가치에서 도출된 비밀보장의 윤리적 의무와 사회정의의 가치에서 도출된 공공의 복지, 즉 제3자 보호의 윤리적 의무다. 이 각각의 가치와 의무를 반영하는 상이한 실천적인 대안으로는 비밀보장을 고수하는 방안과 제3자에게 닥칠 수 있는 위해를 방지하기 위해 신고하여 적절한 조치를 요청하는 방안이 있다.

제5단계

윤리적 사정을 실시한다.

(1) 규범윤리학, 즉 규칙의무론, 행위공리주의, 규칙공리주의를 적용해 분석한다.

① 규칙의무론을 적용해 상충하는 가치와 의무 중의 우선순위를 정한다. 돌고프, 로웬버그와 해링턴(Dolgoff, Loewenberg, & Harrington)의 윤리적 원칙심사(EPS)와 리머(Reamer)의 윤리적 의사결정의 지침을 활용한다.

돌고프, 로웬버그와 해링턴의 윤리적 원칙심사(EPS)를 적용하면, 생명보호의 원칙이나 평등 및 불평등의 원칙이 자율성과 자유의 원칙이나 사생활보호와 비밀보장의 원칙에 우선하는 경우라고 볼 수 있다. 제3자의 위해 가능성은 생명보호의 원칙에 저촉되고 위해금지는 사회구성원이라면 누구나 예외 없이 지켜야 할 평등한 도덕적 의무다. 따라서

이는 클라이언트의 자율성과 자유의 원칙이나 사생활보호와 비밀보장의 원칙에 우선한다고 보는 것이다. 리머의 윤리적 의사결정의 지침을 적용하면, 인간활동에 필수적인 전제조건들인 기본재가 불감재에 비해 중시된다. 위험으로부터의 보호는 기본재에 해당하고, 비밀보장은 불감재에 해당한다. 나아가 개인의 기본적인 복지권은 타인의 자기의사결정권에 우선한다. 현재 위험에 노출되어 있는 사람들의 기본적인 복지권은 클라이언트의 자유의 가치에서 도출된 자기의사결정권에 우선하는 것이다.

② 행위공리주의와 규칙공리주의를 적용해 분석한다. 이때 제3단계에서 확인한 윤리적 결정에 의해 영향을 받을 수 있는 개인, 집단, 조직을 반영한다.

행위공리주의를 적용해 분석하면, 제3자 보호조치가 비밀보장에 비해 더 유용성을 가져다주는 선택이라고 생각된다. 비밀보장을 하게 되면, 클라이언트는 제3자에게 위해를 가해 범죄자로 처벌받을 가능성이 높고, 여자 친구와 그녀의 새 남자 친구는 위해를 당하게 되며, 사회복지사는 위험 발생을 방지하지 않았다는 이유로 사회복지전문직 내에서 제재를 당하고 처벌받을 가능성이 있다. 반면, 제3자 보호를 위해 신고조치를 할 경우, 클라이언트는 현재의 원조관계의 신뢰가 훼손되는 불이익을 받겠지만, 여자 친구와 그녀의 새 남자 친구는 위해로부터 보호받고, 사회복지사도 책임 있는 조치를 취했으므로 도덕적 · 법적 조치를 받지 않게 될 것이다.

규칙공리주의를 적용하면, 역시 제3자 보호조치가 더 많은 유용성을 가져다주는 선택이라 생각된다. 이와 유사한 사례에서 장기적으로 모든 사회복지사가 비밀보장을 규칙으로 삼는다면, 제3자의 피해가 지속적으로 양산되고 클라이언트는 범죄자로 전락되고 위험방지의무를 이행하지 않은 모든 사회복지사는 처벌받을 것이고, 나아가 사회복지전문직에 대한 사회적 신뢰가 훼손되는 결과가 초래될 것이다. 반면, 모든 사회복지사가 제3자 보호조치를 취한다면, 클라이언트와의 신뢰관계는 일부 훼손될 수 있지만 제3자의 피해를 원천적으로 차단하고, 사회복지전문직에 대한 사회적 신뢰는 고양될 것이다.

(2) 윤리강령, 관련 법률, 사회복지실천 이론을 적용해 본다.

미국사회복지사협회(NASW) 윤리강령 1.01은 클라이언트에 대한 헌신을 사회복지사의 일반적인 의무로 제시하고 있다. 그러나 1.07 사생활과 비밀보장 ⓒ는 사례에 따라 클라이언트가 자신이나 타인에 대해 심각하고 예측 가능하며 즉각적인 위해를 가할 위험을 방지하기 위해서는 비밀보장을 제한할 수 있도록 명시하고 있다. 따라서 사회복지사는 이 사례가 이 조항에 적용되는 경우인지 판단해야 한다. 여기에서는 제3자에 대한 위해 가능성이 있는 경우로 간주한다.

관련법을 적용해 분석하면, 일반적인 경우는 「사회복지사업법」의 비밀보장 관련 조항이 적용되나, 제3자의 위험이 예상되는 경우에는 「형법」과 「민법」의 관련 조항이 우선적으로 적용되어야 할 것으로 보인다. 「사회복지사업법」 제47조(비밀누설의 금지)는 사회복지사업 또는 사회복지업무에 종사했거나 종사하는 자는 그 업무수행의 과정에서 알게 된 다른 사람의 비밀을 누설해서는 안 된다고 하고 있다. 그러나 「형법」 제18조(부작위범)는 위험 발생을 방지할 의무가 있거나 자기의 행위로 인해 위험 발생의 원인을 야기한 자가 그 위험 발생을 방지하지 않은 때는 그 발생된 결과에 의해 처벌하도록 하고 있다. 나아가 공무담임자가 위험 발생 가능성을 구체적으로 인지했음에 불구하고 위험방지조치를 소홀히 할 때에는 작위(作爲)의무 위반 혐의로 처벌받을 수 있도록 하고 있다. 구체적으로, 「형법」 제122조(직무유기)는 공무원이 정당한 이유 없이 그 직무수행을 거부하거나 그 직무를 유기한 때에는 1년 이하의 징역이나 금고 또는 3년 이하의 자격정지에 처하도록 하고 있다. 여기서 공무원의 범위는 법령에 따라 공무에 종사하는 사람과 공무집행을 위탁받은 사인(私人)을 포함한다. 또 「민법」 제750조(불법행위의 내용)는 고의 또는 과실로 인한 위법행위로 인해 타인에게 손해를 가한 자는 그 손해를 배상할 책임이 있다고 명시하고 있다.

사회복지실천 이론을 적용해도 이 경우는 제3자에 대한 위해 가능성이 존재하는 상황으로 판단할 수 있다. 실제 윤리적 사정을 할 때에는 **증거기반실천**에 입각해 정신보건과 관련된 이론과 모델을 적용하고, 선행 사례를 인용해 이와 같은 경우 위험 발생 가능성이 존재한다는 점을 논리적으로 제시해야 한다.

(3) 선택할 수 있는 상이한 실천적인 대안 중 최소한 해악의 원칙에 저촉되는 경우가 있는지 확인한다.

이 사례의 경우 제3자 보호조치를 취하면 클라이언트는 사회복지사와의 신뢰가 훼손되고 원조관계에 부정적인 영향이 발생할 가능성이 어느 정도 있을 수 있다. 그러나 비밀보장을 하게 되면 여자 친구와 그녀의 새 남자 친구는 심각한 위해를 당할 가능성이 있고 사회복지사도 위험방지의무를 이행하지 않아 사회복지전문직 내의 제재와 함께 처벌까지 받을 가능성이 있다. 따라서 제3자 보호조치를 취할 경우에는 최소한 해악의 원칙에 적용될 가능성이 크지 않지만, 비밀보장을 하게 되면 제3자와 사회복지사에게는 최소한 해악의 원칙이 저촉될 가능성이 높다.

(4) 규범윤리학, 윤리강령, 관련 법률, 사회복지실천 이론, 최소한 해악의 원칙을 적용한 분석결과를 종합한다.

규범윤리학을 적용한 결과, 규칙의무론, 행위공리주의, 규칙공리주의에서는 모두 비밀보장보다 제3자 보호가 도덕적으로 바람직한 선택이라고 판단하고 있다. 윤리강령에서는 제3자에게 위해가 발생할 가능성이 있을 때 사례에 따라 비밀보장을 제한할 수 있도록 하고 있고, 관련 법률은 일반적인 비밀보장의 의무를 명시한 「사회복지사업법」에도 불구하고 위험발생방지의무를 명시한 「형법」과 「민법」의 관련 조항을 적용해야 할 것으로 보인다. 사회복지실천 이론을 적용해도 이 경우는 위해 가능성이 존재해 제3자 보호조치를 강구해야 하는 상황으로 판단된다. 최소한 해악의 원칙을 검토한 결과도 제3자와 사회복지사의 위해 가능성은 회피해야 할 해악으로 생각된다.

(5) 분석결과의 종합을 바탕으로 상이한 실천적 대안 중에서 잠정적으로 선택한다.

이와 같은 검토 결과, 비밀보장보다는 제3자 보호를 위한 신고조치를 잠정적인 실천적 대안으로 채택한다.

제6단계

관련 가치들 간의 상충과 규범윤리학 내의 불일치를 해결할 수 있는 예방적인 조치가 가능한지 검토하고 시행한다. 첫째, 관련 가치들 간의 상충에서는 사회복지사의 개인적 가치의 반영 가능성을 통제하고, 특별히 클라이언트의 가치를 고려하는 방안을 강구한다. 둘째, 규범윤리학 내의 불일치에서는 규칙의무론과 행위 및 규칙공리주의, 행위공리주의와 규칙공리주의가 상충될 때 최종적인 윤리적 판단의 지침이 현실적으로 부재하다는 점을 고려해 예방적인 조치를 강구한다.

이 사례의 경우 규범윤리학 내의 불일치는 존재하지 않는다. 그러나 비밀보장을 원하는 클라이언트의 가치가 잠정적인 대안인 제3자 보호를 위한 신고조치와 상충되어 사회복지사가 신고조치를 취할 경우 사회복지사와의 신뢰관계가 훼손되어 클라이언트의 치료에 좋지 않은 영향을 끼칠 가능성이 있다. 따라서 최종적인 선택 이전에 예방적인 조치로 클라이언트에 대한 치료를 통해 제3자에 대한 위험 발생 가능성을 억제함으로써 위험을 관리할 수 있는지 판단하고 시행한다.

제7단계

제5단계의 잠정적인 선택을 바탕으로 제6단계의 결과를 반영해 최종적인 선택을 실시하고 세부적인 실천계획을 수립한다.

만일 치료를 통해 위험 발생 가능성이 억제되어 위험관리가 가능해진다면 윤리적 딜레마는 해소되고 제3자 보호를 위한 신고조치를 선택할 필요가 없어질 수 있다. 그러나 치료가 불가능하거나 위험이 현저해 치료적 개입의 효과를 기대하기 어려울 경우, 부득이 제5단계에서 잠정적으로 선택한 실천적 대안인 제3자 보호를 위한 신고조치를 최종적인 실천적 대안으로 채택하고 세부적인 실천계획을 수립한다.

제8단계

동료나 관계된 전문가들(슈퍼바이저, 기관행정가, 변호사, 윤리학자 등)의 자문을 얻는다.

제9단계

최종적으로 의사결정을 하고 결정과정을 기록한다.

2. 다른 클라이언트 보호를 위해 비밀보장을 제한할 필요가 있는 경우

1) 사례 내용

30대인 이○○ 부부는 정신보건센터의 사회복지사 차○○에게 5개월간 개별상담 및

부부상담을 받아 오고 있다. 두 사람 모두 필로폰 남용으로 보호관찰을 받고 있는 처지로 수강교육 프로그램을 통해 사회복지사와 연결되었다. 남편은 20대 초반부터 대마를 피웠고 4년 전부터는 필로폰을 남용해 왔다. 아내는 남편의 약물남용을 막기 위해 안 해 본 일이 없다고 했으며, 약을 끊지 못하는 이유가 궁금하고, 한편으로는 남편에게 겁도 주고 싶어서 필로폰 주사를 맞게 되었는데 얼마 지나지 않아 집중단속기간에 구속되었다.

부부는 약물중단 의지가 강했다. 특히 남편은 단약모임에 나가고 타 지역에 있는 알코올 중독자 재활기관도 정기적으로 방문하고 있었다. 남편은 약물을 끊는 데 단주와 단약모임이 얼마나 도움이 되는지, 그리고 자신이 얼마나 달라졌는지 부부상담 중에 이야기하곤 했다. 아내는 시아버지가 운영하던 기계부품공장을 남편 대신 맡아 운영하고 있었다.

어느 날 사회복지사인 차○○은 남편의 요청으로 개별상담을 가졌다. 남편은 그동안 경마 장외발매소에 주말마다 나가면서 많은 돈을 잃었으며 강원도에 개장한 카지노에도 수차례 다녀왔고 도박으로 진 빚이 이제는 감당하기 어려운 정도에 이르고 있었다. 불안하고 초조한 마음에 필로폰을 다시 하고 싶은 충동을 견디기 어렵다면서, 자신의 절망적인 마음을 털어놓을 수 있는 사람은 차○○뿐이라고 했다. 아내가 이 사실을 알면 이혼을 요구할 것이라면서 비밀을 지켜 달라고 부탁했다.

2) 윤리적 의사결정의 지침

〈표 11-2〉 윤리적 의사결정 지침의 개요: 다른 클라이언트 보호를 위해 비밀보장을 제한할 필요가 있는 경우

1. 윤리적 쟁점 확인		비밀보장 vs 타 c't 보호
2. 관련 가치의 확인		타 c't 보호(개인/사회), 비밀보장(c't), 불확실(전문직)
3. 관련 개인 · 집단 · 조직 확인		남편, 부인, w'er
4. 상이한 실천적 대안 제시		비밀보장 vs 고지
5. 윤리적 사정	(1) 규범윤리학 적용	
	① 규칙의무론 적용	
	- 돌고프, 로웬버그와 해링턴	부인의 삶의 질 > c't의 사생활과 비밀보장
	- 리머	기본재 > 불감재, 개인의 복지권 > 타인의 자기의사결정권
	②-1 행위공리주의 적용	비밀보장 < 타 c't 보호

	②-2 규칙공리주의 적용	비밀보장 < 타 c't 보호
	(2) 윤리강령 · 법률 · 이론 적용	
	- 윤리강령 적용	1.07ⓒⓕⓖ(사례에 따라 판단)
	- 관련 법률 적용	형법/민법
	- 사회복지실천 이론 적용	현 상황은 가족체계에 부정적인 영향
	(3) 최소한 해악의 원칙 확인	비밀보장이 해당
	(4) (1), (2), (3) 결과 종합	비밀보장 < 타 c't 보호
	(5) 실천적 대안 잠정선택	비밀보장 < 타 c't 보호
6. 예방적 조치 검토 및 시행		치료조치
- 관련 가치 간의 상충		있음
- 규범윤리학 내 불일치		없음
7. 최종 선택 및 세부 실천계획 수립 → 8. 자문 → 9. 최종 의사결정 및 결정과정 기록		

제1단계

윤리적 쟁점에 대해 상충되는 가치와 의무를 확인한다.

이 사례는 가족상담 중 알코올과 도박 중독의 전력이 있는 남편의 증상이 재발할 가능성이 높은 경우로, 가족세팅 내에서 가족체계 유지에 결정적인 영향을 끼치는 한 클라이언트의 비밀을 타 클라이언트에게 알릴 것인가의 이슈가 발생하고 있다. 이에 윤리적 쟁점은 비밀보장과 타 클라이언트 보호 간의 윤리적 딜레마로 표현할 수 있다. 비밀보장은 개인의 자유의 주요 가치에서 도출된 윤리적 원칙이지만, 사회정의의 가치에 의하면 사회복지전문직은 집단세팅 내의 타 클라이언트 등 공공의 이익을 보호해야 하는 윤리적 의무도 견지해야 한다.

제2단계

사례와 관련해 전문직 가치, 클라이언트의 가치, 사회적 가치, 사회복지사의 개인적 가치를 확인한다.

먼저, 사회복지사 개인은 도박을 재개하고 있는 남편이 곧 약물에도 손을 대 가족체계에 매우 부정적인 영향을 끼칠 것을 우려해 부인에게 알림으로써 부인이 가족체계 유지에 필요한 적절한 조치를 강구하고 자기 스스로의 행복추구권을 확보할 수 있도록 조치를 취해야 한다고 보는 것으로 생각된다. 사회적 가치도 일반적으로 타 클라이언트인 부인의 권리와 역할을 더 중시하고 있는 것으로 보인다. 가족상담 시에 가족체계의 유지에 부정적인 영향을 끼치는 한 클라이언트의 비밀을 배타적으로 보호하기보다는 가족체계의 기능을 강화하고 부인의 행복추구권을 보호하기 위한 조치를 선호할 것이기 때문이다. 반면, 클라이언트는 사회복지사로부터 자신의 비밀을 보장받기를 원하고 있다. 전문직 가치는 불확정적이라고 생각된다. 사회복지전문직에서는 가족상담 등 집단세팅에서는 어느 한 클라이언트의 비밀이 배타적으로 보장되지 않는다는 점을 전제로 하고 있지만, 비밀보장과 타 클라이언트 보호의 의무가 모두 고려되어야 하기 때문에 두 윤리적 의무 중 어느 것을 중시할 것인가는 사례에 대한 구체적인 윤리적 의사결정을 통해 판단되어야 한다.

제3단계

윤리적 결정에 의해 영향을 받을 수 있는 개인, 집단, 조직을 확인한다.

이 경우 관련된 개인, 집단, 조직은 남편, 부인, 사회복지사라고 할 수 있다. 남편은 현재 사회복지사에게 가족상담을 제공받고 있는 클라이언트로 도박을 재개하고 있고 약물에도 다시 손을 대려는 유혹을 느껴 가족체계의 건강성을 해치고 부인에게도 위험한 상황을 초래할 가능성이 있는 주체다. 부인은 현재 가족체계를 지지하는 주요 주체로서 남편의 도박과 약물 재개 사실을 모르게 된다면 가족체계를 유지하기 위한 적절한 조치나 자신의 행복추구권 행사 기회가 제한될 위험에 처해 있다. 사회복지사는 어떤 윤리적 선택과 판단을 하는가에 따라 추후 전문적 실천행위에 따른 도덕적 · 법적 책임을 질 수 있다.

제4단계

상충하는 가치와 의무를 각각 반영하는 상이한 실천적인 대안을 제시한다.

이 사례의 상충하는 가치와 의무는 개인의 자유의 가치에서 도출된 비밀보장의 윤리적 의무와 사회정의의 가치에서 도출된 공공의 복지, 즉 집단세팅 내 타 클라이언트 보호의 윤리적 의무다. 이 각각의 가치와 의무를 반영하는 상이한 실천적인 대안으로는 비밀보장을 고수하는 방안과 가족체계에 끼칠 부정적인 영향과 부인의 행복추구권 침해의 위해를 방지하기 위해 부인에게 고지함으로써 적절한 조치를 취할 수 있는 기회를 제공하는 방안이 있다.

제5단계

윤리적 사정을 실시한다.

(1) 규범윤리학, 즉 규칙의무론, 행위공리주의, 규칙공리주의를 적용해 분석한다.

① 규칙의무론을 적용해 상충하는 가치와 의무 중의 우선순위를 정한다. 돌고프, 로웬버그와 해링턴(Dolgoff, Loewenberg, & Harrington)의 윤리적 원칙심사(EPS)와 리머(Reamer)의 윤리적 의사결정의 지침을 활용한다.

돌고프, 로웬버그와 해링턴의 윤리적 원칙심사(EPS)를 적용하면, 부인의 삶의 질이 남편의 사생활과 비밀보장에 우선하는 경우라고 볼 수 있다. 사회구성원이라면 누구나 자신과 관련된 정보를 정당하게 제공받고 개인의 행복과 사회질서 유지의 제1선의 기능을 담당하는 가족체계의 유지를 위한 적절한 기회를 보장받아야 할 권리가 있다. 이는 건강한 가족체계 유지와 부인의 행복추구권을 위해할 가능성이 높은 남편의 사생활과 비밀보장의 원칙에 우선한다고 보는 것이다. 리머의 윤리적 의사결정의 지침을 적용하면, 인간활동에 필수적인 전제조건들인 기본재가 불감재에 비해 중시된다. 가족체계 유지와 안정적인 결혼생활 유지를 위한 부인의 개인적 권리보장은 기본재에 해당하고, 남편의 비밀보장은 불감재에 해당한다. 나아가 부인의 기본적인 복지권은 남편의 자기의사결정권에 우선한다. 현재 가족체계 유지와 개인의 행복추구권이 침해될 위험에 노출되어 있는 부인의 기본적인 복지권은 개인적 자유의 가치에서 도출된 남편의 자기의사결정권에 우선하는 것이다.

② 행위공리주의와 규칙공리주의를 적용해 분석한다. 이때 제3단계에서 확인한 윤리적 결정에 의해 영향을 받을 수 있는 개인, 집단, 조직을 반영한다.

행위공리주의를 적용해 분석하면, 타 클라이언트 보호조치가 더 유용성을 가져다주는 선택이라고 생각된다. 비밀보장을 하게 되면, 남편은 도박과 약물을 재개해 스스로에게도 위해를 가할 가능성이 높고, 부인은 그 예후를 미리 알고 예방적 조치를 취할 기회를 갖지 못하게 되어 가족체계의 유지에 매우 부정적인 상황에 갑자기 노출되게 되고, 개인적으로도 행복추구권이 심각하게 침해될 것이다. 사회복지사는 위험 발생을 방지하지 않음으로써 사회복지전문직 내에서 제재를 당하고 처벌받을 가능성이 있다. 반면, 타 클라이언트 보호를 위해 부인에게 고지하는 조치를 취할 경우, 남편은 가족체계 유지를 위해 주도적인 역할을 하는 부인의 노력 결과 단박 · 단약 치료 등 적절한 조치를 통해 문제가 개선될 가능성이 어느 정도 있고, 부인은 가족체계 유지를 위한 적극적인 조치의 기회를 보장받고, 나아가 그 성공 여부를 포함해 어떤 방향이든 개인의 행복추구권을 보장하기 위해 적극적으로 삶의 주도성을 확보하게 될 것이다. 사회복지사도 책임 있는 조치를 취했으므로 도덕적 · 법적 조치를 받지 않게 될 것이다.

규칙공리주의를 적용하면, 역시 타 클라이언트 보호조치가 더 많은 유용성을 가져다주는 선택이라 생각된다. 이와 유사한 사례에서 장기적으로 모든 사회복지사가 비밀보장을 규칙으로 삼는다면, 문제가 있거나 문제의 예후가 있는 가족상담의 경우 향후 가족체계의 유지에 주요 역할을 담당해야 할 특정 구성원의 피해가 지속적으로 양산되고 위험방지의무를 이행하지 않은 모든 사회복지사는 처벌받을 것이다. 가족상담은 가족체계 유지에 주된 기여를 할 가족구성원의 역할이 결정적이라는 점을 고려할 때 이들이 가족체계와 자신에게 닥칠 수 있는 위험을 방치하는 사회복지사에 대한 신뢰를 철회하게 되어 가족상담 자체를 회피하게 되고, 나아가 사회복지전문직에 대한 사회적 신뢰가 훼손되는 결과를 초래할 것이다. 반면, 모든 사회복지사가 가족상담 시 가족체계를 보호하고 가족상담에 참여하는 모든 클라이언트에게 행복추구권을 평등하게 보장하는 책임 있는 조치를 취한다면, 가족상담의 개입효과가 제고되어 가족상담이 활성화되고 사회복지전문직에 대한 사회적 신뢰는 고양될 것이다.

(2) 윤리강령, 관련 법률, 사회복지실천 이론을 적용해 본다.

미국사회복지사협회(NASW) 윤리강령 1.07은 비밀보장과 그 제한에 대한 사항을 명시하고 있다. ⓒ는 사례에 따라 클라이언트가 자신이나 타인에 대해 심각하고 예측 가능하며, 즉각적인 위해를 방지하기 위해서는 비밀보장을 제한할 수 있도록 명시하고 있다. 따라서 사회복지사는 이 사례가 이 조항에 적용되는 경우인지 판단해야 한다. 여기에서는 타 클라이언트에 대한 위해 가능성이 있는 경우로 간주한다. ⓕ에 의하면, 가족, 부부, 집단에 대해 상담서비스를 제공할 때 사회복지사는 개인의 비밀보장 권리나 타인과 공유하는 정보의 비밀보장의 의무에 관해 당사자들 간의 합의를 구해야 한다. 사회복지사는 가족, 부부, 집단상담에 참여한 사람들 개개인에 대해 그러한 합의의 이행이 완전히 보장될 수 없음을 전원에게 알려야 한다. 또한 ⑧에 의하면, 사회복지사는 가족, 부부, 결혼, 집단상담에 참여한 클라이언트에게 상담 참가자들 간의 비밀정보 공개에 관한 사회복지사, 고용주 및 기관의 정책을 알려야 한다.

관련법을 적용해 분석하면, 가족상담의 경우 집단세팅 참여자는 모두 클라이언트이기 때문에 사회복지 관련법의 비밀보장 관련 조항이 적용되지 않는다. 반면, 「형법」 제18조(부작위범)는 위험의 발생을 방지할 의무가 있거나 자기의 행위로 인해 위험 발생의 원인을 야기한 자가 그 위험 발생을 방지하지 않은 때는 그 발생한 결과에 의해 처벌하도록 하고 있다. 나아가 공무담임자가 위험 발생 가능성을 구체적으로 인지했음에 불구하고 위험방지조치를 소홀히 할 때에는 작위(作爲)의무 위반 혐의로 처벌받을 수 있도록 하고 있다. 구체적으로 「형법」 제122조(직무유기)는 공무원이 정당한 이유 없이 그 직무수행을 거부하거나 그 직무를 유기한 때에는 1년 이하의 징역이나 금고 또는 3년 이하의 자격정지에 처하도록 하고 있다. 여기서 공무원의 범위는 법령에 따라 공무에 종사하는 사람과 공무집행을 위탁받은 사인(私人)을 포함한다. 또 「민법」 제750조(불법행위의 내용)는 고의 또는 과실로 인한 위법행위로 인해 타인에게 손해를 가한 자는 그 손해를 배상할 책임이 있다고 명시하고 있다.

사회복지실천 이론을 적용해도 이 경우는 남편의 요청대로 부인에 대해 비밀보장을 할 경우 가족체계의 유지에도 매우 부정적인 영향을 미칠 것으로 보인다. 이에 실제 윤리적 사정을 할 때에는 **증거기반실천**에 입각해 가족복지 및 체계이론과 관련된 이론과 모델을 적용하고, 선행 사례를 인용해 현 상황에서 비밀보장조치를 취하면 가족체계와 부인, 나아가 남편에게까지 위험의 발생 가능성이 존재한다는 점을 논리적으로 제시해야 한다.

(3) 선택할 수 있는 상이한 실천적인 대안 중 최소한 해악의 원칙에 저촉되는 경우가 있는지 확인한다.

이 사례의 경우, 부인에게 고지하는 조치를 취하면 남편의 문제도 개선되고 가족체계도 유지될 가능성이 있고 부인의 행복추구권도 확보될 것으로 보인다. 비밀보장을 하게 되면 남편은 도박과 약물을 재개해 본인에게 치명적인 위험이 발생하고 부인이 가족체계 유지를 위한 역할을 할 수 있는 기회가 차단됨으로써 가족체계의 해체와 부인의 행복추구권 침해로 인한 위험까지 발생할 것으로 우려된다. 사회복지사도 위험방지의무를 이행하지 않아 사회복지전문직 내의 제재와 함께 처벌받을 가능성이 있다. 따라서 비밀보장조치는 남편, 부인, 가족체계, 나아가 사회복지사에게 해악을 끼쳐 최소한 해악의 원칙에 저촉될 가능성이 높다.

(4) 규범윤리학, 윤리강령, 관련 법률, 사회복지실천 이론, 최소한 해악의 원칙을 적용한 분석결과를 종합한다.

규범윤리학을 적용한 결과, 규칙의무론, 행위공리주의, 규칙공리주의에서는 모두 비밀보장보다 타 클라이언트 보호를 도덕적으로 바람직한 선택이라고 판단하고 있다. 윤리강령에서는 부부 등 집단세팅에서는 어느 한 클라이언트의 비밀을 배타적으로 보호할 수 없고 본인이나 타 클라이언트에게 위해가 발생할 가능성이 있을 때 사례에 따라 비밀보장을 제한할 수 있도록 하고 있다. 또한 위험발생방지 의무를 명시한 「형법」과 「민법」의 관련 조항에도 저촉된다. 사회복지실천 이론을 적용해도 비밀보장을 하게 되면 가족체계에 부정적인 영향을 끼칠 것으로 판단된다. 최소한 해악의 원칙을 검토한 결과도 비밀보장으로 인해 남편, 부인, 가족체계, 사회복지사에게 위험이 발생할 가능성이 있어 비밀보장은 회피해야 할 해악으로 생각된다.

(5) 분석결과의 종합을 바탕으로 상이한 실천적 대안 중에서 잠정적으로 선택한다.

이와 같은 검토 결과, 비밀보장보다는 타 클라이언트 보호를 위해 부인에게 고지하는 조치를 잠정적인 실천적 대안으로 채택한다.

제6단계

관련 가치들 간의 상충과 규범윤리학 내의 불일치를 해결할 수 있는 예방적인 조치가 가능한지 검토하고 시행한다. 첫째, 관련 가치들 간의 상충에서는 사회복지사의 개인적 가치의 반영 가능성을 통제하고 특별히 클라이언트의 가치를 고려하는 방안을 강구한다. 둘째, 규범윤리학 내의 불일치에서는 규칙의무론과 행위 및 규칙공리주의, 행위공리주의와 규칙공리주의가 상충될 때 최종적인 윤리적 판단의 지침이 현실적으로 부재하다는 점을 고려해 예방적인 조치를 강구한다.

이 사례의 경우 규범윤리학 내의 불일치는 존재하지 않는다. 그러나 비밀보장을 원하는 클라이언트의 가치가 잠정적인 대안인 부인에 대한 고지조치와 상충되어 사회복지사가 부인에게 고지하는 조치를 취할 경우 사회복지사와 남편 간의 신뢰관계가 훼손되어 치료에 좋지 않은 영향을 끼칠 가능성이 있다. 따라서 최종적인 선택 이전에 예방적인 조치로 남편에 대한 단박 · 단약 치료 등을 통해 위험한 상황을 감소시킬 수 있는 가능성을 탐색해 볼 수도 있다. 만일 이 경우 위험관리 가능성이 높지 않다면 더 큰 해악을 방지하기 위해 적절하고도 신속한 판단을 내려야 한다.

제7단계

제5단계의 잠정적인 선택을 바탕으로 제6단계의 결과를 반영해 최종적인 선택을 실시하고 세부적인 실천계획을 수립한다.

만일 남편에 대한 치료를 통해 위해방지 가능성이 억제되어 위험관리가 가능해진다면 윤리적 딜레마는 해소되고 부인에게 고지하는 조치를 선택할 필요가 없어질 수 있다. 그러나 그 가능성은 높지 않아 보인다. 따라서 예방적 개입의 효과를 기대하기 어려울 경우 부득이 제5단계에서 잠정적으로 선택한 실천적 대안대로 타 클라이언트 보호를 위해 부인에게 고지하는 조치를 최종적인 실천적 대안으로 채택하고 남편에 대한 단박 · 단약 치료, 가족체계 강화, 부인의 행복추구권 보장을 위한 세부적인 실천계획을 함께 수립한다.

제8단계

동료나 관계된 전문가들(슈퍼바이저, 기관행정가, 변호사, 윤리학자 등)의 자문을 얻는다.

제9단계

최종적으로 의사결정을 하고 결정과정을 기록한다.

3. 미성년 클라이언트 비밀보장의 쟁점이 발생하는 경우

1) 사례 내용

홍○○은 고등학교 2학년에 재학 중인 만 17세의 남학생이다. 그는 태어날 때 누구인지 알 수 없는 부모로부터 방임되어 시설에서 성장했는데, 초등학교 2학년 때 국내 가정에 입양되었고, 그때부터 현재의 양부모, 이복 누나와 살고 있다. 양부모는 홍○○이 어렸을 때는 사업이 번창해 비교적 유복했지만 사업이 망한 뒤로는 현재 조그마한 자영업을 하고 있다.

가정형편이 어려워지자 양부모 가족은 잦은 부부싸움을 하고 경제적 곤궁함 때문에 고통을 겪고 있다. 이복 누나가 잘 돌보아 주어서 현재까지 지내고 있는 형편인데, 중학교 3학년 때 공원에서 음주와 흡연을 하다 생활지도교사에게 적발되어 정학처분을 받을 때 양부모로부터 심하게 꾸지람을 들은 바 있다. 양부모는 입양 사실이 후회된다며 한 번 더 걸리면 파양시키겠다고 경고했다. 그 후 홍○○은 친부모는 양부모와는 다른 사람들일 것 같아 친부모를 찾고 싶은 마음이 굴뚝같았고, 친부모를 찾기 위해서는 자신이 똑바로 커야 한다는 생각에 청소년약물치료센터에 다니며 단주 · 금연훈련을 받았고, 지난 1년 정도 술과 담배를 일절 하지 않았다.

그런데 작년 말부터 홍○○은 학교를 중퇴한 선배들과 어울리다가 한 여학생을 만나 깊은 사이가 되었고, 그 여학생은 자신과의 사이에서 원치 않는 임신을 해 낙태를 한 적도 있다. 그 여학생은 상습적으로 본드를 흡입하고 있다. 홍○○도 그 여학생과 어울리다 본드를 흡입하고 다시 술과 담배에 손을 대기 시작했다. 그런데 이 사실을 눈치챈 양부모가 의심을 하기 시작했다.

고민 끝에 홍○○은 학교사회복지사 김○○을 찾아왔고 이들은 단주 · 단약 · 금연 프로그램을 3개월 정도 진행해 상태가 상당히 호전되어 가고 있었다. 특히 홍○○은 이제 좀 더 나아지면 공부도 열심히 해 대학에 가서 어엿한 사회인이 되면 친부모도 찾고 싶은 꿈에 부풀어 있다. 그런데 양부모는 흥분한 상태에서 담임교사의 눈치가 홍○○이 뭔가 잘못을 저지른 것 같다며 질책하면서 학교사회복지사 김○○에게 친권자인 자신들에게 사실대로 말해 줄 것을 요구했다. 사회복지사 김○○은 이 사실을 알렸을 때 홍○○이 당할 고통과 당장의 치료관계를 해할 위험에 대해 걱정하고 있다.

2) 윤리적 의사결정의 지침

〈표 11-3〉 윤리적 의사결정 지침의 개요: 미성년 클라이언트 비밀보장의 쟁점이 발생하는 경우

1. 윤리적 쟁점 확인		비밀보장 vs 부모의 알권리 보장
2. 관련 가치의 확인		비밀보장(개인/c't), 부모의 알권리 보장(사회), 불확실(전문직)
3. 관련 개인 · 집단 · 조직 확인		c't, 부모
4. 상이한 실천적 대안 제시		비밀보장 vs 부모의 알권리 보장
5. 윤리적 사정	(1) 규범윤리학 적용	
	① 규칙의무론 적용	
	- 돌고프, 로웬버그와 해링턴	최소한 해악/삶의 질 > 진실성과 완전공개
	- 리머	기본재 > 불감재, 개인의 복지권 > 타인의 자기의사결정권
	②-1 행위공리주의 적용	비밀보장 > 부모의 알권리 보장
	②-2 규칙공리주의 적용	비밀보장 > 부모의 알권리 보장
	(2) 윤리강령 · 법률 · 이론 적용	
	- 윤리강령 적용	1.07ⓑ/윤리기준 8
	- 관련 법률 적용	사회복지사업법 < 민법, 아동복지법/청소년복지지원법/가정폭력범죄의 처벌 등에 관한 특례법/민법
	- 사회복지실천 이론 적용	현 상황에서 클라이언트에 대한 위해 가능성 존재
	(3) 최소한 해악의 원칙 확인	부모의 알권리 보장이 해당될 가능성 있음
	(4) (1), (2), (3) 결과 종합	비밀보장 > 부모의 알권리 보장
	(5) 실천적 대안 잠정선택	비밀보장 > 부모의 알권리 보장
6. 예방적 조치 검토 및 시행		가족체계에 대한 개입
- 관련 가치 간의 상충		있음
- 규범윤리학 내 불일치		없음
7. 최종 선택 및 세부 실천계획 수립 → 8. 자문 → 9. 최종 의사결정 및 결정과정 기록		

제1단계

윤리적 쟁점에 대해 상충되는 가치와 의무를 확인한다.

이 사례는 단주 · 단약 · 금연 프로그램에 참여해 상태가 호전되고 있는 청소년 클라이언트에 대해 친권자인 양부모가 알권리 보장을 요구해 윤리적 딜레마가 발생하였다고 볼 수 있다. 경제적 어려움을 겪고 있는 양부모는 자녀에 대한 지지적 개입보다는 부정적인 영향을 끼칠 가능성이 큰 상황이다. 비밀보장은 개인 자유의 주요 가치에서 도출된 윤리적 원칙이지만, 양부모 또한 친권자로서 알권리를 보장받기를 원하고 있어 신중한 윤리적 판단이 요구되는 상황이다.

제2단계

사례와 관련해 전문직 가치, 클라이언트의 가치, 사회적 가치, 사회복지사의 개인적 가치를 확인한다.

먼저, 사회복지사 개인은 부모의 부정적인 개입으로 인해 치료의 효과를 거두고 있는 청소년 클라이언트에게 위험이 발생할 것을 우려하고 있다. 클라이언트는 비밀보장을 요청하고 있다. 반면, 사회적 가치는 뒤에서 살펴볼 「민법」의 친권자 규정에서 보듯이 일반적으로 친권자의 알권리를 중시한다고 생각된다. 그런데 전문직 가치는 이 경우에 적용할 만한 명문화된 지침을 갖고 있지는 않아 불확정적이라고 생각된다. 따라서 양부모의 비지지적 관여로 인한 청소년 클라이언트의 위해방지를 위해 비밀보장이 중시되어야 하는가 아니면 친권자인 부모의 알권리를 보장해야 하는가는 사례에 대한 구체적인 윤리적 의사결정을 통해 판단되어야 한다.

제3단계

윤리적 결정에 의해 영향을 받을 수 있는 개인, 집단, 조직을 확인한다.

이 경우 관련된 개인, 집단, 조직은 클라이언트와 양부모라 할 수 있다. 클라이언트는 현재 단주 · 단약 · 금연 프로그램에 참여하며 성장기의 인생과업을 성공적으로 수행할 역량을 갖출 수 있는 가능성이 높은데, 아직 독립적인 삶을 영위할 기반을 갖추지 못한 상태에서 비지지적인 양부모가 부적절한 개입을 한다면 위험을 초래할 가능성이 있다.

양부모는 친권자로서 알권리를 갖고 있지만 경제적인 어려움을 겪고 있고, 청소년 클라이언트에 대해 부정적인 선입견을 갖고 있어 비지지적 관여의 가능성이 있다.

제4단계

상충하는 가치와 의무를 각각 반영하는 상이한 실천적인 대안을 제시한다.

이 사례의 상충하는 가치와 의무는 비밀보장의 의무와 친권자인 양부모의 알권리를 보장해야 하는 의무라고 할 수 있다. 비밀보장은 개인 자유의 주요 가치에서 도출된 윤리적 원칙이지만, 양부모 또한 친권자로서 알권리를 보장받기를 원하고 있는 것이다. 이 각각의 가치와 의무를 반영하는 상이한 실천적인 대안으로는 청소년 클라이언트에게 닥칠 위험을 방지하고 치료효과를 거두기 위해 청소년 클라이언트의 비밀을 보장하는 방안과 친권자인 부모의 알권리를 보장해 부모에게 고지하는 방안이 있다.

제5단계

윤리적 사정을 실시한다.

(1) 규범윤리학, 즉 규칙의무론, 행위공리주의, 규칙공리주의를 적용해 분석한다.

① 규칙의무론을 적용해 상충하는 가치와 의무 중의 우선순위를 정한다. 돌고프, 로웬버그와 해링턴(Dolgoff, Loewenberg, & Harrington)의 윤리적 원칙심사(EPS)와 리머(Reamer)의 윤리적 의사결정의 지침을 활용한다.

돌고프, 로웬버그와 해링턴의 윤리적 원칙심사(EPS)를 적용하면, 최소한 해악의 원칙이나 삶의 질의 원칙이 진실성과 완전공개의 원칙에 우선하는 경우라고 볼 수 있다. 청소년 클라이언트의 위해를 방지하고 청소년기의 인생과업을 성공적으로 수행할 수 있게 보장하는 최소한 해악의 원칙과 삶의 질의 원칙은 친권자인 부모의 알권리에 따른 진실성과 완전공개의 원칙에 우선한다고 볼 수 있다. 리머의 윤리적 의사결정의 지침을 적용하면, 기본재가 불감재보다 우선되고, 청소년 클라이언트 개인의 복지권이 양부모의 자기의사결정권보다 중시되는 경우라 볼 수 있다. 위험으로부터의 보호는 기본재에 해당하고, 양부모의 알권리는 불감재에 해당한다. 위험에 노출될 가능성이 있는 청소년 클라이언트의 기본적인 복지권은 이를 침해할 양부모의 자기의사결정권에 우선하는 것이다.

② 행위공리주의와 규칙공리주의를 적용해 분석한다. 이때 제3단계에서 확인한 윤리적 결정에 의해 영향을 받을 수 있는 개인, 집단, 조직을 반영한다.

행위공리주의를 적용해 분석하면, 비밀보장이 부모의 알권리 보장보다 더 유용성을 가져다주는 선택이라고 생각된다. 비밀보장을 하게 되면, 청소년 클라이언트는 현재 사회복지사와의 신뢰관계가 공고해지고 치료관계가 지속되어 정상적인 삶을 영위할 수 있는, 성장기의 과업을 완수할 수 있는 기회가 제공될 것이다. 또한 양부모는 청소년 클라이언트의 과거 비행을 알지 못하게 되어 최소한 현재의 가족관계를 유지하게 되고 향후 청소년 클라이언트가 정상적으로 성장한다면 가족관계가 공고해질 수 있는 기회를 얻을 수 있다. 그러나 양부모의 알권리 보장을 위해 청소년 클라이언트의 비행에 대해 고지하게 된다면, 사회복지사와 청소년 클라이언트 간의 신뢰관계는 훼손되어 치료효과를 거두지 못하게 될 것이고, 아직 독립적인 삶의 기반을 갖추지 못한 청소년 클라이언트는 입양이 파양될 위험에 처할 우려가 있다. 나아가 양부모에게 학대를 당할 가능성도 무시할 수 없다. 양부모는 궁극적으로 청소년 클라이언트와 오랜 가족관계를 단절하고 어려움에 처하게 하는 부적절한 관여를 하게 되고, 청소년 클라이언트를 학대할 가능성이 있어 자신들의 삶에도 큰 상처로 남을 수 있다.

규칙공리주의를 적용하면, 역시 청소년 클라이언트의 비밀보장이 더 많은 유용성을 가져다주는 선택이라 생각된다. 이 경우 청소년 클라이언트가 치료효과를 거두고 있고 건강하게 성장할 가능성이 높은 상황이다. 청소년 클라이언트가 자신이나 제3자에게 위해를 가할 가능성이 거의 없는 이와 유사한 사례에서 장기적으로 모든 사회복지사가 부모에게 과거의 비행을 고지한다면, 청소년 클라이언트는 입양의 파양 같은 위해와 나아가 학대를 당할 가능성이 있고, 부모의 비지지적인 관여로 가족체계가 왜곡되고 부모로서의 삶에도 상처를 입게 된다. 나아가 비행 경계에 있는 많은 청소년은 비밀을 보장해 주지 않는 사회복지사를 신뢰하지 않으려 할 것이기 때문에 사회복지사에 대한 심리적 접근성이 제약되어 현재의 문제 상황이 방치되고 개선의 기회를 제공받지 못할 것이며, 사회복지전문직에 대한 사회적 신뢰가 훼손될 것이다. 반면, 청소년 클라이언트가 현재 자신이나 제3자에게 위해를 가할 가능성이 없는 한 과거에 비행에 대해 비밀을 철저히 보장하고 전문적인 도움을 제공한다면, 사회복지전문직에 대한 신뢰가 제고되어 잠재적인 청소년 클라이언트의 참여가 활발해져 삶의 기회를 제공하는 효과를 거둘 수 있다. 또한 사회복지전문직에 대한 사회적 신뢰가 고양될 것이다. 아동·청소년과 관계하는 사회복지사는 비밀정보의 공개로 인해 원조관계의 훼손과 클라이언트의 손실이 매우 크다는 점을 고려해야 한다. 이 때문에 일반적으로 청소년 클라이언트와 공유하고 있는 정보는 자기 자신이나 다른 사람을 해칠 위험이 없는 한 비밀로 지켜질 수 있다는 실천적 원칙을 받아들인다.

(2) 윤리강령, 관련 법률, 사회복지실천 이론을 적용해 본다.

미국사회복지사협회(NASW) 윤리강령 1.07 사생활과 비밀보장 ⓑ는 사회복지사는 클라이언트나 클라이언트를 대신해 동의를 표하는 법적으로 권한을 인정받은 사람으로부터 유효한 동의를 얻었을 경우에만 비밀정보를 공개할 수 있다고 명시하고 있다. 반면, 미국사회복지사협회(NASW)의 청소년복지 분야에서의 사회복지실천을 위한 윤리기준 8은 청소년의 사생활과 비밀보장을 위해 적절한 안전장치를 유지할 것을 제시하고 있다. 따라서 청소년 클라이언트가 본인이나 제3자에게 위해를 가할 잠재적인 가능성 여부에 따라 친권자에게 알권리를 보장할 것인지, 아니면 청소년 클라이언트의 비밀을 보장할 것인지에 관한 일관된 규정은 없다. 따라서 사회복지사는 모든 사례마다 신중하게 윤리적 의사결정을 해야 한다. 이 경우는 청소년 클라이언트가 본인이나 제3자에게 위해를 가할 잠재적인 가능성이 거의 없다고 간주한다.

관련법을 적용해 분석하면, 우선 「사회복지사업법」의 비밀보장 관련 조항이 적용된다. 「사회복지사업법」 제47조(비밀누설의 금지)는 사회복지사업 또는 사회복지업무에 종사했거나 종사하는 자는 그 업무수행의 과정에서 알게 된 다른 사람의 비밀을 누설해서는 안 된다고 하고 있다. 그러나 「민법」 제909조(친권자) ①은 부모는 미성년자인 자녀의 친권자가 된다고 하고, 제913조(보호, 교양의 권리의무)는 친권자는 자녀를 보호하고 교양할 권리와 의무가 있다고 되어 있어 친권자인 부모의 알권리를 보장하고 있다. 나아가 「민법」 제914조(거소지정권)는 미성년자는 친권자의 지정한 장소에 거주해야 한다고 하고, 제915조(징계권)는 친권자는 자녀를 보호 또는 교양하기 위해 필요한 징계를 할 수 있고 법원의 허가를 얻어 감화 또는 교정기관에 위탁할 수 있다고 되어 있으며, 제916조(자의 특유재산과 그 관리)는 자가 자기의 명의로 취득한 재산에 대해서도 그 특유재산으로 하고 법정대리인인 친권자가 이를 관리한다고 하고 있다.

한편, 「아동복지법」 제5조(보호자 등의 책무) ①은 만 18세 미만 아동의 보호자는 아동을 가정에서 그의 성장 시기에 맞추어 건강하고 안전하게 양육해야 한다고 하고, ②는 아동의 보호자는 아동에게 신체적 고통이나 폭언 등의 정신적 고통을 가해서는 아니 된다고 하고 있다. 「가정폭력범죄의 처벌 등에 관한 특례법」 제4조(신고의무 등) ②는 아동의 교육과 보호를 담당하는 기관의 종사자와 그 기관장은 직무를 수행하면서 가정폭력범죄를 알게 된 경우에는 정당한 사유가 없으면 즉시 수사기관에 신고해야 한다고 하고 있다. 나아가 「청소년복지지원법」 제14조(위기청소년 특별지원)는 국가 및 지방자치단체는 위기청소년에게 생활지원, 학업지원, 의료지원, 직업훈련지원, 청소년활동지원 등 필요한 사회적 · 경제적 지원을 할 수 있도록 하고 있다.[2)]

또한 「아동복지법」 제18조(친권상실 선고의 청구 등) ①은 시 · 도지사, 시 · 군 · 구청장 또는 검사는 아동의 친권자가 그 친권을 남용하거나 현저한 비행이나 아동학대, 그 밖에 친권을 행사할 수 없는 중대한 사유가 있는 것을 발견한 경우 아동의 복지를 위해 필요하다고 인정할 때에는 법원에 친권행사의 제한 또는 친권상실의 선고를 청구해야 한다고 하고, ②는 아동복지전담기관의 장, 아동복지시설의 장 및 학교의 장은 ①항에 해당하는 경우 시 · 도지사, 시 · 군 · 구청장 또는 검사에게 법원에 친권행사의 제한 또는 친권상실의 선고를 청구하도록 요청할 수 있다. ③은 시 · 도지사, 시 · 군 · 구청장 또는 검사는 친권행사의 제한 또는 친권상실의 선고 청구를 할 경우 해당 아동의 의견을 존중해야 한다고 하고 있다. 이에 대해, 「민법」 제924조(친권의 상실 또는 일시 정지의 선고) ①은 가정법원은 부모가 친권을 남용해 자녀의 복리를 현저히 해치거나 해칠 우려가 있는 경우에는 자녀, 자녀의 친족, 검사 또는 지방자치단체 장의 청구에 의해 그 친권의 상실 또는 일시 정지를 선고할 수 있다고 하고, 제924조의2(친권의 일부 제한의 선고)는 가정법원은 거소의 지정이나 징계, 그 밖의 신상에 관한 결정 등 특정한 사항에 관해 친권자가 친권을 행사하는 것이 곤란하거나 부적당한 사유가 있어 자녀의 복리를 해치거나 해칠 우려가 있는 경우에는 자녀, 자녀의 친족, 검사 또는 지방자치단체 장의 청구에 의해 구체적인 범위를 정해 친권의 일부 제한을 선고할 수 있다고 하고 있다.

사회복지실천 이론을 적용하면 친권자인 양부모에게 알권리를 보장할 경우 청소년 클라이언트에 대해 위해를 줄 가능성이 있는 것으로 판단할 수 있다. 실제 윤리적 사정을 할 때에는 **증거기반실천**에 입각해 입양된 아동이 청소년기에 겪는 정체성에 대한 혼란, 가족체계에 있어서의 부모, 특히 양부모의 비지지적 관여로 인해 청소년이 겪는 어려움과 입양의 파양 위험 등에 대해 관련된 이론과 모델을 적용하고, 선행 사례를 인용해 이

---

2) 아동학대 개입절차 및 사법처리절차에 대해서는 아동권리보장원 홈페이지(http://www.ncrc.or.kr) 참조.

와 같은 경우 위험 발생 가능성이 존재한다는 점을 논리적으로 제시해야 한다.

(3) 선택할 수 있는 상이한 실천적인 대안 중 최소한 해악의 원칙에 저촉되는 경우가 있는지 확인한다.

이 사례의 경우, 청소년 클라이언트의 비밀을 보장하게 되면 청소년 클라이언트와 양부모 모두에게 부정적인 영향을 끼치지는 않는다고 볼 수 있다. 반면, 친권자인 양부모의 알권리를 보장해 양부모에게 청소년 클라이언트의 과거 비행에 대해 모두 고지한다면 위해를 초래할 수 있을 것이다. 이제 원조관계가 지속되기 어려워 치료의 효과를 거두지 못할 것이고, 독립적인 삶의 기반이 취약한 청소년 클라이언트는 입양이 파양되어 상당한 위험에 노출되거나, 나아가 양부모에게 학대를 당할 가능성도 있다. 따라서 친권자인 양부모의 알권리를 보장해 고지하게 되면 청소년 클라이언트에게 최소한 해악의 원칙이 저촉될 가능성이 있어 신중한 검토가 필요하다.

(4) 규범윤리학, 윤리강령, 관련 법률, 사회복지실천 이론, 최소한 해악의 원칙을 적용한 분석결과를 종합한다.

규범윤리학을 적용한 결과, 규칙의무론, 행위공리주의, 규칙공리주의에서는 모두 양부모의 알권리 보장보다 청소년 클라이언트의 비밀보장이 도덕적으로 바람직한 선택이라고 판단하고 있다. 윤리강령에서는 후견권자의 동의하에 클라이언트의 비밀정보를 공개할 수 있도록 하고 있지만, 청소년복지 분야에서의 사회복지실천을 위한 윤리기준은 청소년의 사생활과 비밀보장을 유지할 것을 제시하고 있다. 이 경우는 본인이나 제3자에 대한 잠재적 위해 가능성이 거의 없어 비밀보장이 권장되고, 관련 법률은 「사회복지사업법」에서의 비밀보장의 의무를 명시하고 있지만 「민법」은 친권자는 자녀를 보호하고 교양할 권리와 의무가 있다고 되어 있어 친권자인 부모의 알권리를 보장하고 있다. 반면, 아동학대의 경우 사회복지사의 신고의무를 명시하고 있고, 시 · 도지사와 시 · 군 · 구청장은 위기청소년은 긴급보호조치를 취하고 자녀를 학대하는 부모는 법원의 명령에 따라 친권을 상실하거나 일시정지 혹은 일부 제한하는 조치를 취하도록 하고 있다. 사회복지실천 이론을 적용하면 가족체계가 비지지적인 현 상황에서 양부모에게 고지한다면 부정적인 결과를 초래할 것으로 우려한다. 최소한 해악의 원칙을 검토한 결과도 양부모에게 고지하면 입양의 파양, 나아가 청소년 클라이언트의 학대 같은 위해의 가능성이 있어 신중한 검토가 요구된다.

(5) 분석결과의 종합을 바탕으로 상이한 실천적 대안 중에서 잠정적으로 선택한다.

이와 같은 검토 결과, 일단 규범윤리학과 사회복지실천 이론의 논의 결과에 따라 양부모의 알권리 보장을 위한 고지보다는 청소년 클라이언트의 비밀보장이 잠정적인 실천적 대안으로 권장된다. 한편, 법률적 검토 결과에 따르면 친권자인 양부모의 알권리를 보장해야 하지만, 입양이 파양되어 정상적인 가족관계의 유지를 기대할 수 없는 가운데 청소년 클라이언트의 학대가 우려될 경우 신고조치와 함께 긴급보호조치를 취하고 친권행사를 제한하는 법률적 조치를 취할 수 있도록 한 해당 법률에 따라 제6단계의 예방적인 조치 결과를 검토해 최종 판단을 하도록 한다.

제6단계

관련 가치들 간의 상충과 규범윤리학 내의 불일치를 해결할 수 있는 예방적인 조치가 가능한지 검토하고 시행한다. 첫째, 관련 가치들 간의 상충에서는 사회복지사의 개인적 가치의 반영 가능성을 통제하고 특별히 클라이언트의 가치를 고려하는 방안을 강구한다. 둘째, 규범윤리학 내의 불일치에서는 규칙의무론과 행위 및 규칙공리주의, 행위공리주의와 규칙공리주의가 상충될 때 최종적인 윤리적 판단의 지침이 현실적으로 부재하다는 점을 고려해 예방적인 조치를 강구한다.

이 사례의 경우 규범윤리학 내의 불일치는 존재하지 않는다. 그러나 청소년 클라이언트는 비밀보장을 원하나 부모의 친권을 우선시하는 사회통념상 청소년 클라이언트의 과거 비행에 대해 알권리를 행사하려는 양부모의 주장을 고려하지 않을 수 없는 현실적인 어려움이 있다. 한편, 전문직 가치는 이에 대해 구체적인 기준을 제시하지 않고 있다. 만일 지금까지의 윤리적 사정 결과를 바탕으로 청소년 클라이언트의 비밀보장 조치를 고수한다면, 양부모는 알권리 침해를 이유로 문제제기를 할 것으로 우려된다. 따라서 청소년 클라이언트에 대한 치료적 개입을 지속하는 한편, 최종적인 선택 이전에 예방적인 조치로서 양부모의 지지적 역할이 가능하도록 가족체계에 적극적으로 개입하는 조치를 강구할 필요가 있다. 이를 통해 위험을 감소시킬 수 있는지 판단하고 시행한다.

제7단계

제5단계의 잠정적인 선택을 바탕으로 제6단계의 결과를 반영해 최종적인 선택을 실시하고 세부적인 실천계획을 수립한다.

만일 양부모 등에 대한 적극적인 개입으로 지지적인 가족체계가 형성된다면 위험이 감소할 수 있다. 만일 그렇게 된다면 윤리적 딜레마가 해소되고 비밀보장을 원하는 청소년 클라이언트의 의사에 반해 양부모에게 고지함으로써 원조관계가 침해되고 청소년 클라이언트가 정상적으로 성장할 기회를 잃을 위험은 감소할 것이다.

만일 양부모의 지지적 역할을 기대할 수 없는 경우라면, 부득이 제5단계에서 잠정적으로 선택한 실천적 대안인 청소년 클라이언트의 비밀보장을 최종적인 실천적 대안으로 채택하되, 다음의 사항을 고려해 세부적인 실천계획을 수립한다. ① 양부모의 알권리 보장에 대한 지속적인 요구가 있을 경우 고지된 동의하에 청소년 클라이언트에게 위해가 되지 않도록 최소한의 범위에서 정보를 제공하는 방안을 검토한다. ② 이와 같은 전개과정에서 입양의 파양이 추진되거나 정상적인 가족관계의 지속이 어려운 가운데 청소년 클라이언트에 대한 학대가 의심된다면 다음과 같은 조치를 고려할 수 있다. 우선 학교, 지방자치단체, 지역사회 등 관련 주체들과의 협조하에 청소년 클라이언트에 대한 지속적인 치료와 함께 학대에 대한 신고, 위기청소년에 대한 긴급보호조치 등을 취한다.[3] 나아가 학대 상황이 심각해 청소년 클라이언트의 정상적인 성장에 치명적인 위해가 될 것으로 우려될 때에는 양부모에 대해 법원의 명령을 구해 친권을 상실하거나 일시정지 혹은 일부 제한하는 조치를 취하도록 추진한다.

제8단계

동료나 관계된 전문가들(슈퍼바이저, 기관행정가, 변호사, 윤리학자 등)의 자문을 얻는다.

제9단계

최종적으로 의사결정을 하고 결정과정을 기록한다.

3) 가정위탁보호에 대해서는 아동권리보장원 홈페이지(http://www.ncrc.or.kr)와 전국의 가정위탁지원센터 참조. 나아가 일시쉼터(24시간~7일), 단기쉼터(3~9개월), 중장기쉼터(2~3년) 등 청소년쉼터에 대해서는 청소년사이버상담센터 홈페이지(https://www.cyber1388.kr:447) 참조.

4. 법적 명령에 따라 비밀보장이 제한되는 경우

1) 사례 내용

전○○은 10년 전 유치원 교사의 의뢰로 세 살 된 아들의 성장발달에 관한 상담을 시작한 이래, 아동가정상담원의 사회복지사 홍○○에게 도움이 필요할 때마다 상담을 받아 왔다. 상담 초기에는 아들의 발달 상태에 초점이 주어졌으나, 점차 어머니의 심리내적 주제가 상담의 중심이 되었다. 전○○은 기운이 없고 매사에 의욕이 없으며 유흥업소 종업원으로 일한 과거를 이웃들이 모두 알고 비웃고 있을 것이라는 생각 때문에 괴로워했다. 전○○은 심한 불면증과 식욕부진으로 상담원과 연계되어 있는 신경정신과에서 약물치료를 받게 되었고 홍○○과의 상담도 병행하였다. 전○○의 상태가 점차 호전됨에 따라 약물치료와 상담을 종료하였는데, 이 과정에서 남편은 부부상담에 협조적으로 참여했고, 아내에게 든든한 지지체계의 역할을 했다.

그러나 남편의 소규모 사업체가 부도로 문을 닫게 되었고, 빚 정리를 위해 아파트도 처분하고 월세 집으로 옮기게 되면서 전○○은 다시 정신적 어려움을 호소했고, 약물치료와 상담을 다시 시작하였다. 2년여의 치료와 상담으로 증상은 호전되었으나 부부의 불화는 계속되었고, 남편은 이혼소송을 청구했다. 부부 모두가 아들의 양육을 원해 친권행사자 및 양육자 지정 청구소송도 동시에 제기되었고, 사회복지사는 가정법원으로부터 참고인으로 출두해 달라는 소환장을 발부받았다. 전○○의 정신건강과 아들의 양육능력에 대한 전문가의 의견을 듣기 위한 소환이었다. 전○○은 상담 내용의 공개를 원치 않았다.

2) 윤리적 의사결정의 지침

〈표 11-4〉 윤리적 의사결정 지침의 개요: 법적 명령에 따라 비밀보장이 제한되는 경우

1. 윤리적 쟁점 확인	비밀보장 vs 법률의 준수
2. 관련 가치의 확인	비밀보장(개인/c't/전문직), 법률의 준수(사회)
3. 관련 개인 · 집단 · 조직 확인	c't, 아동, 남편, w'er
4. 상이한 실천적 대안 제시	비밀보장 vs 증언

5. 윤리적 사정	(1) 규범윤리학 적용	
	① 규칙의무론 적용	
	- 돌고프, 로웬버그와 해링턴	평등과 불평등의 원칙 > 사생활과 비밀보장
	- 리머	규칙 준수 > 규칙 갈등
	②-1 행위공리주의 적용	비밀보장 > 법률의 준수
	②-2 규칙공리주의 적용	비밀보장 > 법률의 준수
	(2) 윤리강령 · 법률 · 이론 적용	
	- 윤리강령 적용	1.01/1.07ⓒⓘ
	- 관련 법률 적용	사회복지사업법 < 형사 및 민사소송법
	- 사회복지실천 이론 적용	극단적인 선택은 c't에게 해로움
	(3) 최소한 해악의 원칙 확인	
	(4) (1), (2), (3) 결과 종합	불일치
	(5) 실천적 대안 잠정선택	불일치
6. 예방적 조치 검토 및 시행		법원설득
- 관련 가치 간의 상충		있음
- 규범윤리학 내 불일치		있음
7. 최종 선택 및 세부 실천계획 수립 → 8. 자문 → 9. 최종 의사결정 및 결정과정 기록		

제1단계

윤리적 쟁점에 대해 상충되는 가치와 의무를 확인한다.

이 사례는 아동과 어머니에 대한 상담과정에서 획득한 정보를 법원의 명령에 의해 제출해야 하는 상황이다. 따라서 클라이언트의 비밀보호와 법률의 준수 사이의 윤리적 딜레마가 발생하고 있다. 현재 클라이언트는 사회복지사와 깊은 신뢰관계 속에서 매우 깊이 있는 심리내적인 측면의 상담이 이루어지고 있는 것으로 보인다. 그러나 이혼소송과정에서 제기된 친권 행사자 및 양육자 지정 청구소송의 명령에 의해 사회복지사는 뜻하지 않게 클라이언트에 관한 정보를 법정에서 진술해야 하는 상황에 처했다. 이 사례는 사회복지사가 법원의 명령에 의해 클라이언트로부터 취득한 비밀정보에 대한 정보특권을 주장할 수 없는 상황이다. 비밀보장은 개인의 자유의 주요 가치에서 도출된 윤리적 원칙이지만, 사회정의의 가치에 의하면, 사회복지전문직은 제3자 등 공공의 이익보호를 위해 법률을 준수해야 하는 의무도 견지해야 한다.

제2단계

사례와 관련해 전문직 가치, 클라이언트의 가치, 사회적 가치, 사회복지사의 개인적 가치를 확인한다.

먼저, 사회복지사 개인은 법원의 명령에 따른 증언이 현재 깊이 있는 심리상담이 진행되고 있는 클라이언트와의 원조관계에 매우 부정적인 영향을 끼칠 것을 우려하고 있는 것으로 보인다. 클라이언트는 사회복지사에게 비밀보장을 해 줄 것을 요청하고 있는 상황이다. 전문직 가치는 뒤에서 살펴볼 미국사회복지사협회(NASW) 윤리강령에 의하면, 대체로 원조관계를 중시해 비밀보장을 유지할 방안을 강구할 것을 요청하고 있는 것으로 볼 수 있다. 그러나 사회적 가치를 대표하는 법률은 관련법에 따라 증언을 요청하고 있어 법률준수를 강제하고 있는 상황이다.

제3단계

윤리적 결정에 의해 영향을 받을 수 있는 개인, 집단, 조직을 확인한다.

이 경우 관련된 개인, 집단, 조직은 클라이언트, 아동, 남편, 사회복지사라 할 수 있다. 클라이언트는 현재 사회복지사에게 서비스를 제공받고 있는 당사자로 법적 증언에 대한 사회복지사의 결정에 따라 친권과 양육권에 영향을 받을 수 있고 현재의 원조관계도 심각하게 영향을 받을 것이다. 아동은 부모 중 누가 친권 및 양육권을 행사하는가에 따라 향후 양육환경이 규정된다. 남편은 사회복지사의 법적 증언 여부에 따라 아동에 대한 친권 및 양육권 행사에 영향을 받게 될 수 있다. 사회복지사는 클라이언트에 대한 윤리적 의무를 다하기 위해 비밀보장을 하면 법적 명령을 위반하게 되고, 법률을 준수하면 클라이언트에게 부정적인 영향을 끼치게 된다.

제4단계

상충하는 가치와 의무를 각각 반영하는 상이한 실천적인 대안을 제시한다.

이 사례의 상충하는 가치와 의무는 개인의 자유의 가치에서 도출된 비밀보장의 윤리적 의무와 사회정의의 가치에서 도출된 법률준수의 윤리적 의무다. 이 각각의 가치와 의무를 반영하는 상이한 실천적인 대안으로는 비밀보장을 견지하는 방안과 현재의 원조관계와 클라이언트에게 미칠 부정적인 영향에도 불구하고 증언을 하는 방안이 있다.

제5단계

윤리적 사정을 실시한다.

(1) 규범윤리학, 즉 규칙의무론, 행위공리주의, 규칙공리주의를 적용해 분석한다.

① 규칙의무론을 적용해 상충하는 가치와 의무 중의 우선순위를 정한다. 돌고프, 로웬버그와 해링턴(Dolgoff, Loewenberg, & Harrington)의 윤리적 원칙심사(EPS)와 리머(Reamer)의 윤리적 의사결정의 지침을 활용한다.

돌고프, 로웬버그와 해링턴의 윤리적 원칙심사(EPS)를 적용하면, 평등과 불평등의 원칙이 사생활과 비밀보장의 원칙에 우선한다고 볼 수 있다. 평등과 불평등의 원칙은 평등한 법 적용, 친권 및 양육권의 공평한 심사 등을 함축한다. 반면, 이 경우 평등과 불평등의 원칙보다 상위의 원칙인 생명보호의 원칙을 적용하기는 곤란한 것으로 보이는데, 사회복지사의 증언으로 인해 클라이언트에게 심각한 위해가 초래되거나, 나아가 생명에 위험이 발생한다고 보기 어렵고, 아동의 입장에서도 아버지가 아닌 어머니에게 친권 및 양육권이 부여되어야 안전이 보장된다는 근거도 없기 때문이다. 리머의 윤리적 의사결정의 지침을 적용하면, 자신이 자발적이고 자유롭게 동의한 법률 · 규칙 · 규정을 준수해야 하는 의무는 이들 법률 · 규칙 · 규정과 상충되는 방식으로 행동할 수 있는 개인의 권리보다 우선한다. 따라서 사회복지사는 법률을 준수할 의무가 있다. 이 경우에는 기본재 등 재화의 가치에 따른 서열화는 적용하기 어려워 보이는데, 법적 증언으로 인해 클라이언트나 아동에게 인간생활에 필수적인 기본재의 위해가 발생한다고 볼 근거는 약하고, 불감재인 비밀보장과 법률상의 권익 등은 클라이언트나 남편에게 평등하게 보장되어야 할 권리라고 생각된다.

② 행위공리주의와 규칙공리주의를 적용해 분석한다. 이때 제3단계에서 확인한 윤리적 결정에 의해 영향을 받을 수 있는 개인, 집단, 조직을 반영한다.

행위공리주의를 적용해 분석하면, 비밀보장이 법률 준수보다 더 유용성을 가져다주는

선택이라고 생각된다. 비밀보장을 하게 되면, 클라이언트는 원조관계가 훼손되지 않아 현재 깊이 있게 진행되는 심리내적인 상담의 효과를 지속할 수 있고, 친권이나 양육권을 누가 가질지는 불확실하지만 설사 남편이 친권이나 양육권을 가진다 해도 어머니에게 친권 및 양육권이 부여되어야 아동의 안전이 보장된다는 근거가 없기 때문에 현재 취약성에 노출되어 있는 클라이언트의 보호가 질적으로 우월한 유용성을 가진다고 생각된다. 사회복지사가 법률을 준수하게 되면, 클라이언트와의 원조관계가 훼손되어 치료관계에 상당한 부정적인 영향을 끼칠 것으로 예상된다. 친권이나 양육권을 누가 가질지는 판단하기 어렵지만, 아동은 친권 및 양육권이 부모 중 누구에게 귀착되는가에 따른 안전 여부를 판단할 근거가 부족해 사회복지사가 어떤 선택을 하든 직접적인 영향을 받지 않는 것으로 간주할 수 있다. 사회복지사가 비밀보장을 하게 되면 법적인 책임을 지게 되지만 사회복지전문직의 가치와 의무를 준수하고 취약성을 가진 클라이언트가 겪을 어려움을 고려해 클라이언트의 보호를 위한 조처였음을 제시해 책임을 최소화할 필요가 있는데, 클라이언트를 보호하는 조치는 취약한 클라이언트에 대한 사회복지전문직의 책무성에 비추어 사회복지사의 최소한의 법적 책임보다 질적 유용성이 더 크다고 볼 수 있다.

규칙공리주의를 적용하면, 역시 클라이언트의 비밀보장이 법적 증언보다 더 많은 유용성을 가져다주는 선택이라 생각된다. 이와 유사한 사례, 즉 부부갈등을 겪고 있고 불리한 이력과 취약성을 가진 클라이언트가 존재하는 사례에서 장기적으로 모든 사회복지사가 법적 증언을 하게 된다면 원조관계의 손상과 치료관계의 단절로 인해 취약한 클라이언트는 보호받지 못하게 될 것이고, 따라서 취약한 계층의 접근에 심리적 장애가 초래되어 취약계층에게 헌신해야 하는 사회복지전문직의 사명을 달성하지 못하게 될 것이다. 반면, 클라이언트의 비밀보장을 견지한다면 취약계층의 접근이 활성화되어 문제개선의 성과를 거둘 수 있을 것인데, 이때 사회복지사가 지게 될 법적인 책임에 관해서는 이를 해결하기 위한 별도의 규칙 마련을 위한 활발한 모색과 논의를 통해 근원적인 해결을 기대해야 한다.

(2) 윤리강령, 관련 법률, 사회복지실천 이론을 적용해 본다.

미국사회복지사협회(NASW) 윤리강령 1.01은 클라이언트에 대한 헌신을 명시하고 있지만 특정한 법적 의무가 클라이언트에 대한 충성에 우선해야 할 때가 있을 수 있다고 명시하고 있다. 1.07 사생활과 비밀보장 ⓒ도 법률이나 규정이 클라이언트의 동의 없이도 정보의 공개를 요구하는 경우에는 비밀보장의 원칙이 적용되지 않는다고 명시하고 있다. 그러나 역시 ⓒ는 사회복지사는 항상 소기의 목적을 달성하는 데 필요한 최소한으로 비밀정보를 공개해야 하며, 정보제공의 목적에 직접적으로 관련된 정보만을 선별해 공개해야 한다고 명시하고 있다. 또한 ⓙ는 사회복지사는 법적 절차가 진행되는 동안에도 법에 의해 허용되는 한도 내에서라도 클라이언트의 비밀을 보호해야 한다며, 법원이나 기타 법적으로 자격을 가진 단체가 사회복지사로 하여금 클라이언트의 동의 없이 비밀 또는 특권적인 정보를 공개하도록 명령을 내리는 경우 이러한 공개로 인해 클라이언트에게 해가 될 때, 사회복지사는 법원으로 하여금 그 명령을 철회하거나 가능한 한 그 범위를 최소화하거나 그 기록에 일반인이 접근할 수 없게 비공개를 유지하도록 요청해야 한다고 규정하고 있다.

관련법을 적용해 분석하면, 일반적인 경우는 「사회복지사업법」의 비밀보장 관련 조항이 적용되나, 법적인 증언의 명령을 받는 경우는 「형사 및 민사소송법」이 적용되어야 한다. 「형사소송법」 제149조(업무상비밀과 증언거부)는 중대한 공익상 필요가 있는 때에는 증언을 거부할 수 없도록 하고 있고, 제150조(증언거부사유의 소명)는 증언을 거부하는 자는 거부사유를 소명해야 하고, 제151조(불출석과 과태료 등) ①은 소환받은 증인이 정당한 사유 없이 출석하지 않은 때에는 50만 원 이하의 과태료에 처하고 출석하지 않아 생긴 비용의 배상을 명할 수 있고, 제152조(소환불응과 구인)는 정당한 사유 없이 소환에 응하지 않은 증인은 구인할 수 있도록 하고 있다. 「민사소송법」 제315조(증언거부권) ②는 증인이 비밀을 지킬 의무가 면제된 경우에는 증언거부의 권리가 인정되지 않는다고 하고 있다.

사회복지실천 이론을 적용해도, 이 경우는 사회복지사가 법적 증언을 하게 되면 취약한 클라이언트에게 부정적인 영향을 끼칠 것으로 판단할 수 있다. 실제 윤리적 사정을 할 때에는 **증거기반실천**에 입각해 사회복지 관련 이론과 모델을 적용하고, 선행 사례를 인용해 이와 같은 경우 발생할 부정적인 영향을 논리적으로 제시해야 한다.

(3) 선택할 수 있는 상이한 실천적인 대안 중 최소한 해악의 원칙에 저촉되는 경우가 있는지 확인한다.

이 사례의 경우, 법적 증언이 취약한 클라이언트에게 심각한 위해가 발생할 가능성이 있

는지 검토해 볼 수 있다. 앞의 사례기록에 비추어 볼 때 법적 증언이 취약한 클라이언트에 대한 원조관계를 훼손하고 치료에도 부정적인 영향을 끼칠 것으로 예상된다. 그러나 현재의 기록만으로는 생명보호, 경제적 안전, 심리적 취약성 등의 면에서 해악적인 결과까지 초래될 것으로 속단하기는 힘들다고 생각된다.

(4) 규범윤리학, 윤리강령, 관련 법률, 사회복지실천 이론, 최소한 해악의 원칙을 적용한 분석결과를 종합한다.

규범윤리학을 적용한 결과, 규칙의무론은 법적 의무의 준수를 지지하고 있고, 행위공리주의와 규칙공리주의는 클라이언트의 비밀보장을 더 유용한 대안으로 판단하고 있다. 윤리강령에서는 법적 명령을 준수해 비밀보장을 지키지 않을 수 있도록 하고 있다. 이 경우에도 명령의 철회를 위해 노력하고 최소한의 내용만 제공하거나 비공개 증언 등의 보완조치를 통해 클라이언트에 대한 원조관계에 끼칠 부정적인 영향을 최소화할 책임 있는 조치를 요구하고 있다. 사회복지실천 이론을 적용하면 법적 증언은 취약한 클라이언트에게 부정적인 영향을 끼칠 것으로 우려된다. 이 사례가 최소한 해악의 원칙에 적용되는지는 명확하지 않은 것으로 판단된다.

(5) 분석결과의 종합을 바탕으로 상이한 실천적 대안 중에서 잠정적으로 선택한다.

이와 같은 검토 결과, 규칙의무론과 행위공리주의, 규칙공리주의의 적용 결과가 상반되어 일관된 결론을 내리기는 힘들다. 또 윤리강령이나 관련법은 법률 준수를 위해 비밀보장을 하지 않을 수 있도록 하고 있지만, 사회복지실천 이론을 적용한 결과는 클라이언트에게 부정적인 영향을 끼친다.

제6단계

관련 가치들 간의 상충과 규범윤리학 내의 불일치를 해결할 수 있는 예방적인 조치가 가능한지 검토하고 시행한다. 첫째, 관련 가치들 간의 상충에서는 사회복지사의 개인적 가치의 반영 가능성을 통제하고 특별히 클라이언트의 가치를 고려하는 방안을 강구한다. 둘째, 규범윤리학 내의 불일치에서는 규칙의무론과 행위 및 규칙공리주의, 행위공리주의와 규칙공리주의가 상충될 때 최종적인 윤리적 판단의 지침이 현실적으로 부재하다는 점을 고려해 예방적인 조치를 강구한다.

이 사례의 경우 관련 가치들 간의 불일치뿐만 아니라 규범윤리학 내의 불일치가 발생한다. 현실적으로 클라이언트의 비밀보장의 원칙을 견지한다면 사회복지사는 법적인 책임을 져야 하는 상황이다. 사회복지사가 법적 증언을 한다면 취약한 클라이언트의 치료관계의 훼손은 감수할 수밖에 없다. 이에 몇 가지 조치를 취해야 한다. 법원에 취약한 클라이언트에게 끼칠 부정적인 영향에 대한 전문적인 소견을 제시해 적극적으로 증언의무 면제를 요청하고 다른 자료원을 획득해 동일한 효과를 거둘 것을 제안할 필요가 있고, 사려 깊은 법원은 이를 고려할 것으로 기대할 수 있다. 법원을 설득하는 성과를 거둔다면 윤리적 딜레마가 해소된다. 그러나 만일 이와 같은 노력에도 불구하고 증언의무가 면제되지 않는다면 현실적으로 사회복지사에게 법적 책임을 감수하고 클라이언트의 비밀보장을 의무로서 강제하는 것은 사실상 초과의무적인 행위에 속한다고 본다. 따라서 법적 증언이 불가피하더라도 소송 취지에 부합하는 최소한의 정보만을 비공개리에 제공해 클라이언트의 비밀노출을 최소화하고 클라이언트가 입을 충격과 원조관계에 끼칠 부정적인 영향을 줄일 필요가 있다.

제7단계

제5단계의 잠정적인 선택을 바탕으로 제6단계의 결과를 반영해 최종적인 선택을 실시하고 세부적인 실천계획을 수립한다.

최종적으로 법적 증언이 불가피한 것으로 판단되면, 제6단계의 노력을 반영해 소송 취지에 부합하는 최소한의 정보만을 비공개리에 제공해 클라이언트의 비밀노출을 최소화하고 클라이언트가 겪을 충격과 원조관계에 미칠 부정적인 영향을 줄일 필요가 있다. 나아가 취약한 클라이언트에 대한 치료관계의 강화를 위한 세부적인 실천계획을 수립한다.

제8단계

동료나 관계된 전문가들(슈퍼바이저, 기관행정가, 변호사, 윤리학자 등)의 자문을 얻는다.

제9단계

최종적으로 의사결정을 하고 결정과정을 기록한다.

5. 상황의 강제성에 따라 온정주의적 개입의 필요성이 발생하는 경우

1) 사례 내용

○○ 대학병원 사회복지사 우○○는 원무과로부터 순환기내과 환자 손○○ 할머니의 퇴원수속 도중 문제가 생겼는데 도와달라는 전화를 받았다. 환자는 심근경색을 앓고 있고 하반신이 마비된 74세의 할머니로서, 보훈대상자이며 의료급여 1종 대상자였다. 비급여 항목 치료비는 본인부담인데, 환자 보호자는 자신은 아무 상관이 없는 이웃일 뿐인데 왜 치료비까지 내야 되냐고 하면서 한 푼도 못 내겠다며 소란을 피우고 있었다.

보호자는 60세의 할아버지로서 3년 전 이민을 떠난 손○○ 할머니의 딸로부터 할머니를 돌봐 달라는 부탁을 받았으며 할머니 소유인 27평짜리 슬래브 집을 받기로 했다고 했다. 그 이후로 국민기초생활보장제도에 의해 할머니에게 지급되고 있는 생계급여와 보훈급여를 보호자가 관리하고 있는데, 돈이 항상 부족해 오히려 자신의 돈을 보태고 있는 실정이라면서 불만을 토로했다. 결국 이날의 퇴원은 보류되었다.

할머니는 단정하고 깔끔한 모습이었고, 사회복지사 우○○와의 면담에 협조적으로 응했다. 그렇지만 보호자가 와서 치료비가 많이 나왔다며 싫은 소리를 하고 갔다고 걱정했다. 할머니는 보호자와의 관계가 나빠지면 퇴원 후에 자신을 돌봐 줄 사람이 없다면서 눈물을 흘렸다.

할머니의 퇴원이 지연되면서 몇 번의 추가 면담을 통해, 우○○는 할머니의 외아들이 조현병으로 정신병원에 입원해 있다가 15년 전에 사망했으며, 보호자는 며느리가 재혼한 사람이었음을 알게 되었다. 보호자는 경제적 능력이 전혀 없으며 할머니에게 지급되는 연금 등으로 할머니와 보호자 부부가 근근이 살아가고 있는 상황이었다. 보호자 부부는 할머니의 식사를 준비해 놓지 않고 외출을 하곤 해서 할머니가 끼니를 거르는 일이 있으며, 최근에는 할머니가 용변 뒤처리를 제대로 하지 못했다고 하루 종일 하의를 입혀 주지 않은 적도 있었다. 또한 보호자는 할머니에게 직접 폭력을 행사하거나 화가 나면 물건을 집어던지곤 하는데, 할머니는 거동이 불편해 피하기가 어렵기 때문에 무척 불안하다고 했다. 할머니에게 직계가족은 아무도 없었지만, 할머니는 우○○가 제안한 노인장기요양서비스 신청을 통한 노인요양시설 입소를 한마디로 거절했다.

2) 윤리적 의사결정의 지침

〈표 11-5〉 윤리적 의사결정 지침의 개요: 상황의 강제성에 따라 온정주의적 개입의 필요성이 발생하는 경우

1. 윤리적 쟁점 확인		자기의사결정권 vs 온정주의
2. 관련 가치의 확인		자기의사결정(c't), 온정주의(개인/사회/전문직)
3. 관련 개인 · 집단 · 조직 확인		c't, 보호자, w'er
4. 상이한 실천적 대안 제시		재가노인복지서비스 vs 노인요양시설 입소
5. 윤리적 사정	(1) 규범윤리학 적용	
	① 규칙의무론 적용	
	- 돌고프, 로웬버그와 해링턴	생명보호 > 자율성과 자유
	- 리머	기본재 > 불감재
	②-1 행위공리주의 적용	자기의사결정 < 온정주의
	②-2 규칙공리주의 적용	자기의사결정 < 온정주의
	(2) 윤리강령 · 법률 · 이론 적용	
	- 윤리강령 적용	1.02(사례에 따라 판단)
	- 관련 법률 적용	사회복지사업법/노인복지법/형법/민법
	- 사회복지실천 이론 적용	위험에 대한 정확한 사정에 기초해 원조 등 지지적 개입 필요
	(3) 최소한 해악의 원칙 확인	자기의사결정이 해당
	(4) (1), (2), (3) 결과 종합	자기의사결정 < 온정주의
	(5) 실천적 대안 잠정선택	자기의사결정 < 온정주의
6. 예방적 조치 검토 및 시행		보완적 서비스 등 독립적 삶의 욕구 존중 방안 강구
- 관련 가치 간의 상충		있음
- 규범윤리학 내 불일치		없음
7. 최종 선택 및 세부 실천계획 수립 → 8. 자문 → 9. 최종 의사결정 및 결정과정 기록		

제1단계

윤리적 쟁점에 대해 상충되는 가치와 의무를 확인한다.

이 사례는 클라이언트의 보호자가 클라이언트에게 위해를 가할 가능성이 있는 경우로, 상황의 강제성에 따라 클라이언트에게 온정적 개입의 필요성이 발생할 수 있는 경우다. 따라서 이 경우의 윤리적 딜레마는 개인의 자유의 가치에서 도출된 자기의사결정의 원칙과 서비스의 가치에서 도출된 온정주의의 원칙이 충돌하는 사례다.

제2단계

사례와 관련해 전문직 가치, 클라이언트의 가치, 사회적 가치, 사회복지사의 개인적 가치를 확인한다.

먼저, 사회복지사 개인은 클라이언트가 보호자로부터 당할 수 있는 위해를 걱정해 온정주의적 개입의 필요성을 강하게 느끼고 있다. 사회적 가치도 뒤에서 살펴볼 관련법에서 사회복지전문직이 위험에 처한 클라이언트에 대해 보호조치를 취할 것을 요구하고 있다. 전문직 가치는 일반적으로 클라이언트의 자기의사결정을 중시하지만 클라이언트가 위험에 처할 가능성이 있는 경우에는 클라이언트의 복지를 위해 클라이언트의 자기의사결정의 권리를 일부 제한할 수 있도록 하고 있다. 그러나 클라이언트는 노인장기요양서비스 신청을 통한 노인요양시설 입소를 거부하고 지역사회에서의 독립적인 삶을 선호하고 있다.

제3단계

윤리적 결정에 의해 영향을 받을 수 있는 개인, 집단, 조직을 확인한다.

이 경우 관련된 개인, 집단, 조직은 클라이언트, 보호자, 사회복지사라고 할 수 있다. 클라이언트는 현재 보호자의 보호에 절대적으로 의존하고 있지만 방어능력이 취약하고 보호자의 폭력과 학대에 노출되어 있는 당사자다. 보호자는 클라이언트의 며느리가 재혼한 배우자로서 클라이언트의 기초생활보장급여와 보훈급여에 의존해 생활하면서 클라이언트에게 폭력을 행사하고 학대를 가하는 등 문제를 야기하고 있다. 사회복지사는 클라이언트의 위험을 감지하고 노인장기요양서비스 신청을 통한 노인요양시설 입소를 요청했으나 일단 거절된 상태인데, 향후 후속 조치를 어떻게 취하는가에 따라 추후 전문적 실천행위에 따른 도덕적 · 법적 책임을 질 수 있다.

제4단계

상충하는 가치와 의무를 각각 반영하는 상이한 실천적인 대안을 제시한다.

이 사례의 상충하는 가치와 의무는 개인의 자유의 가치에서 도출된 자기의사결정의 윤리적 원칙과 서비스의 가치에서 도출된 온정주의의 윤리적 원칙이다. 이 각각의 가치와 의무를 반영하는 상이한 실천적인 대안으로는 자기의사결정을 존중해 일단 노인장기요양서비스 신청을 통해 재가노인복지서비스를 제공하는 방안과 클라이언트가 겪고 있는 위험을 고려해 노인요양시설 입소 조치를 취하고 클라이언트에게 폭력을 가하는 보호자에 대한 신고조치를 취하는 방안이 있다.

제5단계

윤리적 사정을 실시한다.

(1) 규범윤리학, 즉 규칙의무론, 행위공리주의, 규칙공리주의를 적용해 분석한다.

① 규칙의무론을 적용해 상충하는 가치와 의무 중의 우선순위를 정한다. 돌고프, 로웬버그와 해링턴(Dolgoff, Loewenberg, & Harrington)의 윤리적 원칙심사(EPS)와 리머(Reamer)의 윤리적 의사결정의 지침을 활용한다.

돌고프, 로웬버그와 해링턴의 윤리적 원칙심사(EPS)를 적용하면, 생명보호의 원칙이 자율성과 자유의 원칙에 우선하는 경우라고 볼 수 있다. 현재 방어능력이 취약한 클라이언트는 보호자의 폭력과 학대에 노출되어 상당한 위험에 처해 있다고 생각되기에 클라이언트의 자기의사결정권에도 불구하고 클라이언트의 복지를 위해 온정주의적 개입의 필요성이 대두되고 있는 것이다. 리머의 윤리적 의사결정의 지침을 적용하면, 인간활동에 필수적인 전제조건들인 기본재가 불감재에 비해 중시된다. 클라이언트를 위험으로부터 보호하는 조치는 기본재에 해당하는 권리를 보장하는 방안인 반면, 클라이언트의 자기의사결정의 권리는 불감재에 해당한다.

② 행위공리주의와 규칙공리주의를 적용해 분석한다. 이때 제3단계에서 확인

한 윤리적 결정에 의해 영향을 받을 수 있는 개인, 집단, 조직을 반영한다.

행위공리주의를 적용해 분석하면, 노인장기요양서비스 신청을 통한 노인요양시설 입소조치가 재가노인복지서비스 제공보다 더 유용성을 가져다주는 선택이라고 생각된다. 재가노인복지서비스 제공만으로 제한했을 경우에는 24시간 돌봄서비스를 제공할 수 없는 한계 때문에 방어능력이 취약한 클라이언트는 보호자의 폭력과 학대에 노출되어 위험이 초래될 것으로 보이고, 보호자는 클라이언트에게 위해를 가함으로써 가해자가 되어 개인적으로도 좋지 않은 결과가 초래될 가능성이 있다. 사회복지사는 폭력행위신고와 위험방지의무를 이행하지 않았다는 이유로 사회복지전문직 내에서 제재를 당하고 처벌받을 가능성이 있다. 반면, 노인장기요양서비스 신청을 통한 노인요양시설 입소를 취하게 되면, 클라이언트는 보호자의 위해로부터 단절되어 안전한 생활을 영위할 수 있을 것이고, 보호자는 클라이언트에 대해 위해를 가할 가능성이 해소되어 개인적으로도 좋지 않은 결과를 방지할 수 있다. 클라이언트의 기초생활보장급여와 보훈급여에 의존하는 생활을 지속할 수 없게 되나 이는 부당한 이득으로 보이기 때문에 이익침해라고 볼 수 없고, 사회복지사는 폭력행위신고와 위험방지의무를 이행해 도덕적 · 법적 조치를 받지 않게 될 것이다.

규칙공리주의를 적용하면, 역시 노인장기요양서비스 신청을 통한 노인요양시설 입소조치가 재가노인복지서비스 제공보다 더 유용성을 가져다주는 선택이라 할 수 있다. 이와 유사한 사례에서 장기적으로 모든 사회복지사가 재가노인복지서비스 제공에 국한하는 조치를 규칙으로 삼는다면, 위험에 노출된 클라이언트의 피해가 지속적으로 양산되고 폭력행위신고와 위험방지의무를 이행하지 않은 모든 사회복지사는 처벌받을 것이다. 나아가 사회복지전문직에 대한 사회적 신뢰가 훼손되는 결과를 초래할 것이다. 반면, 모든 사회복지사가 클라이언트의 복지를 위해 노인장기요양서비스 신청을 통한 노인요양시설 입소 조치를 취한다면 클라이언트의 피해를 방지할 수 있을 것이고, 잠재적인 클라이언트의 접근이 제고되는 등 사회복지전문직에 대한 사회적 신뢰는 고양될 것이다.

(2) 윤리강령, 관련 법률, 사회복지실천 이론을 적용해 본다.

미국사회복지사협회(NASW) 윤리강령 1.02 자기의사결정권은 사회복지사는 클라이언트의 자기의사결정권을 존중하고 증진시키며, 클라이언트가 자신의 목표를 찾고 명확히 하도록 돕는 것을 명시하고 있다. 그러나 사회복지사는 자신의 전문적 판단에 의해, 클라이언트의 행동 또는 잠재적 행동이 그 자신이나 타인에게 심각하고 예상 가능하며 즉각적인 위험을 초래한다고 판단될 때 클라이언트의 자기의사결정권을 제한할 수 있도록 하고 있다. 이 사례의 경우 방어능력이 취약한 클라이언트가 현재의 생활 지속을 원할지라도 클라이언트를 보호하기 위해 온정주의적 개입의 여지가 있다는 것이다.

관련법을 적용해 분석하면, 「사회복지사업법」 제5조(인권존중 및 최대 봉사의 원칙)는 사회복지를 필요로 하는 사람을 위해 차별 없이 최대로 봉사해야 한다고 되어 있어 서비스의 가치, 헌신과 선행의 의무, 클라이언트의 복지를 위한 온정주의의 원칙을 명시하고 있다. 「노인복지법」 제39조의6(노인학대 신고의무와 절차) ②는 의료인, 노인복지시설 종사자, 장애인복지시설 종사자, 가정폭력 관련 업무 종사자, 사회복지전담공무원은 직무상 노인학대를 알게 된 때에는 즉시 노인보호전문기관 또는 수사기관에 신고해야 한다고 되어 있다.

또 「형법」 제18조(부작위범)는 위험의 발생을 방지할 의무가 있거나 자기의 행위로 인해 위험 발생의 원인을 야기한 자가 그 위험 발생을 방지하지 않은 때는 그 발생된 결과에 의해 처벌하도록 하고 있다. 나아가 공무담임자가 위험 발생 가능성을 구체적으로 인지했음에 불구하고 위험방지조치를 소홀히 할 때에는 작위(作爲)의무 위반 혐의로 처벌받을 수 있도록 하고 있다. 구체적으로 「형법」 제122조(직무유기)는 공무원이 정당한 이유 없이 그 직무수행을 거부하거나 그 직무를 유기한 때에는 1년 이하의 징역이나 금고 또는 3년 이하의 자격정지에 처하도록 하고 있다. 여기서 공무원의 범위는 법령에 따라 공무에 종사하는 사람과 공무집행을 위탁받은 사인(私人)을 포함한다. 또 「민법」 제750조(불법행위의 내용)는 고의 또는 과실로 인한 위법행위로 인해 타인에게 손해를 가한 자는 그 손해를 배상할 책임이 있다고 명시하고 있다.

사회복지실천 이론을 적용해도 이 경우는 클라이언트가 처한 위험에 대한 정확한 사정에 기초해 원조를 제공하는 지지적 개입이 필요한 상황이다. 실제 윤리적 사정을 할 때에는 **증거기반실천**에 입각해 노인폭력과 관련된 이론과 모델을 적용하고, 선행 사례를 인용해 이와 같은 경우 위험 발생 가능성이 존재한다는 점을 논리적으로 제시해야 한다.

(3) 선택할 수 있는 상이한 실천적인 대안 중 최소한 해악의 원칙에 저촉되는 경우가 있는지 확인한다.

이 사례의 경우, 온정주의의 원칙을 적용해 방어능력이 취약한 클라이언트의 보호를 위해 노인장기요양서비스 신청을 통한 노인요양시설 입소 조치를 취하면 클라이언트가 당면한 보호자로부터의 위해를 방지할 수 있다. 반면, 재가노인복지서비스 제공에 국한하게 되면 방어능력이 취약한 클라이언트는 보호자의 폭력과 학대에 지속적으로 노출되어 위험한 상황에 처할 수 있다. 따라서 이 경우에는 최소한 해악의 원칙에 저촉되는 상황으로 생각된다. 또 보호자가 클라이언트의 기초생활보장급여와 보훈급여로 생활하고 있는 상황은 비정상적인 현실이므로 조속한 문제해결이 필요하다고 생각된다.

(4) 규범윤리학, 윤리강령, 관련 법률, 사회복지실천 이론, 최소한 해악의 원칙을 적용한 분석결과를 종합한다.

규범윤리학을 적용한 결과, 규칙의무론, 행위공리주의, 규칙공리주의에서는 모두 재가노인복지서비스 제공에 국한하는 조치보다는 온정주의의 원칙에 입각해 노인장기요양서비스 신청을 통한 노인요양시설 입소 조치를 취하는 편이 바람직한 선택이라고 판단하고 있다. 윤리강령에서는 클라이언트를 위험으로부터 보호하기 위한 온정주의적 개입을 허용하고 있다. 관련 법률은 클라이언트에 대한 헌신, 폭력행위신고 등을 명시하고 있고, 「형법」과 「민법」은 위험발생방지의무를 명시하고 있다. 사회복지실천 이론을 적용해도 위험에 대한 정확한 사정에 기초해 원조 등 지지적 개입이 필요한 상황으로 판단된다. 최소한 해악의 원칙을 검토한 결과도 방어능력이 취약한 클라이언트를 보호자의 폭력과 학대에 계속 노출시키는 현재의 상황이 지속되는 상황은 회피해야 할 해악으로 생각된다.

(5) 분석결과의 종합을 바탕으로 상이한 실천적 대안 중에서 잠정적으로 선택한다.

이와 같은 검토 결과, 클라이언트의 자기의사결정의 권리를 존중하는 재가노인복지서비스 제공에 국한하는 조치보다는 당면한 클라이언트의 위험을 방지하기 위한 온정주의적 개입으로서 노인장기요양서비스 신청을 통한 노인요양시설 입소 조치와 신고 조치를 잠정적인 실천적 대안으로 채택한다.

제6단계

관련 가치들 간의 상충과 규범윤리학 내의 불일치를 해결할 수 있는 예방적인 조치가 가능한지 검토하고 시행한다. 첫째, 관련 가치들 간의 상충에서는 사회복지사의 개인적 가치의 반영 가능성을 통제하고 특별히 클라이언트의 가치를 고려하는 방안을 강구한다. 둘째, 규범윤리학 내의 불일치에서는 규칙의무론과 행위 및 규칙공리주의, 행위공리주의와 규칙공리주의가 상충될 때 최종적인 윤리적 판단의 지침이 현실적으로 부재하다는 점을 고려해 예방적인 조치를 강구한다.

이 사례의 경우 규범윤리학 내의 불일치는 존재하지 않는다. 사회복지사의 개인적 가치, 사회적 가치, 전문직 가치는 온정주의적 개입을 선호하고 있다. 그러나 노인장기요양서비스 신청을 통한 노인요양시설 입소를 거부하는 클라이언트는 자기의사결정의 권리를 존중받기를 원하고 있다. 그렇다고 해서 클라이언트가 현재의 보호자의 폭력이나 학대를 감내하거나 기초생활보장급여와 보훈급여에 대한 재산권 침해를 용인한다는 의미는 아닐 것이다. 따라서 폭력행위를 하는 보호자에 대해 신고 조치를 하고 클라이언트가 기초생활보장급여와 보훈급여에 대해 재산권을 행사하도록 조치를 취해야 할 것이다. 나아가 재가노인복지서비스를 포함해 클라이언트의 안전과 삶의 질 유지를 보장할 수 있는 양질의 보완적 서비스를 제공받을 수 있는 조치를 고려할 필요가 있다.

제7단계

제5단계의 잠정적인 선택을 바탕으로 제6단계의 결과를 반영해 최종적인 선택을 실시하고 세부적인 실천계획을 수립한다.

클라이언트의 독립적인 삶의 욕구를 존중하는 예방적 조치가 성공을 거둔다면 윤리적 딜레마는 해소되고 노인요양시설 입소 조치를 취할 필요는 없을 것이다. 그러나 상황의 강제성과 관련된 여러 가지 요인의 해소가 지연되거나 자원의 부족 등으로 현재 취약성을 가진 클라이언트의 여건을 고려한 지역사회보호 조치가 어려울 경우에는 부득이 노인장기요양서비스 신청을 통한 노인요양시설 입소를 최종적인 실천적 대안으로 채택하고, 클라이언트에게 충분한 정보를 제공해 클라이언트가 보호자 등 외부의 간섭 없이 자

발적이고 의도적이며 효과적인 숙고의 결과로 노인요양시설 입소의 불가피성을 선택할 수 있도록 기회를 제공하고, 세부적인 실천계획을 수립한다.

제8단계

동료나 관계된 전문가들(슈퍼바이저, 기관행정가, 변호사, 윤리학자 등)의 자문을 얻는다.

제9단계

최종적으로 의사결정을 하고 결정과정을 기록한다.

제 12 장

사례분석의 지침 Ⅱ

1. 클라이언트의 특성에 따라 온정주의적 개입의 필요성이 발생하는 경우
2. 충성심의 분열이 발생하는 경우
3. 전문적 경계와 개인적 이익 추구의 갈등이 발생하는 경우
4. 전문직 가치와 개인적 가치의 상충이 발생하는 경우

제 12 장 사례분석의 지침 II

1. 클라이언트의 특성에 따라 온정주의적 개입의 필요성이 발생하는 경우

1) 사례 내용

백○○ 부부는 영구임대아파트에 살고 있는 80대 노부부다. 자녀가 없으며, 다른 도시에 살고 있는 조카가 유일한 혈육인데 왕래가 거의 없다. 할아버지는 중풍 때문에 거동이 불편하고 하루 종일 자리에 누워 지내고 있다. 할머니는 심하게 굽은 허리의 통증 때문에 보건소에서 물리치료를 받고 있는데, 할아버지의 수발을 비롯해 모든 집안일을 혼자서 해내고 있고, 지치고 우울한 모습이다.

할머니의 사정을 딱하게 여긴 이웃이 노인맞춤돌봄서비스의 도움을 요청했다. 사회복지전담공무원 윤○○이 가정방문을 했을 때 집 안은 깨끗하게 잘 정돈되어 있었고, 할아버지의 청결 상태도 양호한 편이었다. 할아버지는 노인장기요양서비스 등급판정에서는 등급외 판정을 받았다. 할머니가 집안일과 병자수발로 지쳐 있었기 때문에 일단 단기가사서비스를 제공하기로 했다. 그러나 할머니는 가정봉사원을 되돌려 보냈고 반찬도 받으려 하지 않았다. 자신이 만든 음식이 아니면 할아버지가 들지 않는다고 하면서, 아직은 혼자 해낼 수 있고 낯선 사람을 집에 들여놓고 싶지 않다고 했다.

이후 할아버지는 신체적으로 점차 쇠약해지고 있으며 치매로 인한 기억력 감퇴 등의 인지적 손상이 급속히 진행되었다. 이에 노인장기요양서비스 등급판정에서는 1등급 판정을 받았다. 할머니의 허리통증은 더욱 악화되어 기일을 알 수 없는 요양병원 입원치료가 필요한 상황이고 이전의 건강상태를 회복하기는 어려운 상황이 되었다. 할머니는 보건소 의사의 권유대로 입원을 하고 싶어 했으나 할아버지 수발 때문에 미루고 있었다. 할머니의 입원치료를 위해서 할아버지가 노인요양시설에 들어가는 방법을 윤○○이 제

안하자, 할아버지는 절대로 집을 떠날 수 없다고 완강히 거부했다. 조카는 도움을 줄 수 있는 처지가 아님을 전화로 밝혔다.

2) 윤리적 의사결정의 지침

〈표 12-1〉 윤리적 의사결정 지침의 개요: 클라이언트의 특성에 따라 온정주의적 개입의 필요성이 발생하는 경우

1. 윤리적 쟁점 확인		자기의사결정권 vs 온정주의
2. 관련 가치의 확인		자기의사결정(c't), 온정주의(개인/사회/전문직)
3. 관련 개인 · 집단 · 조직 확인		할아버지, 할머니, w'er
4. 상이한 실천적 대안 제시		재가노인복지서비스 vs 노인요양시설 입소 및 노인요양병원 입원
5. 윤리적 사정	(1) 규범윤리학 적용	
	① 규칙의무론 적용	
	- 돌고프, 로웬버그와 해링턴	생명보호 > 자율성과 자유
	- 리머	기본재 > 불감재
	②-1 행위공리주의 적용	자기의사결정 < 온정주의
	②-2 규칙공리주의 적용	자기의사결정 < 온정주의
	(2) 윤리강령 · 법률 · 이론 적용	
	- 윤리강령 적용	1.02(사례에 따라 판단)/1.14
	- 관련 법률 적용	사회복지사업법/형법/민법
	- 사회복지실천 이론 적용	위험에 대한 정확한 사정에 기초해 원조 등 지지적 개입 필요
	(3) 최소한 해악의 원칙 확인	자기의사결정이 해당
	(4) (1), (2), (3) 결과 종합	자기의사결정 < 온정주의
	(5) 실천적 대안 잠정선택	자기의사결정 < 온정주의
6. 예방적 조치 검토 및 시행		보완적 서비스로 독립적 삶의 욕구 존중 방안 강구
- 관련 가치 간의 상충		있음
- 규범윤리학 내 불일치		없음
7. 최종 선택 및 세부 실천계획 수립 → 8. 자문 → 9. 최종 의사결정 및 결정과정 기록		

제1단계

윤리적 쟁점에 대해 상충되는 가치와 의무를 확인한다.

이 사례는 노노(老老) 케어 상황에서 중풍과 치매를 겪고 있는 할아버지를 보호하던 할머니가 지병과 병자간호 때문에 건강이 악화되어 앞으로는 할아버지를 보호할 수 없는 경우다. 클라이언트의 특성에 따라 클라이언트에게 온정적 개입의 필요성이 발생할 수 있다. 따라서 이 경우의 윤리적 딜레마는 개인의 자유의 가치에서 도출된 자기의사결정의 원칙과 서비스의 가치에서 도출된 온정주의의 원칙의 상충이다.

제2단계

사례와 관련해 전문직 가치, 클라이언트의 가치, 사회적 가치, 사회복지사의 개인적 가치를 확인한다.

먼저, 사회복지사 개인은 지병과 병자간호 때문에 할머니의 건강이 악화되고 치매와 중풍이 심해지는 할아버지의 안전도 보장하지 못하는 상황 때문에 할아버지에 대한 장기요양시설 입소와 할머니의 노인요양병원 입원치료를 권유하고 있다. 사회적 가치도 뒤에서 살펴볼 관련법에서 사회복지전문직이 위험에 처한 클라이언트에 대해 보호조치를 취할 것을 요구하고 있다. 전문직 가치는 일반적으로 클라이언트의 자기의사결정권을 중시하지만, 클라이언트가 위험에 처할 가능성이 있는 경우에는 클라이언트의 복지를 위해 클라이언트의 자기의사결정의 권리를 일부 제한할 수 있도록 하고 있다. 클라이언트인 할아버지는 노인요양시설 입소를 거부하고 있는 상태이지만, 할머니는 할아버지에 대한 노인요양시설 입소와 할머니의 노인요양병원 입원치료를 선호하고 있다.

제3단계

윤리적 결정에 의해 영향을 받을 수 있는 개인, 집단, 조직을 확인한다.

이 경우 관련된 개인, 집단, 조직은 할아버지, 할머니, 사회복지사라고 할 수 있다. 할아버지는 중풍과 치매가 심해져 매우 취약한 상태로 항상적인 보호가 필요한 상황이다. 할머니는 지병과 병자간호 때문에 건강이 악화되어 있어 노인요양병원 입원치료가 필요하고, 앞으로는 할아버지를 돌보는 역할을 수행할 수 없는 상황이다. 사회복지사는 할아버지와 할머니의 상태를 인지하고 할아버지를 노인노양시설에 입소시키고 할머니는 노인요양병원에 입원치료할 것을 권유했으나 일단 거절된 상태다. 향후 후속 조치를 어떻게 취하는가에 따라 추후 전문적 실천행위에 따른 도덕적 · 법적 책임을 질 수 있다.

제4단계

상충하는 가치와 의무를 각각 반영하는 상이한 실천적인 대안을 제시한다.

이 사례의 상충하는 가치와 의무는 개인의 자유의 가치에서 도출된 자기의사결정의 윤리적 원칙과 서비스의 가치에서 도출된 온정주의의 윤리적 원칙이다. 이 각각의 가치와 의무를 반영하는 상이한 실천적인 대안으로는 할아버지의 자기의사결정을 존중해 현재의 노노(老老) 케어를 지속하면서 재가노인복지서비스 제공을 모색하는 방안과 할아버지와 할머니가 처한 위험을 고려해 할아버지를 노인요양시설에 입소시키고 할머니는 노인요양병원에 입원하도록 하는 방안이 있다.

제5단계

윤리적 사정을 실시한다.

(1) 규범윤리학, 즉 규칙의무론, 행위공리주의, 규칙공리주의를 적용해 분석한다.

① 규칙의무론을 적용해 상충하는 가치와 의무 중의 우선순위를 정한다. 돌고프, 로웬버그와 해링턴(Dolgoff, Loewenberg, & Harrington)의 윤리적 원칙심사(EPS)와 리머(Reamer)의 윤리적 의사결정의 지침을 활용한다.

돌고프, 로웬버그와 해링턴의 윤리적 원칙심사(EPS)를 적용하면, 생명보호의 원칙이 자율성과 자유의 원칙에 우선하는 경우라고 볼 수 있다. 현재 취약한 할아버지와 할머니가 처한 위험상황을 고려할 때 클라이언트의 복지를 위해 온정주의적 개입의 필요성이 대두되고 있는 것이다. 리머의 윤리적 의사결정의 지침을 적용하면, 인간활동에 필수적인 전제조건들인 기본재가 불감재에 비해 중시된다. 취약한 할아버지와 할머니를 위험으로부터 보호하는 조치는 기본재에 해당하는 권리를 보장하는 방안인 반면, 할아버지의 자기의사결정의 권리는 불감재에 해당한다.

② 행위공리주의와 규칙공리주의를 적용해 분석한다. 이때 제3단계에서 확인

한 윤리적 결정에 의해 영향을 받을 수 있는 개인, 집단, 조직을 반영한다.

행위공리주의를 적용해 분석하면, 할아버지에 대한 노인요양시설 입소와 할머니의 노인요양병원 입원치료 조치가 현재의 노노(老老) 케어를 지속하면서 재가노인복지서비스를 제공하는 조치보다 더 유용성을 가져다주는 선택이라고 생각된다. 현재와 같이 노노(老老) 케어를 계속한다면, 중풍과 치매가 심해지고 있는 할아버지는 할머니의 보호도 충분히 받지 못해 위험해질 수 있다. 할머니는 지금도 지병과 병자간호로 건강이 악화되고 있는데 제때 치료를 받지 못해 상태가 더욱 악화될 것이다. 사회복지사는 현재 할아버지에 대한 노인요양시설 입소와 할머니의 노인요양병원 입원치료를 권유하고 있지만 성인인 클라이언트의 자기의사결정의 권리를 침범할 수 없기 때문에 곤란을 겪고 있는데, 향후 조처의 적절성에 따라 위험방지의무 불이행에 따른 사회복지전문직 내의 제재나 처벌 가능성도 고려할 수 있다. 반면, 할아버지에 대한 노인요양시설 입소와 할머니의 노인요양병원 입원치료 조치를 취하게 되면, 할아버지는 현재 병약한 할머니에게 보호받는 상황보다 더 안전하고 전문적인 보호를 제공받을 수 있고, 할머니는 입원치료를 받을 수 있어 지병과 병자간호에 의해 악화된 건강을 더 이상 악화되지 않게 관리할 수 있을 것이다. 사회복지사는 위험방지의무를 이행해 도덕적 · 법적 조치에 취해지지 않게 될 것이다.

규칙공리주의를 적용하면, 역시 할아버지에 대한 노인요양시설 입소와 할머니의 노인요양병원 입원치료 조치가 현재의 노노(老老) 케어를 지속하면서 재가노인복지서비스 제공을 모색하는 조치보다 더 유용성을 가져다주는 선택이라 생각된다. 이와 유사한 사례에서 장기적으로 모든 사회복지사가 현재의 노노(老老) 케어를 지속하는 조치를 규칙으로 삼는다면, 이 사례의 할아버지와 할머니 같이 취약한 클라이언트의 피해가 지속적으로 양산되고 위험방지의무를 이행하지 않은 모든 사회복지사는 처벌을 받을 것이고, 나아가 사회복지전문직에 대한 사회적 신뢰가 훼손되는 결과를 초래할 것이다. 반면, 모든 사회복지사가 클라이언트의 복지를 위해 위험방지 조치에 적극적인 조치를 취한다면 클라이언트의 피해를 방지할 수 있을 것이고, 잠재적인 클라이언트의 접근이 제고되는 등 사회복지전문직에 대한 사회적 신뢰는 고양될 것이다.

(2) 윤리강령, 관련 법률, 사회복지실천 이론을 적용해 본다.

미국사회복지사협회(NASW) 윤리강령 1.02 자기의사결정권은 사회복지사는 클라이언트의 자기의사결정권을 존중하고 증진시키며 클라이언트가 자신의 목표를 찾고 명확히 하도록 돕는 것을 명시하고 있다. 그러나 사회복지사는 자신의 전문적 판단에 의해, 클라이언트의 행동 또는 잠재적 행동이 그 자신이나 타인에게 심각하고 예상 가능하며 즉각적인 위험을 초래한다고 판단될 때 클라이언트의 자기의사결정권을 제한할 수 있도록 하고 있다. 이 사례의 경우에는 중풍과 치매가 심각해지는 할아버지가 노인요양시설 입소 조치를 거부한다고 해도 클라이언트를 보호하기 위해 온정주의적 개입의 필요가 있다. 또한, 1.14 의사결정 능력이 없는 클라이언트는 사회복지사는 제공받은 정보에 입각한 의사결정을 할 능력이 없는 클라이언트를 위해 일할 때 클라이언트의 이익과 권리를 보장하기 위해 적절한 조치를 취해야 한다고 명시하고 있다.

관련법을 적용해 분석하면, 「사회복지사업법」 제5조(인권존중 및 최대 봉사의 원칙)는 사회복지를 필요로 하는 사람을 위해 차별 없이 최대로 봉사해야 한다고 되어 있어 서비스의 가치, 헌신과 선행의 의무, 클라이언트의 복지를 위한 온정주의의 원칙을 명시하고 있다. 또 「형법」 제18조(부작위범)는 위험의 발생을 방지할 의무가 있거나 자기의 행위로 인해 위험 발생의 원인을 야기한 자가 그 위험 발생을 방지하지 않은 때는 그 발생한 결과에 의해 처벌하도록 하고 있다. 이 사례의 경우 사회복지사는 할아버지와 할머니 부부가 처한 위험의 심각성에 대해 구체적으로 인지하고 있기 때문이다. 게다가 할머니는 보건소 의사의 권유대로 노인요양병원에 입원하고 싶어 했으나 할아버지 수발 때문에 미루고 있는 실정이었다. 이에 대해, 나아가 공무담임자가 위험 발생 가능성을 구체적으로 인지했음에 불구하고 위험방지 조치를 소홀히 할 때에는 작위(作爲)의무 위반 혐의로 처벌을 받을 수 있도록 하고 있다. 구체적으로 「형법」 제122조(직무유기)는 공무원이 정당한 이유 없이 그 직무수행을 거부하거나 그 직무를 유기한 때에는 1년 이하의 징역이나 금고 또는 3년 이하의 자격정지에 처하도록 하고 있다. 여기서 공무원의 범위는 법령에 따라 공무에 종사하는 사람과 공무집행을 위탁받은 사인(私人)을 포함한다. 또 「민법」 제750조(불법행위의 내용)는 고의 또는 과실로 인한 위법행위로 인해 타인에게 손해를 가한 자는 그 손해를 배상할 책임이 있다고 명시하고 있다.

사회복지실천 이론을 적용해도 이 경우는 클라이언트가 처한 위험에 대한 정확한 사정에 기초해 원조를 제공하는 지지적 개입이 필요한 상황이다. 실제 윤리적 사정을 할 때에는 **증거기반실천**에 입각해 노인가족의 특성과 노노(老老) 케어에 따른 보완조치와 관련된 이론과 모델을 적용하고, 선행 사례를 인용해 이와 같은 경우 위험 발생 가능성이 존재한다는 점을 논리적으로 제시해야 한다.

(3) 선택할 수 있는 상이한 실천적인 대안 중 최소한 해악의 원칙에 저촉되는 경우가 있는지 확인한다.

이 사례의 경우, 온정주의의 원칙을 적용해 할아버지에 대한 노인요양시설 입소와 할머니의 노인요양병원 입원치료 조치를 취하면 클라이언트의 위해를 방지할 수 있다. 반면, 현재의 노노(老老) 케어를 지속하면서 재가노인복지서비스 제공을 모색하는 방안만으로는 중풍과 치매가 심해지고 있는 할아버지는 할머니의 보호도 충분히 받지 못해 위험해질 수 있을 것이고, 할머니는 지금도 지병과 병자간호로 건강이 악화되고 있는데 제때 치료를 받지 못해 상태가 더욱 악화될 것이다. 따라서 현재의 노노(老老) 케어를 지속하게 되는 경우에는 최소한 해악의 원칙에 저촉되는 상황이 발생할 것으로 생각된다.

(4) 규범윤리학, 윤리강령, 관련 법률, 사회복지실천 이론, 최소한 해악의 원칙을 적용한 분석결과를 종합한다.

규범윤리학을 적용한 결과, 규칙의무론, 행위공리주의, 규칙공리주의에서는 모두 현재의 지역사회보호의 지속보다 온정주의의 원칙에 입각해 할아버지에 대한 노인요양시설 입소와 할머니의 노인요양병원 입원치료 조치를 취하는 방안이 바람직한 선택이라고 판단하고 있다. 윤리강령에서는 클라이언트를 위험으로부터 보호하기 위한 온정주의적 개입을 허용하고 있다. 관련 법률은 클라이언트에 대한 헌신을 명시하고 있고, 「형법」과 「민법」은 위험발생방지의무를 명시하고 있다. 사회복지실천 이론을 적용해도 위험에 대한 정확한 사정에 기초해 원조 등 지지적 개입이 필요한 상황으로 판단된다. 최소한 해악의 원칙을 검토한 결과도 현재의 노노(老老) 케어를 지속하는 선택으로 인해 중풍과 치매가 심해지고 있는 할아버지의 상황과 지병과 병자간호로 건강이 악화되어 있는 할머니의 상태는 회피해야 할 해악으로 생각된다.

(5) 분석결과의 종합을 바탕으로 상이한 실천적 대안 중에서 잠정적으로 선택한다.

이상의 검토 결과, 클라이언트의 자기의사결정의 권리를 존중해 현재의 노노(老老) 케어가 지속되는 조치보다는 당면한 클라이언트의 위험을 방지하기 위한 온정주의적 개입으로서 할아버지에 대한 노인요양시설 입소와 할머니의 노인요양병원 입원치료 조치를 잠정적인 실천적 대안으로 채택한다.

제6단계

관련 가치들 간의 상충과 규범윤리학 내의 불일치를 해결할 수 있는 예방적인 조치가 가능한지 검토하고 시행한다. 첫째, 관련 가치들 간의 상충에서는 사회복지사의 개인적 가치의 반영 가능성을 통제하고 특별히 클라이언트의 가치를 고려하는 방안을 강구한다. 둘째, 규범윤리학 내의 불일치에서는 규칙의무론과 행위 및 규칙공리주의, 행위공리주의와 규칙공리주의가 상충될 때 최종적인 윤리적 판단의 지침이 현실적으로 부재하다는 점을 고려해 예방적인 조치를 강구한다.

이 사례의 경우 규범윤리학 내의 불일치는 존재하지 않는다. 사회복지사의 개인적 가치, 사회적 가치, 전문직 가치는 온정주의적 개입을 선호하고 있다. 그러나 노인요양시설 입소를 거부하는 클라이언트는 자기의사결정의 권리를 존중받기를 원하고 있다. 이 경우 최종적인 결정 이전의 예비적 조치로서 클라이언트의 독립적 삶의 욕구를 존중해 재가노인복지서비스와 함께 보완적 서비스를 강화하는 방안을 취할 수 있는지 고려할 필요가 있다. 그러나 현실적으로 별도의 가족자원이 없는 상태에서, 할머니를 입원치료하는 전제하에 추가적인 자원을 투입해 할아버지를 현 거주지에서 안전하게 보호할 수 있는 방안이 있는지는 의문이다.

제7단계

제5단계의 잠정적인 선택을 바탕으로 제6단계의 결과를 반영해 최종적인 선택을 실시하고 세부적인 실천계획을 수립한다.

클라이언트의 독립적인 삶의 욕구를 존중하는 예방적 조치가 성공을 거둔다면 윤리적 딜레마는 해소되고 할아버지에 대한 노인요양시설 입소 조치를 취할 필요는 없을 것이다. 그러나 상황의 강제성과 관련된 여러 가지 요인의 해소가 지연되거나 가족자원의 부족과 할아버지의 취약성 등으로 인해 노노(老老) 케어 상황을 해소하기가 어려워 할아버지뿐만 아니라 할머니 건강의 심각한 악화마저 우려되는 경우, 부득이 할아버지에 대한 노인요양시설 입소와 할머니의 노인요양병원 입원치료 조치를 최종적인 실천적 대안으로 채택하고, 할머니에게 충분한 정보를 제공해 자발적이고 의도적이며 효과적인 숙고의 결과로 불가피한 대안을 선택할 수 있도록 기회를 제공하고 세부적인 실천계획을 수립한다.

제8단계

동료나 관계된 전문가들(슈퍼바이저, 기관행정가, 변호사, 윤리학자 등)의 자문을 얻는다.

제9단계

최종적으로 의사결정을 하고 결정과정을 기록한다.

2. 충성심의 분열이 발생하는 경우

1) 사례 내용

주○○은 45세의 미혼 남성으로, 노숙인 쉼터 내 단주 숙소인 '회복의 방'에서 생활하고 있다. 청년기부터 폭음을 하는 습관이 시작되었으나 알코올 중독으로 치료를 받은 경험은 없다. 일용직 노동자로 주로 일해 왔으나, 건설 경기의 침체와 함께 지난 3년간 쉼터 입소와 퇴소를 반복하며 지냈고, 현재의 쉼터에는 1년 전 입소했다. 3개월 전에 쉼터의 알코올 교육 프로그램을 마쳤고, 그 이후 회복의 방에서 생활하고 있으며, 단주모임에 정규적으로 참여하고 있다. 쉼터에서 연결해 주는 공공근로에도 꾸준히 나가고 있으며, 얼마 정도의 저축을 하고 있다.

어느 날 오후 담당 사회복지사 홍○○은 주○○으로부터 술 취한 목소리의 전화를 받았다. "쉼터로 돌아갈 수 없다." "이제는 모두 끝났다."는 등 두서없는 이야기를 횡설수설하는 중에 전화는 끊어졌다. 쉼터의 알코올 프로그램은 단주를 강력히 지지하는 ○○종교단체의 재정적 지원을 받고 있으며, 단주 자조집단의 심리사회적 지원이 프로그램 진행에 큰 역할을 하고 있다. 회복의 방의 단주규칙이 지켜지지 않는다면 기관의 알코올 프로그램 운영은 어려움을 겪게 될 것이다. 주○○ 역시 단주를 약속하고 회복의 방에 입실했으며, 규칙을 어기는 경우에는 퇴소와 함께 여러 가지 생활상의 특혜도 포기해야 된다는 사실을 알고 있다.

다음 날 쉼터로 돌아온 주○○은 초췌한 모습이었다. 공공근로 때문에 보름간 지방에 내려갔다 왔는데 하나뿐인 형이 돌아가셨다는 소식을 뒤늦게야 듣게 되었고, 이제는 세상에 정말 혼자 남겨졌다는 생각에 술을 마시지 않고는 견디기 어려웠다고 했다. 또한 자신의 오류로 인한 사고로 동생이 사망했으며, 그로 인해 고통을 겪어 왔고 다른 사람들과 신뢰하는 관계를 맺는 것이 어렵다는 이야기도 했다. 이야기를 마치면서 주○○은 심란한 목소리로 "규칙을 어겼으니 퇴소해야 되겠지요?"라고 물었다.

2) 윤리적 의사결정의 지침

〈표 12-2〉 윤리적 의사결정 지침 개요: 충성심의 분열이 발생하는 경우

1. 윤리적 쟁점 확인		c't에 대한 헌신 vs 기관의 규칙준수
2. 관련 가치의 확인		c't에 대한 충실(개인/사회/전문직/c't), but 기관의 규칙과 상충
3. 관련 개인 · 집단 · 조직 확인		c't, w'er, 기관
4. 상이한 실천적 대안 제시		c't 보호 vs 퇴소 조치
5. 윤리적 사정	(1) 규범윤리학 적용	
	① 규칙의무론 적용	
	- 돌고프, 로웬버그와 해링턴	생명보호 > 자율성과 자유
	- 리머	개인의 복지권 > 규칙준수
	②-1 행위공리주의 적용	c't에 대한 헌신 > 기관의 규칙준수
	②-2 규칙공리주의 적용	c't에 대한 헌신 > 기관의 규칙준수
	(2) 윤리강령 · 법률 · 이론 적용	
	- 윤리강령 적용	1.01/3.09ⓐⓑⓒⓓ/1.17ⓑ
	- 관련 법률 적용	사회복지사업법/형법/민법
	- 사회복지실천 이론 적용	보호와 지속적인 치료 필요
	(3) 최소한 해악의 원칙 확인	기관의 규칙준수가 해당
	(4) (1), (2), (3) 결과 종합	c't에 대한 헌신 > 기관의 규칙준수
	(5) 실천적 대안 잠정선택	c't에 대한 헌신 > 기관의 규칙준수

6. 예방적 조치 검토 및 시행	기관규칙 개선 노력 및 책임 있는 조치
- 관련 가치 간의 상충	있음
- 규범윤리학 내 불일치	없음
7. 최종 선택 및 세부 실천계획 수립 → 8. 자문 → 9. 최종 의사결정 및 결정과정 기록	

제1단계

윤리적 쟁점에 대해 상충되는 가치와 의무를 확인한다.

이 사례는 알코올 중독(alcoholic)인 클라이언트가 회복 프로그램이 종료되지 않은 취약한 상태에서 개인적인 충격 등의 영향으로 인해 단주규정을 어긴 상황에서 재정을 지원하는 종교단체의 영향으로 인해 클라이언트에 대한 퇴소 조치를 고려해야 하는 상황이다. 현재의 상황은 지속적인 단주치료가 필요한 클라이언트를 계속 치료할 것인가 아니면 엄격한 기관의 규칙을 적용해 퇴소 조치할 것인가의 이슈가 발생한 것이다. 따라서 클라이언트에 대한 헌신의 의무와 기관의 규칙준수 간의 윤리적 딜레마에 처해 있다고 볼 수 있다. 취약한 클라이언트에 대한 헌신의 의무는 서비스의 주요 가치에서 파생된 윤리적 의무이지만 동시에 기관에 종사하는 사회복지사는 기관의 규칙을 준수해야 하는 의무도 지켜야 한다.

제2단계

사례와 관련해 전문직 가치, 클라이언트의 가치, 사회적 가치, 사회복지사의 개인적 가치를 확인한다.

먼저, 사회복지사 개인은 알코올 중독인 클라이언트가 가족자원이 부족하고 경제적으로도 어려움을 겪고 있는 점을 잘 알고 있고, 퇴소 조치할 경우 심각한 위험에 처할 가능성이 있어 고민하고 있다. 사회적 가치도 일반적으로 사회복지전문직이 알코올 중독인 클라이언트에 대해 위험으로부터 보호하고 한 번의 실수에도 불구하고 적극적인 치료 조치를 취할 것을 기대하고 있다. 전문직 가치도 서비스의 가치를 가장 중시해 클라이언트에 대한 헌신의 의무를 주요 윤리적 덕목으로 제시하고 있다. 물론 클라이언트는 퇴소 조치를 두려워하고 있다. 이 경우 전문직 가치, 사회적 가치, 클라이언트의 가치, 사회복지사의 개인적 가치가 일치하나, 기관은 경제적으로 의존하고 있는 종교기관의 영향으로 어떤 경우라도 단주규정을 어기면 퇴소 조치해야 하는 엄격한 규칙을 운영하고 있다. 사회복지전문직은 전문직 가치를 비롯한 관련 가치에 부합하지 않는 기관의 규칙에 대해 검토해 보아야 한다.

제3단계

윤리적 결정에 의해 영향을 받을 수 있는 개인, 집단, 조직을 확인한다.

이 경우 관련된 개인, 집단, 조직은 클라이언트, 사회복지사, 기관이다. 클라이언트는 알코올 중독으로 단주규정을 어겨 퇴소 조치를 당할 위험에 처해 있고, 가족자원이 취약하고 경제적으로도 어려움을 겪고 있어 향후 기본적인 안전에 위협을 받을 것으로 예상된다. 사회복지사는 클라이언트에 대한 헌신의 의무를 다해 클라이언트의 한 번의 실수에도 불구하고 적극적인 서비스를 제공할 의무를 지니고 있으며, 어떤 윤리적 선택과 판단을 하는가에 따라 추후 전문적 실천행위에 따른 도덕적 · 법적 책임을 질 수 있다. 기관 또한 사회가 위임한 전문적인 의무를 이행해야 하는 책무성을 지니고 있으며, 단주규정을 엄격히 적용해 위험에 처할 가능성이 높은 클라이언트에 대해 책임 있는 조치를 취하지 않은 채 퇴소 조치를 하면 그에 따른 책임을 지게 될 수 있다.

제4단계

상충하는 가치와 의무를 각각 반영하는 상이한 실천적인 대안을 제시한다.

이 사례의 상충하는 가치와 의무는 서비스의 가치에서 도출된 취약한 클라이언트에 대한 헌신의 의무와 기관의 규칙준수의 의무다. 이 각각의 가치와 의무를 반영하는 상이한 실천적인 대안으로는 기관의 규칙에 저촉됨에도 불구하고 클라이언트에 대한 보호를 지속하는 방안과 클라이언트의 위험이 예견됨에도 불구하고 기관의 규칙에 순응해 클라이언트를 퇴소 조치하는 방안이 있다.

제5단계

윤리적 사정을 실시한다.

(1) 규범윤리학, 즉 규칙의무론, 행위공리주의, 규칙공리주의를 적용해 분석한다.

① 규칙의무론을 적용해 상충하는 가치와 의무 중의 우선순위를 정한다. 돌고

프, 로웬버그와 해링턴(Dolgoff, Loewenberg, & Harrington)의 윤리적 원칙심사(EPS)와 리머(Reamer)의 윤리적 의사결정의 지침을 활용한다.

돌고프, 로웬버그와 해링턴의 윤리적 원칙심사(EPS)를 적용하면, 생명보호의 원칙이 자율성과 자유의 원칙에 우선하는 경우라고 볼 수 있다. 현재 알코올 중독인 클라이언트는 이미 단주규정을 어긴 상태이고, 가족자원이 취약하고 경제적으로도 형편이 어려워 퇴소 조치를 당하면 위험한 상황에 처할 가능성이 매우 높다. 반면, 사회가 위임한 사회복지전문직의 책무성의 범위 내에서 전문적인 서비스를 제공해야 하는 사회복지기관이나 사회복지사는 클라이언트에 대한 헌신의 의무에 위배되는 방식으로 자율성과 자유를 향유할 권리가 제약되어 있다. 리머의 윤리적 의사결정의 지침을 적용하면, 개인의 복지권은 그와 상충되는 법률·규칙·규정 및 자발적인 협정보다 우선한다. 현재 클라이언트는 기관의 단주규정을 어긴 사실이 인정되지만, 일방적인 퇴소 조치로 인해 클라이언트의 심각한 위험이 예견되는 상황에서 기관의 규칙의 준수만을 고려하면 클라이언트의 심각한 위험을 방치하는 결과가 초래될 것으로 예견된다. 따라서 기관의 규칙을 기계적으로 적용하기 이전에 클라이언트의 복지권을 우선적으로 고려해야 한다.

② 행위공리주의와 규칙공리주의를 적용해 분석한다. 이때 제3단계에서 확인한 윤리 결정에 의해 영향을 받을 수 있는 개인, 집단, 조직을 반영한다.

행위공리주의를 적용해 분석하면, 클라이언트를 계속 보호하는 조치가 퇴소 조치보다 더 많은 유용성을 가져다주는 선택이라고 생각된다. 기관의 규칙을 준수해 클라이언트를 퇴소 조치하게 되면, 클라이언트는 이미 단주규정을 어긴 상태이고 가족자원과 경제적 여건이 취약한 점을 고려할 때 매우 위험한 처지에 놓일 것으로 예상되고, 사회복지사는 기관의 규칙을 준수했지만 클라이언트에 대한 헌신의 의무를 위반해 위험에 처할 가능성이 높은 클라이언트를 보호하거나 적절한 조치를 취하지 않았다는 이유로 위험방지의무의 불이행에 대해 도덕적·법적 조치를 당할 가능성이 있다. 기관 역시 사회복지전문직의 가치와 윤리적 의무에 부합하지 않는 방식으로 기관규칙을 운영해 결과적으로 클라이언트에게 해를 끼쳤으므로 그에 따른 책임을 질 수 있다. 반면, 클라이언트를 계속 보호하게 되면, 클라이언트는 회복 프로그램과 공공근로사업에도 참여하고 있으므로 적절한 심리치료와 함께 단주 유지 프로그램이 성공을 거두게 될 가능성이 있고, 사회복지사는 클라이언트에 대한 헌신의 의무를 이행하고 사회복지전문직의 가치에 부합하지 않는 기관의 규정을 개선하는 책임 있는 조치를 취하게 된다. 기관 역시 잘못된 기관규정을 개선해 사회복지전문직의 가치를 준수하고 책무를 이행하게 될 것이다.

규칙공리주의를 적용하면, 역시 클라이언트에 대한 보호와 지속적인 치료 조치가 더 많은 유용성을 가져다주는 선택이라 생각된다. 이와 유사한 사례에서 장기적으로 모든 사회복지사가 잘못된 기관의 규정을 준수해 위험에 처할 가능성이 높은 클라이언트에 대해 퇴소 조치하게 되면, 취약한 클라이언트가 지속적으로 위험에 노출되어 클라이언트들의 피해가 지속적으로 양산되고 위험방지의무를 이행하지 않은 모든 사회복지사와 사회복지기관은 책임을 지게 된다. 나아가 사회복지전문직에 대한 사회적 신뢰가 훼손되는 결과가 초래될 것이다. 반면, 모든 사회복지사가 잘못된 기관의 규칙을 개선해 위험에 처하는 클라이언트에 대해 책임 있는 보호조치를 취한다면 취약한 클라이언트의 피해를 방지하게 될 것이고, 사회복지전문직과 사회복지기관에 대한 사회적 신뢰가 고양될 것이다.

(2) 윤리강령, 관련 법률, 사회복지실천 이론을 적용해 본다.

미국사회복지사협회(NASW) 윤리강령 1.01은 클라이언트에 대한 헌신을 사회복지사의 일반적인 의무로 제시하고 있다. 3.09 고용주에 대한 의무 ⓐ는 사회복지사는 일반적으로 고용주나 고용기관과의 서약에 충실해야 한다고 되어 있지만, ⓑ는 고용기관의 정책과 절차 및 서비스의 효율과 효과를 개선하기 위해 노력해야 하고, ⓒ는 고용주가 윤리강령에 공포된 사회복지사의 윤리적 책임과 사회복지실천에서 갖는 함축된 의미를 인식하도록 합리적인 조치를 취해야 하고, ⓓ는 고용기관의 정책, 운용절차, 규칙이나 행정명령이 윤리적인 사회복지실천에 방해가 되도록 허용해서는 안 되며, 기관의 활동이 미국사회복지사협회(NASW) 윤리강령과 확실히 일치하도록 합리적 조치를 취해야 한다고 명시하고 있다. 1.17 서비스의 종결 ⓑ는 사회복지사는 여전히 서비스를 필요로 하는 클라이언트가 방치되지 않도록 적절한 조치를 취해야 한다고 하고 있다. 사회복지사는 모든 상황에서 제반 요인들을 신중히 고려하고 부작용을 최소화하도록 유의하면서 특별한 경우에만 서비스를 철회해야 하며, 필요한 경우 서비스가 지속될 수 있도록 적절한 조치를 취해야 한다고 명시하고 있다.

관련법을 적용해 분석하면, 「사회복지사업법」 제5조(인권존중 및 최대 봉사의 원칙)는 복

지업무에 종사하는 사람은 그 업무를 수행할 때에 사회복지를 필요로 하는 사람을 위해 차별 없이 최대로 봉사해야 한다고 되어 있다. 또 「형법」 제18조(부작위범)는 위험의 발생을 방지할 의무가 있거나 자기의 행위로 인해 위험 발생의 원인을 야기한 자가 그 위험 발생을 방지하지 않은 때는 그 발생한 결과에 의해 처벌하도록 하고 있다. 나아가 공무담임자가 위험 발생 가능성을 구체적으로 인지했음에 불구하고 위험방지 조치를 소홀히 할 때에는 작위(作爲)의무 위반 혐의로 처벌받을 수 있도록 하고 있다. 구체적으로 「형법」 제122조(직무유기)는 공무원이 정당한 이유 없이 그 직무수행을 거부하거나 그 직무를 유기한 때에는 1년 이하의 징역이나 금고 또는 3년 이하의 자격정지에 처하도록 하고 있다. 여기서 공무원의 범위는 법령에 따라 공무에 종사하는 사람과 공무집행을 위탁받은 사인(私人)을 포함한다. 또한 「민법」 제750조(불법행위의 내용)는 고의 또는 과실로 인한 위법행위로 인해 타인에게 손해를 가한 자는 그 손해를 배상할 책임이 있다고 명시하고 있다.

사회복지실천 이론을 적용해도 이 경우는 클라이언트가 위험에 처할 가능성이 높아 보호와 지속적인 치료가 필요한 상황으로 생각된다. 클라이언트는 가족자원이 취약하고 경제적으로 어려움을 겪고 있는 배경을 갖고 있고, 단주를 위해 회복 이후 유지 프로그램에 참여하고 있어 여전히 취약한 상태에서 개인적인 충격 등의 영향으로 단주규정을 어겨 기관으로부터 퇴소 조치를 당하게 되는 상황이다. 실제 윤리적 사정을 할 때에는 **증거기반실천**에 입각해 알코올 중독과 정신보건과 관련된 이론과 모델을 적용하고, 선행 사례를 인용해 이와 같은 경우 위험 발생 가능성이 존재한다는 점을 논리적으로 제시해야 한다.

(3) 선택할 수 있는 상이한 실천적인 대안 중 최소한 해악의 원칙에 저촉되는 경우가 있는지 확인한다.

이 사례의 경우, 클라이언트를 계속 보호하고 지속적인 치료를 하게 되면 클라이언트는 회복 프로그램과 공공근로사업에도 참여하고 있으므로 적절한 심리치료와 함께 단주유지 프로그램이 성공을 거두게 될 가능성이 있다. 반면, 일방적인 퇴소 조치를 하게 되면 클라이언트는 이미 단주규정을 어긴 상태이고, 가족자원과 경제적 여건이 취약한 점을 고려할 때 매우 위험한 처지에 놓일 것으로 예상된다. 사회복지사와 사회복지기관도 위험방지의무를 이행하지 않아 책임을 지게 될 가능성이 있다. 따라서 클라이언트에 대해 일방적인 퇴소 조치를 취하게 되면 최소한 해악의 원칙이 저촉될 가능성이 높다.

(4) 규범윤리학, 윤리강령, 관련 법률, 사회복지실천 이론, 최소한 해악의 원칙을 적용한 분석결과를 종합한다.

규범윤리학을 적용한 결과, 규칙의무론, 행위공리주의, 규칙공리주의에서는 모두 기관의 규칙을 준수해 일방적인 퇴소 조치를 취하기보다는 클라이언트에 대한 헌신의 의무를 이행해 클라이언트를 보호하고 지속적으로 치료하는 조치를 취하는 방안이 바람직한 선택이라고 판단하고 있다. 윤리강령에서는 클라이언트에 대한 헌신을 주요 윤리적 의무로 제시하고 있고, 기관의 정책이 사회복지전문직의 가치와 윤리적 의무에 위배될 때에는 이를 개선할 것을 주문하고 있다. 관련 법률인 「사회복지사업법」은 클라이언트에 대한 최대 봉사의 의무를 명시하고 있고, 위험발생방지의무를 명시한 「형법」과 「민법」의 관련 조항도 적용될 수 있을 것으로 보인다. 사회복지실천 이론을 적용해도 이 경우는 클라이언트가 위험에 처할 가능성이 높아 보호와 지속적인 치료가 필요한 상황으로 생각된다. 최소한 해악의 원칙을 검토한 결과도 일방적인 기관의 규칙을 기계적으로 적용해 클라이언트에게 위험이 초래될 수 있는 상황은 회피해야 할 해악으로 생각된다.

(5) 분석결과의 종합을 바탕으로 상이한 실천적 대안 중에서 잠정적으로 선택한다.

이와 같은 검토 결과, 기관의 규칙을 기계적으로 적용해 클라이언트를 퇴소 조치하기보다는 취약한 클라이언트를 보호하고 지속적으로 치료하는 조치를 잠정적인 실천적 대안으로 채택한다.

제6단계

관련 가치들 간의 상충과 규범윤리학 내의 불일치를 해결할 수 있는 예방적인 조치가 가능한지 검토하고 시행한다. 첫째, 관련 가치들 간의 상충에서는 사회복지사의 개인적 가치의 반영 가능성을 통제하고 특별히 클라이언트의 가치를 고려하는 방안을 강구한다. 둘째, 규범윤리학 내의 불일치에서는 규칙의무론과 행위 및 규칙공리주의, 행위공리주의와 규칙공리주의가 상충될 때 최종적인 윤리적 판단의 지침이 현실적으로 부재하다는 점을 고려해 예방적인 조치를 강구한다.

이 경우 전문직 가치, 사회적 가치, 클라이언트의 가치, 사회복지사의 개인적 가치가 일치하나, 경제적으로 의존하고 있는 종교기관의 영향으로 단주규정을 어기면 퇴소 조치해야 하는 엄격한 기관의 규칙을 운영하고 있다. 이에 최종적인 선택 이전에 예방적 조치를 검토할 필요가 있다. 기관이 사회복지전문직의 전문직 가치에 부합하지 않게 기관규칙을 운영하는 문제에 대해 규칙을 개선하고, 위험에 처할 가능성이 높은 취약한 클라이언트를 보호하고 지속적으로 치료하도록 조치를 취할 필요가 있다.

제7단계

제5단계의 잠정적인 선택을 바탕으로 제6단계의 결과를 반영해 최종적인 선택을 실시하고 세부적인 실천계획을 수립한다.

만일 기관이 잘못된 규칙을 개선하고 위험에 처할 가능성이 높은 취약한 클라이언트를 보호하고 지속적으로 치료하도록 조치를 취하게 된다면 윤리적 딜레마는 해소된다. 그러나 이와 같은 노력이 실패로 돌아가 기관의 규칙을 어길 수 없는 상태라도, 사회복지사는 여전히 서비스를 필요로 하는 클라이언트가 방치되지 않고 필요한 서비스가 지속될 수 있도록 적절한 조치를 취해야 한다. 그런데 이 사례에 대한 처리결과와 무관하게 사회복지사는 사회복지전문직의 가치와 윤리강령의 정신에 부합하지 않는 기관의 규칙을 개선하기 위해 책임 있게 노력할 의무가 있음을 중시해야 한다.

제8단계

동료나 관계된 전문가들(슈퍼바이저, 기관행정가, 변호사, 윤리학자 등)의 자문을 얻는다.

제9단계

최종적으로 의사결정을 하고 결정과정을 기록한다.

3. 전문적 경계와 개인적 이익 추구의 갈등이 발생하는 경우

1) 사례 내용

김○○은 ○○센터에 근무하는 사회복지사다. 이 센터는 학습부진아에 대한 전문치료 프로그램을 운영하고 있는데, 이용료는 30분당 3만 원으로 유료서비스기관에 해당한다. 6개월 전부터 ○○고등학교 설립자의 아들 초등학교 5학년 학생 홍○○이 일주일에 세 차례씩 상담을 하고 있다. 사회복지사 김○○은 홍○○ 학생의 어머니와 벌써 6개월째 부모상담도 계속하고 있다. 홍○○ 학생은 학교교사와는 다른 전문적인 치료적 접근을 바탕으로 전문적인 원조관계가 잘 수립되어 점차 학습부진에서 탈피할 가능성이 보이고 있고, 학업에 대한 집중력이 서서히 살아나고 있다. 이에 대해 그의 부모는 매우 감사해하고 있다. 명절 때에는 20만 원짜리 백화점 상품권을 선물로 줬는데, 기관의 방침에 따라 1만 원 이상의 선물을 받을 수 없어 돌려주느라 애를 먹었을 정도다. 게다가 우연히 이들 부부를 거리에서 만났는데 인근 아파트에 거주하는 같은 지역주민이라는 사실까지 알게 되자, 꼭 보답하고 싶다며 필요한 일이 있으면 무엇이든지 말하라고까지 말했다. 그렇지만 사회복지사 김○○은 만일 사적인 관계를 맺게 된다면 홍○○ 학생과의 전문적 원조관계가 인간적인 관계로 변질되고, 나아가 그 부모의 간섭이나 주문들과 경계를 유지하기 어려워져, 결국 전문적 원조관계가 왜곡되고 그 피해가 이제 막 치료적 효과를 거두기 시작하고 있는 홍○○ 학생에게 갈 것을 우려하고 있다.

그런데 사회복지사 김○○의 중학교 3학년 딸이 고등학교를 선택해야 할 상황이 되자 고민이 생겼다. 딸의 더 좋은 미래를 개척하기 위해 남편과 상의해 고등학교를 마치고 바로 유학을 보내기로 하고, 그 준비 차원에서 상위권 고등학교에 보내기로 했다. 그러나 원하는 학교는 숫자가 적을 뿐 아니라 기회마저 제한되어 있어 현실적으로 입학하기가 쉽지 않았다. 그런데 구술면접을 위주로 선발하는 특별전형은 학교 측의 재량권이 어느 정도 있다는 것을 알았다. 이에 사회복지사 김○○은 홍○○ 학생의 부모가 생각났다. 내 사적인 욕구가 아니라 자식의 미래를 위해서라면 입학을 부탁해도 괜찮지 않을까 하는 생각을 하고 있다.

2) 윤리적 의사결정의 지침

〈표 12-3〉 윤리적 의사결정 지침 개요: 전문적 경계와 개인적 이익 추구의 갈등이 발생하는 경우

1. 윤리적 쟁점 확인		c't에 대한 헌신 vs 개인적 이익 추구
2. 관련 가치의 확인		c't에 대한 헌신(사회/전문직/c't), 개인적 이익 추구(개인)
3. 관련 개인·집단·조직 확인		c't, c't의 부모, w'er, w'er의 딸, 해당학교에 응시하는 다른 학생들
4. 상이한 실천적 대안 제시		도움을 요청 안 함 vs 도움 요청
5. 윤리적 사정	(1) 규범윤리학 적용	
	① 규칙의무론 적용	
	- 돌고프, 로웬버그와 해링턴	평등 및 불평등 > 자율성과 자유
	- 리머	기본재 > 부가재, 법률준수의무 > 법률위반권리, 개인의 복지권 > 타인의 자기의사결정권
	②-1 행위공리주의 적용	c't에 대한 헌신 > 개인적 이익 추구
	②-2 규칙공리주의 적용	c't에 대한 헌신 > 개인적 이익 추구
	(2) 윤리강령·법률·이론 적용	
	- 윤리강령 적용	1.06 ⓐ, ⓑ, ⓒ
	- 관련 법률 적용	사회복지사업법/부정청탁 및 금품등 수수의 금지에 관한 법률/형법/민법
	- 사회복지실천 이론 적용	c't와의 이중관계의 위험성
	(3) 최소한 해악의 원칙 확인	개인적 이익 추구가 해당
	(4) (1), (2), (3) 결과 종합	c't에 대한 헌신 > 개인적 이익 추구
	(5) 실천적 대안 잠정선택	c't에 대한 헌신 > 개인적 이익 추구
6. 예방적 조치 검토 및 시행		의뢰 및 전문적 관계의 종결 검토
- 관련 가치 간의 상충		있음
- 규범윤리학 내 불일치		없음
7. 최종 선택 및 세부 실천계획 수립 → 8. 자문 → 9. 최종 의사결정 및 결정과정 기록		

제1단계

윤리적 쟁점에 대해 상충되는 가치와 의무를 확인한다.

이 사례는 클라이언트에 대한 치료효과를 거두고 있는 상황에서 사회복지사가 클라이언트의 배경에 대해 관심을 갖고 전문적 경계를 넘어 개인적 이익을 추구할 수 있는지 고민하고 있는 상황이다. 따라서 클라이언트에 대한 헌신의 윤리적 의무와 개인적 이익 추구의 권리 간의 윤리적 딜레마가 발생하고 있다고 볼 수 있다. 클라이언트에 대한 헌신은 서비스의 가치에서 도출된 사회복지전문직의 주요 윤리적 의무다. 그러나 누구나 개인의 자유의 가치를 누릴 수 있고, 개인적 이익을 추구할 권리도 갖고 있다. 이 경우 사회복지전문직의 윤리적 의무를 위배해 전문적 경계를 넘어 개인적 이익을 추구할 수 있는지 판단해야 한다.

제2단계

사례와 관련해 전문직 가치, 클라이언트의 가치, 사회적 가치, 사회복지사의 개인적 가치를 확인한다.

먼저, 사회복지사 개인은 딸을 위해 부당한 청탁을 함으로써 전문적 경계를 넘어 개인적 이익을 추구하고 싶은 생각을 갖고 있지만, 동시에 전문적 경계가 유지되지 않으면 치료효과를 거두고 있는 클라이언트에게 피해가 생길 것도 우려하고 있다. 사회적 가치는 「사회복지사업법」에 최대봉사의무가 명시되어 있는 것처럼 사회복지전문직이 멸사봉공(滅私奉公)의 자세로 엄격한 전문적 경계를 유지해 사회로부터 위임받은 전문직의 책무성을 유지할 것을 기대하고 있다. 전문직 가치는 사회복지전문직이 전문적 경계를 넘어 사적 이익을 추구하기 위해 클라이언트 및 관련자와 이중관계를 맺는 것을 엄격히 금지하고 있다. 클라이언트의 가치는 사회복지사가 전문적 경계를 유지하고 클라이언트에 헌신해 욕구를 충족시키고 문제를 개선하기를 원한다. 이 경우 클라이언트의 부모가 사회복지사에게 일반적인 수준의 호의를 갖고 있기는 하지만 부적절한 이중관계로 클라이언트에 대한 치료에 부정적인 영향을 끼치게 되는 상황은 절대로 원하지 않을 것이다.

제3단계

윤리적 결정에 의해 영향을 받을 수 있는 개인, 집단, 조직을 확인한다.

이 경우 관련된 개인, 집단, 조직은 클라이언트, 클라이언트의 부모, 사회복지사, 사회복지사의 딸, 해당 학교에 응시하는 다른 학생들이라고 할 수 있다. 사회복지사는 클라이언트가 갖고 있는 부모 배경에 관심을 갖고 자신의 딸의 미래를 위해 부당한 청탁을 할 수 있는지 관심을 갖고 있다. 이 경우 이 학교에 응시하는 다른 학생을 특별히 고려해야 한다. 입학정원이 한정되어 있는 상태에서 정당한 경쟁이 아니라 부당한 청탁을 행사하게 되면 누군가는 부당하게 탈락하게 되어 개인적으로 불이익을 받게 되는 것이다.

제4단계

상충하는 가치와 의무를 각각 반영하는 상이한 실천적인 대안을 제시한다.

이 사례의 상충하는 가치와 의무는 서비스의 가치에서 도출된 클라이언트에 대한 헌신의 의무와 자유의 가치에서 도출된 개인적 이익 추구의 권리다. 이 각각의 가치와 의무를 반영하는 상이한 실천적인 대안으로는 클라이언트에 대한 치료관계에 끼칠 부정적인 영향에도 불구하고 전문적 경계를 넘어 부당하게 도움을 요청하는 방안과 전문적 경계를 엄격하게 유지해 도움을 요청하지 않는 방안이 있다.

제5단계

윤리적 사정을 실시한다.

(1) 규범윤리학, 즉 규칙의무론, 행위공리주의, 규칙공리주의를 적용해 분석한다.

① 규칙의무론을 적용해 상충하는 가치와 의무 중의 우선순위를 정한다. 돌고프, 로웬버그와 해링턴(Dolgoff, Loewenberg, & Harrington)의 윤리적 원칙심사(EPS)와 리머(Reamer)의 윤리적 의사결정의 지침을 활용한다.

돌고프, 로웬버그와 해링턴의 윤리적 원칙심사(EPS)를 적용하면, 평등 및 불평등의 원칙이 자율성과 자유의 원칙에 우선하는 경우라고 볼 수 있다. 학교의 선발과정에서는 합리적인 규정을 누구에게나 공평하게 적용해 사회정의의 원칙을 준수해야 한다. 따라서 이는 부당하게 개인적 이익을 추구할 자율성과 자유에 우선한다고 판단된다. 리머의 윤리적 의사결정의 지침을 적용하면, 세 가지 항목을 적용할 수 있다. 클라이언트의 학습부진 치료는 기본재에 해당하는 권리이나 사회복지사가 딸의 교육을 위해 청탁하는 행위는 부가재의 충족을 위한 행위다. 사회복지사에게는 관련법과 사회복지전문직의 윤리강령 등 자신이 자발적이고 자유롭게 동의한 법률 · 규칙 · 규정을 준수할 의무가 이들 법률 · 규칙 · 규정과 상충되는 방식으로 행동할 수 있는 개인의 권리보다 우선한다. 또 학습부진을 치료하려는 클라이언트 개인의 기본적인 복지권은 타인인 사회복지사의 개인적 이익 추구를 위한 자기의사결정권에 우선한다.

> ② 행위공리주의와 규칙공리주의를 적용해 분석한다. 이때 제3단계에서 확인한 윤리적 결정에 의해 영향을 받을 수 있는 개인, 집단, 조직을 반영한다.

행위공리주의를 적용해 분석하면, 클라이언트에 대한 헌신이 개인적 이익 추구보다 더 유용성을 가져다주는 선택이라고 생각된다. 개인적 이익을 추구하기 위해 부당한 청탁을 하게 되면, 클라이언트와의 치료관계에 부정적인 영향을 끼치는 문제가 발생할 수 있고, 클라이언트의 부모는 클라이언트의 치료에 문제가 생겨 피해가 발생하고 부당한 청탁에 의해 학생선발과정에 부당한 영향을 행사하게 되면 개인과 학교 모두 처벌을 받게 될 수 있다. 사회복지사는 전문직의 의무를 위배해 도덕적 · 법적 조치를 당할 것이고, 사회복지사의 딸은 입학을 할 수 있겠지만 부정입학이 발각되면 퇴학 조치를 당하게 되고, 이 학교에 응시하려는 다른 학생들은 불공정한 경쟁에 의해 부당하게 탈락하는 불이익을 받게 된다. 반면, 전문적 경계를 유지해 부당한 청탁을 하지 않고 클라이언트에 대한 헌신의 의무를 유지하게 되면, 클라이언트에 대한 현재의 치료효과는 성과를 거두게 될 것이고, 클라이언트의 부모는 클라이언트에 대한 치료가 성공해 만족을 느끼고 또한 정상적으로 학교를 운영하게 될 것이다. 사회복지사는 전문직의 의무를 견지하게 되고, 사회복지사의 딸은 정당하게 고등학교에 진학하게 될 것이고, 이 학교에 진학하려는 다른 학생들도 공정한 선발의 기회를 보장받을 것이다.

규칙공리주의를 적용하면, 역시 클라이언트에 대한 헌신이 개인적 이익 추구보다 더 많은 유용성을 가져다주는 선택이라 생각된다. 이와 유사한 사례에서 장기적으로 모든 사회복지사가 전문적 경계를 유지하지 못하고 부당하게 개인적 이익을 추구하게 되면, 부적절한 이중관계에 의해 클라이언트의 치료관계에 문제가 지속적으로 발생할 것이고, 부당하게 사적 이익을 추구하는 사회복지사는 도덕적 · 법적 제재를 받을 것이다. 나아

가 사회복지전문직에 대한 사회적 신뢰가 근본적으로 훼손되는 결과가 초래될 것이다. 반면, 모든 사회복지사가 전문적 경계를 유지해 부당한 청탁을 하지 않고 클라이언트에 대한 헌신의 의무를 유지하게 되면, 클라이언트의 부당한 피해가 발생하지 않고, 사회복지전문직에 대한 사회적 신뢰는 고양될 것이다.

(2) 윤리강령, 관련 법률, 사회복지실천 이론을 적용해 본다.

미국사회복지사협회(NASW) 윤리강령 1.06 이익의 갈등 ⓐ는 사회복지사는 전문적 식견과 공정한 판단을 저해하는 이익갈등에 항상 주의를 기울이고 이를 피해야 한다고 명시하고 있다. 실질적이거나 잠재적인 이익갈등이 현실적으로 존재하거나 발생하려고 할 때 사회복지사는 이를 클라이언트에게 알려야 하며, 클라이언트의 이익을 최우선으로 하고 클라이언트의 이익을 최대한 보호하는 합리적인 조치를 취함으로써 문제를 해결해야 하며, 어떤 경우에는 클라이언트의 이익을 보호하기 위해서 그를 적절한 곳으로 의뢰하고 전문적 관계를 종결해야 할 때도 있다고 명시하고 있다. ⓑ는 사회복지사는 자신의 개인적 · 종교적 · 정치적 또는 사업상의 이익을 위해 전문적 관계를 부당하게 이용하거나 타인을 이용해서는 안 된다고 명시하고 있다. ⓒ는 사회복지사는 클라이언트를 착취할 위험이 있거나 잠재적 해를 끼칠 위험이 있는 경우에는 현재나 과거의 클라이언트와 이중 또는 다중 관계를 맺어서는 안 된다고 명시하고 있다.

관련법을 적용해 분석하면, 「사회복지사업법」 제5조(인권존중 및 최대 봉사의 원칙)는 복지업무에 종사하는 사람은 그 업무를 수행할 때에 사회복지를 필요로 하는 사람을 위해 차별 없이 최대로 봉사해야 한다고 명시하고 있다. 부정입학과 관련해서는, 「부정청탁 및 금품 등 수수의 금지에 관한 법률」 제5조(부정청탁의 금지)는 각급 학교의 입학, 성적, 수행평가 등의 업무에 관해 법령을 위반해 처리 · 조작하도록 하는 행위를 금지하고 있고, 제6조(부정청탁에 따른 직무수행 금지)는 부정청탁을 받은 공직자 등은 그에 따라 직무를 수행해서는 안 된다고 명시하고 있다. 또 「형법」 제314조(업무방해)의 ①은 허위의 사실을 유포하거나 기타 위계(僞計)로써 사람의 업무를 방해한 자는 5년 이하의 징역 또는 1천 500만 원 이하의 벌금에 처한다고 되어 있어, 부정청탁을 한 자와 청탁을 받은 자 모두 학교에 대한 업무방해혐의로 처벌을 받을 수 있다.

클라이언트가 치료관계의 후퇴로 인해 입을 피해와 관련해서는, 「형법」 제18조(부작위범)는 위험의 발생을 방지할 의무가 있거나 자기의 행위로 인해 위험 발생의 원인을 야기한 자가 그 위험 발생을 방지하지 않은 때는 그 발생된 결과에 의해 처벌하도록 하고 있다. 나아가 공무담임자가 위험 발생 가능성을 구체적으로 인지했음에 불구하고 위험 방지 조치를 소홀히 할 때에는 작위(作爲)의무 위반 혐의로 처벌받을 수 있도록 하고 있다. 구체적으로 「형법」 제122조(직무유기)는 공무원이 정당한 이유 없이 그 직무수행을 거부하거나 그 직무를 유기한 때에는 1년 이하의 징역이나 금고 또는 3년 이하의 자격정지에 처하도록 하고 있다. 여기서 공무원의 범위는 법령에 따라 공무에 종사하는 사람과 공무집행을 위탁받은 사인(私人)을 포함한다. 또 「민법」 제750조(불법행위의 내용)는 고의 또는 과실로 인한 위법행위로 인해 타인에게 손해를 가한 자는 그 손해를 배상할 책임이 있다고 명시하고 있다.

사회복지실천 이론을 적용해도, 클라이언트와 신뢰관계의 중요성, 특히 청소년 클라이언트의 경우 전문적 원조관계의 특성에 비추어, 클라이언트 및 관련자들과의 이중관계는 전문적 경계를 유지하기 어려운 결과로 이어져 클라이언트에 대한 치료에 부정적인 영향을 끼칠 위험이 크다. 실제 윤리적 사정을 할 때에는 **증거기반실천**에 입각해 관련된 이론과 모델을 적용하고, 선행 사례를 인용해 문제 발생 가능성이 존재한다는 점을 논리적으로 제시해야 한다.

(3) 선택할 수 있는 상이한 실천적인 대안 중 최소한 해악의 원칙에 저촉되는 경우가 있는지 확인한다.

이 사례의 경우, 개인적 이익을 추구하기 위해 부당한 청탁을 하게 되면, 클라이언트의 치료에 부정적인 영향을 끼치고, 클라이언트의 부모, 사회복지사, 사회복지사의 딸, 해당 학교에 응시하는 다른 학생 등 관련된 모든 사람이 불이익을 당하거나 도덕적 제재와 법적 처벌을 받는 경우도 생길 수 있다. 반면, 전문적 경계를 유지해 부당한 청탁을 하지 않고 클라이언트에 대한 헌신의 의무를 유지하게 되면, 클라이언트는 치료에 효과를 거두게 되고, 관련된 모든 사람은 아무런 문제도 발생하지 않고 불이익도 당하지 않게 된다. 따라서 개인적 이익을 추구하기 위해 부당한 청탁을 하게 되면 관련된 사람들에게 최소한 해악의 원칙이 저촉될 가능성이 높다.

(4) 규범윤리학, 윤리강령, 관련 법률, 사회복지실천 이론, 최소한 해악의 원칙을 적용한 분석결과를 종합한다.

규범윤리학을 적용한 결과, 규칙의무론, 행위공리주의, 규칙공리주의에서는 모두 클라이언트에 대한 헌신이 개인적 이익 추구보다 도덕적으로 바람직한 선택이라고 판단하고 있다. 윤리강령에서는 사회복지사가 클라이언트 및 관련자와 전문적 경계를 넘어 이중관계를 추구하지 못하도록 엄격하게 금지하고 있다. 관련 법률은 사회복지사가 전문직의 의무를 위배해 부당한 사적 이익을 추구할 경우 처벌하도록 하고 있다. 사회복지실천 이론을 적용해도 클라이언트 및 관련자와의 이중관계는 치료관계에 부정적인 영향을 끼친다. 최소한 해악의 원칙을 검토한 결과도 개인적 이익을 추구하기 위해 부당한 청탁을 하는 행위는 회피해야 할 해악으로 생각된다.

(5) 분석결과의 종합을 바탕으로 상이한 실천적 대안 중에서 잠정적으로 선택한다.

이와 같은 검토 결과, 개인적 이익 추구보다는 클라이언트에 대한 헌신을 잠정적인 실천적 대안으로 채택한다.

제6단계

관련 가치들 간의 상충과 규범윤리학 내의 불일치를 해결할 수 있는 예방적인 조치가 가능한지 검토하고 시행한다. 첫째, 관련 가치들 간의 상충에서는 사회복지사의 개인적 가치의 반영 가능성을 통제하고 특별히 클라이언트의 가치를 고려하는 방안을 강구한다. 둘째, 규범윤리학 내의 불일치에서는 규칙의무론과 행위 및 규칙공리주의, 행위공리주의와 규칙공리주의가 상충될 때 최종적인 윤리적 판단의 지침이 현실적으로 부재하다는 점을 고려해 예방적인 조치를 강구한다.

이 사례의 경우 규범윤리학 내의 불일치는 존재하지 않는다. 관련된 가치를 검토한 결과 사회적 가치, 전문직 가치, 클라이언트의 가치는 일관되게 클라이언트에 대한 헌신의 도덕적 의무를 중시하고 있지만, 사회복지사는 개인적 이익을 추구할 수 있을지 고려하고 있다. 이에 사회복지사는 어떤 경우에도 전문적 경계를 넘어 클라이언트 및 관련자와 부당한 이중관계를 맺는 행위는 용인될 수 없음에 대해 성찰하고, 클라이언트에 대한 헌신의 의무에 충실해야 한다.

제7단계

제5단계의 잠정적인 선택을 바탕으로 제6단계의 결과를 반영해 최종적인 선택을 실시하고 세부적인 실천계획을 수립한다.

만일 사회복지사가 부당한 개인적 이익을 추구하지 않고 클라이언트에 대한 헌신의 윤리적 의무에 충실하게 된다면 윤리적 딜레마는 해소된다. 그러나 사회복지사가 부당한 청탁의 의사 때문에 전문적인 치료관계에 집중할 수 없다면 이 사례와 관련된 실천에서 자신을 배제하는 결정을 내릴 수밖에 없다. 따라서 클라이언트의 이익을 보호하기 위해 클라이언트를 기관 내외의 적절한 곳으로 의뢰하고, 전문적 관계를 종결하는 방안을 최종적인 실천대안으로 채택하고 세부적인 계획을 수립한다.

제8단계

동료나 관계된 전문가들(슈퍼바이저, 기관행정가, 변호사, 윤리학자 등)의 자문을 얻는다.

제9단계

최종적으로 의사결정을 하고 결정과정을 기록한다.

4. 전문직 가치와 개인적 가치의 상충이 발생하는 경우

1) 사례 내용

30대 초반의 클라이언트인 김○○는 현재 임신 6개월이다. 얼마 전에 있었던 기형아 검사에서 신경관결손 이분척추 기형아 판정을 받았다. 김○○는 아기를 포기할 것인지, 장애에도 불구하고 아기를 낳을 것인지 고민하고 있다. 김○○의 남편은 장애를 가진 채로 태어나는 것은 아이에게도 못할 짓이라고 하면서 아기를 포기하자고 했다. 그렇게 되면 이미 임신 6개월이라 수술은 어렵고 유도분만을 통해 조산을 해야 한다. 클라이언트는 사회복지사에게 눈물을 흘리며 며칠째 잠도 못 자고 고민하고 있다고 털어놓았다. 그런데 클라이언트는 폐혈전증이 심각하다는 진단을 받았고, 정상적인 임신의 지속이 곤란하기 때문에 산모의 건강을 위해 조속히 수술할 것을 권유받고 있다. 사회복지사는 평소 낙태에 반대하고 있는 입장이다.

2) 윤리적 의사결정의 지침

〈표 12-4〉 윤리적 의사결정 지침 개요: 전문직 가치와 개인적 가치의 상충이 발생하는 경우

1. 윤리적 쟁점 확인		자기의사결정권 vs 온정주의
2. 관련 가치의 확인		자기의사결정권(사회/전문직/c't), 온정주의(개인)
3. 관련 개인 · 집단 · 조직 확인		c't, 태아, w'er
4. 상이한 실천적 대안 제시		자기의사결정권 존중 vs 낙태 불가 설득
5. 윤리적 사정	(1) 규범윤리학 적용	
	① 규칙의무론 적용	
	- 돌고프, 로웬버그와 해링턴	생명존중 > 자율성과 자유
	- 리머	기본재 > 부가재, 법률준수의무 > 법률위반권리, 개인의 복지권 > 타인의 자기의사결정권
	②-1 행위공리주의 적용	자기의사결정권 > 온정주의
	②-2 규칙공리주의 적용	자기의사결정권 > 온정주의
	(2) 윤리강령 · 법률 · 이론 적용	
	- 윤리강령 적용	1.02/1.17ⓐ
	- 관련 법률 적용	모자보건법/사회복지사업법/형법/민법
	- 사회복지실천 이론 적용	c't의 역량 존중 필요
	(3) 최소한 해악의 원칙 확인	온정주의가 해당
	(4) (1), (2), (3) 결과 종합	자기의사결정권 > 온정주의
	(5) 실천적 대안 잠정선택	자기의사결정권 > 온정주의
6. 예방적 조치 검토 및 시행		의뢰 및 전문적 관계의 종결 검토
- 관련 가치 간의 상충		있음
- 규범윤리학 내 불일치		없음
7. 최종 선택 및 세부 실천계획 수립 → 8. 자문 → 9. 최종 의사결정 및 결정과정 기록		

제1단계

윤리적 쟁점에 대해 상충되는 가치와 의무를 확인한다.

이 사례는 장애태아를 가진 클라이언트가 건강상의 이유로 임신의 지속이 곤란한 상황에서 출산 여부에 대한 자기의사결정권을 행사하는 데 있어서 사회복지사가 낙태 불가라는 개인적 가치를 개입시킬 것인가의 여부에 대한 쟁점이 발생하고 있는 상황이다. 따라서 클라이언트의 자기의사결정권 보장의 윤리적 의무와 온정주의적 실천 간의 윤리적 딜레마가 발생하고 있다고 볼 수 있다. 클라이언트의 자기의사결정권 보장은 개인의 자유의 가치에서 도출된 사회복지전문직의 핵심적인 윤리적 의무다. 반면, 서비스의 가치에서 도출된 온정주의적 실천은 자기의사결정권이 제약될 수밖에 없는 특수한 조건에서 클라이언트의 복지를 향상시키기 위한 목적에서 실시해야 한다. 이 경우 과연 클라이언트의 자기의사결정권을 보장할 수 없는 특수한 조건인지, 또한 사회복지사의 온정주의적 실천의 의도가 클라이언트의 복지를 위한 것인지, 아니면 부당한 개입주의인지 판단해야 하는 상황이다.

제2단계

사례와 관련해 전문직 가치, 클라이언트의 가치, 사회적 가치, 사회복지사의 개인적 가치를 확인한다.

먼저, 사회복지사 개인은 낙태 불가의 개인적 가치를 갖고 있고, 클라이언트에게 출산을 설득하려 하고 있는 것으로 보인다. 사회적 가치는 특수한 경우에 낙태를 허용하고 있고, 이 사례도 낙태가 합법화되는 경우여서 개인의 선택의 자유가 보장되어야 한다. 전문적 가치는 미국사회복지사협회(NASW)는 합법적인 낙태가 허용되는 경우 클라이언트의 자기의사결정권(pro-choice)을 보장하도록 하고 있고, 합법적인 낙태가 허용됨에도 불구하고 태아의 생명권(pro-life)을 강요하거나 불법적인 낙태를 무분별하게 장려하는 행위(pro-abortion)는 반대하고 있다. 클라이언트는 아직 최종적인 결정을 하지 않았지만, 임신의 지속이 어려운 건강상의 이유 등을 고려해 자율적으로 자기의사결정의 권리를 행사하려는 것으로 판단된다.

제3단계

윤리적 결정에 의해 영향을 받을 수 있는 개인, 집단, 조직을 확인한다.

이 경우 관련된 개인, 집단, 조직은 클라이언트, 태아, 사회복지사라고 할 수 있다. 클라이언트는 태아가 선천성 장애를 갖고 있음을 알고 있고, 임신을 지속하기 어려운 건강상의 이유로 낙태와 출산 중 어떤 선택을 할지 고민하고 있다. 태아는 산모의 선택에 따라 상황이 달라질 것이다. 사회복지사는 낙태 불가의 개인적 가치를 갖고 있어서 제안형, 지시형, 나아가 결정형의 원조관계를 통해 클라이언트의 자기의사결정권을 침해해 클라이언트의 의사에 반하는 개입을 할 가능성이 있고, 그에 따른 도덕적 · 법적 책임도 질 수 있다.

제4단계

상충하는 가치와 의무를 각각 반영하는 상이한 실천적인 대안을 제시한다.

이 사례의 상충하는 가치와 의무는 개인의 자유의 가치에서 도출된 클라이언트의 자기의사결정의 윤리적 원칙과 서비스의 가치에서 도출된 온정주의적 실천이다. 이 각각의 가치와 의무를 반영하는 상이한 실천적인 대안으로는 클라이언트의 자기의사결정권을 보장하는 방안과 낙태 불가를 설득해 출산을 종용하는 방안이 있다. 만일 후자의 개입이 성숙된 의사결정역량을 갖춘 클라이언트의 의사에 반하고 클라이언트의 복지를 위한 선택이 아니라면 부당한 개입주의로 전락하는 것이다.

제5단계

윤리적 사정을 실시한다.

(1) 규범윤리학, 즉 규칙의무론, 행위공리주의, 규칙공리주의를 적용해 분석한다.

① 규칙의무론을 적용해 상충하는 가치와 의무 중의 우선순위를 정한다. 돌고프, 로웬버그와 해링턴(Dolgoff, Loewenberg, & Harrington)의 윤리적 원칙심사(EPS)와 리머(Reamer)의 윤리적 의사결정의 지침을 활용한다.

돌고프, 로웬버그와 해링턴의 윤리적 원칙심사(EPS)의 경우, 생명보호의 원칙이 자율성과 자유의 원칙에 우선하는 경우다. 클라이언트는 현재 정상적인 임신의 지속이 어려위 수술을 통해 건강을 유지할 것을 권유받고 있는 상황이고, 현 상황을 지속하면 태아 뿐 아니라 클라이언트의 안전도 보장할 수 없는 상황이다. 이는 개인적 가치에 입각해 클라이언트의 자기의사결정의 권리를 침해하려는 사회복지사의 자율성과 자유의 원칙 보다 우선시되는 원칙이다. 리머의 윤리적 의사결정의 지침을 적용하면, 세 가지 항목을 적용할 수 있다. 먼저, 클라이언트의 생명은 기본재에 해당하는 권리이나 사회복지사의 온정주의적 개입의 의사는 타인의 삶에 개입하려는 것이기 때문에 부가재의 충족을 위한 행위다. 다음으로, 사회복지사로서는 관련법과 사회복지전문직의 가치 등 자신이 자발적이고 자유롭게 동의한 법률·규칙·규정을 준수할 의무는 이들 법률·규칙·규정과 상충되는 방식으로 행동할 수 있는 개인의 권리보다 우선한다. 또 자신의 생명을 유지하고 자녀의 출산 여부의 선택에 대해 자기의사결정의 권리를 행사하려는 것은 클라이언트 개인의 기본적인 복지권에 해당하고, 이는 타인인 사회복지사가 개인적 가치에 입각해 개입하려는 자기의사결정권에 우선한다.

② 행위공리주의와 규칙공리주의를 적용해 분석한다. 이때 제3단계에서 확인한 윤리적 결정에 의해 영향을 받을 수 있는 개인, 집단, 조직을 반영한다.

행위공리주의를 적용해 분석하면, 클라이언트의 자기의사결정의 권리를 존중하는 선택이 낙태 불가를 설득해 출산을 종용하는 선택보다 더 많은 질적 유용성을 가져다주는 선택이라고 생각된다. 클라이언트의 자기의사결정의 권리를 존중하게 되면 클라이언트는 수술을 통해 건강을 유지할 수 있다. 사회복지사는 사회복지전문직의 전문직 가치와 관련법에 부합되는 조치를 취하는 것으로 판단된다. 사회복지사가 낙태 불가를 설득해 출산을 종용하게 되면, 클라이언트는 건강을 위협받고 태아의 출산 여부에 대해 자기의사결정의 권리가 보장되지 못하는 권리의 침해를 겪게 된다. 사회복지사는 사회복지전문직의 전문직 가치와 관련법에 위배해 클라이언트의 자기의사결정의 권리를 침해하는 개입을 할 경우 도덕적·법적 조치에 취해질 가능성이 있다. 한편, 태아의 경우 클라이언트가 임신을 지속하기 어려운 상황이기 때문에 출생하기 어렵고, 설사 출생하더라도 이분척추 기형은 갈라진 등뼈를 통해 척수가 양수에 노출되는 것으로 신생아 사망률이 매우 높고, 생존하더라도 하지마비, 감각 소실, 뇌막염, 뇌수종 등을 동반해 수명이 짧다. 따라서 태아를 출생하는 경우와 유산하는 경우 어떤 선택이 태아의 복지에 부합하는지는 판단하기 불가능하다.

규칙공리주의를 적용하면, 역시 클라이언트의 자기의사결정의 권리를 존중하는 선택이 사회복지사의 개인적 가치에 입각해 낙태 불가를 설득하며 출산을 종용하는 선택보다 더 많은 유용성을 가져다주는 선택이라 생각된다. 이와 유사한 사례에서 장기적으로 모든 사회복지사가 전문직 가치나 관련 법률에 위배되게 부당하게 개인적 가치를 추구하게 되면, 클라이언트들은 생명에 치명적인 위협을 받고 낙태 여부에 관한 자기의사결정의 권리를 침해당할 것이다. 사회복지사는 부당한 개입의 결과로 도덕적 · 법적 제재를 받을 것이고, 나아가 사회복지전문직에 대한 사회적 신뢰가 훼손되는 결과가 초래될 것이다. 반면, 모든 사회복지사가 클라이언트의 자기의사결정의 권리를 보장하게 되면, 클라이언트들은 생명을 유지하고 태아의 출산 여부에 대해 자기의사결정의 권리를 보장받게 되고, 사회복지전문직에 대한 사회적 신뢰는 지속될 것이다.

(2) 윤리강령, 관련 법률, 사회복지실천 이론을 적용해 본다.

미국사회복지사협회(NASW) 윤리강령 1.02 자기의사결정권은 사회복지사는 클라이언트의 자기의사결정권을 존중하고 증진시키며, 클라이언트가 자신의 목표를 찾고 명확하게 하도록 돕고 있다. 단, 사회복지사는 자신의 전문적 판단에 의해, 클라이언트의 행동 또는 잠재적 행동이 그 자신이나 타인에게 심각하고 예상 가능하며 즉각적인 위험을 초래한다고 판단될 때 클라이언트의 자기의사결정권을 제한할 수도 있다고 명시하고 있다. 따라서 이 사례가 이와 같은 자기의사결정권 제약조건에 해당하는지 판단해야 한다. 그러나 이 경우 클라이언트의 자기의사결정의 권리를 보장할 경우 클라이언트가 자신이나 타인에게 위험을 끼칠 수 있는 상황이 아니고, 온정주의적 개입을 할 만한 상황의 강제성도 없고, 무엇보다 클라이언트는 충분한 의사결정역량을 갖고 있다. 또한 1.17 서비스의 종결 ⓐ는 사회복지사는 클라이언트에 대한 서비스나 관계가 더 이상 필요하지 않거나 클라이언트의 욕구나 이익에 더 이상 효과가 없는 경우 클라이언트에 대한 서비스 및 클라이언트와의 전문적 관계를 종료해야 한다고 하고 있다.

관련법을 적용해 분석하면, 「모자보건법」 제14조(인공임신중절수술의 허용한계)의 ①은 본인 또는 배우자가 대통령령이 정하는 우생학적 또는 유전학적 정신장애나 신체질환이 있는 경우, 본인 또는 배우자가 대통령령이 정하는 전염성 질환이 있는 경우, 강간 또는 준강간에 의해 임신된 경우, 법률상 혼인할 수 없는 혈족 또는 인척 간에 임신된 경우, 임신의 지속이 보건의학적 이유로 모체의 건강을 심히 해하고 있거나 해할 우려가 있는 경우에는 본인과 배우자의 동의를 얻어 인공임신중절수술을 할 수 있도록 하고 있다. 「사회복지사업법」 제5조(인권존중 및 최대 봉사의 원칙)는 복지업무에 종사하는 사람은 그 업무를 수행할 때에 사회복지를 필요로 하는 사람을 위해 차별 없이 최대로 봉사해야 한다고 명시하고 있다. 「형법」 제123조(직권남용)는 공무를 수행하는 자가 직권을 남용해 사람으로 하여금 의무 없는 일을 하게 하거나 사람의 권리행사를 방해한 때에는 5년 이하의 징역, 10년 이하의 자격정지 또는 1천만 원 이하의 벌금에 처하도록 하고 있다. 여기서 공무원의 범위는 법령에 따라 공무에 종사하는 사람과 공무집행을 위탁받은 사인(私人)을 포함한다. 또 「민법」 제750조(불법행위의 내용)는 고의 또는 과실로 인한 위법행위로 타인에게 손해를 가한 자는 그 손해를 배상할 책임이 있다고 하고 있다.

사회복지실천 이론을 적용해도, 사회복지사는 클라이언트의 역량을 존중해 클라이언트가 자신의 건강을 유지하고 태아의 출산 여부에 대해 자기의사결정의 권리를 보장받을 수 있도록 조치할 필요가 있다. 이 경우 자기의사결정권을 행사하려는 클라이언트가 클라이언트나 타인에게 위험을 끼칠 수 있는 상황이 아니어서 자기의사결정권을 제약할 수 있는 조건에 해당하지 않는다. 또한 무엇보다 클라이언트는 충분한 의사결정의 역량을 갖고 있다. 실제 윤리적 사정을 할 때에는 **증거기반실천**에 입각해 클라이언트의 역량과 관련된 이론과 모델을 적용하고 선행 사례를 인용해 부당한 개입주의가 초래할 문제점을 논리적으로 제시해야 한다.

(3) 선택할 수 있는 상이한 실천적인 대안 중 최소한 해악의 원칙에 저촉되는 경우가 있는지 확인한다.

이 사례의 경우, 클라이언트의 자기의사결정의 권리를 존중하게 되면, 클라이언트는 자율성과 자유를 보장받게 되고 생명을 유지하게 될 가능성이 높다. 반면, 사회복지사가 클라이언트의 의사에 반해 낙태 불가를 설득하고 출산을 종용하게 되면, 클라이언트는 생명이 위협받고 태아의 출산 여부에 대해 자기의사결정의 권리가 보장되지 못하는 권리의 침해를 겪게 되고, 태아는 출생이 불확실할 뿐 아니라 신생아 때 사망할 확률이 높다. 사회복지사는 사회복지전문직의 전문직 가치와 관련법에 위배되어 도덕적 · 법적 조치에 취해질 가능성이 있다. 따라서 클라이언트의 의사에 반해 낙태 불가를 설득하고 출산을 종용하게 되면 관련된 사람들에게 최소한 해악의 원칙이 저촉될 가능성이 높다.

(4) 규범윤리학, 윤리강령, 관련 법률, 사회복지실천 이론, 최소한 해악의 원칙을 적용한 분석결과를 종합한다.

규범윤리학을 적용한 결과, 규칙의무론, 행위공리주의, 규칙공리주의에서는 모두 클라이언트의 자기의사결정의 권리를 보장하는 방안이 클라이언트의 의사에 반해 부당한 개입을 행사하는 온정주의적 실천보다 바람직한 선택이라고 판단하고 있다. 윤리강령에서는 클라이언트의 자기의사결정의 권리를 보장하도록 하고 있다. 클라이언트가 본인이나 타인에게 위해를 가할 가능성이 있을 때 자기의사결정의 권리를 제한할 수 있도록 하고 있으나, 클라이언트가 자기의사결정의 권리를 행사하려는 이 사례에서는 상황의 강제성이 없고, 무엇보다 클라이언트는 성숙한 자기의사결정 역량을 갖추고 있다. 관련 법률은 이 사례에서 당사자가 낙태 여부를 선택할 수 있도록 하고 있고, 사회복지사의 최대 봉사의 의무를 명시하고 있고, 직권을 남용해 부당한 개입을 행사할 경우 처벌받을 수 있도록 하고 있다. 사회복지실천 이론을 적용해도 클라이언트의 의사결정 역량을 존중해 자기의사결정의 권리를 보장할 필요가 있다. 최소한 해악의 원칙을 검토한 결과 클라이언트의 의사에 반해 부당한 개입을 행사하는 온정주의적 실천은 회피해야 할 해악으로 생각된다.

(5) 분석결과의 종합을 바탕으로 상이한 실천적 대안 중에서 잠정적으로 선택한다.

이와 같은 검토 결과, 클라이언트의 의사에 반해 부당한 개입을 행사하는 온정주의적 실천보다 클라이언트의 자기의사결정의 권리를 보장하는 방안을 잠정적인 실천적 대안으로 채택한다.

제6단계

관련 가치들 간의 상충과 규범윤리학 내의 불일치를 해결할 수 있는 예방적인 조치가 가능한지 검토하고 시행한다. 첫째, 관련 가치들 간의 상충에서는 사회복지사의 개인적 가치의 반영 가능성을 통제하고 특별히 클라이언트의 가치를 고려하는 방안을 강구한다. 둘째, 규범윤리학 내의 불일치에서는 규칙의무론과 행위 및 규칙공리주의, 행위공리주의와 규칙공리주의가 상충될 때 최종적인 윤리적 판단의 지침이 현실적으로 부재하다는 점을 고려해 예방적인 조치를 강구한다.

이 사례의 경우 규범윤리학 내의 불일치는 존재하지 않는다. 관련된 가치를 검토한 결과 사회적 가치, 전문직 가치, 클라이언트의 가치는 일관되게 클라이언트의 자기의사결정의 권리보장의 윤리적 의무를 중시하고 있지만, 사회복지사는 개인적 가치에 따라 클라이언트의 의사에 반하는 온정주의적 개입을 고려하고 있다. 이에 사회복지사는 어떤 경우에도 합법적인 낙태 여부에 대한 당사자의 선택권을 존중하는 전문직 가치와 윤리적 의무 및 관련법에 위배해 클라이언트의 의사에 반해 낙태 불가를 설득하고 출산을 종용하는 부당한 개입을 해서는 안 된다. 다만, 숙고형의 원조관계를 견지해 정보를 제공하고 문제점만 함께 탐색해 클라이언트가 자기의사결정의 권리를 행사할 수 있도록 보장해야 한다.

제7단계

제5단계의 잠정적인 선택을 바탕으로 제6단계의 결과를 반영해 최종적인 선택을 실시하고 세부적인 실천계획을 수립한다.

만일 사회복지사가 개인적 가치에 따라 클라이언트의 의사에 반해 낙태 불가를 설득하고 출산을 종용하는 부당한 개입의사를 철회하고, 합법적인 낙태를 허용하는 전문직 가치를 준수하고 클라이언트의 자기의사결정의 권리를 보장하는 윤리적 의무에 충실하게 된다면, 윤리적 딜레마는 해소된다. 그러나 사회복지사가 개인적 가치 때문에 전문적인 치료관계에 집중할 수 없다면, 이 사례와 관련된 실천에서 자신을 배제하는 결정을 내릴 수밖에 없다. 따라서 이 경우 클라이언트의 자기의사결정의 권리를 보장하기 위해 클라이언트를 기관 내외의 적절한 곳으로 의뢰하고, 전문적 관계를 종결하는 방안을 최종적인 실천대안으로 채택하고 세부적인 계획을 수립한다.

제8단계

동료나 관계된 전문가들(슈퍼바이저, 기관행정가, 변호사, 윤리학자 등)의 자문을 얻는다.

제9단계

최종적으로 의사결정을 하고 결정과정을 기록한다.

참고문헌

고수현(2005). 사회복지윤리와 철학. 경기: 양서원.

김기덕(2002). 사회복지윤리학. 서울: 나눔의집.

김기덕, 최소연, 권자영(2012). 사회복지윤리와 철학. 경기: 양서원.

김미옥(2003). 장애인복지실천론. 서울: 나남출판.

김미옥(2004). 윤리강령의 비교. 사회복지 윤리와 철학. 양옥경 외 저. 서울: 나눔의집, 117-142.

김상균, 오정수, 유채영(2002). 사회복지 윤리와 철학. 경기: 나남출판.

김정오, 최봉철, 김현철, 신동룡, 양천수(2012). 법철학: 이론과 쟁점. 서울: 박영사.

김춘태, 이대희, 안영석(2006). 윤리학. 서울: 형설출판사.

노영란(2009). 덕윤리의 비판적 조명. 서울: 철학과현실사.

맹용길(1996). 기독교윤리학입문. 서울: 대한기독교서회.

박선목(2002). 윤리 · 사회사상사전. 서울: 형설출판사.

박숙경, 김명연, 김용진, 구나영, 문혁, 박지선, 정진, 정창수, 조아라(2017). 장애인 탈시설 방안 마련을 위한 실태조사: 시설에서 지역사회로의 전환을 위한 정책 연구. 서울: 국가인권위원회.

박호성(2009). 공동체론: 화해와 통합의 사회 · 정치적 기초. 경기: 효형출판.

서정희, 유동철, 이동석, 심재진(2012). 자립생활 기반 구축을 위한 외국 사례 및 정책연구를 통한 선진모델 구축. 서울: 국가인권위원회.

양옥경(2004). 사회복지사 윤리강령. 사회복지 윤리와 철학. 양옥경 외 저. 서울: 나눔의집, 83-116.

오병남(2003). 미학강의. 서울: 서울대학교출판문화원.

우국희, 임세희, 성정현, 최승희, 장연진, 좌현숙(2013). 사회복지 윤리와 철학. 경기: 공동체.

이대희(2003). 기초윤리학. 대구: 정림사.

이순민(2012). 사회복지 윤리와 철학. 서울: 학지사.

이은주(2004). 가치유보 대 가치표명의 윤리적 딜레마: 여성주의에 관련된 가족문제에 초점을 맞추어. 사회복지 윤리와 철학. 양옥경 외 저. 서울: 나눔의집, 255-275.

이효선(2003). 사회복지 윤리와 철학의 이해. 서울: 학지사.

장동익(2017). 덕 윤리: 그 발전과 전망. 서울: 씨아이알.

정경희, 오영희, 이윤경, 오미애, 강은나, 김경래, 황남희, 김세진, 이선희, 이석구, 홍송이(2017). 2017년도 노인실태조사. 세종: 한국보건사회연구원.

정연재(2007). 프로페셔널리즘과 전문직 윤리 교육. 윤리교육연구, 14, 131-146.

조우현, 신경애, 김영이, 김은주, 전은경, 강희숙(2013). 지적장애인거주시설 사회복지사의 윤리적 딜레마 경험. 재활복지, 17(1), 233-258.

중앙노인보호전문기관(2018). 2017 노인학대 현황보고서. 서울: 중앙노인보호전문기관.

중앙노인보호전문기관(2019). 2018 노인학대 현황보고서. 서울: 중앙노인보호전문기관.

한국임상사회사업학회 엮음(2004). 노인복지론. 경기: 양서원.

홍성찬(2009). 법학원론(제6판). 서울: 박영사.

황경식(1983). 사회윤리의 제문제. Rachels, J. 편저, Moral Problems: A Collection of Philosophical Essays. 서울: 서광사, 9-11.

Abramson, M. (1983). A Model for Organizing an Ethical Analysis of the Discharge Planning Process. *Social Work on Health Care*, *9*(1), 45-51.

Abramson, M. (1990). Keeping Secrets: Social Workers and AIDS. *Social Work, 35*, 169-172.

Abramson, M. (1989). Autonomy versus Paternalistic Beneficience: Practice Strategies. *Social Casework*, *66*, 385-393.

Allen-Meares, P. (1992). Prevention and Cross-Cultural Perspective: Preparing School Social Workers for the 21st Century. *Social Work in Education*, *14*, 3-5.

Andrews, K., & Jacobs, J. (1999). *Punishing the Poor: Poverty under Thatcher*. London: Macmillan.

Annas, J. (2004). Being Virtuous and Doing the Right Thing. *Proceedings and Addresses of the American Philosophical Association*, *78*(2), 61-75.

Anscombe, G. E. M. (1958). Modern Moral Philosophy. *Philosophy*, *33*(124), 1-19.

Arrington, R. L. (1998). *Western Ethics: An Historical Introduction*. Massachusetts: Blackwell.

Axinn, J., & Levin, H. (1975). *Social Welfare: A History of the American Response to Need*. Harper and Row.

Ayer, A. (1946). *Language, Truth and Logic*. New York: Dover.

Baier, K. (1993). Egoism. In P. Singer (Ed.), *A Companion to Ethics*. Oxford and Massachusetts: Blackwell, 197-204.

Barber, B. (1963). Some Problems in Sociology of the Professions. *Daeddalus, 92*(4), 669-688.

Barker, R. L. (1991). *The Social Work Dictionary* (2nd ed.). Silver Spring, MD.: National Association of Social Workers.

Beauchamp, T., & Childress, J. (1994). *Principles of Biomedical Ethics* (3rd ed.). New York: Oxford University Press.

Bentham, J. (1948). *An Introduction to the Principles of Morals and Legislation*. Oxford: Oxford University Press.

Bentley, K. (1990). *The Right of Psychiatric Patiences to Refuse Medication: Where Should Social Workers Stand?* Paper presented at the Annual Meeting of the National Association of Social Workers. San Francisco.

Berlin, I. (1969). *Four Essays on Liberty*. Oxford: Oxford University Press.

Berlin, S., & Kravetz, D. (1981). Women as Victims: A Feminist Social Work Perspective. *Social Work*, *26*(6), 447−449.

Berman-Rossi, T., & Rossi, P. (1990). Confidentiality and Informed Consent in School Social Work. *Social Work in Education*, *12*(3), 195−207.

Biesteck, F. P. (1979). *The Casework Relationship*. London: George Allen and Unwin.

Bloom, M. (1975). *The Paradox of Helping: Introduction to the Philosophy of Scientific Helping*. New York: John Wiley and Sons.

Bohr, R. H., Breenner, H. I., & Kaplan, H. M. (1971). Value Conflicts in a Hospital Walkout. *Social Work*, *16*(4), 33−42.

Bok, S. (1983). Th Limits of Confidentiality. *The Hastings Center Report*, *13*(1), 24−31.

Boucher, D., & Kelly, P. (1994). *The Social Contract from Hobbes to Rawls*. London: Routledge.

Brownell, P. (1994). Elder Abuse: Policy and Practice. In I. Gutheil (Ed.), *Working With Older People: Challenges and Opportunities*. New York: Fordham University Press, 85−108.

Buchanan, A. (1978). Medical Paternalism. *Philosophy and Public Affairs*, *7*, 370−390.

Buckle, S. (1993). Natural Law. In P. Singer (Ed.), *A Companion to Ethics*. Oxford and Massachusetts: Blackwell, 161−174.

Callahan, D., & Sissela, B. (1980). *Ethics Teaching in Higher Education*. New York: Plenum.

Canda, E. R. (1988). Spirituality, Religious Diversity, and Social Work Practice. *Social Casework*, *69*(4), 238−247.

Caplan, A. (1986). Professional Ethics: Virtue or Vice. *Jewish Social Worker Forum*, *22*, 1−14.

Carr-Saunders, A. M. (1982). *Profession: Their Organization and Place in Society*. Oxford: Clarendon Press.

Carter, A. (2001). *The Political Theory of Global Citizenship*. London: Routledge.

Carter, R. (1977). Justifying Paternalism. *Canadian Journal of Philosophy*, *7*, 133−145.

Chilman, C. S. (1987). Abortion. In A. Minahan (Ed.), *Encyclopedia of Social Work* (18th ed.). Silver Spring, MD.: NASW Press, 1−7.

Cohen, B. (1979). The Impact of Culture in Social Work Practice With Groups: The

Grandmothers as Mothers Again Case Study. In E. Congress (Ed.), *Multicultural Perspectives in Working With Families*. New York: Springer, 311–331.

Cohen, C., & Phillips, M. (1995). *Talking About Not Talking: The Paradox of Confidentiality on Groups*. Paper Presented at the Annual Symposium of the American Association of Social Work With Groups. CA: San Diego.

Collins, B. (1986). Defining Feminist Social Work. *Social Work, 31*, 214–219.

Collopy, B., & Bial, M. (1994). Social Work and Bioethics: Ethical Issues in Long Term Care Practice. In I. Gutheil (Ed.), *Work With Older People*. New York: Fordham University Press, 109–138.

Collopy, B., Dubler, N., & Zuckerman, C. (1990). The Ethics of Home Care: Autonomy and Accommodation. *Hasting Center Report*, *20*(2), 1–16.

Congress, E. P. (1986). *Ethical Decision Making Among Social Work Supervisors*. City University of New York: New York.

Congress, E. P. (1992). Ethical Teaching of Multicultural Students: Reconsideration of Social Work Values for Educations. *Journal of Multicultural Social Work*, *2*(2), 11–23.

Congress, E. P. (1994). The Use of the Culturagram to Assess and Empower Culturally Diverse Families. *Families in Society*, *75*, 531–540.

Congress, E. P. (1999). *Social Work Values and Ethics: Identifying and Resolving Professional Dilemmas*(Ethics and Legal Issues). Chicago: Nelson-Hall. 강선경, 김욱 공역(2005). 사회복지 가치와 윤리. 서울: 시그마프레스.

Congress, E., & Lynn, M. (1992). *Cultural Differences in Health Beliefs: Implications for Social Work Questions and Quandaries*. Presentation at the Annual NASW Conference. OH: Cleveland.

Congress, E. P., Black, P. N., & Strom–Gottfried, K. (Eds.). (2009). *Teaching Social Work Values and Ethics: A Curriculum Resource*. Alexandria, VA: CSWE.

Constable, R. (1983). *Values, Religion, and Social Work Practice*. Social Thought, 9(4), 29–41.

Cranston, M. (1967). *Freedom, A New Analysis*. London: Longman.

Cross, T., Bazron, B., Dennis, K., & Isaacs, M. (1989). *Towards a Culturally Competent System of Care* (Vol. I.). Washington, DC: Georgetown University Child Development Center, CASSP.

Dancy, J. (1993a). An Ethic of Prima Facie Duties. In P. Singer (Ed.), *A Companion to Ethics. Blackwell*, 219–229.

Dancy, J. (1993b). Intuitionism. In P. Singer (Ed.), *A Companion to Ethics*. Oxford and Massachusetts: Blackwell, 219–229.

Davis, A. (1967). *Spearheads For Reform*. New York: Oxford University Press.

Davis, N. A. (1993). Contemporary Deontology. In P. Singer (Ed.), *A Companion to Ethics. Blackwell*, 205–218.

de Lazari-Radek, K., & Singer, P. (2017). *Utilitarianism: A Very Short Introduction*. Oxford & New York: Oxford University Press.

Deacon, B., Hulse, M., & Stubb, P. (1997). *Global Social Policy*. London: Sage.

Dean, H. (1996). *Welfare, Law and Citizenship*. London: Harvester Wheatsheaf.

Dean, H. (1998). The Primacy of the Ethical Aim in Clinical Social Work: Its Relationship to Social Justice and Mental Health. *Smith College Studies in Social Work*, *69*(1), 9–24.

Dolgoff, R., & Feldstein, D. (2013). *Understanding Social Welfare: A Search for Social Justice* (9th ed.). Boston: Pearson.

Dolgoff, R., Loewenberg, F. M., & Harrington, D. (2009). *Ethical Decisions for Social Work Practice* (8th ed.). Belmont, CA: Thomson/Cole.

Donagan, A. (1977). *The Theory of Morality*. Chicago: University of Chicago Press.

Drake, R. F. (2001). *The Principles of Social Policy*. Hampshire and New York: Palgrave.

Dworkin, G. (1968). Paternalism. In R. Wasserstrom (Ed.), *Morality and the Law*. California: Wadsworth, 107–126.

Dworkin, R. (1977). *Taking Rights Seriously*. London: Duckworth.

Feldman, F. (1978). *Introductory Ethics*. New Jersey: Prentice-Hall.

Fisher, D. (1987). Problems for Social Work in a Strike Situation: Professional, Ethical, and Value Considerations. *Social Work*, *32*(3), 252–254.

Fitzpatrick, T. (2001). *Welfare Theory: An Introduction*. Hampshire and New York: Palgrave.

Fleishman, J. L., & Payne, B. L. (1980). *Ethical Dilemmas and the Education of Policy Makers*. New York: Hastings Center.

Flexner, A. (1915). *Is Social Work Profession?*. Proceedings of the National Conference of Charities and Correction 42nd Annual Session. Chicago: Hindman, 567–590.

Fossen, C., Anderson-Meger, J., & Zellmer, D. D. (2014). Infusing a New Ethical Decision Making Model Throughout a BSW curriculum. *Journal of Social Work Values and Ethics*, *11*(1), 66–81.

Frankena, W. K. (1973). *Ethics*. Englewood Cliffs, NJ: Prentice-Hall.

Frankena, W. K. (1980). *Thinking about Morality*. Michigan: University of Michigan Press.

Fuller, L. (1969). *The Morality of Law* (revised ed.). Harvard University Press.

Ganzini, L., Volicer, L., Nelson, W. A., Fox, E., & Derse, A. R. (2004). Ten Myths about Decision-Making Capacity. *Journal of the American Medical Directors Association*, July/

August, 263–267.

Garrett, K. (1994). Caught in a Bind: Ethical Decision Making in Schools. *Social Work in Education*, *16*(2), 97–105.

Gauthier, D. (1969). *The Logic of Leviathan*. Oxford: Oxford Press.

Germain, C. B. (1973). An Ecological Perspective in Casework Practice. *Social Case Work*, *54*, 323330.

Gert, B. (1988). *Morality: A New Justification of the Moral Rules*. New York: Oxford University Press.

Gewirth, A. (1978). *Reason and Morality*. Chicago: University of Chicago Press.

Gilbelman, M., & Schervish, P. (1997). *Who Are We: A Second Look*. Washington: NASW Press.

Gillian, C. (1982). *In a Different Voice: Psychological Theory and Women's Development*. Cambridge: Harvard University Press.

Goldstein, H. (1987). The Neglected Moral Link in Social Work Practice. *Social Work*, *32*(3), 181–186.

Goodin, R. E. (1993). Utility and the good. In P. Singer (Ed.), *A Companion to Ethics*. Oxford and Massachusettes: Blackwell, 241–248.

Gordon, W. E. (1965a). Knowledge and Value: Their Distinction and Relationship in Clarifying Social Work Practice. *Social Work*, *10*, 32–39.

Gordon, W. E. (1965b). Toward a Social Work Frame of Reference. *Journal of Education in Social Work*, *34*, 65–67.

Gould, C. C. (1992). New Paradigms in Professional Ethics: Feminism, Communitarianism, and Democratic Theory. *Professional Ethics*, *1*(1/2), 143–154.

Graham, A. C. (1961). *The Problems of Value*. London: Hutchinson University Library.

Greenwood, E. (1957). Attribution of a Profession. *Social Work*, *2*(3), 45–55.

Griffin, J. (1996). *Value Judgement: Improving Our Ethical Beliefs*. Oxford: Clarendon Press.

Gruen, L. (1993). Animals. In P. Singer (Ed.), *A Companion to Ethics*. Oxford and Massachusettes: Blackwell, 343–353.

Hall, R. H. (1968). Professionalization and Bureaucratization. *American Sociological Review*, *33*(1), 90–104.

Hamilton, G. (1940). *Theory and Practice of Social Casework*. New York: Columbia University Press.

Hardman, D. G. (1975). Not with My Daughter, You Don't!. *Social Work*, *20*(4), 278–285.

Hare, R. (1952). *The Language of Morals*. Oxford: Oxford Press.

Harris, C. E. (1986). *Applying Moral Theories*. California: Wadsworth.

Hartsock, N. (1981). *Building Feminist Theory: Essays from Quest*. New York: Longman.

Hayek, F. (1960). *The Constitution of Liberty*. London and Chicago: Routledge and Kegan Paul.

Haynes, K. S. (1998). The One Hundred-Year Debate: Social Reform versus Individual Treatment. *Social Work*, *43*(6), 501–509.

Hobbes, T. (1994). *Leviathan: With Selected Variants from the Latin Edition of 1668*. Indianapolis and Cambridge: Hackett.

Housthouse, R. (1991). Virtue Theory and Abortion. *Philosophy and Public Affair*, *20*, 223–246.

Huber, C. (1994). *Ethical, Legal, and Professional Issues in the Practice of Marriage and Family Therapy*. New York: Merrill.

Jayaratne, S., & Chess, W. A. (1984). Job Satisfaction Burnout, and Turnover: A National Study. *Social Work*, *29*(5), 448–455.

Jayaratne, S., Croxton, T., & Mattison, D. (1997). Social Work Professional Standards: An Exploratory Study. *Social Work*, *42*(2), 187–199.

Johnson, M., & Stone, G. L. (1986). Social Workers and Burnout. *Journal of Social Work Research*, *10*, 67–80.

Joseph, M. V. (1985). A Model of Ethical Decision Making in Clinical Practice. In C. Germain (Ed.), *Advances in Clinical Social Work Practice*. Washington: NASW Press.

Joseph, M. V. (1987). The Religious and Spiritual Aspects of Clinical Practice. *Social Thought*, *11*(4), 25–35.

Judah, E. H. (1985). A Spirituality of Professional Service. *Social Thought*, *11*(4), 25–35.

Kagle, J. D. (1987). Recording in Direct Practice. *Encyclopedia of Social Work* (18th ed.). Silver Spring, Md: NASW Press, 463–467.

Kagle, J. D., & Giebelhausen, P. N. (1994). Dual Relationships and Professional Boundaries. *Social Work*, *39*(2), 213–220.

Kant, I. (1929). Critiques of Pure Reason. In T. M. Greene (Ed.), *Kant Selections*. New York: Scribner's.

Kant, I. (1959). *Foundations of the Metaphysics of Morals*. Indianapolis: The Bobbs-Merrill Company.

Kavka, G. S. (1986). *Hobbesian Moral and Political Theory*. Princeton: Princeton University Press.

Koeske, G. F., & Koeske, R. D. (1989). Work Load and Burnout: Can Social Support and

Perceived Accomplishment Help?. *Social Work*, *34*(3), 243–248.

Kuhn, T. S. (1962). *The Structure of Scientific Revolution*. University of Chicago Press.

Kurzweil, Z. (1980). Why Heteronomous Ethics? In M. Kranzberg(Ed.), *Ethics in An Age of Pervasive Technology*. Boulder: Westview Press, 68–71.

Kutchins, H. (1991). The Fiduciary Relationship: The Legal Basis for Social Work Responsibilities to Clients. *Social Work*, *36*(2), 106–113.

Kymlicka, W. (1990). *Contemporary Political Philosophy: An Introduction*. Oxford: Clarendon Press.

Kymlicka, W. (1993). *The Social Contract Tradition*. In P. Singer (Ed.), *A Companion to Ethics*. Cambridge and Massachusetts: Blackwell, 176–186.

Leiby, J. (1985). Moral Foundations of Social Welfare and Social Work: A Historical View. *Social Work, 30*, 323–330.

Lenski, G. E. (1966). *Power and Privilege: A Theory of Social Stratification*. New York: McGraw-Hill.

Levy, C. (1973). The Value Base of Social Work. *Journal of Education for Social Work*, *8*, 34–42.

Levy, C. (1976a). Personal versus Professional Values: The Practitioner's Dilemma. *Clinical Social Work Journal*, *4*, 110–120.

Levy, C. (1976b). *Social Work Ethics*. New York: Human Science Press.

Levy, C. (1983). *Guide to Ethical Decisions and Actions for Social Service Administrators: A Handbook for Managerial Personnel*. New York: Haworth Press.

Levy, C. (1984). Values and Ethics. In S. Dillick (Ed.), *Value Foundations of Social Work*. Detroit: School of Social Work, Wayne State University, 17–29.

Lewis, H. (1972). Morality and the Politics of Practice. *Social Casework*, *53*(July), 404–417.

Lewis, H. (1984). Ethical Assessment. *Social Casework*, *65*(4), 203–211.

Lewis, H. (1987). Teaching Ethics Through Ethical Teaching. *Journal of Teaching in Social Work*, *1*(1), 3–14.

Lewis, M. B. (1986). Duty to Warn Versus Duty to Maintain Confidentiality: Conflicting Demands on Mental Health Professionals. *Suffolf Law Review*, *20*(3), 579–615.

Linzer, N. (1999). *Resolving Ethical Dilemmas in Social Practice*. Massachusetts: Allyn and Bacon.

Lum, D. (Ed.). (2011). *Culturally Competent Practice: A Framework for Understanding Diverse Groups and Justice Issues* (4th ed.). Belmont, CA: Brooks/Cole.

MacIntyre, A. (1981). *After Virtue*. Notre Dame: University of Notre Dame Press.

Maclver, R. (1922). The Social Significance of Professional Ethics. *Annals*, *101*, 5–11.

Maritain, J. (1934). *Introduction to Philosophy*. London: Sheed and Ward.

Marshall, T. H. (1950). *Citizenship and Social Class*. Cambridge: Cambridge University Press.

Marty, M. E. (1980). Social Service: Godly and Godless. *Social Service Review*, *54*(4), 463–481.

Mattison, M. (2000). Ethical Decision Making: The Person in the Process. *Social Work*, *45*(3), 201–212.

McDermott, F. E. (1975). *Self-Determination in Social Work*. London: Routledge an Kegan Paul.

Mill, J. (1956). *On Liberty*. New York: The Library of Liberal Arts.

Mill, J. (1957). *Utilitarianism*. Indianapolis: Bobbs-Merill.

Miller, B. L. (1981). Autonomy and the Refusal of Life Saving Treatment. *The Hasting Center Report*, *11*(4), 22–28.

Miller, J. B. (1976). *Toward a New Psychology of Women*. Boston: Beacon Press.

Milne, A. J. M. (1968). *Freedom and Rights*. London: George Allen and Unwin.

Moore, G. E. (1959). *Principia Ethica*. Cambridge: Cambridge University Press.

Morrison, M. (1995). *Case Workers and Social Workers Definition of Family in Relationships to Their Decisions to Place Children in Foster Care*. Fordham University. New York.

Mukerjee, R. (1964). *The Dimensions of Values*. London: George Allen and Unwin.

NASW. (2003a). *NASW Standards for Social Work Practice in Long-Term Care Facilities*. Washington, DC: NASW Press.

NASW. (2003b). *NASW Standards for Social Work Practice with Adolescents*. Washington, DC: NASW Press.

NASW. (2005). *NASW Standards for Clinical Social Work*. Washington, DC: NASW Press.

NASW. (2012). *NASW Standards for School Social Work Service*. Washington, DC: NASW Press.

NASW. (2013a). *Best Practice Standards in Social Work Supervision*. Washington, DC: NASW Press.

NASW. (2013b). *NASW Standards for Social Work Case Management*. Washington, DC: NASW Press.

NASW. (2013c). *NASW Standards for Social Work Practice in Child Welfare*. Washington, DC: NASW Press.

NASW. (2015). *Standards and Indicators for Cultural Competence in Social Work Practice*. Washington, DC: NASW Press.

NASW. (2016). *NASW Standards for Social Work Practice in Health Care Setting*. Washington,

DC: NASW Press.

NASW. (2017). *NASW, ASWB, CSWE, & CSWA Standards for Technology in Social Work Practice*. Washington, DC: NASW Press.

Nozick, R. (1974). *Anarchy, State and Utopia*. Oxford: Basil Blackwell.

Odell, M., & Steward, P. (1993). Ethical Issues Associated with Client Values Conversion and Therapist Value Agendas in Family Therapy. *Family Relations*, *42*(2), 128–133.

O'neill, O. (1993). Kantian Ethics. In P. Singer (Ed.), *A Companion to Ethics*. Cambridge and Massachusetts: Blackwell, 175–185.

Parsons, R. (2001). *The Ethics of Professional Practice*. NeedHam Heights, MA: Allyn and Bacon.

Pence, G. (1993). Virtue Theory. In P. Singer (Ed.), *A Companion to Ethics*. Cambridge and Massachusetts: Blackwell, 249–258.

Perlman, H. H. (1965). Self-Determination: Reality or Illusion?. *Social Service Review*, *39*, 410–422.

Perlman, H. H. (1976). Believing and Doing: Values in Social Work Education. *Social Casework*, *57*(6), 381–390.

Pertila, J. (1988). Mandated Services: Legal Issues. In A. Rosebblatt (Ed.), *For Their Own Good: Essays in Coercive Kindness*. New York: Nelson A. Rockefellet Institute of Government.

Pettit, P. (1993). Consequentialism. In P. Singer (Ed.), *A Companion to Ethics*. Cambridge and Massachusetts: Blackwell, 230–240.

Pettit, P. (1998). *Republicanism: A Theory of Freedom and Government* (2nd ed.). Oxford: Oxford University Press.

Philips, A. (1998). *Feminism and Politics*. Oxford: Oxford University Press.

Pincoffs, E. (1986). *Quandaries and Virtues; Against Reductivism in Ethics*. Lawrence, Kan.: University Press of Kansas.

Pojman, L. (2002). *Ethics: Discovering Rights and Wrong*. Belmont, CA: Wadsworth.

Pojman, L. P., & Fieser, J. (2017). *Ethics: Discovering Right and Wrong* (8th ed.). Andover: Cengage.

Polanyi, K. (1964). *The Great Transformation: The Political and Economic Origins of Our Time*. Boston: Beacon Press.

Popper, K. (1966). *The Open Society and Its Enemies* (5th ed.). London: Routledge and Kegan Paul.

Pumphrey, M. W. (1959). *The Teaching of Values and Ethics in Social Work Education*. Vol. 13. New York: Council on Social Work Education.

Quinn, P. L. (1978). *Divine Commands and Moral Requirement*. Oxford: Oxford University Press.

Rachels, J. (1971). Introduction. In J. Rachels (Ed.), *Moral Problems: A Collection of Philosophical Essays*. New York: Harper and Row.

Rachels, J., & Rachels, C. (2010). *The Elements of Moral Philosophy* (6th ed.). New York: McGraw-Hill Higher Education.

Rae, E., Yates, D., Hochschild, J., Morone, J., & Fessler, C. (1981). *Equalities. Cambridge*, Massachusetts and London: Harvard University Press.

Rappaport, J. (1986). In Praise of Paradox: A Social Policy of Empowerment Over Prevention. In E. Seidman & J. Rappaport (Eds.), *Redefining Social Problems*. New York: Plenum Press.

Raschlin, S. (1988). The Limit of Parens Patriae. In A. Rosenblatt (Ed.), *For Their Own Good: Essays in Coercive Kindness*. New York: Nelson A. Rockefeller Institute of Government.

Rawls, J. (1971). *A Theory of Justice*. Cambridge: The Belknap Press of Harvard University Press.

Rawls, J. (1993). *Political Liberalism*. New York: Columbia University Press.

Rawls, J. (1999). *The Law of Peoples*. Cambridge: Harvard University Press.

Rawls, J. (2001). *Justice as Fairness: A Restatement*. Cambridge: Harvard University Press.

Reamer, F. G. (1983a). Ethical Dilemmas in Social Work Practice. *Social Work*, *28*(1), 31–35.

Reamer, F. G. (1983b). The Concept of Paternalism in Social Work. *Social Service Reviews*, *57*(2), 254–271.

Reamer, F. G. (1983c). The Free Will-Determinism Debate in Social Work. *Social Service Reviews*, *57*(4), 626–644.

Reamer, F. G. (1987). Ethics Committees in Social Work. *Social Work*, *32*(3), 188–192.

Reamer, F. G. (1989). Toward Ethical Practice: The Relevance of Ethical Theory. *Social Thought*, *15*(3/4), 67–78.

Reamer, F. G. (1992). Social Work and the Public Good: Calling or Career? In P. Reid & P. Popple(Eds.), *The Moral Purposes of Social Work*. Chicago: Nelson-Hall.

Reamer, F. G. (1994). *Social Work Malpractice and Liability*. New York: Columbia University Press.

Reamer, F. G. (1997). Ethical Issues for Social Work Practice. In M. Reisch & E. Gambrill(Eds.), *Social Work in the Twenty-First Century*. Thousand Oaks: Pine Forge/Sage, 340–349.

Reamer, F. G. (1998). *Ethical Standards in Social Work: A Critical Review of the NASW Code of Ethics*. Washington: NASW Press.

Reamer, F. G. (2000). Administrative Ethics. In R. J. Patti (Ed.), *The Handbook of Social Welfare Management*. California: Sage Publications, 69–85.

Reamer, F. G. (2009). *The Social Work Ethics Casebook: Cases and Commentary*. Washington, DC: NASW Press.

Reamer, F. G. (2013). *Social Work Values and Ethics* (4th ed.). New York: Columbia University Press.

Reamer, F. G. (2015). *Risk Management in Social Work: Preventing Professional Malpractice, Liability, and Disciplinary Action*. New York: Columbia University Press.

Reamer, F. G., & Abramson, M. (1982). *The Teaching of Social Work Ethics*. New York: Hastings Center.

Reid, P. N. (1992). The Social Function and Social Morality of Social Work: A Utilitarian Perspective. In P. N. Reid & P. R. Reid (Eds.), *The Moral Purposes of Social Work*. Chicago: Nelson-Hall, 34–50.

Reynols, B. (1956). *Uncharted Journey*. New York: Citadal.

Rhodes, M. (1986). *Ethical Dilemmas in Social Work Practice*. Boston and Massachusetts: Routledge and Kegan Paul.

Robert, C. (1989). Conflicting Professional Values in Social Work and Medicine. *Health and Social Work*, *14*(3), 211–218.

Rosenblatt, A. (1988). *For Their Own Good: Essays in Coercive Kindness*. New York: Nelson A. Rockefeller Institute of Government.

Ross, W. D. (1930). *The Right and The Good*. Oxford: Clarendon Press.

Rothman, J., Smith, W., Nakashima, J., Paterson, M. A., & Mustin, J. (1996). Client Self-Determination and Professional Intervention: Striking a Balance. *Social Work*, *41*(4), 396–404.

Russell, B. (1949). Individual and Social Ethics. In B. Russell (Ed.), *Authority and the Individual*. London: George Allen and Unwin.

Ruth, S. (1981). Methodocracy, Misogyny and Bad Faith. In D. Spencer (Ed.), *Men's Studies Modified*. Oxford: Pergamon Press.

Sandel, M. (1996). *Democracy's Discontent*. Cambridge: Harvard University Press.

Schneewind, J. B. (1992). Autonomy, Obligation, and Virtue: An Overview of Kant's Moral Philosophy. In P. Guyer (Ed.), *The Cambridge Companion to Kant*. Cambridge: Cambridge University Press, 309–341.

Schutz, M. B. (1982). *Legal Liability in Psychotherapy*. San Francisco: Jossey-Bass.

Schwartz, H. I., Vingiano, W., & Perez, C. B. (1988). Autonomy and the Right to Refuse Treatment. Patient's Attitudes After Involuntary Medication. *Hospital and Community Psychiatry*, *39*, 1049−1054.

Shulman, L.(1984). *The Skills of Helping Individuals and Groups* (2nd ed.). Itasca: Peacock Publishers.

Sidgwick, H. (1907). *The Methods of Ethics* (7th ed.). London: Macmillan.

Singer, P. (1971). Animal Liberation. In J. Raechels (Ed.), *Moral Problems: A Collection of Philosophical Essays*. New York: Harper and Row.

Singer, P. (1994). *Ethics*. Oxford: Oxford University Press.

Singer, P. (2011). *Practical Ethics* (3rd ed.). Cambridge & New York: Cambridge University Press.

Siporin, M. (1975). *Introduction to Social Work Practice*. New York: Macmillan.

Siporin, M. (1985). Current Social Work Perspectives for Clinical Practice. *Clinical Social Work Journal*, *13*, 198−217.

Siporin, M. (1992). Strengthening the Moral Mission of Social Work. In P. N. Reid & P. R. Popple (Eds.), *The Moral Purposes of Social Work*. Chicago: Nelson-Hall, 71−99.

Skinner, Q. (1983). Machiavelli, and the Maintenance of Liberty. *Politics*, *18*, 3−15.

Slote, M. (1992). *From Morality to Virtue*. New York: Oxford University Press.

Smart, J. C., & Williams, B. (1973). *Utilitarianism: For and Against*. Cambridge: Cambridge University Press.

Specht, H. (1990). Social Work and the Popular Psychotherapies. *Social Service Review*, *64*(3), 345−357.

Specht, H., & Courtney, M. (1994). *Unfaithful Angels: How Social Work has Abandoned Its Mission*. New York: Free Press.

Stein, T. (1991). *Child Welfare and the Law*. New York: Longman.

Strom, K. J. (1994). The Impact of Third-Party Reimbursement on Services by Social Workers in Private Practice. *Psychotherapy in Private Practice*, *13*(3), 1−22.

Tawney, R. H. (1931). *Equality*. London: Allen and Unwin.

Taylor, C. (1979). *Hegel and Modern Society*. Cambridge: Cambridge University Press.

Tepper, L. (1994). Family Relationships in Later Life. In I. A. Gutheil (Ed.), *Working With Older People: Challenges and Opportunities*. New York: Fordham University Press, 42−61.

Timms, N. (1983). *Social Work Values: An Inquiry*. London: Routledge and Kegan Paul.

Titmuss, R. (1968). *Commitment to Welfare*. London: Allen and Unwin.

Toren, N. (1969). Semi-Professionalism and Social Work: A Theoretical Perspective. In A. Etzioni(Ed.), *The Semi Professions and Their Organization*. New York: Free Press, 141–195.

Trattner, W. I. (1989). *From Poor Law to Welfare State: A History of Social Welfare in America*. New York: Free Press.

Varley, B. K. (1968). Social Work Values: Changes in Value Commitments from Admission to MSW Graduation. *Journal of Education for Social Work*, 4, 67–85.

Vigilante, J. L. (1983). Professional Values. In A. Rosenbaltt & D. Waldfogel (Eds.), *Handbook of Clinical Social Work*. San Francisco: Jossey-Bass, 58–69.

Viroli, M. (2002). *Republicanism*. New York: Hill and Wang.

Wakefield, J. (1998). Psychotherapy, Distributive Justice, and Social Work Revisited. *Smith College Studies in Social Work*, *69*, 25–57.

Walzer, M. (1983). *Spheres of Justice: A Defense of Pluralism and Equality*. New York: Basic Books.

Wasserstrom, R. (1975). The Obligation to Obey the Law. In R. Wasserstrom (Ed.), *Today's Moral Problems*. New York: Macmillan, 358–384.

Watson, K., Seader, M., & Walsh, E. (1994). Should Adoption Records Be Open? In E. Gambril & T. Stein (Eds.), *Controversial Issues in Child Welfare*. Boston: Allyn and Bacon.

Westphal, F. A. (1969). *The Activity of Philosophy*. Englewood Cliffs: Prentice-Hall.

Wigmore, J. (1961). *Evidence in Trials at Common Law*(Rev. ed.). Boston: Little, Brown.

Wilson, S. J. (1978). *Confidentiality in Social Work: Issues and Principles*. New York: Free Press.

Wilson, S. J. (1980). *Field Instruction*. New York: Free Press.

Wilson, S. J. (1983). Confidentiality. In A. Rosenblatt & D. Waldfogel (Eds.), *Handbook of Clinical Social Work*. San Francisco: Jossey-Bass.

Wolf, R., & Pillemer, K. (1984). *Working With Abused Elderly: Assessment, Advocacy, and Intervention*. Worcester: University of Massachusetts Medical Center, Center on Aging.

Young, I. M. (1990). *Justice and the Politics of Difference*. Princeton: Princeton University Press.

Younghusband, E. (1967). *Social Work and Social Values*. London: Allen and Unwin.

부록

부록 1. 한국사회복지사협회(KASW) 윤리강령

전문

사회복지사는 인본주의 · 평등주의 사상에 기초하여, 모든 인간의 존엄성과 가치를 존중하고 천부의 자유권과 생존권의 보장활동에 헌신한다. 특히 사회적 · 경제적 약자들의 편에 서서 사회정의와 평등, 자유와 민주주의 가치를 실현하는 데 앞장선다. 또한 도움을 필요로 하는 사람들의 사회적 지위와 기능을 향상시키기 위해 저들과 함께 일하며, 사회제도 개선과 관련된 제반 활동에 주도적으로 참여한다. 사회복지사는 개인의 주체성과 자기결정권을 보장하는 데 최선을 다하고, 어떠한 여건에서도 개인이 부당하게 희생되는 일이 없도록 한다. 이러한 사명을 실천하기 위하여 전문적 지식과 기술을 개발하고, 사회적 가치를 실현하는 전문가로서의 능력과 품위를 유지하기 위해 노력한다.

이에 우리는 클라이언트 · 동료 · 기관 그리고 지역사회 및 전체 사회와 관련된 사회복지사의 행위와 활동을 판단 · 평가하며 인도하는 윤리기준을 다음과 같이 선언하고 이를 준수할 것을 다짐한다.

윤리기준

I. 사회복지사의 기본적 윤리기준

1. 전문가로서의 자세
   1) 사회복지사는 전문가로서의 품위와 자질을 유지하고, 자신이 맡고 있는 업무에 대해 책임을 진다.
   2) 사회복지사는 클라이언트의 종교, 인종, 성, 연령, 국적, 결혼상태, 성 취향, 경제적 지위, 정치적 신념, 정신적 · 신체적 장애, 기타 개인적 선호, 특징, 조건, 지위를 이유로 차별대우를 하지 않는다.
   3) 사회복지사는 전문가로서 성실하고 공정하게 업무를 수행하며, 이 과정에서 어떠한 부당

한 압력에도 타협하지 않는다.

4) 사회복지사는 사회정의 실현과 클라이언트의 복지 증진에 헌신하며, 이를 위한 환경 조성을 국가와 사회에 요구해야 한다.

5) 사회복지사는 전문적 가치와 판단에 따라 업무를 수행함에 있어, 기관 내외로부터 부당한 간섭이나 압력을 받지 않는다.

6) 사회복지사는 자신의 이익을 위해 사회복지전문직의 가치와 권위를 훼손해서는 안 된다.

7) 사회복지사는 한국사회복지사협회 등 전문가단체 활동에 적극 참여하여, 사회정의 실현과 사회복지사의 권익옹호를 위해 노력해야 한다.

2. 전문성 개발을 위한 노력

1) 사회복지사는 클라이언트에게 최상의 서비스를 제공하기 위해, 지식과 기술을 개발하는데 최선을 다하며 이를 활용하고 전파할 책임이 있다.

2) 클라이언트를 대상으로 연구하는 사회복지사는 저들의 권리를 보장하기 위해, 자발적이고 고지된 동의를 얻어야 한다.

3) 연구과정에서 얻은 정보는 비밀보장의 원칙에서 다루어져야 하고, 이 과정에서 클라이언트는 신체적 · 정신적 불편이나 위험 · 위해 등으로부터 보호되어야 한다.

4) 사회복지사는 전문성을 개발하기 위해 노력하되, 이를 이유로 서비스의 제공을 소홀히 해서는 안 된다.

5) 사회복지사는 한국사회복지사협회 등이 실시하는 제반교육에 적극 참여하여야 한다.

3. 경제적 이득에 대한 태도

1) 사회복지사는 클라이언트의 지불능력에 상관없이 서비스를 제공해야 하며, 이를 이유로 차별 대우를 해서는 안 된다.

2) 사회복지사는 필요한 경우에 제공된 서비스에 대해, 공정하고 합리적으로 이용료를 책정해야 한다.

3) 사회복지사는 업무와 관련하여 정당하지 않은 방법으로 경제적 이득을 취하여서는 안 된다.

II. 사회복지사의 클라이언트에 대한 윤리기준

1. 클라이언트와의 관계

1) 사회복지사는 클라이언트의 권익옹호를 최우선의 가치로 삼고 행동한다.

2) 사회복지사는 클라이언트에 대하여 인간으로서의 존엄성을 존중해야 하며, 전문적 기술과 능력을 최대한 발휘한다.

3) 사회복지사는 클라이언트가 자기결정권을 최대한 행사할 수 있도록 도와야 하며, 저들의 이익을 최대한 대변해야 한다.
4) 사회복지사는 클라이언트의 사생활을 존중하고 보호하며, 직무 수행과정에서 얻은 정보에 대해 철저하게 비밀을 유지해야 한다.
5) 사회복지사는 클라이언트가 받는 서비스의 범위와 내용에 대해, 정확하고 충분한 정보를 제공함으로써 알권리를 인정하고 존중해야 한다.
6) 사회복지사는 문서 · 사진 · 컴퓨터 파일 등의 형태로 된 클라이언트의 정보에 대해 비밀보장의 한계 · 정보를 얻어야 하는 목적 및 활용에 대해 구체적으로 알려야 하며, 정보 공개 시에는 동의를 얻어야 한다.
7) 사회복지사는 개인적 이익을 위해 클라이언트와의 전문적 관계를 이용하여서는 안 된다.
8) 사회복지사는 어떠한 상황에서도 클라이언트와 부적절한 성적 관계를 가져서는 안 된다.
9) 사회복지사는 사회복지 증진을 위한 환경조성에 클라이언트를 동반자로 인정하고 함께 일해야 한다.

2. 동료의 클라이언트와의 관계

1) 사회복지사는 적법하고도 적절한 논의 없이 동료 혹은 다른 기관의 클라이언트와 전문적 관계를 맺어서는 안 된다.
2) 사회복지사는 긴급한 사정으로 인해 동료의 클라이언트를 맡게 된 경우, 자신의 의뢰인처럼 관심을 갖고 서비스를 제공한다.

III. 사회복지사의 동료에 대한 윤리기준

1. 동료

1) 사회복지사는 존중과 신뢰로서 동료를 대하며, 전문가로서의 지위와 인격을 훼손하는 언행을 하지 않는다.
2) 사회복지사는 사회복지전문직의 이익과 권익을 증진시키기 위해 동료와 협력해야 한다.
3) 사회복지사는 동료의 윤리적이고 전문적인 행위를 촉진시켜야 하며, 이에 반하는 경우에는 제반 법률규정이나 윤리기준에 따라 대처해야 한다.
4) 사회복지사가 전문적인 판단과 실천이 미흡하여 문제를 야기시켰을 때에는, 적절한 조치를 취하여 클라이언트의 이익을 보호해야 한다.
5) 사회복지사는 전문직 내 다른 구성원이 행한 비윤리적 행위에 대해, 제반 법률규정이나 윤리기준에 따라 조치를 취해야 한다.
6) 사회복지사는 동료 및 타 전문직 동료의 직무 가치와 내용을 인정 · 이해하며, 상호 간에 민주적인 직무관계를 이루도록 노력해야 한다.

2. 슈퍼바이저

1) 슈퍼바이저는 개인적인 이익의 추구를 위해 자신의 지위를 이용해서는 안 된다.
2) 슈퍼바이저는 전문적 기준에 의해 공정하게 책임을 수행하며, 사회복지사 · 수련생 및 실습생에 대한 평가는 저들과 공유해야 한다.
3) 사회복지사는 슈퍼바이저의 전문적 지도와 조언을 존중해야 하며, 슈퍼바이저는 사회복지사의 전문적 업무수행을 도와야 한다.
4) 슈퍼바이저는 사회복지사 · 수련생 및 실습생에 대해 인격적 · 성적으로 수치심을 주는 행위를 해서는 안 된다.

IV. 사회복지사의 사회에 대한 윤리기준

1) 사회복지사는 인권존중과 인간평등을 위해 헌신해야 하며, 사회적 약자를 옹호하고 대변하는 일을 주도해야 한다.
2) 사회복지사는 필요한 사회서비스를 개발하기 위한 사회정책의 수립 · 발전 · 입법 · 집행에 적극적으로 참여하고 지원해야 한다.
3) 사회복지사는 사회환경을 개선하고 사회정의를 증진시키기 위한 사회정책의 수립 · 발전 · 입법 · 집행을 요구하고 옹호해야 한다.
4) 사회복지사는 자신이 일하는 지역사회의 문제를 이해하고, 그것을 해결하는 일에 적극적으로 참여해야 한다.

V. 사회복지사의 기관에 대한 윤리기준

1) 사회복지사는 기관의 정책과 사업 목표의 달성, 서비스의 효율성과 효과성의 증진을 위해 노력함으로써, 클라이언트에게 이익이 되도록 해야 한다.
2) 사회복지사는 기관의 부당한 정책이나 요구에 대하여, 전문직의 가치와 지식을 근거로 이에 대응하고 즉시 사회복지윤리위원회에 보고해야 한다.
3) 사회복지사는 소속기관 활동에 적극 참여함으로써 기관의 성장발전을 위해 노력해야 한다.

VI. 사회복지윤리위원회의 구성과 운영

1) 한국사회복지사협회는 사회복지윤리위원회를 구성하여, 사회복지윤리실천의 질적인 향상을 도모하여야 한다.
2) 사회복지윤리위원회는 윤리강령을 위배하거나 침해하는 행위를 접수받아, 공식적인 절

차를 통해 대처하여야 한다.

3) 사회복지사는 한국사회복지사협회의 윤리적 권고와 결정을 존중하여야 한다.

사회복지사 선서

나는 모든 사람들이 인간다운 삶을 누릴 수 있도록,
인간 존엄성과 사회정의의 신념을 바탕으로,
개인, 가족, 집단, 조직, 지역사회, 전체 사회와 함께한다.
나는 언제나 소외되고 고통받는 사람들의 편에 서서,
저들의 인권과 권익을 지키며, 사회의 불의와 부정을 거부하고,
개인 이익보다 공공 이익을 앞세운다.
나는 사회복지사 윤리강령을 준수함으로써,
도덕성과 책임성을 갖춘 사회복지사로 헌신한다.
나는 나의 자유의지에 따라 명예를 걸고 이를 엄숙하게 선서합니다.

부록 2. 미국사회복지사협회(NASW) 윤리강령

개요

미국사회복지사협회 윤리강령은 사회복지사들이 일상적으로 실시하는 전문적 실천의 안내자로서 역할하려는 취지를 갖고 있다. 이 강령은 네 세션을 포함하고 있다. 첫 번째 세션인 '전문'은 사회복지전문직의 사명과 핵심적인 가치들을 요약하고 있다. 두 번째 세션인 '미국사회복지사협회 윤리강령의 목적'은 강령의 주요 기능의 개요와 사회복지실천현장에서의 윤리적 이슈나 딜레마들을 다루는 간략한 안내를 제공하고 있다. 세 번째 세션인 '윤리적 원칙'은 사회복지실천의 핵심적 가치에 기반을 둔 광범위한 윤리적 원칙들을 제시하고 있다. 마지막 세션인 '윤리기준'은 사회복지사들의 실천을 안내하고 판결의 기반을 제공하기 위해 세부적인 윤리기준을 포함하고 있다.

미국사회복지사협회는 세계에서 가장 규모가 큰 전문적인 사회복지사들의 조직이다. 미국사회복지사협회는 미국, 푸에르토리코, 버진제도, 괌 그리고 해외 등 55개 지부에 소속된 사회복지사들을 위해 복무하고 있다. 미국사회복지사협회는 세 가지의 임무를 수행하기 위해 1955년에 기존의 7개의 사회복지실천 조직들을 통합해 구성되었다.

- 사회복지전문직의 강화와 통합
- 사회복지실천의 발전 촉진
- 건전한 사회정책의 진보

높은 표준의 사회복지실천의 촉진과 서비스의 소비자 보호는 주요한 연관된 원칙들이다.

이 강령은 1996년 미국사회복지사협회 대의원총회에서 승인되고, 2017년 대의원총회에서 개정되었다.

전문

사회복지전문직의 기본적인 사명은 인류의 복지를 증진하고 모든 사람에 대해 인간의 기본적인 욕구를 충족시키는 데 도움을 주고자 하는 것이며, 취약하고 억압받고 빈곤한 계층의 욕구 및 능력에 특별한 관심을 둔다. 사회복지의 역사적 · 개념적 특징은 사회복지전문직이 사회적 맥락 안에서 개인과 사회의 복지에 초점을 맞춘다는 데에 있다. 사회복지실천은 생활상의 문제를 야기하거나 이에 영향을 끼치거나 심화시키는 환경적 요인들에 근본적으로 주의를 기울인다.

사회복지사는 클라이언트를 위해 그리고 클라이언트와 함께 사회정의와 사회변화를 촉진시킨다. 클라이언트는 개인, 가족, 집단, 조직 그리고 지역사회를 포괄하는 용어로 사용된다. 사회복지사는 문화적 · 인종적 다양성에 민감하며, 차별, 억압, 빈곤과 기타 유형의 사회적 부정의를 없애기 위해 노력한다. 이러한 행동은 직접적인 실천, 지역사회조직, 슈퍼비전, 상담, 행정, 옹호, 사회적 · 정치적 행동, 정책개발과 시행, 교육, 연구조사와 평가 등의 형태로 나타날 수 있다. 사회복지사는 개인들이 자신의 욕구를 다룰 수 있는 역량을 강화시키기 위해 노력한다. 또한 사회복지사는 조직, 지역사회와 다른 사회제도들이 개인들의 욕구와 사회문제들에 대한 반응성을 증진시키기 위해 노력한다.

사회복지전문직의 임무는 일련의 핵심적 가치들에 기반을 두고 있다. 이 핵심적 가치들은 사회복지전문직의 역사를 통해 사회복지사들이 견지해 온 것으로 사회복지실천 고유의 목적 및 관점에 기반을 두고 있다.

- 서비스
- 사회정의
- 인간의 존엄과 가치
- 인간관계의 중요성
- 충실성
- 적임능력

이러한 핵심적 가치의 구성은 사회복지전문직의 독특성을 반영한다. 핵심적 가치들과 그로부터 도출된 윤리적 원칙은 인간 경험의 맥락과 복잡성 안에서 균형을 이루어야 한다.

미국사회복지사협회 윤리강령의 목적

전문직 윤리는 사회복지실천의 핵심에 해당한다. 사회복지전문직은 기본적인 가치, 윤리적 원칙과 윤리기준을 명확히 해야 할 의무가 있다. 미국사회복지사협회 윤리강령은 사회복지사의 행위를 안내하기 위해 이와 같은 가치, 윤리적 원칙과 윤리기준을 제시하고 있다. 윤리강령은 전문적인 기능, 실천 분야 및 서비스 대상과 관계없이 모든 사회복지사와 사회복지학과 학생들에게 적용된다.

미국사회복지사협회 윤리강령의 여섯 가지 목적은 다음과 같다.

① 윤리강령은 사회복지실천의 사명의 기반이 되는 핵심가치를 제시한다.

② 윤리강령은 사회복지전문직의 핵심적 가치를 반영하는 광범위한 윤리적 원칙을 요약하고 있으며, 사회복지실천의 지침으로 사용되어야 할 일련의 구체적인 윤리기준을 제시한다.

③ 윤리강령은 전문직 의무 간의 갈등이나 윤리적 불확실성이 발생할 때 사회복지사들이 관련된 고려사항들을 확인하는 데 도움이 되도록 기획되었다.

④ 윤리강령은 일반 대중이 사회복지전문직의 책임성을 견인할 수 있도록 윤리기준을 제공한다.

⑤ 윤리강령은 사회복지 분야에서 새로 일하는 사회복지실천가들에 대해 사회복지실천의 사명, 가치, 윤리적 원칙과 윤리기준을 사회화시킨다.

⑥ 윤리강령은 사회복지사가 비윤리적 행위를 하고 있는지 사정하기 위해 사회복지전문직이 사용할 수 있는 기준을 명확히 제시한다. 미국사회복지사협회는 회원에 대해 제기된 윤리적 불만신고를 판결하기 위한 공식절차를 두고 있다.

* 윤리강령에 서명함으로써 사회복지사들은 윤리강령의 실행에 협력해야 하고, 미국사회복지사협회의 판결절차에 참여해야 하며, 윤리강령에 기반을 둔 미국사회복지사협회의 징계규정이나 이에 근거한 제재를 준수해야 한다.

* 미국사회복지사협회의 판결절차에 관한 정보에 대해서는 미국사회복지사협회의 불만판결절차를 참조하라.

윤리강령은 윤리적 이슈가 발생할 때 의사결정과 행동의 지침이 될 수 있는 일련의 가치, 윤리적 원칙과 윤리기준을 제시한다. 그러나 모든 상황에서 사회복지사가 어떻게 행동해야 할 것인가에 대한 구체적인 처방을 제공하는 것은 아니다. 윤리강령을 구체적으로 적용할 때에는 고려해야 할 맥락을 참작해야 하고, 윤리강령의 가치, 윤리적 원칙과 윤리기준 간의 상충 가능성을 고려해야 한다. 윤리적 책임성은 개인과 가족뿐 아니라 사회적 · 직업적 관계 등 모든 인간관계에 대해 적용된다.

나아가 미국사회복지사협회 윤리강령은 가치, 윤리적 원칙과 윤리기준 중 가장 중요한 것이 무엇인지 그리고 그것들 간의 상충이 발생할 때 우선순위가 무엇인지에 관해서는 특정하지 않고 있다. 가치, 윤리적 원칙과 윤리기준 간의 상충이 발생할 때 우선순위를 설정하는 방법에 대해서는 사회복지사들 간에 상당한 의견의 차이가 발생할 수 있고 실제로도 의견 차이가 존재하기 때문이다. 특정 상황에서의 윤리적 의사결정에서는 사회복지사 개개인이 보고한 정보를 적용해야 하며, 해당 윤리기준이 적용되는 분야의 동료들의 검토절차에서 그 윤리적 이슈가 어떻게 결정되는지 고려해야 한다.

윤리적 의사결정은 하나의 과정이다. 윤리적 의무 간의 상충이 존재하는 상황에서는 사회복지사는 단순한 해답이 없는 복잡한 윤리적 딜레마에 직면한다. 사회복지사는 윤리적 판단이 요구되는 제반 상황에서 윤리강령의 모든 가치, 윤리적 원칙과 윤리기준을 고려해야 한다. 사회복지사의 결정과 행동은 윤리강령의 조항뿐 아니라 윤리강령의 정신과도 일치되어야 한다.

이 윤리강령에 덧붙여, 윤리적 판단에 유용한 다른 많은 자료가 존재한다. 사회복지사는 일반적인 윤리적 이론과 원칙, 사회복지실천 이론과 조사, 법률, 규칙, 기관의 정책, 관련된 다른 윤리강령들 등을 포괄적으로 고려해야 하고, 관련된 윤리강령들 중에서 반드시 미국사회복지사협회 윤리강령을 기본적인 자료로 삼아야 한다. 또한 사회복지사는 자신의 개인적 가치와 클라이언트의 가치 그리고 문화적 · 종교적 신념과 관행이 윤리적 의사결정에 끼치는 영향을 알고 있어야 한다. 추가적인 지침으로서 사회복지사는 윤리적 딜레마에 봉착했을 때 사회복지전문직의 윤리와 윤리적 의사결정에 관련된 문헌을 참고하고 적절한 자문을 구해야 한다. 자문 대상에는 기관 기반 혹은 사회복지실천 조직 내의 윤리위원회, 규제기구, 전문적인 지식이 있는 동료, 슈퍼바이저, 법률적 상담 등이 포함된다. 이와 같은 갈등이 발생할 때, 사회복지사는 반드시 윤리강령에 명시된 가치, 원칙과 기준에 일치하게 갈등을 해결하려는 책임성 있는 노력을 기울여야 한다. 만일 갈등에 대한 합리적인 해결방안을 찾기 어려울 경우 사회복지사는 결정을 내리기에 앞서 반드시 적절한 자문을 구해야 한다.

미국사회복지사협회 윤리강령은 미국사회복지사협회에 의해 사용되며, 또한 이 강령을 채택하고 준거로 삼고자 하는 개인, 기관, 조직 그리고 단체(자격인가 및 규제위원회, 전문직 책임보험 제공자, 법원, 기관의 이사회, 정부기관과 기타 전문직 집단) 등에 의해 활용된다. 윤리강령의 윤리기준의 위반이 자동적으로 법적 책임이나 법률위반을 의미하는 것은 아니다. 그러한 결정은 법률적 맥락과 사법적 절차에 의해서만 이루어질 수 있다. 윤리강령 위반 혐의에 대해서는 동료 조사절차를 거치게 된다. 이러한 절차는 대개 법률 또는 행정 절차와는 별개의 과정이며 법률적 검토나 소송절차와는 관계없이 전문직이 재량적으로 부여받은 상담과 규제의 영역이다.

윤리강령이 윤리적 행위를 보증할 수는 없다. 더욱이 윤리강령이 모든 윤리적 이슈나 윤리적 논쟁을 해결하거나 책임 있는 윤리적 선택이 무엇인가를 둘러싼 갈등 등 도덕공동체인 사회복지전문직 내에서 벌어지는 풍부하고 복잡한 논의들을 모두 포착할 수는 없다. 오히려 윤리강령은 사회복지전문직이 갈망하며 그들의 행동의 판단기준이 되는 가치, 윤리적 원칙과 윤리기준을 제시한다. 사회복지사의 윤리적 행위는 반드시 윤리적 실천을 위해 복무하고자 하는 개인적인 책임성을 바탕으로 이루어져야 한다. 미국사회복지사협회 윤리강령은 사회복지전문직의 가치를 유지하고 윤리적 실천을 지향하는 모든 사회복지사의 책임성을 반영한다. 윤리적 원칙과 윤리기준은 도덕적 질문들에 대해 안목을 갖추고 있고 신뢰할 만한 윤리적 결정을 추구하려는 신념을 갖고 있는 인격을 갖춘 개인들에 의해 적용되어야 한다.

다양한 사회복지실천현장에서 정보통신기술 사용이 증가함에 따라, 사회복지사는 비밀보장, 고지된 동의, 전문적 경계, 전문적 적임능력, 기록보관 그리고 기타의 윤리적 고려사항들의 유지와 관련해 발생하는 독특한 도전에 대해 알 필요가 있다. 대체로 이 윤리강령의 모든 윤리기준은 사람 간 관계이건 정보통신기술을 사용하건 관계없이 상호작용, 관계 혹은 의사소통에 대해 적용성이 있다. 이 윤리강령의 목적을 달성하기 위해, "정보통신기술의 지원을 받는 사회복지서비스"는 컴퓨터, 휴대전화 혹은 일반전화, 태블릿PC, 비디오기술, 혹은 기타의 전자적 기술 혹은 디지털기술 등의 사용을 비롯한 모든 사회복지서비스를 포함한다. 여기에는 인터넷, 온라인 소셜 미디어, 채팅방, 문자메시지, 이메일, 그리고 새로 등장하고 있는 디지털 애플리케이션 등 다양한 전자적 기술 혹은 디지털 플랫폼의 사용이 포함된다. 정보통신기술의 지원을 받는 사회복지서비스는 심리치료, 개인 · 가족 · 집단상담, 지역사회조직, 행정, 옹호, 중재, 교육, 슈퍼비전, 연구조사, 평가 그리고 기타의 사회복지서비스를 포함하는 모든 영역의 사회복지실천을 망라한다. 사회복지사는 사회복지실천에 사용될 수 있는 새로 등장하는 정보통신기술의 발전과 다양한 윤리기준이 여기에 어떻게 적용될지에 대해 알고 있어야 한다.

윤리적 원칙

다음의 포괄적인 윤리적 원칙들은 서비스, 사회정의, 인간의 존엄과 가치, 인간관계의 중요성, 충실성과 적임능력에 기반을 둔 사회복지실천의 핵심가치들에 바탕을 두고 있다. 이 원칙들은 모든 사회복지사가 열망하는 이상을 제시한다.

① 가치: 서비스

윤리적 원칙: 사회복지사의 일차적 목표는 욕구가 있는 사람들을 원조하고 사회문제를 해결하는 것이다.

사회복지사는 타인에 대한 서비스를 자기 이익에 우선토록 한다. 사회복지사는 욕구가 있는 사람들을 돕고 사회문제를 다루기 위해 자신의 지식, 가치와 기술을 사용한다. 사회복지사는 큰 재정적 보상에 대한 기대 없이 자신의 전문직 기술의 일부를 (무료서비스 등) 자발적으로 제공하도록 권장된다.

② 가치: 사회정의

윤리적 원칙: 사회복지사는 사회적 부정의에 도전한다.

사회복지사는 사회적 변화, 특히 취약하고 억압받는 사람 및 집단과 함께 또는 이들을 위해 사회적 변화를 추구한다. 사회복지사가 추구하는 사회변화를 위한 노력은 빈곤, 실업, 차별, 그리고 기타 형태의 사회적 불평등에 그 주된 초점을 맞춘다. 이러한 활동을 위해서는 억압 그리고 문화적 · 인종적 다양성에 관한 민감성과 그에 관한 지식을 증진시키기 위해 노력한다. 사회복지사는 필요한 정보, 서비스 그리고 자원에 대한 접근, 기회의 평등, 그리고 모든 사람의 의미 있는 의사결정 참여를 위해 노력한다.

③ 가치: 인간의 존엄과 가치
윤리적 원칙: 사회복지사는 인간의 고유한 존엄과 가치를 존중한다.

사회복지사는 개인적인 차이와 문화적 · 인종적 다양성에 유의하면서 보호와 존중의 자세로 개개인을 대한다. 사회복지사는 클라이언트의 사회적으로 책임 있는 자기의사결정을 증진시킨다. 사회복지사는 클라이언트가 역량을 강화하고 변화의 기회를 갖고 그들 자신의 욕구에 초점을 맞추도록 하기 위해 노력한다. 사회복지사는 클라이언트 및 사회 전반에 대한 이중적 책임을 인식한다. 또한 클라이언트의 이익과 일반 사회의 이익 간의 갈등에 대해, 사회복지전문직의 가치, 윤리적 원칙 그리고 윤리기준에 일치하도록 사회적으로 책임 있는 방식으로 해결하기 위해 노력한다.

④ 가치: 인간관계의 중요성
윤리적 원칙: 사회복지사는 인간관계의 핵심적인 중요성을 인식한다.

사회복지사는 두 사람 또는 여러 사람 간의 관계가 변화를 위한 중요한 수단임을 인식한다. 사회복지사는 원조과정에 있는 모든 사람과 동반자로서 관여한다. 사회복지사는 개인, 가족, 집단, 조직 및 지역사회의 복지를 증진, 회복, 유지 및 향상시키기 위해 인간관계를 강화시키고자 적극적으로 노력한다.

⑤ 가치: 충실성
윤리적 원칙: 사회복지사는 신뢰받을 수 있게 행동한다.

사회복지사는 사회복지전문직의 사명, 가치, 윤리적 원칙과 윤리기준을 항상 숙지해 이에 일치되게 실천한다. 사회복지사는 정직하고 책임 있게 행동하며 자신들이 속한 조직의 구성원으로서 윤리적인 실천을 증진시킨다.

⑥ 가치: 적임능력
윤리적 원칙: 사회복지사는 자신의 능력의 한도 내에서 실천하며 자신의 전문적 기술을 발전 및 향상시킨다.

사회복지사는 자신의 전문적 지식과 기술을 확충하고 이러한 지식과 기술을 실천에 적용하기 위해 노력한다. 사회복지사는 사회복지전문직의 지식 기반의 확충에 기여하고자 힘써야 한다.

윤리기준

다음의 윤리기준은 모든 사회복지사의 전문적 실천과 관련되어 있다. 윤리기준은 ① 클라이언트에 대한 사회복지사의 윤리적 책임, ② 동료에 대한 사회복지사의 윤리적 책임, ③ 실천현장에서의 사회복지사의 윤리적 책임, ④ 전문가로서 사회복지사의 윤리적 책임, ⑤ 사회복지전문직에 대한 사회복지사의 윤리적 책임, ⑥ 사회 전반에 대한 사회복지사의 윤리적 책임으로 구성되어 있다.

다음에 열거하는 윤리기준의 일부는 전문적 실천에 대한 강제적인 지침이며, 다른 일부는 권장사항이다. 각 기준이 어느 정도 강제적인가는 윤리기준 위반 혐의에 대한 조사 시행 주체의 전문적인 판단에 달려 있다.

1. 클라이언트에 대한 사회복지사의 윤리적 책임

1.01 클라이언트에 대한 헌신

사회복지사의 일차적 책임은 클라이언트의 복지를 증진시키는 것이다. 일반적으로 클라이언트의 이익이 최우선이다. 그러나 특별한 경우 사회 전반에 대한 사회복지사의 책임 또는 특정한 법적 의무가 클라이언트에 대한 충실에 우선해야 할 때가 있을 수 있으며, 이런 경우에는 클라이언트에게 조언을 해 주어야 한다(법률에 의해 사회복지사가 보고해야 하는 경우 또는 클라이언트가 아동을 학대하거나 자신 또는 다른 사람에게 해가 될 수 있는 위협을 하는 경우를 예로 들 수 있다).

1.02 자기의사결정권

사회복지사는 클라이언트의 자기의사결정권을 존중하고 증진시키며 클라이언트가 자신의 목표를 찾고 명확히 하도록 돕는다. 사회복지사는 자신의 전문적 판단에 의해, 클라이언트의 행동 또는 잠재적 행동이 그 자신이나 타인에게 심각하고 예상 가능하며 즉각적인 위험을 초래한다고 판단될 때 클라이언트의 자기의사결정권을 제한할 수도 있다.

1.03 고지된 동의

ⓐ 사회복지사는 유효한 고지된 동의에 기초한 전문적 관계의 맥락 안에서만 서비스를 제공

해야 한다. 사회복지사는 서비스의 목적, 서비스와 관련된 위험, 제3의 지불자의 요건에 의한 서비스의 제한, 관련 비용, 합리적인 대안들, 동의를 거절 또는 철회할 수 있는 클라이언트의 권리, 동의가 유효한 기간에 대해 클라이언트에게 통지할 때, 명확하고 이해할 수 있는 용어를 사용해야 한다. 사회복지사는 클라이언트에게 질문할 수 있는 기회를 제공해야 한다.

ⓑ 사회복지사는 클라이언트가 문해능력이 없거나 실천현장에서 사용되는 주요 용어를 이해할 수 없을 때 클라이언트가 이를 이해할 수 있도록 조치를 취해야 한다. 여기에는 자세한 설명을 클라이언트에게 해 주는 것 또는 가능한 한 자격을 갖춘 통역가나 번역가를 준비하는 것이 포함된다.

ⓒ 사회복지사는 클라이언트가 고지된 동의를 제공받을 능력이 부족한 경우 적절한 제3자의 허가를 받거나 클라이언트의 이해능력에 부합하는 수준으로 내용을 전달해 줌으로써 클라이언트의 이익을 보호해야 한다. 이러한 경우 사회복지사는 제3자가 클라이언트의 희망과 이익과 부합하는 행동을 하는지를 확인해야 한다. 사회복지사는 클라이언트가 고지된 동의를 제공받을 수 있는 능력을 증진시키도록 합리적인 조치를 취해야 한다.

ⓓ 사회복지사는 클라이언트가 강제적으로 서비스를 받게 되는 경우 서비스의 본질과 한계 그리고 서비스를 거부할 수 있는 클라이언트의 권리의 한계에 관해 정보를 제공해야 한다.

ⓔ 사회복지사는 전문적인 서비스를 제공할 때 정보통신기술 사용과 관련된 사회복지사의 정책에 대해 클라이언트와 상의해야 한다.

ⓕ 사회복지사는 사회복지서비스 제공 때 정보통신기술을 사용하는 경우 초기 사정 혹은 인터뷰와 서비스 제공 전에 개인들로부터 고지된 동의를 얻어야 한다. 사회복지사는 의사소통을 위해 정보통신기술을 사용할 때 고지된 동의를 제공할 수 있는 클라이언트의 능력에 대해 사정해야 하고 클라이언트의 신원과 위치를 확인해야 한다.

ⓖ 사회복지사는 사회복지서비스 제공 때 정보통신기술을 사용하는 경우 전자적 및 원격 서비스에 대한 클라이언트의 적절성과 역량을 사정해야 한다. 사회복지사는 서비스 수용에 대한 클라이언트의 지적·정서적 및 신체적 능력과 그와 같은 서비스의 잠재적 혜택, 위험과 한계를 이해할 수 있는 클라이언트의 능력을 고려해야 한다. 사회복지사는 만일 클라이언트가 정보통신기술을 통한 서비스 제공을 원치 않는다면 대안적 방법의 서비스를 찾아 그를 도와야 한다.

ⓗ 사회복지사는 클라이언트에 대해 녹음 또는 녹화를 하거나 제3자로 하여금 클라이언트에 대한 서비스를 관찰하도록 허용할 때는 사전에 클라이언트의 동의를 받아야 한다.

ⓘ 사회복지사는 클라이언트에 대한 전자적 연구조사를 실시하기 전에 클라이언트의 동의를 얻어야 한다. 클라이언트나 다른 사람들의 심각하고 예측 가능하며 즉각적인 위험이나 다른 급박한 전문적 이유가 있을 때에는 예외가 될 수 있다.

1.04 적임능력

ⓐ 사회복지사는 자신이 받은 교육, 훈련, 면허, 자격증, 자문을 받은 경험, 슈퍼비전을 받은 경험 또는 기타 전문직 경험의 범위 내에서만 서비스를 제공해야 하고, 이와 같은 조건을 갖추어야 하며, 해당 서비스를 제공할 수 있는 대표성 있는 적임자여야 한다.

ⓑ 사회복지사는 기존의 실천영역에서 서비스를 제공하거나 이 영역에 새로운 개입기술이나 접근법을 적용하기 위해서는 그 개입이나 기술의 사용에 대해 적임능력이 있는 사람으로부터 적절한 연수, 훈련, 자문, 슈퍼비전을 받아야 한다.

ⓒ 사회복지사는 새롭게 등장하는 실천영역과 관련한 일반적으로 인정되는 기준이 존재하지 않을 경우 전문직 실천의 적임능력을 확인하고 위해로부터 클라이언트를 보호하기 위해 신중하게 판단하고 (적절한 교육, 연구조사, 훈련, 자문, 슈퍼비전 등) 책임 있는 조치를 취해야 한다.

ⓓ 사회복지사는 사회복지서비스 제공 때 정보통신기술을 사용하는 경우 그와 같은 서비스 제공에 필요한 지식과 기술을 충분히 갖추고 있음을 확인해야 한다. 여기에는 정보통신기술을 사용하는 특정 의사소통에 있어서의 문제점들에 대한 이해와 이 문제점들에 초점을 맞추는 전략을 실행하는 능력을 포함한다.

ⓔ 사회복지사는 사회복지서비스 제공 때 정보통신기술을 사용하는 경우 그들을 규제하고 그들이 위치해 있으며, 해당될 경우 클라이언트가 거주하고 있는 사법적 관할구역의 정보통신기술과 사회복지실천을 규제하는 법률들에 따라야 한다.

1.05 문화적 능력과 사회적 다양성

ⓐ 사회복지사는 문화와 인간행동 그리고 사회에서 수행하는 문화의 기능을 이해하며, 모든 문화가 갖는 강점을 인정해야 한다.

ⓑ 사회복지사는 클라이언트가 속한 문화에 대한 기본적 지식을 가져야 하며, 클라이언트의 문화와 상이한 사람들이나 문화적 집단들에 대해 민감하게 서비스를 제공할 수 있는 적응력을 발휘할 수 있어야 한다.

ⓒ 사회복지사는 사회적 다양성의 특징, 즉 인종, 민족, 출신국, 피부색, 성, 성적 성향, 젠더 정체성이나 그에 대한 표현, 연령, 혼인상태, 정치적 신념, 종교, 이민자 지위, 정신적 또는 신체적 능력에 따른 사회적 다양성 및 억압의 성격 등에 대해 교육을 받아야 하고 이해하도록 힘써야 한다.

ⓓ 사회복지사는 전자적 사회복지서비스를 제공하는 경우 클라이언트들 간의 문화적 · 사회경제적 차이와 그들이 전자적 기술을 어떻게 사용할지에 대해 인지해야 한다. 사회복지사는 문화적 · 환경적 · 경제적 · 정신적 또는 신체적 능력, 그리고 이와 같은 서비스를 제공하는 데 영향을 끼치거나 서비스를 사용할 때 발생하는 언어적 이슈 그리고 기타의 이슈들에 대해 사정해야 한다.

1.06 이익의 갈등

ⓐ 사회복지사는 전문적 식견과 공정한 판단을 저해하는 이익의 갈등에 항상 주의를 기울이고 이를 피해야 한다. 실질적이거나 잠재적인 이익의 갈등이 현실적으로 존재하거나 발생하려고 할 때 사회복지사는 이를 클라이언트에게 알려야 하며, 클라이언트의 이익을 최우선으로 하고 클라이언트의 이익을 최대한 보호하는 합리적인 조치를 취함으로써 문제를 해결해야 한다. 어떤 경우에는 클라이언트의 이익을 보호하기 위해서 그를 적절한 곳으로 의뢰하고 전문적 관계를 종결해야 할 때도 있다.

ⓑ 사회복지사는 자신의 개인적 · 종교적 · 정치적 또는 사업상의 이익을 위해 전문적 관계를 통해 부당한 이익을 취하거나 타인을 착취해서는 안 된다.

ⓒ 사회복지사는 클라이언트를 착취할 위험이 있거나 잠재적 해를 끼칠 위험이 있는 경우에는 현재나 과거의 클라이언트와 이중 또는 다중 관계를 맺어서는 안 된다. 사회복지사는 이중 또는 다중 관계가 불가피한 경우 클라이언트를 보호하기 위한 조치를 취해야 하며, 명확하고 적절하고 문화적으로 예민한 경계를 설정할 책임을 진다(이중 또는 다중 관계는 전문적이든 사회적이든 아니면 사업상이든 사회복지사가 클라이언트와 전문직 관계 이외의 관계를 맺을 때 일어난다. 이중 또는 다중 관계는 동시에 또는 연속적으로 발생할 수 있다).

ⓓ 사회복지사는 (부부, 가족구성원 등) 서로 관련된 두 명 또는 세 명 이상의 사람들에 대해 서비스를 제공할 때 관련된 개인들은 모두 클라이언트라는 점과 서비스를 제공받는 모든 사람에 대한 사회복지사의 전문적 책임에 대해 명확히 해야 한다. 사회복지사는 서비스 수혜자들 간의 이익의 갈등이 예상되거나 사회복지사가 (클라이언트들이 관련된 친권소송이나 이혼소송에서 증언하도록 요청받을 경우 등) 잠재적으로 갈등적인 역할을 수행하도록 요구받을 때 관련된 당사자들에게 자신의 역할을 분명히 제시하고 이익의 갈등이 최소화되도록 적절한 조치를 취해야 한다.

ⓔ 사회복지사는 개인적 혹은 업무와 무관한 목적으로 클라이언트와 (소셜 네트워킹 사이트, 온라인 채팅, 이메일, 문자메시지, 전화 그리고 비디오 등의) 정보통신기술을 사용한 의사소통을 해서는 안 된다.

ⓕ 사회복지사는 전문직의 웹 사이트나 기타의 미디어에 개인정보를 포스팅하는 행위는 경계혼란, 부적절한 상호관계 혹은 클라이언트에 대한 위해를 초래한다는 사실을 알아야 한다.

ⓖ 사회복지사는 웹 사이트, 소셜 미디어, 그리고 기타 형태의 정보통신기술에 개인적으로 가입하면 클라이언트들이 해당 공간에서의 사회복지사의 존재를 발견하게 될 가능성이 커진다는 사실을 알아야 한다. 사회복지사는 인종, 민족, 언어, 성적 지향, 젠더 정체성이나 그에 대한 표현, 정신적 · 신체적 능력, 종교, 이민자의 지위, 그리고 기타 형태의 가입 등에 바탕을 두고 있는 집단들과의 전자적 의사소통에 참여하면 특수한 클라이언트와 효과적으로 일하는 능력에 영향을 끼친다는 점을 알아야 한다.

ⓗ 사회복지사는 경계 혼란, 부적절한 상호관계 혹은 클라이언트에 대한 위해를 방지하기 위해 소셜 네트워킹 사이트 혹은 다른 전자적 미디어에서 클라이언트로부터 개인적인 관계를 요청받더라도 이를 수용하거나 참여해서는 안 된다.

1.07 사생활과 비밀보장

ⓐ 사회복지사는 클라이언트의 사생활보호의 권리를 존중해야 한다. 서비스를 제공하거나 사회복지에 대한 평가 또는 연구조사를 수행하는 데 필수적인 경우가 아닐 때 사회복지사는 클라이언트에게 사적인 정보를 요청할 수 없다. 일단 사적인 정보가 공유되면 비밀보장의 원칙이 적용된다.

ⓑ 사회복지사는 클라이언트나 클라이언트를 대신해 동의를 표하는 법적으로 권한을 인정받은 사람으로부터 유효한 동의를 얻었을 경우에만 비밀정보를 공개할 수 있다.

ⓒ 사회복지사는 전문직 업무수행에서 강제된 경우를 제외하고는 전문적인 서비스과정에서 얻은 모든 정보에 대해 비밀을 보장해야 한다. 그러나 클라이언트 자신이나 타인에 대해 심각하고 예측 가능하며 즉각적인 위해를 방지하기 위해 정보공개가 필요할 때 또는 법률이나 규정이 클라이언트의 동의 없이도 정보의 공개를 요구하는 경우에는 이러한 원칙이 적용되지 않는다. 사회복지사는 항상 소기의 목적을 달성하는 데 필요한 최소한으로 비밀정보를 공개해야 하며, 정보제공의 목적에 직접적으로 관련된 정보만을 선별해 공개해야 한다.

ⓓ 사회복지사는 비밀정보가 공개되기 전에 가능한 한 비밀정보의 공개 및 그로 인한 잠재적인 결과에 대해 클라이언트에게 알려야 한다. 이는 사회복지사의 비밀정보의 공개가 법적 요청에 의한 것이든 클라이언트의 동의에 기초한 것이든 상관없이 적용된다.

ⓔ 사회복지사는 비밀보장의 성격이나 비밀보장에 대한 클라이언트의 권리의 한계에 관해 클라이언트나 관련 당사자들과 논의해야 한다. 사회복지사는 비밀정보의 공개가 법적으로 요구되는 상황에 대해 클라이언트와 검토해야 한다. 이러한 논의는 사회복지사와 클라이언트의 관계에서 가능한 한 빨리 그리고 관계의 전 과정을 통해 필요할 때마다 수행되어야 한다.

ⓕ 사회복지사는 가족, 부부, 집단에 대해 상담서비스를 제공할 때에는 개인의 비밀보장 권리나 타인과 공유하는 정보의 비밀보장의 의무에 관해 당사자들 간의 합의를 구해야 한다. 사회복지사는 가족, 부부, 집단상담에 참여한 사람들 개개인에 대해 그러한 합의의 이행이 완전히 보장될 수 없음을 전원에게 알려야 한다.

ⓖ 사회복지사는 가족, 부부, 결혼, 집단 등 상담에 참여한 클라이언트에게 상담 참가자들 간의 비밀정보 공개에 관한 사회복지사, 고용주 및 기관의 정책을 알려야 한다.

ⓗ 사회복지사는 클라이언트가 동의하지 않는 한 제3의 지불자에게 비밀정보를 공개할 수 없다.

ⓘ 사회복지사는 사생활이 보장되지 않는 한 어떤 상황에서도 비밀정보에 관해 논의해서는 안

된다. 사회복지사는 복도, 대합실, 엘리베이터, 레스토랑과 같이 공개적인 또는 반공개적인 장소에서 비밀정보에 관해 논의해서는 안 된다.

ⓙ 사회복지사는 법적 절차가 진행되는 동안에도 법에 의해 허용되는 한도 내에서라도 클라이언트의 비밀을 보호해야 한다. 사회복지사는 법원이나 기타 법적으로 자격을 가진 단체가 사회복지사로 하여금 클라이언트의 동의 없이 비밀 또는 특권적인 정보를 공개하도록 명령을 내리는 경우, 이러한 공개로 인해 클라이언트에게 해가 될 때에는 법원으로 하여금 그 명령을 철회하거나 가능한 한 그 범위를 최소화하거나 그 기록에 일반인이 접근할 수 없게 비공개를 유지하도록 요청해야 한다.

ⓚ 사회복지사는 언론매체로부터 클라이언트에 관한 정보를 요청받을 때 클라이언트의 비밀을 보호해야 한다.

ⓛ 사회복지사는 클라이언트에 대한 문서정보, 전자정보, 기타 민감한 정보에 대해 비밀을 보호해야 한다. 사회복지사는 클라이언트에 대한 기록을 안전한 장소에 보관하고 무자격자가 접근할 수 없도록 적절한 조치를 취해야 한다.

ⓜ 사회복지사는 클라이언트나 제3자에게 제공된 정보를 포함해 전자적 의사소통의 비밀보호를 위해 합리적인 조취를 취해야 한다. 사회복지사는 이메일, 온라인 포스트, 온라인 채팅 세션, 모바일 의사소통, 그리고 문자메시지 같은 전자적 의사소통을 사용할 때 (암호화, 방호벽 그리고 비밀번호 등) 적절한 보호장치를 사용해야 한다.

ⓝ 사회복지사는 클라이언트 정보의 비밀보장 위반에 관한 정책을 개발하고 모든 클라이언트에게 정책과 절차를 적절하게 고지해야 한다.

ⓞ 사회복지사는 사회복지사의 전자적 의사소통이나 보관시스템에 대한 접근을 포함해 클라이언트의 기록이나 정보에 대해 무자격자가 접근하는 사건이 발생할 때 그와 같은 정보누설에 대해 해당 법률과 전문적 기준에 맞게 클라이언트에게 알려야 한다.

ⓟ 사회복지사는 클라이언트에 대한 정보를 얻기 위한 인터넷 기반의 검색엔진의 사용 등 전자적 기술의 사용에 대해 사회복지실천의 현행 윤리기준에 맞는 그들의 정책을 개발하고 이에 대해 클라이언트에게 알려야 한다.

ⓠ 사회복지사는 전문적인 근거에 의한 불가피한 경우가 아닌 한 클라이언트에 대한 정보를 전자적으로 검색하거나 수집하는 행위를 피해야 하며, 적절한 근거가 있을 때는 클라이언트에게 고지된 동의를 구해야 한다.

ⓡ 사회복지사는 전문직의 웹 사이트 혹은 다른 형태의 소셜 미디어에 클라이언트에 대한 그 어떤 신원이나 비밀정보도 포스팅해서는 안 된다.

ⓢ 사회복지사는 클라이언트의 기록을 이송 혹은 처리할 때 클라이언트의 비밀이 보호될 수 있도록 해야 하고, 기록 및 사회복지실천 자격을 규제하는 주의 법령을 준수해야 한다.

ⓣ 사회복지사는 업무의 종료, 자격상실, 사망 시에 클라이언트의 비밀이 유지될 수 있도록 적절한 예방조치를 취해야 한다.

ⓤ 사회복지사는 교육이나 훈련을 목적으로 클라이언트에 관해 논의할 때 클라이언트가 비밀정보의 공개에 동의하지 않는 한 클라이언트의 신상정보를 누설해서는 안 된다.

ⓥ 사회복지사는 자문가와 함께 클라이언트에 대해 논의할 때 클라이언트가 비밀정보의 공개에 동의하지 않거나 공개해야 할 명백한 필요가 없는 한 신상정보를 누설해서는 안 된다.

ⓦ 사회복지사는 고인이 된 클라이언트의 비밀도 앞의 윤리기준에 따라 보호해야 한다.

1.08 기록에의 접근

ⓐ 사회복지사는 클라이언트가 자신에 대한 기록에 적절하게 접근할 수 있도록 해야 한다. 클라이언트의 기록에 대한 접근이 클라이언트에게 심각한 오해를 야기하거나 해를 끼칠 우려가 있는 경우 사회복지사는 기록에 대해 설명을 하거나 조언을 해 주어야 한다. 사회복지사는 기록에 대한 클라이언트의 접근이 클라이언트에게 심각한 해를 입힐 수 있는 명백한 증거가 있는 예외적인 상황에 한해서만 클라이언트의 기록에 대한 접근 또는 기록의 공개를 제한할 수 있다. 클라이언트의 요구와 일부 또는 모든 기록에 대한 접근을 제한하는 합리적인 이유를 클라이언트의 서류철에 기록해야 한다.

ⓑ 사회복지사는 클라이언트에게 자신에게 관한 기록에 접근하도록 할 때 정보통신기술을 사용하는 것과 관련해 현행 사회복지실천 윤리기준에 맞는 그들의 정책을 개발하고 클라이언트에게 고지해야 한다.

ⓒ 사회복지사는 클라이언트로 하여금 클라이언트의 기록에 접근하도록 할 때 기록에 포함되어 있는 내용 중 언급되거나 논의된 다른 사람의 비밀을 보호하는 조치를 취해야 한다.

1.09 성적 관계

ⓐ 사회복지사는 합의에 의한 것이나 강요된 것이거나 관계없이 현재의 클라이언트와의 성적 행위에 관여될 수 있는 어떤 상황에도 놓여서는 안 되며, 이는 정보통신기술을 사용하건 사람 간 접촉이건 관계없이 모든 상황에 적용된다.

ⓑ 사회복지사는 클라이언트를 착취할 위험이 있거나 위해를 끼칠 수 있는 경우 클라이언트의 친척 또는 클라이언트와 개인적 친분이 있는 사람들과의 성적 행위 또는 성적 접촉을 해서는 안 된다. 클라이언트의 친척 또는 클라이언트와 개인적 친분이 있는 사람들과의 성적 행위나 성적 접촉은 클라이언트에게 잠재적 해를 끼칠 수 있고 사회복지사와 클라이언트가 적절한 전문적 경계를 유지하기 어렵게 만든다. 명확하고 적절하며 문화적으로 민감한 경계를 설정하는 데 대한 책임은 클라이언트나 클라이언트의 친척 또는 클라이언트와 친분이 있는 사람이 아닌 사회복지사가 전적으로 지게 된다.

ⓒ 사회복지사는 이전의 클라이언트에 대해 잠재적 해를 가할 수 있기 때문에 이전에 클라이언트였던 사람과도 성적 행위나 성적 접촉을 할 수 없다. 사회복지사는 이러한 금지사항을 어

기는 행동을 하거나 특수한 상황임을 내세워 이러한 금지사항으로부터의 예외를 주장하려면 이전에 클라이언트였던 사람이 고의든 그렇지 않든 착취나 강제를 당하거나 조종을 받지 않았다는 점을 입증할 전적인 책임이 있다.

ⓓ 사회복지사는 이전에 자신과 성적 관계를 가진 바 있는 사람에 대해 임상서비스를 제공해서는 안 된다. 이전에 성적 파트너였던 사람에게 임상서비스를 제공하면 그 사람에게 잠재적 해를 입힐 가능성이 있고 사회복지사와 그 파트너가 적절한 전문적 경계를 유지하게 어렵기 때문이다.

1.10 신체적 접촉

사회복지사는 그러한 접촉의 결과 클라이언트에게 심리적 상처를 줄 가능성이 있기 때문에 클라이언트와 (부드럽게 잡거나 어루만지는 등의) 신체적 접촉을 해서는 안 된다. 사회복지사는 클라이언트와 적절한 신체적 접촉을 유지해야 하는 경우 신체적 접촉에 대해 명백하고 적절하며 문화적으로 민감한 경계를 설정할 책임이 있다.

1.11 성희롱

사회복지사는 클라이언트에게 성희롱을 해서는 안 된다. 성희롱에는 성적 유혹, 성적 권유, 성적 호의의 요구, 기타 성적 성격을 띤 언어적 · 신체적 행위들을 포함한다.

1.12 인격을 손상시키는 언어

사회복지사는 클라이언트에게 또는 그에 관한 문서나 언어소통에서 인격이나 명예를 훼손시키는 말을 사용해서는 안 된다. 사회복지사는 클라이언트에게나 그에 관한 모든 의사소통에서 정확하고 예의 바른 용어를 사용해야 한다.

1.13 서비스 비용의 지불

ⓐ 사회복지사는 요금을 책정할 때 제공되는 서비스에 비추어 요금이 공정하고 합리적이며 적절한지 확인해야 한다. 클라이언트의 지불능력도 고려되어야 한다.

ⓑ 사회복지사는 전문직 서비스에 대한 대가로 금품이나 용역을 받아서는 안 된다. 특히 대가성 서비스가 제공되면 사회복지사와 클라이언트 간에 이익갈등, 착취, 부적절한 경계 등의 잠재적 가능성이 발생한다. 해당 지역사회에서는 전문직들 간의 관행이고, 서비스를 제공하기 위해 필요하고, 강요 없는 자발적인 협상의 결과이며, 또한 클라이언트 주도하에 클라이언트에 대한 고지된 동의에 따라 이루어진다는 점이 분명한 경우에만 대가를 받을 수 있다. 사회복지사는 전문직 서비스의 대가로 클라이언트로부터 물품이나 용역을 제공받는 경우

이러한 교환이 클라이언트나 전문적 관계에 해롭지 않다는 사실을 입증할 전적인 책임이 있다.

ⓒ 사회복지사는 자신의 고용주나 기관을 통해 서비스를 이용할 자격을 가진 클라이언트에 대해 사적으로 서비스에 대한 요금이나 기타의 보수를 요청해서는 안 된다.

1.14 의사결정 능력이 없는 클라이언트

사회복지사는 제공받은 정보에 입각한 의사결정을 할 능력이 없는 클라이언트를 위해 일할 때 클라이언트의 이익과 권리를 보장하기 위해 적절한 조치를 취해야 한다.

1.15 서비스의 중단

사회복지사는 유용성 부족, 전자적 의사소통의 단절, 재배치, 질병, 정신적 · 신체적 능력, 또는 사망 등의 사유로 서비스가 중단될 경우 서비스의 계속성을 보장하기 위한 합리적인 노력을 기울여야 한다.

1.16 서비스 의뢰

ⓐ 사회복지사는 클라이언트에게 충분한 서비스를 제공하기 위해 다른 전문가의 특수한 지식과 전문성이 필요할 때 혹은 자신이 제공하는 서비스가 클라이언트에게 별로 효과적이지 못하거나 상당한 정도의 진전을 이루지 못해 추가적인 서비스가 요구된다고 판단될 때 클라이언트를 다른 전문가에게 의뢰해야 한다.

ⓑ 사회복지사는 다른 전문가에게 클라이언트를 의뢰하고자 하는 경우 책임의 순조로운 이전을 위한 적절한 조치를 취해야 한다. 사회복지사는 다른 전문가에게 클라이언트를 이전할 때 클라이언트의 동의를 전제로 새로운 서비스 제공자에게 모든 적절한 정보를 공유해야 한다.

ⓒ 사회복지사는 의뢰를 하는 사회복지사가 아무런 전문적 서비스도 제공하지 않은 경우에 의뢰의 대가로 보수를 주거나 받아서는 안 된다.

1.17 서비스의 종결

ⓐ 사회복지사는 클라이언트에 대한 서비스나 관계가 더 이상 필요하지 않거나 클라이언트의 욕구나 이익에 더 이상 효과가 없는 경우 클라이언트에 대한 서비스 및 클라이언트와의 전문적 관계를 종료해야 한다.

ⓑ 사회복지사는 여전히 서비스를 필요로 하는 클라이언트가 방치되지 않도록 적절한 조치를 취해야 한다. 사회복지사는 모든 상황에서 제반 요인들을 신중히 고려하고 부작용을 최소화하도록 유의하면서 특별한 경우에만 서비스를 철회해야 한다. 그리고 필요한 경우 서비스가

지속될 수 있도록 적절한 조치를 취해야 한다.

ⓒ 사회복지사는 행위별 수가제하에서 일하는 경우 재정적 제약조건을 클라이언트에게 명확히 알렸고, 클라이언트가 현재 자신이나 타인에게 절박한 위험을 가하고 있지 않으며, 요금을 지불하지 않은 경우에 취할 임상적 및 기타 결과에 대해 클라이언트에게 이야기하고 논의했다면, 계약된 서비스 이용요금을 지불하지 않은 클라이언트에 대한 서비스를 종결할 수 있다.

ⓓ 사회복지사는 클라이언트와 사회적·경제적 또는 성적 관계를 추구하기 위해 서비스를 종결해서는 안 된다.

ⓔ 사회복지사는 클라이언트에 대한 서비스를 종결 또는 중단하고자 할 때 즉시 이를 클라이언트에게 통지해야 하며, 클라이언트의 욕구 및 선호에 맞게 서비스를 이전, 의뢰하거나 서비스가 지속되도록 하는 방법을 강구해야 한다.

ⓕ 사회복지사는 이직을 하고자 할 때 지속적으로 서비스를 제공받을 수 있는 적절한 선택의 대안들을 클라이언트에게 알려 주어야 하며, 그 선택에 따른 이점이나 위험에 대해서도 고지해야 한다.

2. 동료에 대한 사회복지사의 윤리적 책임

2.01 존경

ⓐ 사회복지사는 동료를 존경하는 마음으로 대해야 하며, 동시에 동료의 자격, 견해, 의무감 등에 대해 정확하고 공정하게 진술해야 한다.

ⓑ 사회복지사는 클라이언트나 다른 전문가들과의 구두, 문서 및 전자적 의사소통에서 동료에 대해 부당하고 부정적인 비판을 하지 말아야 하며, 여기에는 동료의 능력수준이나 인종, 민족, 출신국, 피부색, 성, 성적 지향, 젠더 정체성이나 그에 대한 표현, 연령, 혼인 여부, 정치적 신념, 종교, 이민자 지위, 정신적·신체적 능력과 같은 개인적 특성에 관해 품위를 떨어뜨리는 언사가 포함된다.

ⓒ 사회복지사는 클라이언트의 복지에 이바지하기 위해서라면 사회복지실천 동료뿐만 아니라 다른 전문직의 동료와도 협력해야 한다.

2.02 비밀보장

사회복지사는 동료와의 전문적 관계나 상호교류과정에서 동료와 공유하게 된 비밀정보를 보호해야 한다. 사회복지사는 동료들에게 비밀보장에 관한 사회복지사의 의무와 그와 관련된 모든 예외에 대해 확실하게 이해시켜야 한다.

2.03 다학제간 협력

ⓐ 사회복지사는 다학제간 팀의 일원인 경우 사회복지전문직의 관점, 가치, 경험에 기초해 클라이언트의 복지에 영향을 끼치는 결정에 참여하고 기여해야 한다. 다학제간 팀 전체로서 또는 개별 성원으로서의 전문적·윤리적 의무가 명확히 확립되어야 한다.

ⓑ 사회복지사는 팀의 결정에 대해 윤리적인 우려를 제기할 경우 적절한 경로를 밟아 불일치의 해결을 시도해야 한다. 만일 그러한 불일치가 해결될 수 없는 경우에는 클라이언트의 복지에 부합하는 방향으로 우려사항을 해결하기 위해 별도의 방법을 모색해야 한다.

2.04 동료가 관련된 분쟁

ⓐ 사회복지사는 자신의 지위획득이나 이익을 위해 동료와 고용주 간의 분쟁을 이용해서는 안 된다.

ⓑ 사회복지사는 동료와의 분쟁에서 클라이언트를 이용하거나 동료 간의 갈등과 관련된 부적절한 논쟁에 클라이언트를 끌어들여서는 안 된다.

2.05 자문

ⓐ 사회복지사는 동료의 자문이 클라이언트에게 최선의 이익이 되는 경우에는 언제든지 그 동료에게 충고나 조언을 구해야 한다.

ⓑ 사회복지사는 동료의 전문분야와 적임능력이 있는 영역에 관해서 알고 있어야 한다. 또한 자문의 주제에 관한 지식과 전문성 그리고 적임능력이 입증된 동료에게서만 자문을 구해야 한다.

ⓒ 사회복지사가 클라이언트에 관해 동료들과 논의할 때에는 자문의 목적달성에 필요한 최소한의 정보만을 공개해야 한다.

2.06 성적 관계

ⓐ 사회복지사는 슈퍼바이저나 교육자의 역할을 담당할 때 (구두, 문서, 전자적 혹은 신체적 접촉을 포함해) 슈퍼바이지, 학생, 훈련생, 자신의 전문적 권위를 행사하는 다른 동료와의 성적 행위나 성적 접촉에 관여해서는 안 된다.

ⓑ 사회복지사는 이익의 갈등이 일어날 수 있는 동료와의 성적 관계를 피해야 한다. 사회복지사는 동료와 성적 관계에 빠지거나 빠질 우려가 있을 때 필요에 따라서 이익의 갈등을 피하기 위해 전문적 책임을 이전할 의무가 있다.

2.07 성희롱

사회복지사는 슈퍼바이지, 학생, 훈련생 또는 동료를 성적으로 희롱해서는 안 된다. 성희롱에는 성적 유혹, 성적 권유, 그리고 기타 구두, 문서, 성적 본성의 전자적 · 신체적 접촉 등이 포함된다.

2.08 동료의 손상

ⓐ 사회복지사는 동료의 손상이 개인적 문제, 심리사회적 고통, 약물남용 또는 정신건강상의 문제에 기인해 효과적인 업무실천에 방해가 된다는 점을 직접 알게 되었을 때 가능한 한 그 동료와 함께 의논하고 치료를 받을 수 있도록 동료를 지원해야 한다.
ⓑ 사회복지사는 동료의 손상이 업무실천 효과를 방해하고 그 동료가 손상에 대해 적절한 조치를 취하지 않는다고 판단될 때 고용주, 기관, 미국사회복지사협회 자격인가 및 규제기구, 기타 전문직 단체가 수립한 경로를 통해 적절한 조치를 취해야 한다.

2.09 동료의 능력부족

ⓐ 사회복지사는 동료의 무능력에 대해 직접적인 정보를 가지고 있을 때 가능한 한 그 동료와 의논해 구체적 대책을 강구할 수 있도록 동료를 지원해야 한다.
ⓑ 사회복지사는 동료가 무능력한데 이에 대해 적절한 수단을 강구하지 않는다고 판단될 때 고용주, 기관, 미국사회복지사협회, 자격인가 및 규제기구, 기타 전문직 단체가 수립한 경로를 통해 적절한 조치를 취해야 한다.

2.10 동료의 비윤리적 행위

ⓐ 사회복지사는 정보통신기술을 사용한 비윤리적 행위를 포함해 동료의 비윤리적 행위를 저지하고, 예방하고, 적발하고, 시정하도록 적절한 대책을 강구해야 한다.
ⓑ 사회복지사는 동료의 비윤리적 행위에 관한 문제를 다루기 위해 수립된 정책이나 절차를 이해하고 있어야 한다. 사회복지사는 윤리적 불만처리를 다루는 국가, 주, 지역의 절차에 대해 정통해야 한다. 여기에는 미국사회복지사협회, 자격인가 및 규제기구, 고용주, 기관, 기타 전문직 단체의 정책이나 절차 등이 포함된다.
ⓒ 사회복지사는 동료가 비윤리적 행위를 한다고 판단될 때 가능한 한 그리고 그러한 논의가 생산적인 경우에 그 동료와 그 문제에 관해 논의해 해결을 추구해야 한다.
ⓓ 사회복지사는 동료가 비윤리적 행위를 한다고 판단될 때 필요에 따라 (주의 자격인가 및 규제기구, 미국사회복지사협회 조사위원회, 기타 전문적인 윤리위원회와의 접촉 등의) 적절한 공식경로를 밟아 행동을 취해야 한다.

ⓔ 사회복지사는 비윤리적 행위를 했다고 부당하게 고발당한 동료를 변호하며 원조해 주어야 한다.

3. 사회복지사의 실천현장에서의 윤리적 책임

3.01 슈퍼비전과 자문

ⓐ 사회복지사는 슈퍼비전이나 자문을 제공할 때 (사람 간 관계이건 원격이건) 필요한 지식과 기술을 갖추고 있어야 하며, 자신의 지식이나 능력의 범위 내에서만 제공해야 한다.

ⓑ 사회복지사는 슈퍼비전이나 자문을 제공할 때 적절하며 문화적으로 민감한 경계를 설정할 책임이 있다.

ⓒ 사회복지사는 슈퍼바이지를 착취하거나 해를 끼칠 위험이 생길 경우에는 소셜 네트워킹 사이트나 다른 전자적 미디어를 사용할 때 발생할 수 있는 이중관계를 포함해 슈퍼바이지와 이중 및 다중의 관계를 맺지 말아야 한다.

ⓓ 슈퍼바이저는 공정하고 정중하게 슈퍼바이지의 업적을 평가해야 한다.

3.02 교육 및 훈련

ⓐ 사회복지사는 교육자, 학생실습지도자, 훈련자의 역할을 담당하는 경우 자신의 지식과 능력의 범위 내에서만 지도를 해야 하며, 전문직에서 활용되는 가장 최근의 정보와 지식에 기반을 두고 지도해야 한다.

ⓑ 사회복지사는 교육자, 학생실습지도자의 역할을 담당하는 경우 공정하고 정중하게 학생의 성적을 평가해야 한다.

ⓒ 사회복지사는 교육자, 학생실습지도자의 역할을 담당하는 경우 학생이 서비스를 제공할 때 이를 클라이언트에게 일상적으로 통보하는 합리적인 조치를 취해야 한다.

ⓓ 사회복지사는 교육자, 학생실습지도자의 역할을 담당하는 경우 소셜 네트워킹 사이트나 다른 전자적 미디어를 사용할 때 발생할 수 있는 이중관계를 포함해 학생을 착취하거나 해를 끼칠 위험이 있는 이중 및 다중의 관계를 맺지 말아야 한다. 교육자나 실습지도자는 명백하고 적절하며 문화적으로 민감한 경계를 설정할 책임이 있다.

3.03 업무평가

사회복지사는 타인의 업무를 평가하는 책임을 진 경우 공정하고 사려 깊게 명문화된 기준에 입각해 책임을 수행해야 한다.

3.04 클라이언트의 기록

ⓐ 사회복지사는 전자적 및 문서상의 기록이 정확하며 제공된 서비스가 그대로 반영되고 있음을 보증하기 위해 합리적 수단을 강구해야 한다.
ⓑ 사회복지사는 서비스 제공을 용이하게 하고 미래의 클라이언트에게 제공될 서비스의 연속성을 보장하기 위해 충분하고 적시적인 자료를 기록에 포함시켜야 한다.
ⓒ 사회복지사는 문서자료 작성 때 가능한 한 적절하게 클라이언트의 사생활을 보호해야 하며 서비스 제공에 직접적으로 관련된 정보만을 포함해야 한다.
ⓓ 사회복지사는 서비스 종결 이후에도 미래의 적절한 접근을 보장하기 위해 기록을 보관해야 한다. 기록은 관계 법령, 기관정책 그리고 계약서에 명시된 기간 동안 보존되어야 한다.

3.05 청구서 작성

사회복지사는 제공된 서비스의 성격이나 한도를 정확하게 반영하고 실천현장에서 누가 서비스를 제공했는지 확인할 수 있도록 청구서 작성방식을 수립하고 이를 보관해야 한다.

3.06 클라이언트의 이전

ⓐ 사회복지사는 동료나 다른 기관에서 서비스를 받고 있는 개인이 사회복지사에게 서비스를 받기 위해 접촉하게 될 때 서비스 제공에 합의하기 전에 클라이언트의 욕구를 신중하게 고려해야 한다. 사회복지사는 야기될 수 있는 혼란이나 갈등을 최소화하기 위해 클라이언트와 다른 서비스 제공자와의 관계 성격에 대해 그리고 새로운 서비스 제공자와의 관계 형성의 의미와 예상할 수 있는 이익과 위험에 대해 충분히 논의할 필요가 있다.
ⓑ 사회복지사는 만일 새로운 클라이언트가 다른 기관이나 동료에게서 서비스를 제공받아 왔다면 이전의 서비스 제공자와의 자문이 클라이언트에게 최선의 이익이 될지를 클라이언트와 의논해야 한다.

3.07 행정

ⓐ 사회복지기관의 행정가는 클라이언트의 욕구충족에 필요한 적절한 자원을 얻기 위해 자신이 속한 기관의 내부 및 외부에서 옹호활동을 펴야 한다.
ⓑ 사회복지사는 공개적이고 공정한 자원 배분절차를 옹호해야 한다. 모든 클라이언트의 욕구가 충족될 수 없을 때에는, 적절하고 일관되게 적용되는 원칙에 입각해 비차별적인 자원배분절차를 개발해야 한다.
ⓒ 행정가인 사회복지사는 직원에게 적절한 슈퍼비전을 제공할 수 있는 자원을 기관이나 조직에 확보하기 위해 합리적인 조치를 취해야 한다.

ⓓ 사회복지기관의 행정가는 자신이 책임지고 있는 근무환경이 미국사회복지사협회 윤리강령에 부합되며 윤리강령의 준수를 권장하고 있는지 확인해야 한다. 또한 사회복지기관의 행정가는 자신의 조직 내 윤리강령을 어기고 방해하고 저지하는 여러 조건을 제거하기 위한 합리적 수단을 강구해야 한다.

3.08 계속교육과 직원의 능력개발

사회복지기관의 행정가나 슈퍼바이저는 그들의 책임하에 있는 모든 직원에 대해 계속교육 및 직원의 능력개발을 제공하고 계획하기 위한 합리적인 수단을 강구해야 한다. 계속교육과 직원의 능력개발은 사회복지실천 및 윤리에 관한 최근의 지식 및 새로운 발전에 대해 다루어야 한다.

3.09 고용주에 대한 의무

ⓐ 사회복지사는 일반적으로 고용주나 고용된 기관과의 서약에 충실해야 한다.

ⓑ 사회복지사는 고용된 기관의 정책과 절차 그리고 서비스의 효율과 효과를 개선하기 위해 노력해야 한다.

ⓒ 사회복지사는 고용주가 미국사회복지사협회 윤리강령에 공포된 사회복지사의 윤리적 책임과 사회복지실천에서 갖는 함축된 의미를 인식하도록 합리적인 조치를 취해야 한다.

ⓓ 사회복지사는 고용된 기관의 정책, 운용절차, 규칙이나 행정명령이 윤리적인 사회복지실천에 방해가 되도록 방치해서는 안 된다. 사회복지사는 고용된 기관의 활동이 미국사회복지사협회 윤리강령과 확실히 일치하도록 합리적 조치를 취해야 한다.

ⓔ 사회복지사는 고용된 기관의 업무할당이나 고용정책, 실천에서 차별을 예방하고 일소하기 위한 행동을 취해야 한다.

ⓕ 사회복지사는 공정한 인사정책을 시행하는 기관에만 취업하며, 이러한 기관에만 학생의 현장실습 배치를 주선해야 한다.

ⓖ 사회복지사는 고용된 기관의 자원의 현명한 집행자로서 적절하고 현명하게 자원을 보관하며, 결코 그 자금을 부적절하게 또는 목적 외의 용도로 사용해서는 안 된다.

3.10 노사분쟁

ⓐ 사회복지사는 클라이언트에 대한 서비스나 근무환경을 개선하기 위해 노동조합의 결성이나 참가를 포함하는 조직화된 활동에 관여할 수 있다.

ⓑ 사회복지사는 노사분쟁, 준법투쟁, 파업 등에 관여할 때 전문직의 가치, 윤리적 원칙, 윤리기준에 입각해 행동해야 한다. 현실적으로 사회복지사들 간에 파업이나 준법투쟁 중의 전문가로서의 일차적 의무에 관해 의견의 차이가 존재하는 것은 당연하다. 사회복지사는 활동

방향을 결정하기 전에 관련 이슈들과 그것이 클라이언트에게 끼칠 수 있는 영향을 신중하게 검토해야 한다.

4. 전문가로서 사회복지사의 윤리적 책임

4.01 적임능력

ⓐ 사회복지사는 자신의 현재 능력에 근거해 또는 요구되는 적임능력을 획득할 의사가 있을 때에만 직업상의 책임을 수용하고 고용되어야 한다.

ⓑ 사회복지사는 전문적 실천 및 전문 기능의 수행에 능숙해지고 그러한 상태를 유지하도록 힘써야 한다. 사회복지사는 사회복지실천과 관련된 최신의 지식을 갖추고 있어야 하며, 이를 비판적으로 검토해야 한다. 사회복지사는 일상적으로 전문문헌을 검토하고 사회복지실천 및 사회복지실천 윤리에 관한 계속교육에 참가해야 한다.

ⓒ 사회복지사는 경험을 기반으로 한 지식을 포함해 사회복지실천이나 사회복지실천 윤리에 관련된 이미 인정받은 지식에 기초해 실천에 임해야 한다.

4.02 차별

사회복지사는 인종, 민족, 출신국, 피부색, 성, 성적 지향, 젠더 정체성이나 그에 대한 표현, 연령, 혼인관계, 정치적 신념, 종교, 이민자 지위, 정신적 · 신체적 능력에 근거한 어떤 형태의 차별도 묵과, 조장, 협조해서는 안 된다.

4.03 사적인 행위

사회복지사는 그의 전문적 책임 수행능력을 방해하는 사적인 행위를 용납해서는 안 된다.

4.04 부정직 · 사기 · 기만

사회복지사는 부정직, 사기, 기만행위에 가담, 묵인하거나 연루되어서는 안 된다.

4.05 손상

ⓐ 사회복지사는 자신의 개인적 문제, 심리사회적 고통, 법적 문제, 약물남용, 정신건강상의 문제로 전문적 판단이나 수행을 그르치거나 또는 자신이 전문적으로 책임을 지고 있는 클라이언트의 최선의 이익을 저해해서는 안 된다.

ⓑ 사회복지사는 자신의 개인적 문제, 심리사회적 고통, 법적 문제, 약물남용 또는 정신건강상

의 문제가 전문적인 판단 및 실천을 방해하게 되면 자문을 구하고, 전문적인 도움, 업무량 조정, 실천 종료, 기타 클라이언트와 타인을 보호하기 위한 필요한 조치 등 적절한 조치를 취해야 한다.

4.06 잘못된 설명

ⓐ 사회복지사는 발언이나 행동을 할 때 그것이 개인으로서의 언동인지 또는 사회복지전문직, 사회복지기관 또는 사회복지기관의 대리인으로서의 언동인지를 명백하게 구분해야 한다.
ⓑ 사회복지사는 전문적인 사회복지기관을 대표해 발언하는 경우 기관으로부터 공식적으로 인정받은 지위를 정확하게 표명해야 한다.
ⓒ 사회복지사는 클라이언트, 기관, 일반 대중에게 표명하는 자신의 전문직 자격, 자격증명서, 교육, 능력, 소속, 제공된 서비스, 성취될 결과에 대한 설명이 정확하다는 것을 보장해야 한다. 사회복지사는 실제로 취득한 관련 전문직 자격증명만을 주장해야 하며, 타인에 의한 부정확하고 그릇된 설명이 있으면 시정조치를 취해야 한다.

4.07 권유

ⓐ 사회복지사는 자신이 처한 환경 때문에 부당한 영향, 조작, 강제 등의 영향을 받기 쉬운 잠재적인 클라이언트에게 과도한 권유를 해서는 안 된다.
ⓑ 사회복지사는 현재의 클라이언트나 특수한 환경에 처한 사람들은 부당한 영향을 받기 쉽기 때문에 이들에게 (클라이언트의 이전의 진술을 추천장에 사용하는 데 동의해 달라는 간청 등) 추천장에 배서해 주기를 간청해서는 안 된다.

4.08 공적의 인정

ⓐ 사회복지사는 출처의 명시를 포함해 실제로 자신이 수행했거나 공헌한 일에 대해서만 책임을 지며 공적을 인정받아야 한다.
ⓑ 사회복지사는 타인의 업적과 공헌을 정직하게 인정해야 한다.

5. 사회복지전문직에 대한 사회복지사의 윤리적 책임

5.01 전문직의 충실성

ⓐ 사회복지사는 높은 수준의 실천을 유지하고 증진시켜야 한다.
ⓑ 사회복지사는 전문직의 가치, 윤리, 지식 및 사명을 지지하며 증진시켜야 한다. 사회복지사는 적절한 연구조사, 활발한 토의와 책임감 있는 비판을 통해 전문직의 충실성을 보호, 증

진, 개선해야 한다.

ⓒ 사회복지사는 사회복지전문직의 가치, 충실성 및 적임능력 증진을 위한 활동에 시간과 전문적 활동을 할애해야 한다. 이러한 활동에는 교육, 연구조사, 자문, 서비스, 법적 증언, 지역사회에의 발표, 전문직 단체에 참가하는 일 등이 있다.

ⓓ 사회복지사는 사회복지실천의 지식기반에 이바지하며 실천, 연구조사, 윤리에 관련된 지식을 동료들과 공유해야 한다. 사회복지사는 전문 학술문헌에 기여하며, 전문가 회합이나 회의에서 그들의 지식을 공유해야 한다.

ⓔ 사회복지사는 미승인, 무자격 사회복지실천을 방지해야 한다.

5.02 평가와 연구조사

ⓐ 사회복지사는 정책, 프로그램의 실행 및 실천개입을 감시하고 평가해야 한다.

ⓑ 사회복지사는 지식의 발달에 이바지하도록 평가와 연구조사를 증진하고 촉진해야 한다.

ⓒ 사회복지사는 사회복지실천에 관련되는 새로운 지식을 비판적으로 검토하며 평가와 연구조사에서 얻은 입증자료를 전문직 실천에 충분히 활용해야 한다.

ⓓ 사회복지사는 평가나 연구조사에 종사하는 경우 발생 가능한 결과들을 신중하게 고려하며, 평가와 연구조사 참가자의 보호를 위해 개발된 지침을 따라야 한다. 적절한 제도적 검토위원회의 자문을 구해야 한다.

ⓔ 사회복지사는 평가나 연구조사에 종사하는 경우 참가자들로부터 자발적이고 문서화된 동의를 받아야 하고, 참가 거부에 대한 암시적 또는 현실적 손해나 불이익이 없고 부당한 참가 권유가 없어야 하고, 참가자의 복지, 사생활 보장, 존엄성이 고려되어야 하며, 고지된 동의에는 참가의 성격, 한도, 기간, 조사, 참가시의 위험요소나 보상에 관한 정보 등이 포함되어야 한다.

ⓕ 사회복지사는 평가나 연구조사를 촉진하기 위해 전자적 기술을 사용하는 경우 그러한 정보통신기술 사용에 대해 참가자들에게 고지된 동의를 제공해야 한다는 점을 명확히 해야 한다. 사회복지사는 참가자들이 정보통신기술을 사용할 능력이 있는지 여부를 사정해야 하며, 가능한 한 평가나 연구조사에 참여할 수 있는 합리적인 대안을 제공해야 한다.

ⓖ 사회복지사는 평가나 연구조사의 참가자가 고지된 동의를 할 수 없을 때에도 참가자의 수준에 부합하는 적절한 설명을 통해 가능한 한 참가자로부터 동의를 얻어야 하며, 적격의 대리인으로부터 문서화된 동의를 얻어야 한다.

ⓗ 사회복지사는 특정 형태의 자연적 관찰이나 공문서조사처럼 동의의 절차를 밟지 않은 평가나 연구조사를 설계 및 실시해서는 절대로 안 된다. 그러나 엄격하고 신뢰할 만한 검토결과 예상되는 과학적 · 교육적 또는 응용적 가치 때문에 정당하다고 판명되거나 또는 동의절차를 반드시 요구하지 않으면서 동등하게 효과적인 대안적 방법이 없는 경우에는 예외다.

ⓘ 사회복지사는 평가나 연구조사 참가자에게 불이익 없이 언제나 동의를 철회할 권리가 있음을 알려 주어야 한다.

ⓙ 사회복지사는 평가나 연구조사 참가자가 적절한 지지적 서비스를 이용할 수 있도록 합리적 조치를 취해야 한다.

ⓚ 사회복지사는 평가나 연구조사에 종사하는 경우 부당한 신체적 고통, 정신적 고통, 위해, 위험, 박탈 등으로부터 참가자들을 보호해야 한다.

ⓛ 사회복지사는 서비스 평가에 관여하는 경우 수집된 정보를 전문직의 목적을 위해 사용하고 이 정보에 관해 전문적 관심을 갖는 사람들과만 논의해야 한다.

ⓜ 사회복지사는 평가나 연구조사에 종사하는 경우 참가자와 그들에게서 얻은 조사자료의 익명성과 비밀을 보장해야 한다. 사회복지사는 비밀보장의 한계, 비밀보장을 확고히 하기 위한 조치들, 조사자료의 폐기시점 등에 대해 참가자들에게 알려야 한다.

ⓝ 사회복지사는 평가와 연구조사의 결과를 보고할 때 공개를 허락하는 정당한 동의가 없는 한 신상정보를 생략해 참가자의 비밀을 보호해야 한다.

ⓞ 사회복지사는 평가와 연구조사의 결과를 정확하게 보고해야 한다. 결코 그 결과를 꾸미거나 왜곡해서는 안 되며, 출판 후에 인쇄된 자료에서 잘못이 발견되었을 때에는 표준적 출판 방법을 이용해 시정조치를 취해야 한다.

ⓟ 사회복지사는 평가나 연구조사에 종사하는 경우 참가자와의 이익갈등이나 이중관계에 유의하고 이를 피해야 하며, 현실적으로 갈등이 일어나거나 일어나려고 할 때에는 참가자에게 그 사정을 알려야 하고 참가자의 이익이 최우선되도록 문제해결 수단을 강구해야 한다.

ⓠ 사회복지사는 책임감 있는 연구조사에 관해 교육받고 학생 및 동료들을 교육해야 한다.

6. 사회 전반에 대한 사회복지사의 윤리적 책임

6.01 사회복지

사회복지사는 한 지역에서부터 전 세계적 차원에 이르기까지 사회 전반의 복지를 향상시키고 인간, 공동체, 환경을 개선해야 한다. 사회복지사는 인간의 기본적 욕구의 충족에 기여하는 생활조건의 향상을 옹호하며, 사회정의의 실현에 도움이 되는 사회적 · 경제적 · 정치적 · 문화적 가치와 제도를 증진시켜야 한다.

6.02 대중의 참여

사회복지사는 사회정책이나 사회제도 형성에 대해 충분한 정보를 제공하고 일반대중의 참여를 촉진시켜야 한다.

6.03 공공의 긴급사태

사회복지사는 공공의 긴급사태에 직면해 가능한 한 최대의 전문적 서비스를 적절하게 제공해야 한다.

6.04 사회적 · 정치적 행동

ⓐ 사회복지사는 모든 사람이 인간의 기본적 욕구를 충족하는 데 필요한 자원, 고용, 서비스, 기회에 동등하게 접근할 수 있도록 보장하기 위한 사회적 · 정치적 행동에 관여해야 한다. 사회복지사는 정치적 영역이 실천에 끼치는 영향을 인식해야 하고, 인간의 기본적 욕구를 충족하고 사회정의를 증진시키며, 사회환경을 개선하기 위한 정책과 법률 개정을 옹호해야 한다.

ⓑ 사회복지사는 특히 취약하고 불리한 상황에 처한 사람들, 억압받고 착취당하는 사람과 집단을 비롯해 모든 사람의 선택과 기회를 확대시키기 위해 노력해야 한다.

ⓒ 사회복지사는 미국 내, 나아가 전 세계적 차원에서 문화적 · 사회적 다양성을 존중하는 제반 조건을 증진시켜야 한다. 사회복지사는 차이를 존중하는 정책과 실천을 옹호하고, 문화적 지식과 자원의 확장을 지원하고, 문화적 다양성을 옹호하는 프로그램이나 제도를 지지하며, 모든 사람의 권리를 보장하고 평등과 사회정의를 보장하는 정책을 증진시켜야 한다.

ⓓ 사회복지사는 인종, 민족, 출신국, 피부색, 성, 성적 지향, 젠더 정체성이나 그에 대한 표현, 연령, 혼인 여부, 정치적 신념, 종교, 이민자 지위, 혹은 정신적 · 신체적 능력을 이유로 어떤 개인, 집단, 계급을 지배, 착취, 차별하는 행위를 방지하고, 이를 방지하기 위한 활동을 수행해야 한다.

찾아보기

인명

A

B

C

D

F

G

H

내용

ㅎ

저자 소개

심상용(Sim Sangyong)

경희대학교 경제학과 졸업(학사)
서강대학교 공공정책대학원 사회복지정책학과 석사
가톨릭대학교 일반대학원 사회복지학과 박사
상지대학교 사회복지학과 교수(2007～)
서울기독교청년회(YMCA) 시민사업팀장(2001～2005)
상지대학교 교수협의회 공동대표
상지대학교 민주사회정책연구원장
상지대학교 사회복지학과 학과장
상지대학교 사회복지정책대학원 주임교수
한국사회복지학회 이사
한국지역복지학회 이사
보건복지부 국민연금 옴부즈맨
한국방송공사(KBS) 제16, 17대 대통령선거 선거방송토론위원
강원도 인권증진위원
강원도 사회복지공동모금회 배분위원

저서

사회복지행정론(학지사, 2017)
사회복지발달사(공저, 학지사, 2016)
지구시민권과 지구 거버넌스(공저, 오름, 2009)
217, 한국사회를 바꿀 진보적 정책 대안(공저, 메이데이, 2012)
한국 민주시민 교육론(공저, 엠애드, 2004)

논문

Critical Review on the Conservative Welfare Regime Theory: Applying Deviant Case Studies on Korea and Taiwan(사회복지정책과 실천, 2018)
A Comparative Dtudy of the Institutional Factors Influencing Working Poverty: Focusing on Two-parent Households in Developed OECD Countries(사회보장연구, 2018)
독신모가구 빈곤의 거시적 결정요인 국제비교: 한국을 포함한 OECD 19개국을 대상으로(1981~2012) (한국사회복지학, 2016)
독일 일-가정 양립정책과 젠더레짐 변화에 대한 연구: 최근 부모수당제도 도입을 중심으로(한국사회복지학, 2013)
지구적 정의론으로서 지구시민권 구상의 윤리학적 기초에 대한 연구: Rawls의 자유주의적 국제주의와 코즈모폴리턴 공화주의를 중심으로(한국사회복지학, 2013)
한국 발전주의 복지체제 형성 연구: 억압적 발전주의 생산레짐과 비공식보장의 복지체제(사회복지정책, 2010)
비교사례(영국, 아일랜드) 접근을 통한 새로운 사회협약(social pact) 성립의 제도 및 행위자 요인에 대한 연구(노동정책연구, 2007)
우리나라 근로빈곤의 사회구조적 원인에 대한 실증 연구(1982~2004): 거시경제, 노동시장, 분배제도가 근로자가구의 빈곤에 미친 영향의 검증(한국사회복지학, 2006) 등 단독논문 21편

이메일: sysim2005@naver.com

사회복지 윤리와 철학(2판)

Social Work Ethics and Philosophy(2nd ed.)

2016년 3월 25일 1판 1쇄 발행
2020년 9월 10일 2판 1쇄 발행

지은이 • 심상용
펴낸이 • 김진환
펴낸곳 • (주) 학지사
04031 서울특별시 마포구 양화로 15길 20 마인드월드빌딩
대표전화 • 02)330-5114 팩스 • 02)324-2345
등록번호 • 제313-2006-000265호

홈페이지 • http://www.hakjisa.co.kr
페이스북 • https://www.facebook.com/hakjisa

ISBN 978-89-997-2159-5 93330

정가 22,000원

저자와의 협약으로 인지는 생략합니다.
파본은 구입처에서 교환해 드립니다.

이 도서의 국립중앙도서관 출판시도서목록(CIP)은 서지정보유통지원 시스템 홈페이지(http://seoji.nl.go.kr)와 국가자료공동목록시스템(http://www.nl.go.kr/kolisnet)에서 이용하실 수 있습니다.
(CIP 제어번호: CIP2020032528)